# 청소년복지와
# 문화활동

# 청소년복지와 문화활동

김건태 지음

한국학술정보(주)

# 머리말

 오늘날 사회적 환경변화는 창의력과 상상력 등 문화적 역량을 갖춘 인간을 필요로 하고 있다. 그러나 청소년들의 문화욕구 및 수요에 상응하는 프로그램과 정책개발을 위한 지원체제 구축은 더욱 미비한 실정이다.

 본 서는 필자의 대학원 박사논문인 『청소년복지 향상을 위한 문화활동의 현장요구 분석 연구』를 재구성해 엮은 것으로 미래의 주역으로 성장할 청소년의 복지향상을 위해 문화활동에 대한 청소년의 다양한 관심과 경향을 분석하여 문화적 가치와 문화활동 교육의 효과를 제고하고, 유용한 준거 틀을 도출하기 위해 집필하였다.

 20세기 후반부터 시작된 정보화 · 글로벌화 · 네트워크화의 거대한 변동 물결이 세계로 다양하게 확산되면서 청소년에 대한 세계인들의 인식이 크게 변하고 있고, 기대 역시 커지고 있어 2010년 8월에는 싱가포르에서 제1회 청소년올림픽이 열리기도 하였다. 그동안 '미성숙 세대' 또는 '미래의 주인공'으로만 보았던 청소년들이 어느새 시대 변화의 주체로 등장하고 있기 때문이다. 첨단 정보통신 기술 분야는 물론 문화 콘텐츠 분야에서, 그리고 고령화 시대를 맞이하여 청소년의 문화활동의 중요성은 커져만 간다.

문화 인프라는 콘텐츠라는 문화적 충실성을 동반할 때 가치를 발휘할 수 있다. 결국 문화 공간, 시설 등 인프라뿐 아니라 콘텐츠가 갖추어졌을 때 청소년 문화 동기가 유발되는 것이다. 이 점에서 현재의 청소년 놀이프로그램의 빈약함과 진부함은 청소년 놀이 문화의 성숙에 걸림돌이 아닐 수 없다.

　청소년들에게 시간적 여유가 없다는 점은 문화 확산 현실의 아이러니가 아닐 수 없다. 비록 주말이 평일에 비해 문화를 체험할 시간의 여유가 있다고는 하나, 모든 청소년의 경우가 그에 해당하는 것도 아니다. 일부 청소년들은 주말을 오히려 평일보다 더욱 바쁜 일정으로 보내기도 한다.

　따라서 필자는 여러 형태의 청소년 문화활동 중에서 중·고등학교에서 시행하는 실질적이고 구체적인 운영 방안을 모색하고, 문화활동에 대한 인식과 실태를 분석하여 청소년복지를 위한 문화활동을 개선하고자 하였다. 이는 효율적인 문화활동의 방향을 제시하기 위한 것이며, 구체적인 목적은 다음과 같다.

　첫째, 중·고등학생이 선호하고, 잠재 능력을 향상할 만한 문화활동이 무엇이 있는지 지역별, 성별, 부모의 수입별, 흥미 있는 과목·시간·장소 등을 설문조사를 통해 분석하여 청소년 문화복지 활동에 반영하고자 한다.

둘째, 청소년들의 특별활동과 문화활동 실시에 따른 중·고등학생들의 프로그램 인식과 만족도를 평가하고, 분석하여 현장에 제공하고자 한다.

셋째, 연구대상 중·고등학생들이 인식한 청소년 특별활동과 문화활동의 활성화 방안을 분석하여, 청소년의 복지향상을 위한 효율적인 문화활동을 실시할 수 있는 개선방안을 제시하고자 한다.

끝으로 이 책이 출판될 수 있도록 배려해주신 한국학술정보(주) 대표이사님과 강태우 차장님, 그리고 디자인편집부 직원께 깊은 감사를 드리며, 이처럼 작은 성과가 청소년들의 미래를 열어가는 데 밑거름이 되어 청소년복지와 문화활동에 대한 우리의 애정과 인식에 큰 변화를 가져올 수 있게 되기를 기대해 본다.

2012년 1월
김긴태

CONTENTS

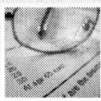

# 제9장 청소년 문화활동 참여 실태 분석

## 제1장

# 청소년의 개요

# 1. 청소년의 정의와 인구현황

## 가. 청소년의 정의

청소년기는 일생 중 가장 매력적인 시기이다. 정열과 낭만, 사랑과 고뇌가 있고 소년, 소녀가 성인 남성, 여성으로 되는 시기이며, 다양한 측면에서 개인 생활이 극적으로 변화하는 시기이다. 이 시기에 경험하고 수립하여야 하는 발달과정과 과업은 생애 어느 시기보다 중요한 의미를 갖는다. 물론 인간의 발달과정은 연속적이어서 단계별로 엄격히 분리될 수 없는 측면이 있지만, 청소년기는 주로 아동기 성장의 마무리 단계로 간주되어 왔으며, 청소년기에 대한 전문분야가 발달하게 된 것도 최근의 일이라 할 수 있겠다. 특히 학교교육의 확대와 사회적 변화에 따라 청소년기가 문제 중심으로 접근되면서 인간발달의 중요한 시기로 주목받고 사회적으로 인식되기 시작하였다(김경신 외, 2007).

이러한 청소년에 대한 개념은 일률적으로 규정이 정해진 바는 없으나, UN을 중심으로는 15세부터 24세까지의 연령으로 구분하고 있으며, EU에서는 15세에서 24세 혹은 25세로 설정하여 다양한 정책을 시행하고 있다. 우리나라의 관련법규에 따르면 청소년기본법은 9세에서 24세 이하인 자를, 청소년보호법은 19세 미만인 자를, 민법은 만 20세 미만을 미성년으로, 아동복지법은 18세 미만을 요보호 대상으로, 근로기준법은 18세 미만을 근로소년으로, 공연법과 공중위생법은 18세 미만에게 관람금지와 출입금지를 하고 있다(임상록 외, 2007).

이렇게 나라마다 그 기준과 범위는 서로 다르며, 이를 종합해 보면 청소년이란, 생애 주기의 한 단계로서 성호르몬 분비가 촉진되면서 성인으로서 신체적 발달이 이루어지고 인성, 지성, 도덕성들의 변화를 통하여 자아정체감 및 새로운 성인으로서의 역할 개념이 수립되며, 법적 · 제도적으로 사회적 권리가 형성되는 동시에 부모로부터 독립적이고 자립적인 능력을 형성해 나가는 시기라고 할 수 있겠다.

## 나. 청소년 인구 현황

2011년 우리나라 총인구는 48,989천 명으로 전년에 비해 0.2% 증가한 반면, 청소년 인구(9~24세)는 10,143천 명으로 1.4% 감소했다. 이는 1980년대 초반 이후 급격히 감소한 출생아 수의 영향으로, 향후 청소년 인구는 계속 줄어들 것으로 전망한다. 2011년 총인구 중 청소년 인구(9~24세)가 차지하는 구성비는 20.7%이며, 1978년 36.9%를 정점으로 지속적으로 감소하고 있다.

〈표 1〉 통계청 2011년 인구 총조사

(단위: 천 명, %)

|  | 총인구 | 9~24세 | 구성비 | 15~24세 | 구성비 | 0~18세 | 구성비 |
|---|---|---|---|---|---|---|---|
| 1970 | 32,241 | 11,330 | 35.1 | 5,838 | 18.1 | 16,419 | 50.9 |
| 1978 | 36,969 | 13,647 | 36.9 | 8,348 | 22.6 | 16,832 | 45.5 |
| 1990 | 42,869 | 13,553 | 31.6 | 8,784 | 20.5 | 14,489 | 33.8 |
| 2000 | 47,008 | 11,501 | 24.5 | 7,697 | 16.4 | 12,904 | 27.5 |
| 2010 | 48,875 | 10,288 | 21.1 | 6,515 | 13.3 | 10,655 | 21.8 |
| 2011 | 48,989 | 10, 143 | 20.7 | 6,532 | 13.3 | 10,379 | 21.2 |

출처: 통계청, 「2011 청소년 통계」

## 2. 청소년복지의 개념과 의의

청소년복지란 청소년의 인권보장과 가족구성원 및 사회의 일원으로서 바람직한 삶을 영위할 수 있도록 하는 사회복지 정책과 서비스 지원체계를 의미하는 것으로 청소년들이 성장하고 발달할 수 있도록 공적, 사적 복지서비스를 실천해 옮기는 조직적인 활동이라고 할 수 있다(김경우, 2005). 즉, 청소년복지란 청소년의 올바른 성장과 발달을 목적으로 두고, 이를 위하여 전체 사회의 공동 노력과 참여를 전제로 이루어져야 하며, 특히 현대와 같은 지식 정보화 사회에서는 청소년들에게 일정한 사회적 권리와 책임을 부과하는 동시에 행복한 삶을 누릴 수 있는 여건을 조성하는 데 힘써야 하며, 나아가 청소년 스스로 미래에 복지를 통해 자립기반과 자기계발을 할 수 있는 능력과 기회를 마련해주는 데 초점을 두어야 하겠다(박종삼, 2003).

이러한 청소년복지는 다음과 같은 의의를 갖는다고 할 수 있다.

첫째, 청소년의 인구는 전 인구의 1/3을 차지하게 되었으며 장차 사회 주요 구성원으로서 우리 사회의 미래를 책임진다는 측면에서 그 양적인 규모를 결코 무시할 수 없으며 이들에 대한 삶의 질은 국민의 삶의 질을 결정하는 것과 같다고 볼 수 있는 것이다.

둘째, 청소년기는 기본 소양을 완성해가는 시기로서 어떠한 자아관을 가지고 자기능력을 개발해 나가느냐 하는 것에 따라 국가의 미래가 결정되는 것이며, 국가의 입장에서 각종 자원의 투자 집중 대상이 되는 인적 자원개발의 핵심적인 대상이라 할 수 있다. 복지에 목적의 개념이 포함된다면 청소년복지야말로 효율적인 투입으로 최선의 산출을 달성해야 하는 영역이라 할 수 있겠다.

셋째, 물질 만능주의적 사회변화 속에서 불완전하고 취약한 청소년들은 유해환경에 노출되어 있으며, 동시에 보호가 필요한 대상으로 국가, 사회적 측면에서 가장 민감하게 반응해야 할 복지 영역이며, 그 당위성과 대응성이 가장 두드러지는 분야라 볼 수 있다.

이처럼 청소년복지는 청소년 개인의 정상적인 성장과 발달을 지원하여 건강한 개체를 성장시키고자 하며, 또한 건강한 양육 환경에서 성장을 마무리하도록 하며 그 터전인 가족환경을 강화함과 동시에 사회 환경적 조건을 광범위하게 개선함으로써 직, 간접적인 성장환경을 조성시켜주는 데 그 목적이 있다고 하겠다(김경신 외, 2007).

## 3. 청소년복지의 특성과 필요성

### 가. 청소년복지의 특성

청소년복지는 사회복지의 한 분야로서 모든 청소년의 안녕과 복지 증진을 목적으로 국가를 비롯한 사회 전체가 행하는 전문적 접근이다. 따라서 청소년복지는 사회복지의 기본이념이나 가치, 방법 등을 그대로 이어받지만 청소년기의 특성과 청소년이라는 계층에 초점을 둠으로써 차별화되는 특성을 갖는다(홍봉선 외, 2010).

따라서 청소년복지에서는 청소년을 성인과 동등한 인격체로 존중하고 다양한 요구를 인정하고, 차별 없이, 다면적이고, 전체적인 존재로 인식해야 한다.

청소년은 완성된 존재가 아니므로 청소년복지에서의 접근은 긍정적이며, 신속하게, 그리고 지속적인 관심을 갖고 이루어져야 한다.

청소년복지는 독립된 발달단계인 청소년기를 고려한 과학적 · 체계적 · 전문적 개입이 이루어져야 한다.

청소년은 가정과 사회의 특별한 보호를 필요로 하는 존재로서 청소년복지의 대상인 동시에 주체로서 인정하고, 청소년의 삶의 질을 향상시키기 위한 노력이 이루어져야 한다.

청소년복지는 가족, 학교, 지역사회 등 다양한 체계들과 끊임없는 영향 속에서 밀접한 관계를 갖고 통합적인 방법으로 이루어져야 한다.

청소년복지에는 정부와 민간의 협력은 물론 전문가에서 지역주민 등 다양한 사람들의 협조가 필요하다. 어떤 서비스보다 전문성이 고려되어야 하며, 사회복지사뿐만 아니라 의사, 교사, 경찰 등 전문가의 참여와 팀워크가 절대적이며, 가능한 경우 자원봉사자들의 참여를 통한 상호 협력적 체제가 필요한 분야이다.

그 밖에도 최저의 생활보장이 아니라 건강하고 문화적인 삶을 영위할 수 있는 최적의 수준이 되어야 하며, 개인의 변화뿐만 아니라 환경의 변화에 대한 고려를 통하여 본래의 이념과 목적을 달성할 수 있도록 해야 한다.

## 나. 청소년복지의 필요성

크게 가족적 측면과 사회적 측면으로 고려해 볼 수 있다. 우선 가족적 측면으로 보면 첫째로, 핵가족화의 경향에 따른 가정 양육 기능의 약화는 청소년 문제의 원천으로서 청소년들에게 효율적인 교육을 위해서는 국가 및 사회의 개입이 요구되게 되었다.

둘째로, 이혼이나 여성취업에 따른 가족의 해체에 대한 문제로 이혼은 자녀에게 불안, 갈등, 분노 등의 정신적인 고통과 함께 이러한 경험은 청소년의 성격과 정서 형성에 부정적인 영향을 미치게 되는 것이다.

셋째로, 최근 들어 증가하는 부모의 죽음, 가출 등으로 인한 소년ㆍ소녀가장 세대(2009년기준 1,054세대 1,596명: 2010 청소년백서)의 문제로 이들에 대한 근본적인 해결책이 필요할 것이며, 미혼모와 그 자녀의 문제도 청소년복지의 관점에서 중요한 대상으로 아이의 양육에 대한 지원 및 적절한 서비스의 제공은 당사자와 아이의 장래를 고려할 때 중요한 사안이라 할 수 있다. 그 수가 증가되고 있는 실정이다.

사회적 측면에서는 첫째, 문화적 가치의 실종 문제를 들 수 있다. 경제성장에 치중한 우리는 황금만능주의, 이기주의와 성과주의에 초점이 맞춰짐으로써, 청소년들에게 성숙한 시민으로서의 윤리에 혼란과 범죄와 폭력, 윤리적 타락은 청소년 규범의 부재 현상을 초래하였다.

둘째, 지구 온난화 현상, 오존층 파괴로 인한 유독한 자외선의

증가, 각종 폐기물 등으로 인한 환경의 파괴로 인해 오염된 음식
물과 환경 전반의 유해성은 올바르게 성장하는 청소년에게 치명적
인 영향이 되는 것이며, 이를 막기 위한 국가, 사회 제도적인 장치
가 필요하게 되었다.

셋째, 열악한 교육환경과 과대한 학습량, 급식제도의 결핍, 우범
성 학교 주변 환경 등은 청소년에게 유해한 교육환경이 되며, 권
위적이고 획일적인 교육제도는 청소년들이 창의적이고 개성 있는
시민들이 되기에 장애요소가 되고 있다.

즉, 청소년복지는 국가나 사회가 청소년복지에 대한 책임을 인
식하고 청소년 복지증진에 적극적이고 주도적으로 개입함으로써
청소년들로 하여금 가정적, 사회적, 위험요소로부터 보호받으면서
그들의 잠재능력을 최대한 발휘하여 자아실현과 함께 책임 있고
건강한 사회 구성원으로 기능할 수 있도록 하는 데 그 필요성이
있다고 하겠다(홍봉선 외, 2010).

## 4. 청소년복지의 발전과정

산업사회의 도래와 함께 청소년기에 대한 인식이 새롭게 대두되
면서 청소년 정책과 함께 청소년복지에 대한 관심이 증대되고 있
다. 이처럼 산업사회의 산물로 등장하게 된 청소년복지는 각 나라
의 문화적 환경, 정치, 경제적 상황에 따라 다양하게 발전해 왔으
며, 여기서는 한국을 중심으로 그 발전과정을 살펴보고자 한다(홍
봉선 외, 2010).

## 가. 청소년복지의 맹아기(광복 이후~1961년)

이 당시의 사회복지는 조선 구호령과 몇 개의 미군정 법령에 따라서 사회복지의 영역이나 대상에 대한 구분 없이 절박한 상황에서 생존만을 목적으로 하는 긴급 구호 성격을 띠었다. 또한 그 대상에 있어서도 65세 이상의 무의탁노인, 6세 이하의 아동을 부양하는 여자, 13세 이하의 아동, 심신장애인 등에 한정되었으며, 그 중에서 청소년은 배제되었다. 즉 이 시기에는 최저의 생활보장 등 보호의 대상에 있어서는 아동에만 한정함으로써 청소년은 제외되었으며, 일종의 통제수단으로 간주되는 소년법에서는 청소년이 적용대상이 되었다. 이는 청소년이 생존권을 보호하는 보호와 지원의 대상에서는 성인과 같이 취급되어 보호받지 못하며, 사회통제에 있어서는 오히려 청소년이라는 이유로 성인과는 달리 기본적인 권리가 침해되거나 불이득을 받을 수 있는 여지가 높았던 시기라고 할 수 있다. 청소년의 보호나 복지보다는 긴급구호의 방편이나 사회 안정이라는 목표에 더 많은 초점을 맞췄음을 알 수 있다.

## 나. 청소년복지의 도입기(1962~1987)

이 시기는 아동복리법이 시행된 1962년부터 청소년 육성법이 제정된 1987년까지 해당되는 시기로 미성년자 보호법과 아동복리법의 제정은 우리나라의 청소년복지의 도입을 시작하게 되는 계기를 마련한 시기로 그 내용은 다음과 같다.

첫째, 아동복리법의 제정으로 18세 미만의 요보호아동에 대한 국가의 책임을 명시하였으며, 일부 청소년까지로 그 대상이 확대되었다. 그러나 다수의 청소년은 배제되었으며, 서비스에 제한을 받았음을 볼 때, 진정한 청소년복지의 실행보다는 기본적인 생존권보장에 급급하였다고 볼 수 있다.

둘째, 1977년 제정된 특수교육진흥법을 통하여 많은 장애청소년이 사회활동에 참여할 수 있는 계기를 마련하였으며, 무상교육과 함께 전담부서인 재활과가 설치됨으로써 장애청소년이 정책대상으로 간주되었다는 점에서는 그 의의가 크다고 할 수 있으나 실제 행해진 서비스의 질적인 측면에서는 한계를 갖고 있는 시기였다.

셋째, 미성년자보호법의 제정으로 미성년자의 건강보호와 선도를 도모하고자 하였다. 그러나 지나친 통제 위주의 법 집행으로 청소년의 보호와 선도보다는 청소년의 인권이 침해되는 경우가 많았다.

넷째, 근로 청소년에 대한 복지사업으로 야간학교 등을 통한 교육의 기회가 확대되었으며, 근로 청소년회관의 건립, 근로청소년의 임대아파트의 건립 등이 시작되었다. 그러나 이러한 지원은 노동력의 양성과 확보 측면에서 강조되었으며, 실질적인 교육권, 여가권, 주거권에 대한 인식은 상대적으로 낮았다.

마지막으로 청소년 보호를 위한 중앙기구인 청소년보호대책위원회가 설치되었다. 명목상으로는 정부가 청소년을 정책의 대상으로 인식하였다고 볼 수 있으나 실제로는 정부가 책임을 위원회에 전가함으로써 청소년복지의 발전을 지연시키는 결과를 초래하였다.

## 다. 청소년복지의 전개기(1988 ~ 현재)

1987년 청소년 정책을 위한 본격적인 근거 법으로 청소년육성법이 제정되었고 1991년에는 이를 개정한 청소년기본법이 제정되면서 청소년을 위한 기본법제와 조직을 갖추게 되었다.

첫째, 청소년을 정책의 대상으로 분명히 하고, 청소년복지가 국가의 책임이라는 것을 분명히 하여 정책적인 차원에서 다루게 되었다. 청소년육성법과 기본법의 제정으로 청소년을 9세에서 24세로 분명히 하고 청소년이 사회구성원으로서 권리를 보장받고 미래의 주역으로서 민주시민으로 자랄 수 있도록 청소년의 가정과 사회가 그 책임을 수행할 수 있게 하는 데, 법적 제도적 장치와 재원을 마련하는 책임을 국가와 지자체에 부여하게 되는 계기가 되었다.

둘째, 청소년 정책에 관한 국가의무를 수행하기 위한 정책을 심의기구와 청소년 육성에 관한 국가 및 지방자치단체의 업무를 총괄하는 부서를 둠으로써 청소년 서비스 전달체계를 갖추고 책임행정이 이루어지도록 시도하였다.

셋째, 청소년헌장을 통해 청소년의 권리와 책임을 규정하였다. 이로써 청소년의 권익을 옹호하고 보장하는 데 근거를 제시하였다.

넷째, 청소년을 각종 유해한 환경에서 보호하기 위한 법과 조직이 설치되었으며, 문화관광부장관의 소속하에 합의제 행정기관으로서 청소년 보호위원회를 설치하여 청소년 보호위원회의 행정처분 권한으로 검사 및 조사권, 수거, 파기명령 등을 부여하였고. 교육 보호를 위한 지원을 통하여 빈곤 청소년들에 대한 교육권을 확대했다.

마지막으로, 청소년기본법을 통해 청소년 수련활동, 청소년 교류활동, 청소년복지, 청소년 환경, 청소년 문화, 청소년 비행선도, 청소년상담 등의 7가지 영역으로 나누어 청소년복지를 청소년 정책 중 한 분야로 인정하게 되는 계기가 되었다. 다만, 청소년기본법이 사회복지 사업법과 연계성을 규정하지 않아 사회복지사의 채용, 사회복지시설 등 청소년복지에 필요한 법적, 행정적 지원을 받지 못하여 사회복지 체계와 연계되지 못하고 있는 한계를 보인다.

## 5. 청소년복지의 이론적 근거

### 가. 생태학적 관점

실천 모델을 적용하기 이전에 문제현상을 사정, 평가할 수 있는 구조와 준거 틀을 제공함으로써 일반적이고 통합적인 관점을 실천가들에게 제공한다. 이로써 실천가들이 실천모델을 적용하기 이전에 문제를 파악하고 개입모델을 판단, 선택하게 함으로써 실천모델을 효과적으로 돕는다. 생태학적 관점은 심리적 접근보다는 개인과 환경의 변화를 중요하게 여기며, 내적인 사고와 감정보다는 한 사람이 다른 사람에게 미치는 영향을 강조한다. 그러나 실증적인 검증이 어렵고, 너무 추상적이며, 너무 일반적이어서 특정한 상황에 적용하기 어렵다는 한계를 갖는다.

-집단 따돌림의 경우 생태체계학적 관점에 의하면, 청소년들의

인지, 신체, 정서, 행동적 요인들이 사회적으로 수용되지 못할 가능성을 인정하면서, 부모, 교사, 지역사회 등과 같은 외적 체계를 동시에 고려하게 된다(김경신 외, 2007).

## 나. 임파워먼트 관점

임파워먼트 관점에서는 클라이언트가 자신의 생활이나 경험에 관해서는 누구보다 전문가로서 인간 서비스나 정치면에서 자기 주장권을 가지게 되며, 자신에게 주어진 권한을 누릴 수 있는 시민이면서 주장자라 강조한다. 즉, 직면하고 있는 문제에 대해서 적극적인 결과를 위해서 기회와 도전을 적극적으로 시도하는 클라이언트의 역량을 중요시한다. 그러나 무력한 사람들에 대한 고려가 없다는 점과 클라이언트가 곤란한 사회적 상황이나 구조를 변화시키는 데까지는 적극적으로 관여하지 않는다는 점에서 비판을 받는다.

-집단따돌림에 대해 교육과 학교제도의 필요성과 함께 청소년들이 좋은 환경에서 학습할 권리와 자유가 있음을 교육을 통해서 인식하고, 비판적 의식을 고양하여, 자신의 문제에 있어 스스로 해결자로서 주체성을 가질 수 있도록 돕게 된다고 강조한다.

## 다. 사회적 구성주의 관점

이는 언어가 세계를 구성한다는 기본 전제에서 세계나 사회가 먼저 존재하는 것이 아니라 우리들이 사용하는 언어에 의해 세계는 수정되고 우리들 앞에 형성된다고 강조한다. 즉, 사회복지사의 역할을 언어와의 관련성에서 보고, 그 역할에 있어서도 언어와의 관련성에서 재정의하는 것으로 본다. 여기서는 원조의 표적은 언어사회로 지역사회에 적응하는 것만이 해결책이 아니라 전혀 다른 방식의 접근도 가능하다는 것을 인식하는 데 그 의의가 있다.

 -등교거부현상에 대해 일반적으로는 무엇인가의 잘못된 점이 있다고 판단하는 것과 달리 오히려 등교거부는 용기가 있는 행동으로 억지로 학교에 가는 것보다는 하고 싶은 것을 할 수 있도록 지원해주어야 한다고 여긴다.

## 라. 강점 관점

 클라이언트의 강점을 구체화하여 문제 해결의 자원으로 활용하는 것을 사회복지 실천에 있어 가장 중요한 요소로 본다. 즉, 사회복지사는 초기에서부터 클라이언트의 강점을 찾아야 하며, 인터뷰, 경청, 기록, 계획 등의 사정활동을 통해 클라이언트의 강점을 발견해내고 협동적인 관계를 갖추며, 클라이언트를 믿고 긍정적이고 지지적인 내용을 선택하고 찾도록 지원해주어야 하는 것이다.

 -학교의 전학 문제에 있어서 학교 전학을 스트레스로 파악하고 부정적으로 보는 것이 아니라 오히려, 부정적인 영향을 축소하고 새로운 환경에 대한 적응은 스트레스를 다루는 개인의 능력에 의해 촉진될 수 있다고 본다.

# 6. 청소년복지의 접근모델

## 가. 심리ㆍ사회모델

홀리스가 집필한 『케이스워크』란 저서에 의하여 집대성되었으며, 사회복지의 실천의 초점을 개인의 심리적 상태, 개인을 둘러싼 사회 환경, 그리고 개인과 환경과의 상호 작용 양상으로 파악하였다. 초기의 사회ㆍ심리 모델은 정신분석 이론의 영향을 받아 개인의 생물학적 내부 정신적 과정을 상대적으로 중시하였으나 점차 외부의 물리적 여건이나 사회적 여건들도 함께 중시하는 쪽으로 발전하였다. 즉, 이 모델에서는 가족, 개인 및 가족의 최근접 환경, 상황 속의 인간 등을 철저히 조사하는 사정, 또는 진단이 강조된다. 이는 현재 기능이 현재는 물론 과거 사건들의 영향을 받는다는 생각에 기초로 한다(김경신 외, 2007).

심리ㆍ사회모델의 이론적 기반으로 크게 세 가지를 들 수 있다.

첫째, 프로이트의 정신분석 이론은 결정론적인 인간관을 통해 진단주의를 이끌고 있다. 이에 따르면, 모든 현상은 우연히 발생하는 것이 아니라, 선행 사건에 의해 결정된다고 본다. 즉, 정신분석을 통해 정신 병리 혹은 문제 행동의 무의식적인 근원을 찾아낸다면, 인간은 자신의 상황에 보다 현실적으로 적응할 수 있다는 것이다. 정신분석은 자유연상이나 무의식적 소망을 꿈을 분석함으로써 이루어진다.

둘째, 대상관계 이론으로, 정신분석 이론이 인간의 심리 내적인 부분을 강조한다면 대상관계 이론은 인간이 속한 환경과의 경험에서 발전한 대인관계를 강조한다. 인간은 과거 경험에 형성된 기대에 따라 현재의 대인관계를 맺으며, 과거 경험은 내부 대상 즉 자기 자신과 대상, 관계에 대한 정신적 이미지로 남아 대인관계에 영향을 미친다는 것이다. 대상관계 이론에 따르면, 적절한 부모 역할이 자녀의 분리 개별화를 돕게 되고 그럼으로써 독립적인 자기 개념을 형성하게 된다고 한다.

셋째, 자아심리 이론으로 자아를 무의식적 성적 에너지 또는 공격적 에너지에 좌우되는 연약한 존재로서가 아니라 나름대로의 자율성과 독립성을 갖춘 존재로 본다. 따라서 자아는 원초자아의 충동을 억제할 수 있는 힘과 초자아의 지나친 윤리적 요구를 완화시킬 수 있는 힘을 동시에 가진 창조적이고 주체적인 현실적응 기제이다. 또한 자아심리학에서는 무의식보다는 인식할 수 있는 세계, 과거의 사건보다는 현재의 사건, 능동성, 성격의 단점보다는 강점을 강조한다.

## 나. 인간중심 모델

로저스가 1940년대에 처음 개발한 인간성장과 변화에 대한 접근법으로 인간은 자아실현의 동기를 가지고 있으며 이 동기를 통하여 자신의 능력을 발전시킨다고 본다. 이 모델의 핵심은 사회복지사가 클라이언트에게 감정이입적 반응, 무조건적 긍정적 관심, 수용, 진정한 수용 등을 표하면 클라이언트에게 긍정적이고 건설적인 변화가 발생한다고 강조한다, 즉, 클라이언트와 사회복지사 사이에 따뜻하고 진정한 보살핌의 치료 관계가 형성되면 클라이언트는 자기 스스로에 대해 진정으로 이해하게 되며, 그것을 바탕으로 클라이언트는 최대한 성장하여 자아실현의 상태를 이룰 수 있다는 것이다.

이 모델의 이론적 배경으로는 첫째 랭크의 이론을 들 수 있다. 인간중심 모델의 탄생에 많은 영향을 준 이 모델은 개인, 치료자, 개인-치료자 간의 관계를 강조한다. 개인 클라이언트는 그 자신이 동인(動因)이 되며, 그 내부에 건설적인 힘을 가지고 있고 이는 건강한 성장을 향한 의지를 형성하는 것이다. 즉, 개인의 동기와 의지, 클라이언트의 자기이해를 돕는 치료자, 클라이언트-치료자 간의 독특하고도 진솔한 관계 등이 서로 조화를 이룰 때 건설적인 변화가 발생하게 되는 것이다.

둘째, 인본주의 사상으로 인간을 성장 지향적이고 진보적이며 자신의 기본적인 잠재능력을 실현하려는 경향을 가진 존재로 보고 이를 자아실현 경향이라 말한다.

셋째, 실존주의적 철학으로, 객관적인 현실보다는 개인이 현실을 어떻게 지각하느냐에 따라서 보다 큰 의미를 부여한다. 개인의 삶의 경험 가운데서 개인이 어떤 의미를 도출해내는가, 그 의미를 바탕으로 어떤 결정을 내리는가를 탐구하는 것이 실천에서 중요한 의미를 갖게 되는 것이다.

## 다. 인지행동 모델

기본적 전제로, 대부분 사회적 행동적 역기능이 자기 자신, 타인, 그리고 삶의 상황들에 대해 갖고 있는 잘못된 생각에서 비롯

된다고 보며, 인지체계를 자아개념뿐만 아니라 인간의 내면에 저장된 인식의 틀, 지식, 기대, 희망, 의견 등으로 구성된다고 본다. 즉, 개인과 환경 모두에 초점을 두면서 문제에 접근할 수 있는 이론적 틀을 제시한다, 한 개인의 사회 행동 또는 사회적 반응을 결정하는 것은 개인적 특성과 상황의 속성 사이의 상호작용의 결과라는 것이다.

이 모델의 이론적 배경으로는 행동주의 이론과 인지 이론을 들 수 있다.

첫째, 행동주의 이론에서는 인간행동의 대부분은 학습되거나 학습에 의해 수정된다는 기본 전제에 근거를 두고 있기 때문에 학습이론이라고도 불린다. 행동주의 이론은 환경 사이에 일어나는 거래를 향상하고, 클라이언트의 생활기술을 향상하며, 환경을 변화하기 위하여 계획된 직접적 개입활동에 초점을 두고 있으며, 변화의 기술과 특수한 행동수정 기술을 강조하고 있다. 따라서 행동주의에서는 행동과 행동을 통제하는 환경, 즉 조건부에 초점을 맞춘다. 행동주의자들에 따르면, 인간의 행동은 반응적 조건 형성, 조작적 조건 형성, 대리적 조건 형성에 의해 학습된다.

둘째, 인지 이론으로 인지란 일정한 자극을 조직하여 지식을 얻는 심리적인 과정으로 효과적인 심리치료와 상담은 클라이언트가 역기능적 사고와 왜곡된 인지들을 확인하고 이에 도전을 하며 변화시키는 데 초점을 두는 원조서비스를 포함해야 한다고 본다.

## 라. 과제중심 모델

1960년대 라이드와 엡스타인이 발전시킨 사회복지 실천의 모델로 종래의 긴 개입 기간에 비해 단기간의 심리 사회적 접근이 보다 효율적이라는 것을 발견하고 체계적이고 종합적이며 효과적인 단기치료 모델로 과제중심 모델을 개발하였다.

과제중심 모델은 경험에 기초한 지식을 바탕으로 하여 계획적이고 의도적인 과정을 통해 클라이언트의 문제를 구체적인 과제로 해결해 나가는 것으로 어떤 특정한 이론이나 개입방법에 고정되지 않는다. 오히려 일반체계 이론, 의사소통 이론, 인지 이론, 정신분석 이론 그리고 학습 이론의 기본 원칙들을 통합하여 절충적인 접근을 시도한다.

## 마. 현실치료 모델

1950년 글래서에 의해 창시되었다. 이 접근은 현재와 현재의 행동에 초점을 두며, 클라이언트가 자신의 욕구를 자신이나 타인에게 피해를 주지 않으면서 현실적인 방법으로 충족시킬 수 있도록 도와줌으로써 클라이언트로 하여금 성공적인 정체감을 획득할 수 있도록 하고, 자신의 행동의 결과에 대해 스스로 책임을 지게 하는 모델이다.

현실치료 모델의 이론적 배경은 주로 통제 이론에 근거한 것인데 그 내용은 다음과 같다.

첫째, 인간은 자신의 욕구를 충족하기 위하여 행동하게 된다는 것과 둘째, 개인이 경험하는 환경으로부터 얻어진 지각 현상과 자신이 원하는 것과의 차이는 행동유발의 원인이 된다는 점, 셋째, 활동하기, 생각하기, 느끼기와 생리적 기능으로 이루어진 인간의 모든 행동은 목적이 있다는 점 넷째, 이러한 행동들은 분리될 수 없고 개인의 내부로부터 생성되며, 대부분 선택이라는 점과 마지막으로 인간은 지각을 통해 세상을 본다는 것이다.

## 제2장

# 청소년상담 및 활동

# 1. 청소년 개별상담

청소년 개별상담은 개별 청소년과 상담자가 중심이 되어 행해지는 방법 중의 하나로 실제 청소년복지의 실천에 있어 가장 보편적으로 활용되고 있는 접근법이다.

## 가. 청소년 개별상담의 개념과 의의

청소년상담은 상담의 한 분야로 청소년을 주된 클라이언트로 선정하고 청소년기의 특수성, 문제의 특수성, 환경의 특수성 등을 고려하여 실시되는 상담활동이다. 상담이란 개념은 많은 학자들에 따라 다르게 정의되고 있는데 박성수(1998)는 '상담이란 클라이언트와 상담가 간에 수용적이고 구조화된 관계를 형성하고 관계 속에서 클라이언트가 자기 자신과 환경에 대해 의미 있는 이해를 증진하도록 함으로써 클라이언트 스스로가 효율적으로 의사결정을 하고, 여러 심리적인 특성을 긍정적인 방향으로 변화시키도록 원조하여, 결과적으로 클라이언트의 성장과 발전을 촉진하는 심리적인 조력의 과정'이라고 정의하였다. 청소년 개별상담의 개념을 살펴보기 이전에 청소년상담의 개념을 좀 더 구체적으로 살펴보면, 청소년을 대상으로 하면서 청소년의 발달단계에 따른 구분으로 청소년의 여러 가지 발달 특성과 관련된 적응의 문제를 다루는 상담으로 개념을 정의하겠다.

위의 내용을 바탕으로 청소년 개별상담의 개념을 정의해보면 다음과 같다. 청소년 개별상담은 도움을 필요로 하는 또는 도움을 받아야 하는 청소년과 전문적 훈련을 받은 상담가와의 개별적인 관계를 통해 청소년 자신과 그 주위 환경에 대한 이해를 유도함으로써 적응과 발달을 위한 변화를 가져오는 조력활동이라고 정의할 수 있다.

청소년 개별상담을 통해 얻을 수 있는 효과 및 목표를 여섯 가지로 나누어 설명해보면 첫째, 청소년으로 하여금 좀 더 만족스러운 삶을 살 수 있도록 청소년의 행동변화를 유도할 수 있다. 둘째, 청소년기에 일어나는 다양한 변화에 대해 슬기롭게 대처할 수 있도록 하는 적응기술을 습득시키는 것이 청소년 개별상담의 중요한 목표이다. 셋째, 청소년기부터 본격적으로 발생할 수 있는 삶에 대한 다양한 선택의 기로에서 그들이 합리적인 의사결정을 내릴 수 있도록 의사결정기술을 함양하는 데 의의 및 목표가 있다. 넷째, 아동기에 비해 대인관계가 확대되는 청소년기에는 대인관계에 의해 자아정체감을 형성하기도 하며 사회생활의 적응력도 높여 나가는 시기이기 때문에 인간관계의 개선을 원만히 할 수 있도록 하는 것은 청소년 개별상담의 중요한 목표가 될 수 있다. 다섯째, 청소년들로 하여금 자신의 능력을 바르게 인식하고 잘못 인식하고 있던 자신의 특성이나 미처 발견하지 못한 자신의 잠재력을 새롭게 발견하도록 하는 중요한 목표가 있다. 여섯째, 청소년들에게 자아정체감 확립과 긍정적 자아개념 형성을 유도하여 청소년기를 올바르게 보내도록 하는 데 목표가 있다.

## 나. 청소년 개별상담의 과정과 전략

### 1) 청소년 개별상담의 과정

일반적인 청소년상담 단계로 시작 단계, 사정 단계, 개입 단계, 종결 단계로 구분하고 각 단계에서 다루어야 할 목표와 과제를 중심으로 정리하고자 한다.

#### ① 시작 단계

원조관계를 어떻게 시작하는가는 이후의 전 과정에 영향을 미친다는 점에서 그 의의가 매우 크다. 문제를 가진 사람이 전문적 도움을 얻기 위해 사회복지 기관에 찾아왔을 때 사회복지사가 그의 문제와 욕구를 확인하여 그것이 기관의 정책과 서비스에 부합되는지의 여부를 정밀하게 판단하여 청소년에 대해 정확한 서비스를 시작해야만 원하는 서비스의 효과를 낼 수 있다. 이 단계에서는 청소년의 문제를 확인하고 사회복지사와 청소년 간의 신뢰관계를 형성하여 사회복지사의 개입에 청소년의 저항이 사라지도록 해야 한다. 사회복지사의 적당한 개입을 유지하기 위해서 청소년과의 활동계약을 성립하고 청소년 원조활동의 동기를 고취시켜 청소년이 느끼는 초기의 두려움 등의 감정을 해소시키는 데 그 과제가 있겠다.

#### ② 사정 단계

사정이란 자료수집 이상의 진전된 단계로, 수집한 자료를 해석하고 의미를 부여하여 실전적 개입을 위한 함의를 도출해내는 활동을 말한다. 사정을 통해 실질적인 문제 해결 과정의 시작인 계획 단계로 이어져 본격적인 개입이 이루어질 수 있도록 도와준다. 사회복지사는 사정 단계에서 자료를 분석하여 현재의 문제를 규정하고 청소년을 둘러싸고 있는 자원, 환경, 인간관계에 대한 정확한 사정을 통해 올바른 개입을 계획해야 한다. 개입의 계획은 개입의 성공과 실패를 좌우하기 때문에 청소년과의 협의를 통해 양쪽 모두가 인정하고 이해할 수 있는 개입 계획을 수립해야 한다.

### ③ 개입 단계

개입 단계는 사회복지사와 청소년이 상호 합의하여 결정한 개입 목표를 구체적인 행동으로 실천하는 단계로 이 단계가 사회복지 실천과정의 핵심 단계이다. 사회복지사는 설정된 목표를 실행해야 하며 이러한 활동의 효과여부를 계속적으로 평가하여 개입으로 야기되는 변화가 올바르게 나타나게 하고, 지속되게 해야 한다. 개입 방법을 선택하고 그 개입을 실행하는 데에서 사회복지사의 역할이 중요시되는 단계이다.

### ④ 종결 단계

개입에 대한 최종 평가와 청소년과 사회복지사 간의 전문적 관계를 종결시키는 단계로 원조 과정에서 얻어진 청소년의 변화가 원조 관계가 끝난 다음에도 지속화될 수 있도록 지지, 강화하고 필요한 경우에는 다른 기관에 청소년을 의뢰하여 계속적인 원조 관계가 이루어지도록 하는 활동이 필요하다.

## 2) 청소년 개별상담의 개입전략

청소년상담은 청소년이 당면한 문제나 어려움을 극복할 수 있도록 돕는 것에서부터 청소년의 성장 가능성을 최대한 발현할 수 있도록 돕는 것까지 포함한다. 청소년상담은 청소년에서부터 간접적으로는 청소년의 주위 환경들도 그 대상이 된다. 다양한 문제에서의 적절한 개입이 이루어지기 위해서는 다음과 같은 개입전략이 필요하다.

① 열심히 경청한다.

청소년의 모든 행동에는 이유와 목적이 있다. 현재 있는 그대로 수용하기 위해 이해되지 않는 부분이 있더라도 말을 가로막지 말고 끝까지 이야기를 들어준다. 상담가는 청소년이 자유로운 자기표출이 가능하도록 따뜻한 분위기를 조성해 주어야 한다. 이러한 감정표현은 압력이나 긴장에서 벗어나게 할 뿐 아니라 그 자체가 훌륭한 상담과정이 된다.

② 공감하고 긍정적인 관심을 말로 표현한다.

청소년과 관계를 맺는 처음 10분이 상담 전 과정을 좌우한다. 청소년의 이야기를 청소년의 수준에서 이해하려고 노력하고, 긍정적인 느낌의 말로 관심을 표현해야 한다.

③ 청소년이 현재 당면한 문제가 무엇이며, 현재 감정이 어떠한가를 알아본다.

똑같은 상황이라고 하더라도 사람마다 문제를 받아들이는 태도나 느낌은 다를 수 있기 때문에 청소년 자신이 무엇을 문제라고 생각하고 있으며 이에 대해 어떻게 느끼고 생각하는가를 알아봐야 한다.

④ 지금까지 어떤 노력을 해 왔고, 무엇을 원하는지에 대해 이야기한다.

상담가는 청소년이 지금까지 한 노력에 구체적이고 객관적으로 칭찬하며, 상담가가 청소년에게 비난과 질타를 하려는 것이 아니라 인정하고 도우려고 하고 있다는 느낌을 갖게 함으로써 상담자를 신뢰하고 자기를 개방하게 해야 한다.

⑤ 청소년과 함께 공동의 목표를 정한다.

청소년이 자신의 도움을 원하는지를 알아보고 상담가는 자신이 어떤 단계까지 도움을 줄 것인가를 결정하고 이를 토대로 청소년과 함께 공동의 목표를 정한다. 이러한 결정 과정에서 무엇보다 중요한 것은 청소년의 참여와 타협이다.

⑥ 목표를 달성할 수 있는 다양한 대안을 탐색하고 결정한다.

문제 해결에 대한 답을 일방적으로 요구할 것이 아니라 청소년 자신에게 적합한 대안을 선택할 수 있도록 다양한 대안을 제시하고 그것의 장ㆍ단점을 알려준다.

⑦ 청소년에게 도움을 줄 유용한 자원을 탐색한다.

청소년의 주위에 도움을 줄 자원이 있는지 탐색하고 지역사회에 있는 다양한 자원과 연결시켜 청소년에게 유용한 도움을 줄 수 있도록 한다.

⑧ 상담과정은 긍정적이고 희망적이야 한다.

청소년의 부정적인 면을 강조하기보다는 긍정적이고 강한 면을 강조함으로써 자존감을 높이고 상담 분위기를 희망적으로 이끌어야 한다.

⑨ 적절한 곳에 의뢰하는 것도 중요한 원조이다.

상담가가 모든 문제를 해결할 수 없기 때문에 가장 적합한 곳에서 적합한 서비스를 받도록 하는 것도 중요한 전략이 된다.

## 다. 청소년상담활동의 현황

현재 우리나라의 청소년상담기관은 국가청소년위원회, 한국청소년상담원, 교육과학기술부, 보건복지부, 여성가족부, 노동부 등 부처별 고유기능에 따라 행정기관 지원상담실, 학교상담실, 민간 사회단체 및 종교기관의 상담실 등 매우 다양하고 그 숫자도 상당수에 이르고 있다.

그중 한국청소년상담원은 청소년상담·복지 프로그램 개발 및 보급, 청소년상담 전문 인력 양성 및 역량강화, 청소년상담사 국가자격제도 운영, 국내·외 상담기관 간의 교류, 정보자료 수집 및 공급, 청소년상담·지원기관의 협력체제 구축 및 지원, 위기청소년 통합지원체계 구축, 취약 아동·청소년 자립 및 복지지원 등 전국 상담기관의 중추적 기능을 수행하고 자녀지도를 위한 부모교육 및 청소년 품성계발 사업을 통한 상담문화의 대중화에 기여하고 있다.

상담 사업은 청소년의 고충과 문제 해결을 위한 전문적 상담과 함께 청소년 건전육성을 위한 제도개선 등에 관한 상담은 물론 청소년 문제 예방 차원의 상담활동도 병행·실시하고 있다. 특히 '청소년전화 1388'의 개통과 함께 사이버 청소년상담센터 등을 개통하여 다양한 상담서비스를 제공하고 있다.

시·도 및 시·군·구 청소년상담지원센터[1])에서 제공되는 상담서비스를 보면 청소년 밀집지역으로 찾아가는 상담, 지역 내 덕망 있는 전문 인력을 자원봉사자로 적극 발굴·활용할 수 있는 청소년상담 전문직 자원봉사체제 구축, 사이버 상담실 운영, 부모교육, 청소년 또래상담, 청소년 품성개발 프로그램 등 지역 내 청소년들에게 다양한 상담서비스를 제공하고 있다.


## 2. 청소년 집단상담


청소년 집단상담은 청소년들로 이루어진 집단과 집단상담가가 집단 과정을 통해 접근하는 방법으로 청소년기가 또래들과의 상호

---

1) 2009년 현재 16개 시·도와 시·군·구에 설치 운영

작용이 증가하고 성인보다는 또래들을 통해 더 많이 영향을 받는다는 측면에서 널리 사용되고 있는 접근법이다.

## 가. 청소년 집단상담의 개념

청소년 집단상담과 유사하게 사용되는 용어로는 집단지도, 집단훈련, 집단심리치료 등이 있다. 개별적 개념을 살펴봄으로써 집단상담의 개념을 대신하기로 한다.

### 1) 집단지도

집단지도는 학생들이 알아야 된다고 인정되는 내용으로 각 연령별 발달 단계에서 요구되는 발달과업상의 정보와 지식을 제공하는 형식을 취한다. 따라서 집단지도 시간에 주어지는 정보는 전통적인 학과목의 지식이 아니고 학생들의 적응과 생활상에 필요한 정보 내지 생활지식이라고 할 수 있다.

### 2) 집단상담

집단상담은 집단 구성원에게 단지 일반적인 정보를 제공하는 것에 그치지 않고 구성원 개개인의 실제적인 행동의 변화를 가져오는 것을 목적으로 한다. 구성원이 각자의 고민이나 어려운 점을 집단 속에서 표출하면 집단상담자와 구성원 간에 상호작용적인 문제 해결의 과정을 거쳐서 자기 이해, 자기 수용의 태도에 행동의 변화를 성취할 수 있도록 원조하는 것에 초점을 둔다.

## 3) 집단훈련

집단지도에서처럼 구성원들은 공동의 목적을 가지며 필요한 정보를 얻는다. 그리고 집단상담처럼 구성원 각자가 자신의 어려운 문제와 고민을 털어 놓는다. 그리고 구성원들에게 필요한 기술을 체계적으로 교육하고 연습하는 과정이 포함된다.

## 4) 집단심리치료

집단심리치료는 주로 비정상인을 상대로 하여 정신병원과 같은 임상 장면에서 정신과 의사, 임상심리학자, 상담가, 정신과 간호사들에 의하여 이루어진다. 집단치료의 목적은 구성원의 성격구조의 변화나 부적응적 행동 내지 이상행동의 수정에 초점을 맞춘다.

## 나. 청소년 집단상담의 의의

상담가가 청소년에 적합한 지지적인 환경을 인위적으로 구성하고 그 속에서의 또래집단 구성원들과의 상호작용을 통해 긍정적인 경험을 갖게 하며 더 나아가서는 긍정적인 자아상을 갖게 하고 집단참여자들은 집단상담의 과정을 통해 다음과 같은 다섯 가지를 학습할 수 있다.

첫째, 나뿐만 아니라 동료들도 비슷한 문제를 가지고 있다는 사실, 둘째, 자기의 결함에도 불구하고 집단 동료들로부터 배척당하지 않는다는 사실, 셋째, 다른 집단참여자들이 이해하지 못하더라도 적어도 한 사람(상담가)은 자기를 이해하고 수용해 준다는 사실, 넷째, 자기도 동료들을 이해하고 수용하며 도와줄 수 있다는 사실, 다섯째, 자기 자신과 타인에 관한 솔직한 느낌을 말하고 들음으로써 자신과 타인을 더 이해하게 되고 수용하게 된다는 사실 등이다.

위의 학습효과를 바탕으로 청소년 집단상담이 가지는 장점을 구체적으로 제시해 볼 수 있다.

첫째, 다양한 사람들이 공통적인 목표를 달성하기 위해 참여하게 되는데 집단상담에 참여하는 것만으로도 공통목표 달성과정에서 생기는 생산적 활동으로 인해 흔히 참여자의 성장·발달이 촉진될 수 있다.

둘째, 집단상담은 소속감, 수용, 부정적 감정의 발산, 자아탐색이 격려되는 수용적 분위기에 참여하는 것과 같은 개인의 특정한 심리적 욕구를 충족하게 한다는 것이다.

셋째, 집단상담은 개인으로 하여금 자신의 문제를 이야기하게 할 뿐 아니라 실제 상황에 대해서 사실 검증도 하게 한다. 집단에서 참여자는 자신의 행동과 사고가 어떻게 평가되고 수용되는가에 의해서 집단 밖의 실제 사회에서 어떻게 평가될 것인지를 판단하게 된다.

넷째, 집단이 제대로 기능을 발휘하기 위해서는 집단 구성원들 사이에 신뢰감이 형성되어야 하는데 이 신뢰감은 집단의 목적과 목표를 달성할 수 있도록 각자가 맡은 책임을 다 수행하는 것이다. 이런 책임감의 인정은 집단 밖의 실제 생활에까지 연장될 수 있다.

## 다. 청소년 집단상담의 과정

집단 발전 과정은 일련의 연속선상에 있기 때문에 독립적인 특수한 단계들로 구분하는 것은 어려움이 있다. 그러나 집단을 이해하고 효과적으로 발전하기 위해 집단상담 단계를 준비 단계, 시작 단계, 작업 단계, 종결 단계로 구분하여 설명할 수 있다.

### 1) 준비 단계

이 단계는 실제 집단상담에 임하기 전에 계획을 세워 준비하는 과정으로 집단에 앞서 집단의 목표, 집단의 크기, 집단의 구성, 선발 과정, 집단의 회기 시간과 빈도, 집단의 구조화 등과 같은 문제들에 대해 충분히 검토하고 준비하는 단계이다.

### 2) 시작 단계

집단상담의 시작 단계는 일반적으로 제1회기와 제2회기의 상담기간에 해당되는 시기로 이 단계는 집단이 시작되는 시기이므로 집단과정에서 각별한 의미를 가진다고 할 수 있으며 특히 이러한 시작 단계에서는 집단과정이 어느 정도 효과적으로 이루어졌느냐는 이후의 집단 발달 단계와 집단상담의 성패에 영향을 미친다. 따라서 상담가는 오리엔테이션, 예상불안 취급, 집단의 구조화, 집단 분위기 조성, 의사소통 및 상호작용 촉진 등의 과업을 수행해야 한다.

## 3) 작업 단계

집단상담의 작업 단계는 저항과 갈등, 응집성, 자기노출 촉진과 생산성이 나타나는 단계로서 상담가는 이들을 성공적으로 다룸으로써 효과적인 집단목표의 달성은 물론 집단에서의 긍정적인 경험을 통해 집단 구성원들이 자기 성장의 경험을 갖게 한다.

## 4) 종결 단계

집단은 여러 가지 이유로 종결된다. 어떤 상담가는 집단상담을 시작하기 전에 종결시간을 미리 정하는 경우가 있고, 어떤 경우는 종결 단계를 정하지 않고 무작정 진행하다가 외적 상황에 의해서 집단을 종결하게 되는 수도 있다. 집단 종결 단계에서 집단 상담가가 다루어야 하는 내용은 다음과 같다. 집단경험의 개관과 요약을 통해 경험을 상호 간에 나눠 가지도록 돕고 집단 구성원의 성장 및 변화에 대해 사정을 하고 미진사항 및 미해결 과제가 없는지 확인하여 필요한 경우 다른 전문가에게로 의뢰하여야 한다.

## 3. 청소년 자원봉사활동

청소년들은 누구나 자신의 자아를 발견하고 자신의 삶의 의미와 보람을 스스로 찾으려는 강한 내면적 욕구를 가지고 있다. 따라서 청소년들이 가지고 있는 이러한 욕구도 실현하면서 상부상조정신, 공동체 의식, 합리적 사고를 키울 수 있는 기회들을 제공하는 것은 청소년의 건강한 가치관 형성을 통해 삶의 질을 높이는 청소년 복지의 증진을 도모하는 효율적인 방안이라고 할 수 있는데 그 중 대표적인 것이 청소년 자원봉사활동의 증진이다.

### 가. 청소년 자원봉사활동의 개념

청소년 자원봉사활동은 자원봉사활동의 한 분야로 상위 개념인 자원봉사활동의 기본적인 정신이나 철학, 이념 등을 바탕으로 하면서도 활동자인 청소년이라는 특성이 충분히 반영되어야 한다. 현재는 청소년의 자원봉사활동을 학습과 연결해서 보는 시각이 지배적이다. 즉, 청소년 자원봉사활동의 개념은 자발성이 강조되는 봉사보다는 교육이 강조되어야 한다는 것이다. 그 이유는 청소년 자원봉사활동이 청소년들의 사회성 발달과 성장에 직접 연결되어 있을 뿐 아니라 민주 시민사회의 덕목으로 인식해야 한다는 것이다. 이렇게 자원봉사를 교과 과정의 일부로 생각하는 경우 일반 자원봉사활동과는 다른 특성을 갖는다. 바람직한 청소년 자원봉사활동은 구조화된 학습 경험으로 결과보다는 건전한 참여 동기의 확립과 참여방법 및 과정에 중점을 두어야 하며 봉사활동을 통해 얻어질 수 있는 리더십과 인간관계 기능의 훈련을 더 중요시해야 한다고 주장하고 있다.

## 나. 청소년 자원봉사활동의 의의

청소년 자원봉사활동은 체험학습을 통해서 개인적 만족감을 증진시킬 뿐만 아니라, 사회참여의 기회와 사회적 책임을 실천할 기회가 된다는 이중적 의의를 가진다. 또한 청소년들은 학교에서 배우는 교과 학습을 통하여 얻는 지식과 기술을 실현함으로써 그 지식과 기술을 보다 실제적인 것으로 만들 수 있다는 것이 청소년 자원봉사활동의 중요한 의의가 된다. 또한 청소년기는 자아정체성을 정립하는 시기일 뿐만 아니라 일생을 살아가는 데 원칙으로 삼게 될 일련의 가치인 도덕성을 형성하는 시기이다. 그런데 자아정체성과 도덕성은 사회 문화적 맥락뿐만 아니라 교과 과정, 그리고 다양한 교과의 체험활동을 통해서도 발달된다. 따라서 자아정체성과 도덕성을 통합시킬 수 있는 시기인 청소년기에 사회참여의 기회로 자원봉사활동의 경험은 청소년의 건전한 성장을 돕기 위해 꼭 필요하다.

## 다. 청소년 자원봉사활동의 구성

자원봉사활동은 자원봉사 수요기관, 자원봉사 공급기관, 자원봉사 조정기관, 그리고 이들을 둘러싼 외부 환경과의 상호작용 속에서 이루어진다. 이를 다시 체계별로 분류해 보면 추진체계, 관리체계, 지원체계로 구분해 볼 수 있는데 청소년 자원봉사활동의 구성역시 이와 같은 체계가 그대로 적용될 수 있다.

## 1) 추진체계

추진체계란 자원봉사활동을 육성, 추진해가는 것을 주목적으로 하는 기관이나 단체들로 구성된다. 추진체계는 타인을 위해, 지역사회를 위해 시간과 재능을 제공하고자 하고, 그런 활동에 관심을 가지고 있는 사람들과 자원봉사활동이 행해지기를 바라는 측면을 연결할 뿐 아니라 경우에 따라 조정하기도 하고, 지역주민들이 자원봉사활동의 올바른 정신을 이해하고 자원봉사활동에 참여할 수 있도록 조직적이고, 체계적으로, 일관성 있게 주도해 나가는 역할을 한다. 청소년 자원봉사활동에 있어 이와 같은 추진체계로는 학교, 각종 자원봉사센터, 자원봉사단체협의회, 자원봉사자 활동기관 등이 포함되는데 이러한 많은 기관들 중에 학교와 지역사회기관, 자원봉사센터는 추진체계의 중심이라고 할 수 있다.

## 2) 관리체계

자원봉사활동 관리체계란 자원봉사자를 효과적으로 활용하기 위해 시설이나 기관이 행하는 활동 중 모집, 홍보, 교육, 배치, 평가, 인정과 승인 등의 관리과정과 이런 과정을 다루는 인력 등을 모두 포함한다. 즉, 자원봉사 관리체계는 크게 자원봉사자 관리자와 자원봉사 관리 과정의 두 가지로 크게 양분할 수 있다. 자원봉사 관리자는 기관이나 시설에서 자원봉사자 관리 및 조정에 대한 일을 주된 업무로 하거나 자원봉사자들의 대표자로서 집단을 이끌고 집단을 대변하기도 한다. 청소년 자원봉사활동의 관리 과정은 계획 및 업무 설계, 모집, 교육 및 훈련, 배치, 평가, 승인 등의 연속된 과정으로 구성되는데 이러한 관리 과정이 제대로 행해지지 못할 경우 시간과 노력을 들여 확보해 놓은 자원봉사자를 효과적으로 활용할 수 없을 뿐 아니라 자원봉사자의 기대도 충족시킬 수 없다.

## 3) 지원체계

지원체계란 자원봉사활동을 둘러싼 외부 환경으로 물질적 · 재정적 · 인적 자원을 행하는 기관이나 단체들을 뜻한다. 청소년 자원봉사활동이 활발하게 행해질 수 있기 위해서는 직접적 · 간접적으로 지원하는 체계가 제도적으로 갖추어져야 한다. 자원봉사활동을 용이하게 하기 위해 필요한 지원으로는 재정적 지원, 물질적 지원, 인적 지원 등을 들 수 있으며 이러한 지원을 행할 수 있는 것은 국가 및 지방정부, 기업, 학교, 사회복지협의회, 공동모금, 기타 자원봉사 관련단체 등이 있다.

## 라. 청소년 자원봉사활동의 현황

　행정안전부와 지방자치단체들은 지역사회를 주 기반으로 전개되는 자원봉사활동의 효율적인 관리를 위해 하부 인프라로 시·도 청소년 활동진흥센터(16개소)를 설치·운영하고 있으며 관련 중앙 행정기관에서도 자원봉사관련 정보센터 및 지원기구를 마련하여 자원봉사활동에 참여하고 있다. 그 외에도 청소년 봉사활동 포털 사이트(www.dovol.net) 및 관리시스템을 개발·운영하고 있으며, 대한민국청소년 자원봉사단을 파견하고 청소년 봉사활동 대축제 등을 운영하고 있다(여성가족부, 2010).

# 4. 청소년 수련활동

　청소년 수련활동은 청소년의 건전육성을 위해 최근 정책적으로 적극적으로 추진되고 있는 활동으로 청소년 수련활동의 개념, 의의와 효과, 활동현황에 대해 살펴보자.

## 가. 청소년 수련활동의 개념

　청소년기본법 제3조3항에 따르면 '청소년 활동'이라 함은 청소년의 균형 있는 성장을 위하여 필요한 활동과 이러한 활동을 소재로 하는 수련활동·교류 활동·문화활동 등 다양한 형태의 활동을 말한다고 규정하고 있다. 청소년 수련활동은 수련활동을 돕는 청소년 지도자, 수련장소인 수련시설, 수련내용인 수련거리로 구성된다. 청소년기본법의 규정과 여러 학자들의 개념정의를 토대로 청소년 수련활동의 개념을 구체적으로 나누어 설명해보면 첫째, 수련활동은 목적적인 활동이다. 즉, 청소년의 균형적인 성장을 위해 심신단련, 자질배양, 취미개발, 정서함양, 사회봉사 등의 체험을 통해 덕과 체를 함양하기 위한 구체적인 목적이 내재된 활동이다. 둘째, 수련활동은 자율적인 활동이다. 이것은 청소년들이 학업 활동과 같이 의무적으로 해야 하는 것이 아니라 자유로운 선택에 의해 이루진다는 의미이다. 셋째, 수련활동은 조직적인 활동이다. 넷째, 수련활동은 체험적 활동이다. 즉, 수련활동은 지식의 이해 및 획득과 같은 교육 활동과는 다른 영역으로 체험을 통한 역동적인 활동이 강조된다.

## 나. 청소년 수련활동의 의의

오늘날 수련활동과 같은 체험교육이 청소년들에게 강조되는 이유는 여러 가지 사회적 상황에서 문제 해결을 위한 대안적 교육 활동으로서의 의미를 가지고 있기 때문이다. 수련활동은 청소년들이 여가 활동 속에서의 자발적 참여를 바탕으로 심신단련, 취미개발, 사회봉사, 자아실현 등의 인간 품성을 도야하는 배움의 실천 활동을 하는 것으로 심신을 단련하고 자질을 배양하며 배움과 실천을 체험함으로써 청소년의 전인적 성장을 위하여 지식교육과 함께 필수적인 활동이다. 이러한 활동은 지식·기능과 같은 수단적 가치를 배양하는 데 그치고 있는 교육적 한계를 넘어서 전인적 인간이라는 종국적 가치를 체험하는 학습활동으로써 청소년의 고유영역 활동인 학업, 근로 등의 영역을 보완할 뿐 아니라 여가 생활의 적응능력을 효율적으로 함양할 수 있어 오늘날 청소년들에게 필수적으로 요구되는 활동이다. 청소년 수련활동은 긍정적인 자아상을 확립하고 나아가 바람직한 인격형성에 도움을 준다. 활동을 통해 대인관계에 대한 기술을 향상시킬 수 있고 건전하게 여가를 활용할 수도 있다.

## 다. 청소년 수련활동의 현황

중앙정부·지방자치단체·민간단체에서는 청소년들이 수련활동을 보다 다양하고 자유롭게 이용할 수 있도록 청소년 수련시설 확충과 수련거리 개발·보급 활동을 하고 있다.

### 1) 청소년 수련시설 현황

청소년활동진흥법에서 국가 및 지방자치단체가 전국의 청소년이 이용할 수 있는 국립청소년 수련시설을 설치·운영하도록 명시하고 있으며, 수련시설의 설치·운영 사업에 대한 중앙정부의 재정지원이 확대된 이후 지방자치단체에 의해 많은 생활권 시설이 설치·운영되고 있다. 또한 정부에서는 민간단체의 수련시설을 확충하기 위해서 청소년활동진흥법에 의거, 세제 등의 지원정책을 시행하고 있다. 청소년 수련시설은 기능이나 수련활동 및 입지적 여건 등에 따라 다양한 유형으로 구분된다. 2005년부터는 청소년 수련관, 청소년 수련원, 청소년 문화의 집, 청소년 특화시설, 청소년 야영장, 유스호스텔로 구분하였다. 1992년 이전에는 수련시설이 150여 개에 불과하였지만 매년 지속적으로 증가하여 2009년 12월 기준 707개의 시설이 설치·운영되고 있다(여성가족부, 2010).

## 2) 청소년 수련거리 개발 현황

국가청소년위원회는 청소년들이 지·덕·체를 골고루 갖춘 인격체로 성장할 수 있도록 특성화 수련거리를 개발, 청소년 단체, 수련시설 및 중·고교에 보급하고 있다. 특성화된 수련활동 프로그램(수련거리)은 21세기 청소년상에 맞게 청소년기본법에 명시된 6대 덕목에 따라 ① 문화적 감성, ② 과학능력과 정보 마인드, ③ 봉사와 협력정신, ④ 모험과 개척정신, ⑤ 전문적 직업능력, ⑥ 국제 감각으로 구분하여 개발·보급된다.

## 라. 청소년 수련활동 인증제

청소년 수련활동 인증제는 청소년활동진흥법 제35조 내지 제38조에 따라 2006년도부터 시행된 제도로 청소년 수련활동이 청소년의 균형 있는 성장에 기여할 수 있도록 국가 및 지방자치단체 또는 개인·법인·단체 등이 실시하고자 하는 청소년 수련활동을 인증하고, 인증된 수련활동에 참여한 청소년의 활동 기록을 유지 · 관리 · 제공하는 청소년 수련활동에 대한 국가 인증제도이다.


## 5. 청소년 활동을 위한 과제

청소년의 건전한 성장과 발달은 지역사회의 좋은 환경이 필수적이다. 청소년이 자신의 이상과 꿈을 마음껏 펼칠 수 있는 그런 환경이 필요한 것이다. 그러나 그렇지 못한 것이 오늘의 현실이다. 특히 청소년의 정서에 악영향을 미치는 향락업소들이 학교 주변은 물론이고 심지어 주택가까지도 널리 퍼져 있고, 폭력, 음란매체물이 무분별하게 유통되고 있으며, 경제침체로 가정환경의 급변에 따른 좌절현상, 정보 · 교통기술의 발달로 인터넷과 이동통신매체도 청소년의 비행 유발요인이 되고 있다. 최근 청소년들의 비행과 탈선이 우려할 만큼 증가하자 국가 · 사회적으로 청소년 유해환경으로부터 청소년을 보호해야 한다는 사회적 공감대가 형성되고 청소년보호운동에 시민단체의 참여가 확산되고 있다. 청소년 보호라는 새로운 국가사회의 공적인 임무를 감당하기 위해 법적, 제도적 장치를 마련하여 보다 더 적극적으로 유해환경으로부터 청소년을 보호하려 하고 있다.

그러나 청소년 보호는 수많은 지역적 일상생활의 현장에서 이루어져야 하는 것이기 때문에 중앙정부의 법적, 제도적 노력만으로는 불충분하고 지역사회 수준(local level)에서의 직접적이고 조직적인 활동을 필요로 한다. 즉, 청소년들이 건전하게 성장하기 위해서는 그들이 지속적으로 '좋은 지역사회 환경'을 경험할 수 있는 '유익한 지역사회 문화 확산 시스템'이 강조되어야 할 뿐만 아니라 청소년이 '나쁜 지역사회 환경'에 접촉하는 기회를 최소화시킬 수 있는 '지역사회 유해환경 정화시스템'이 병행되는 것이 타당하다. 이를 위해서는 지역사회의 물적, 인적자원, 그리고 제도 및 조직자원 등 지역사회의 모든 자원이 청소년 보호 및 청소년 유해환경 정화에 동원, 활용, 조정될 수 있도록 개발되고 조직화되어야 한다. 최근 우리 사회에서 청소년 문제는 그 심각성이 널리 인식된 사회문제의 하나이다. 청소년 비행, 자살, 약물의존, 가출, 폭력, 인터넷 중독 등의 실태는 갈수록 심각해지고 있다. 한편으로는 청소년에 대한 성매매, 청소년을 대상으로 한 각종 유해물의 상업적 제공 등의 모습도 많이 나타나고 있다. 청소년 문제에는 청소년을 둘러싼 지역사회의 환경적 요소가 큰 영향을 미치게 된다. 인간은 환경과의 상호작용을 통하여 반응하며, 인격을 형성해나간다. 따라서 인간의 행동을 이해하기 위해서는 개인과 역동적인 상호작용 관계에 있는 요소로서의 환경을 고려하여야 한다. 특히 청소년기는 사회적, 문화적 환경에 민감하고 정서적으로 불안한 시기이며, 자신의 개인적 본성을 정의하는 데 있어서 긴장이 시작되고, 급작스러운 생물학적, 심리적, 사회적 변화를 경험하는 시기이다. Bloom이 언급한 바와 같이 아직 심리적으로나 사회적으로 성장 단계에 있는 청소년은 환경과의 상호작용에서 환경의 영향을 성인들보다 많이 받는다. 말하자면, 심리적으로 불안정하고 인격의 형성기에 있는 청소년들에게 미치는 환경의 영향은 실로 중요한 의미를 지닌다고 할 수 있겠다.

## 제3장

# 청소년복지의
# 문제점과 개선방안

청소년기는 인간발달 단계 중 가장 급격한 변화를 보이며, 이후의 생의 방향을 결정하는 중대한 시기라고 할 수 있다. 청소년은 이 시기 동안 부모로부터 심리적으로 독립하여 자신에 대한 정체감을 형성하고 진로를 결정하며 사회적 역할을 받아 들고 과업을 달성해야 한다. 그러나 신체적 · 정신적으로 성인의 발달 수준에 미치지 못하고 성인으로 행동하기에는 아직 미숙하여 자립할 수 있는 연령층이 아니므로 부모와 주변 사람의 도움을 필요로 하는 연령층이다. 청소년들이 신체적으로 건강하고 정서적으로 온전하게 자라기 위해서는 다양하고 풍부한 삶의 경험을 축적할 수 있는 텃밭이 필요하다. 여기서 몸과 마음이 그들과 하나가 되어 함께 호흡하고 이끌어 줄 사회적 지원이 요구된다고 할 수 있다. 과거에는 아동복지의 일부에 지나지 않았지만, 이제는 청소년을 단일한 관심 주제로 다루는 연구가 많고 청소년복지의 관심 영역이 점차 확대되고, 심화되기 때문에 청소년에 대한 이해를 바탕으로 청소년복지의 현황과 문제점을 살펴보고 그를 바탕으로 청소년복지가 앞으로 나아가야 할 방향을 제시하고자 한다.


## 1. 청소년복지의 대상 정립

청소년복지의 대상은 청소년 관련 용어 및 연령과 밀접한 관련이 있다. 우리나라 청소년관련 주요 법에서는 청소년을 다양하게 구별하고 있어 중복되면서 동시에 동일 대상을 다르게 명명하고 있는 혼란을 초래하고 있다. 아동복지법에서는 18세 미만인 자를, 청소년기본법에서는 9세 이상 24세 이하인 자를, 청소년보호법에서는 19세 미만인 자를, 민법에서는 20세 미만을, 소년법에서는 18세 미만으로, UN은 아동의 연령을 18세 미만으로 규정하면서도 청소년의 연령을 15세 이상 24세까지로 규정하고 있다. 이러한 연령에 대한 개념 중복문제를 극복하기 위해서는 청소년에 대한 법률적 용어의 통일성과 일관성을 유지할 필요가 있다. 또한 연령 범위도 청소년 이념과 밀접한 관련이 있는 UN 아동권리위원회의 권고와 국제적 추세를 고려하여 육성의 대상으로 청소년을 24세까지로 하되, 보호의 대상인 아동과 청소년은 18세 미만으로 통일시키는 것이 바람직하다(남일재, 2006).

## 2. 청소년의 인권보호 및 참여확대

오늘날 우리나라의 아동, 청소년 관련 정책과 서비스는 1989년 제정된 UN의 아동의 권리에 관한 국제협약에 준거하여 청소년의 생존권, 발달권, 참여권, 보호권 보장의 패러다임을 중심으로 전환되고 있는 추세이다. 따라서 청소년의 인권에 대한 중요성을 인식하고 청소년에게 이러한 권리를 교육시키는 제도적 장치를 마련할 의무를 명확히 하여야 할 것이다. 이를 위해서는 무엇보다도 청소년과 밀접하게 일하는 집단에 대한 양성과 훈련과정에 청소년의 인권에 관한 교육이 반드시 포함되어야 한다. 또한 학부모 대상의 인권교육 프로그램 개발과 홍보가 이루어져야 하며, 정부와 지방단체 및 시민단체가 연계하여 인권의식 확대를 위해 노력해야 한다(이봉철, 2001).

## 3. 지방자치단체의 청소년복지 강화

현재 청소년복지는 수도권 중심으로 정책과 서비스, 프로그램 등이 편중되어 있다. 이는 지방에서의 청소년 보호시설의 미비, 빈약한 예산편성, 인력부족, 청소년복지에 대한 인식 부족, 청소년복지를 위한 지역사회 지원시설의 부족 등에서 나타나고 있다. 그러나 이런 거시적인 과제 이외에도 부족하나마 있는 시설로도 청소년이 여가 시간을 유익하게 보낼 수 있도록 공간을 확충하는 일역시 지역사회의 과제이다. 최근 늘고 있는 시민회관, 구민회관 등공공시설의 관련단체들에 의한 독과점에서 벗어나 시민의 문화공간으로 탈바꿈해야 할 것이다. 또한 청소년에게 유해한 매체가 청소년들을 고객으로 하는 상품으로 유통되지 못하도록 지역사회에서 모니터링 활동을 벌이는 등 지역사회가 앞장선 사회운동을 실시하여야 할 것이다. 이를 위해서는 지방자치단체의 청소년복지에 대한 인식의 전환과 더불어 지방의 특수성을 반영한 청소년복지 서비스와 정책의 반영이 시급히 이루어져야 할 것이다.

## 4. 청소년복지 관련법의 정비와 재정확보

청소년복지 관련법이란 청소년 또는 청소년의 보호 · 육성과 직 · 간접적으로 관련된 것으로서 청소년을 직접대상으로 하거나 청소년의 권리 의무에 관계된 조항을 포함하여 청소년의 복지를 보장하는 모든 법령, 규칙을 말한다. 그러나 청소년에 대한 복지사업은 별도의 '청소년복지법'이 없어 아동복지법, 생활보호법 등 다른 사회복지법에서 부분적, 단편적으로 시행되고 있는 실정이다. 그러나 청소년복지 정책을 원활히 추진하고 청소년 정책의 효과를 제고하기 위해서는 일관성 있고 안정된 정책수행과 동시에 청소년기본법을 포함한 관련법령 등을 시대변화에 맞게 추가 · 보완하여 법적 뒷받침을 강화해야 한다. 또한 이들 관련법들이 효율적으로 집행되고 성과를 거두기 위해서는 관련 청소년 예산재정 증액이 이루어져야 한다. 따라서 청소년의 삶의 질에 소요되는 재원의 안정적 확보와 확충을 위해 국고, 지방양여금(地方讓與金),2) 청소년 육성기금 등 새로운 재원을 발굴하고 기금 사용의 효율성을 재고해야 할 것이다.

---

2) 국가에서 국세로 징수한 일부 세목의 수입금을 지방자치단체에 양여하여 지방자치단체의 도로, 농어촌지역 개발, 수질오염 방지, 청소년 육성, 지역개발사업 등 5개 특정사업에 충당할 수 있도록 한 지방재정 지원제 도의 하나를 말한다.

## 5. 청소년복지 사업의 제도화

청소년기본법은 그 목적과 정의에서 '청소년의 복지를 증진하고 청소년의 균형 있는 성장을 돕는 것'이라고 명시함에도 불구하고 청소년복지, 청소년복지 시설에 대한 정의가 누락되어 있다. 따라서 현재 청소년복지 사업을 하고 있는 청소년상담실, 청소년 쉼터, 청소년 공부방 등을 포함하고, 학대받는 아동의 치료시설, 약물 오남용 치료시설 등을 신설하여 청소년의 복지시설로 규정하여야 한다. 더불어 청소년의 문제가 점차 심각성과 복합성을 더해 가고 있는 상황에서 시설의 다양화와 전문화를 확보할 필요가 있다. 특히 소득과 생활수준의 향상, 새로운 욕구나 문제의 증가 등으로 인해 청소년들에게 건전한 문화와 공동체 의식을 향상시킬 수 있는 프로그램들이 더욱 강화되어야 할 것이다.

현재 육아시설에서 보호를 받고 있는 아동의 약 8%에게는 아버지나 어머니가 있다는 사실을 볼 때, 보호자의 양육기피로 인한 아동의 가정 복귀 지연은 큰 사회문제이다. 현재의 시설보호 규정은 시설에 입소한 후에는 아동의 보호자에게 아무런 양육 책임도 묻지 않으므로 아동양육을 기피하는 보호자에게 남용될 수 있다. 따라서 요보호아동에 대한 보호자의 책임과 국가와 지방자치단체의 책임을 적절히 조정하여 거택보호와 시설보호가 유기적인 연계성을 가지도록 할 필요가 있다. 또한 부모의 이혼이나 가출 등으로 인한 결손가정에 대한 복지사업을 강화하여 모·부자 가정 조정서비스를 제도화하여야 할 것이다.

## 제4장

# 청소년복지 증진과 전망

청소년은 어른과 어린이의 중간 시기이며 일반적으로 9세에서 만 24세의 사이의 사람을 칭하며 이러한 시기에 있는 청소년의 안녕을 위해 만들어진 것이 청소년복지인데 우리나라에서 청소년에 대한 사회적 · 학문적 인식이 제기되기 시작한 것은 상당히 최근이며, 청소년에 대한 사회적 책임을 강조하는 청소년복지의 사회적 인식을 불러일으킨 시기 역시 불과 얼마 되지 않았다. 청소년복지가 수년 전에 단순히 청년문화의 아류 정도로 취급되었던 이유는 전통적으로 청소년을 돌보는 역할은 가정의 역할로 인식되어 국가의 개입은 한정적이었으나, 최근에는 청소년의 욕구와 부모의 생각이 다르다는 인식으로 새로운 청소년복지 과제가 제시되는 등의 노력으로 이어지고 있다. 그러나 다양한 청소년 문제가 확대되면서 그에 대응하는 청소년 복지에 국한되어 시설퇴소 청소년의 자립대책, 빈곤가족과 결손가족의 청소년 보호와 양육대책, 가출청소년 대책 등 아직 요보호청소년이나 일부 청소년의 복지에 초점이 맞추어져 있는 수준에 머무르고 있다.

## 1. 청소년복지의 의의와 특징

청소년복지에 대한 합의된 정의는 없지만, 대체로 청소년복지는 가정이나 사회로부터 버려지거나 적응하지 못하는 청소년뿐만 아니라, 모든 청소년의 안녕에 관심을 가진다. 청소년복지 활동은 청소년의 기본적인 욕구를 충족하게 하고, 정신적, 정서적, 신체적으로 최상의 발달을 기하기 위해서 청소년 자신들에게 직접적으로 또는 가정이나 사회를 통해 간접적으로 제공되는 모든 사회 제도적, 전문적 활동을 말한다.

역사적 시각에서 볼 때, 청소년복지는 청소년을 독립된 세대로 인식하게 된 시대적 상황과 밀접한 관계가 있다. 서구에서는 19세기 중반부터 의무교육이 도입되면서 노동자의 어린 자녀들이 거리에서 사라졌다. 국가는 그들에게 새로운 기술을 가르쳐서 장래성 있는 노동자로 키우려고 하였다. 이 시기 청소년복지의 핵심은 의무적인 초등교육과 비행청소년에 대한 보호와 통제였다.

제2차 세계대전 이후 중등교육이 보편적으로 실현되고, 청소년을 대상으로 한 종합적인 여가오락 시설이 출현하면서 청소년기는 제도화되었다. 중등교육의 연장으로 의존의 시기는 증가되고, 학령기에 있는 세대들이 그들만의 청소년문화를 형성했다. 이들은 부모에게 의존적인 아동에서 완전한 법적 책임을 지는 성인의 중간세대로 인식되었다. 따라서 이 시기에 서구사회에서는 청소년을 위한 여가정책이 발달했다. 1973년 오일쇼크 이후에 세계 경제의 불황과 청소년 실업의 증가로 서구 사회에서 청소년 정책은 청소년 실업에 대한 대책으로 그 초점이 전환되었다. 학교에서 일터로, 부모 집에서 독립된 거처로, 독신에서 동거로의 전환이 경제위기로 심각하게 균열되자 국가의 관심은 고용정책을 통해서 이를 재건하고자 하였다.

물론, 정책의 대상으로서 청소년은 다양한 모습을 띨 수밖에 없었다. 하나의 인구집단으로 범주화하기에는 청소년은 그의 연령, 성별, 인종, 계급배경, 국적 등에 따라서 매우 다양한 하위집단으로 나눌 수 있다. 따라서 청소년복지는 한마디로 말하기 어렵지만, 다음과 같은 특징을 찾을 수 있을 것이다.

첫째, 청소년 문제의 발생과 청소년복지의 필요성을 가족과 사회의 변동 자체에서 찾고 있다. 핵가족화와 이혼으로 인한 가족해체의 증가는 청소년 문제의 중요한 요인으로 지적되고, 기혼여성의 취업은 어린 아동의 탁아뿐만 아니라 청소년의 정서적 성숙에도 영향을 주는 것으로 인식되고 있다. 또한 산업화와 도시화는 그 익명성으로 인하여 전통사회가 간직한 지역공동체의 기능을 약화시키고 아동과 청소년의 생활공간을 상업화했다. 따라서 청소년복지는 가족정책, 산업정책, 지역복지정책 등 다른 사회 정책과 밀접한 관계 속에서 다루어진다.

둘째, 학교교육의 연장과 그 역기능 속에서 청소년복지의 필요성이 다루어진다. 의무교육의 실시, 미진학 청소년에 대한 대책과 같은 전통적인 사업뿐만 아니라, 중등학교에 다니는 학생들의 학업성취와 진로지도 전반에 대한 관심을 갖는다. 또한, 공교육 기간이 늘어나면서 생활 교육보다는 지식 위주의 교육이 만연되고, 입시 위주의 교육과 과도한 학습량으로 청소년의 건전한 신체적 · 정서적 성장이 왜곡되는 문제에 관심을 가진다. 지나친 지식 위주의 교육을 극복하기 위해서 청소년활동이 강조되는 이유가 여기에 있다.

셋째, 청소년복지를 위한 정부와 민간의 협력이 강조되고 있다. 청소년은 보는 관점에 따라 문제 집단, 사회 안정의 위협 집단, 혹은 사회적으로 불리한 집단으로 여겨지기도 하였지만, 오늘날 청소년은 다양한 성격의 집단으로 인식되고 있다. 따라서 청소년 집단을 위해서 소득, 보건, 교육, 주택, 여가 서비스 등을 단일한 방식으로 제공하기보다는 국가와 지방자치단체, 그리고 민간이 다양한 방식으로 접근하는 것이 바람직하다고 본다. 특히, 경제위기로 국가의 재정이 위축되면서 기업, 종교기관, 시민사회단체 등 민간의 역할이 강조되고 있다.

넷째, 청소년을 복지의 대상으로만 인식하지 않고 사회변동의 주체로 인식하는 경향이 높아지고 있다. 시민사회에 청소년의 권리가 강조되면서 청소년과 관련된 정책의 의사결정에 청소년의 참여와 관여가 증대되고 있다. 또한, 청소년이 자원봉사활동을 통해서 지역사회 문제를 해결하도록 장려되고, 미래의 주인으로뿐만 아니라 현재 한 시민으로서 책임을 다하도록 강조되고 있다.


## 2. 청소년 문제에 대한 책임주체 의식

청소년들은 전체 사회에서 나타나고 있는 최저생계 문제, 보건의료 문제, 취업 문제, 교육 문제, 주거 문제, 사회문화 활동 문제에 대해 누구의 책임이라고 생각하고 있는가? 즉, 국가와 개인 중 누구의 책임이 더 크다고 생각하는지를 알아보기 위한 질문에서 보건의료 문제(77%)와 사회문화 활동(65%)에 대해서는 정부의 책임이 크다는 의견을 보이며 취업 문제(30%), 교육 문제(26%)에 대해서는 개인의 책임이 크다는 의견을 보인다. 최저생계비의 보장에 대해서는 개인과 정부가 공동으로 책임져야 한다는 생각이 가장 많고(26%), 주거 문제는 가족의 책임이 가장 크다는 의견이 다수를 차지한다(27%). 청소년의 응답에서 국민의 주요 생활 영역에 대해 일관되게 정부의 책임을 강조하는 경향이라든지 개인의 책임을 강조하는 경향이라든지 하는 경향성은 나타나지 않으며 단지 개별적 사항에 대한 개별적 의견만 나타나고 있을 뿐이다. 사회의 일반적인 흐름과 다소의 차이가 있는 부분은 사회문화 활동 부분으로 상대적으로 개인 및 민간단체의 활동을 강조하는 것이 일반적인데 반해 청소년의 64%가 정부 책임이 크다고 생각하고 있다. 아무래도 청소년은 문화시설이 부족하다는 것에 대해 강한 불만을 갖고 있기 때문에 문화시설을 짓는 문제는 결국 지방자치단체와 중앙정부에서 해야 한다는 생각에서 정부 책임을 강조하지 않는가 라고 생각된다.

## 3. 청소년복지 증진을 위한 지역사회 복지 활동의 필요성

성인으로의 발달은 청소년들이 가족과 사회에서 그들 자신만의 위치를 마련해가며 그들의 부모로부터 해방된다는 것을 의미한다. 이 과정은 오늘날과 같은 사회적 변화의 시기에 있어 매우 중요한 부분이다. 참으로 오늘날의 사회는 청소년들에게 분명한 자리매김을 할 수 있게 하는 기회가 보다 제한적이라고 볼 수 있다. 이러한 상황에서 OECD(2005)는 청소년기의 전반을 위험에 놓여 있는 시기(at risk)라고 정의한다. OECD(2005)에 의한 위험에 놓여 있는 시기라는 단어의 조작적 정의는 학교적응의 실패, 진로결정과 성인으로서의 준비 과정에 있어서의 어려움의 증가, 사회성의 실패 및 사회에 대한 적극적인 기여도의 감소 등의 세 가지 요소를 중심으로 그 의미를 설명한다. 이러한 상황에서 위험에 놓인 청소년들을 위해서는 Age Group Approach와 더불어 Longitudinal Approach가 필요하다는 지적이 최근의 OECD의 보고서(2009)에서 보다 많이 강조되고 있다. 즉 각 사회는 청소년 시기에 있어 가장 중요한 것인 인성(Personality)과 능력(Capabilities), 즉 인지적, 사회 정서적 능력, 원동력, 창조적인 능력 등이 균형 있게 잘 발달해 나가도록 우리의 도움을 최대화하는 것과 동시에 위험요소에 대항하고 이를 극복하게 하도록 노력하는 것이 필요함이 상당히 많이 강조되고 있다.

이러한 상황에서 청소년복지 증진을 위한 지역사회 복지 활동의 네트워킹의 필요성 및 보다 통합적인 새로운 시스템 개발의 필요성을 정리해 볼 필요가 있다. OECD(2006)의 보고에 의하면, 현재 지역사회에서 청소년을 위한 문제 해결 노력이 실패하는 경향성이 높고 그러한 실패의 이유를 다음에서 찾는다.

첫째, 필요한 서비스에 대한 접근이 어려움.

둘째, 필요한 서비스가 없는 것의 문제.

셋째, 제공되는 서비스의 지속성의 부재.

넷째, 서비스들의 사전 문제 해결 지향이 아닌 사후 문제 해결 지향.

다섯째, 서비스 노력들의 책임성 부재.

즉 과거의 모형이 갖는 이러한 문제점들을 더 이상 간과하는 것은 적절치 않고 새로운 접근 방법의 모색이 필요하다는 것이다. 그러면서 하나의 대안으로 제시되는 것이 바로 지역사회 문제 해결 노력의 네트워킹(Networking)과 통합(Integration)이다(OECD, 2006). 즉 협조(Cooperation), 협력(Collaboration), 조정(Coordination)이라는 용어로 서술되는 이러한 대안은 이제 각 사회에서 청소년의 문제를 위해서는 이러한 대안적 활동이 유기적으로 전개되어지지 않는 한 위험에 처한 청소년들의 독립된 인격체로서의 성장을 기대할 수 없음을 암시한다. 즉 변화하는 가족의 구성과 기능, 학교의 기능, 그리고 사회 경제적인 구조 속에서 위기에 놓인 청소년들의 문제를 보다 효과적이고 효율적으로 해결하기 위해서는 지역사회, 정부 및 민간 기관의 다양한 노력들이 제각기 일부의 부분만 초점을 맞추는 과거의 방식에 머물지 말고 보다 체계적이고 유기적으로 연결되고 한 걸음 더 나아가서는 통합되어지는 것이 필요함이 강조되고 있다. 즉 네트워킹과 통합의 노력이 무엇보다도 필요함이 강조되고 있다.

이러한 상황에서 외국에서의 청소년복지 증진을 위한 지역사회 복지 활동에 대한 외국의 사례와 우리나라에서의 사례를 살펴보면서 접근 방법을 어떻게 할 것인가? 특히 네트워킹(Networking)과 통합(Integration)의 차원에서 우리에게 적절한 접근의 모형이 무엇인가를 모색해보는 것은 실천적인 차원에서 큰 의미가 있을 것으로 생각된다.

# 4. 청소년 보호 활동의 현황과 문제

우리나라의 전반적인 청소년 보호 활동의 조직과 활동양상을 살펴볼 때 다음과 같은 점에 주목할 필요가 있다.

첫째, 청소년 보호 활동을 위한 행정적 지원체계의 정비가 필요하다. 중앙정부의 행정기구가 보호와 육성이라는 모호한 구분에 의해 2개 기구로 나뉘어 있고 이에 따라 강력하고 일관된 청소년 관련 업무가 추진되지 못할 소지가 있다. 한편으로 지방자치단체에서는 잦은 담당자의 교체, 관련 활동의 난립 등으로 청소년 보호 사업에 대한 관심과 이해가 부족하여 실질적이기보다는 전시성 보호 활동에 머무르고 있는 형편이다. 따라서 지방청소년사무소와 같이 지방자치단체 수준에서 유해환경감시단이나 여러 청소년 보호 활동을 지속적이고 체계적으로 지원할 수 있는 행정체계의 정비가 필요하다.

둘째, 현재의 청소년 보호 관련 자원들을 지역사회 단위에서 유기적으로 통합할 필요가 있다. 청소년 관련의 사업에 활용되고 있는 여러 가지의 자원이 있다. 그러나 우리나라의 청소년 보호 활동에서는 청소년 관련의 여러 자원이 유기적으로 연결되어 활용되지 못하고 각각의 자원이 분리되어 활동하게 되는 문제를 안고 있는 경우가 많다. 예를 들어 청소년상담과 유해업소의 단속은 별개의 문제가 아님에도 서로 유기적 관련 없이 이루어지는 것이 일반적인 양상이다. 청소년 문제가 복잡한 양상을 가지고 있으나 개개인의 청소년에게 한꺼번에 작용하듯이 청소년 보호 활동도 다양한 측면에서의 자원들이 유기적으로 연결되어야 한다. 따라서 지역사회 자원의 통합(Integration)과 네트워킹(Networking)이 필요하며, 사회복지 실천적 의미에서 사례 관리(Case Management)와 같은 활동 시스템의 도입을 생각해볼 수 있다.

셋째, 청소년 보호 활동에 관련된 잠재적 자원들을 개발, 활용해야 한다. 청소년 보호 활동에 현재 활용되고 있지 못한 잠재적 자원들을 개발, 육성해야 한다. 특히 복지관련 인력이나 조직은 지역사회 수준에서 청소년 보호를 위해 가장 중요한 전문적 자원이면서도 지역에 따라서는 청소년 보호 활동에 전혀 포함되어 있지 않은 경우도 있다. 이러한 잠재적인 관련 자원들을 발굴하여 지역사회의 청소년 보호 활동에 활용할 필요가 있다.

넷째, 청소년 보호 활동 조직들에 대한 적절한 관리가 필요하다. 현재 지역사회 단위에서 청소년 보호 관련 조직들이 상당히 난립해 있는 경향이 있다. 따라서 많은 경우 구성인원에서 중복이 나타나기도 하고 해당 조직들의 자질이나 속성에 대한 적절한 검증이 이루어지지 못한 경우도 있다. 형식적인 대규모 보호 조직의 구성보다 참여단체나 개인의 속성을 감안한 소규모의 조직화가 더 좋은 효과를 낳기도 한다. 청소년 보호 활동은 중앙정부의 정책적 의지도 중요하지만 결국은 지방자치단체의 수준에서의 직접적 활동, 그리고 지역사회 자원의 조직화가 가장 핵심적인 관건일 것이다.

# 5. 향후 청소년복지 대책

## 가. 일반 청소년

일반 청소년복지란 용어상으로는 아직 낯설지만, 현대 사회에서의 복지개념을 반영하는 것이라고 할 수 있다. 이 일반 청소년복지의 주 대상은 과거 청소년복지 대상에서 제외되었던 사람들이다. 즉, 심리적 · 환경적으로 특별한 문제가 없는 청소년들을 대상으로 하는 것이다. 왜냐하면 청소년들에게 문제가 발생했을 때 이를 제거하고 치료하는 것도 중요하지만, 문제가 발생하지 않도록 미리 예방하는 것은 더욱더 중요한 일이기 때문이다.

### 1) 일반청소년을 위한 프로그램

#### ① 자아개념 증진 프로그램

부정적인 자아개념을 갖고 있는 청소년들이 긍정적인 자아개념을 갖도록 도와줘야 한다. 그것은 청소년기에 형성된 자아개념은 청소년기는 물론 성인기 이후까지의 삶에도 영향을 미치며, 이것은 자아개념 증진 프로그램을 통해 얼마든지 개선될 수 있다.

#### ② 수련활동

수련활동이란 청소년의 균형적 성장을 위하여 청소년이 능동적으로 참여하는 것을 전제로 생활권이나 자연권에서 심신단련, 자질배양, 취미개발, 정서함양 및 사회봉사와 관련된 활동을 통해 배움을 실천하는 다양한 조직적인 체험활동을 말한다. 진정한 의미의 수련활동이 진행되기 위해서는 다양한 프로그램을 마련하고, 수련활동에 참여하는 지도자들에 대한 자질을 높이고, 활동비용도 국가나 사회가 부담해야만 한다.

### ③ 진로지도

진로지도란 청소년들이 자신의 흥미와 적성, 능력에 따라 적합한 지식과 기술을 배우고, 장차 미래의 직업 세계에 종사할 진로를 인식, 탐색하여, 이를 합리적으로 선택 · 준비 · 결정할 수 있도록 지도하는 종합적인 교육활동을 말한다. 청소년은 쉽게 비행과 같은 청소년 문제가 일어나기도 하므로 청소년들 각자 지닌 능력과 적성을 최대한 살려서 자신의 진로를 선택할 수 있도록 지도하고, 제도적으로 이러한 기회를 보장하는 것이 중요하다. 최근에 초 · 중 · 고등학교에서 진로교육을 하는 것은 바람직한 일이라 생각하고 양질의 프로그램이 개발되기를 기대한다.

## 나. 비행청소년

음주, 흡연, 싸움, 흉기소지, 부녀희롱, 기타 자기 또는 타인의 도덕성을 해치는 행위 등을 하는 불량행위소년을 포함시켜 규정하고 있다. 이와 같이 우리나라에서는 형법을 위반한 행위뿐만 아니라 미래에 형법을 위반할 가능성이 있는 행위들도 포괄해서 청소년비행으로 보고 있다.

## 1) 비행청소년을 위한 복지대책

### ① 일반비행

청소년들을 신뢰하고 그들의 가치관과 꿈을 인정해주는 열린 안목을 가지고 기성세대의 문화를 정화하려는 노력이 선행되어야 한다. 또 청소년들의 볼거리와 할 거리를 만들어주고, 교육풍토를 혁신하고, 학교 주변 환경 정화사업을 강화해야 할 것이다. 비행청소년에 대한 실질적인 치료적 방안과 예방책이 마련되게 제도 개선과 종합적 정책 대안이 마련되어야 한다.

### ② 약물남용

약물 관련 교육·계몽활동을 각종 프로그램을 통해 강화하며, 약물관리 체제를 개선하고 미성년자들이 약물에 쉽게 접근할 수 없도록 한다. 또한 약물남용 문제는 학교, 가정, 병원이 적극적으로 협조해야 해결 가능하며, 약물남용 전문 연구기관의 설립과 재정지원이 필요하다.

### ③ 학교폭력

처벌보다는 선도 위주의 대응이 필요하며 학생들의 인성교육과 학교복지 개선 노력이 강화되어야 한다. 교사들이 지나친 폭력을 사용하면서 학생들의 폭력을 비난하고 선도하는 것은 반성 되어야 한다. 또 학교별로 학교폭력 신고 체제를 확립하는 것이 필요하고,

학교 내의 학교폭력방지 홍보도 중요하다. 학교뿐만 아니라 매스컴의 지속적 홍보도 요망된다. 최근 학생들의 교사 폭력 증가는 아이러니하고 황당한 일이지만 원초적인 가정에서의 가정교육, 학교에서의 인성교육의 절실함을 느끼게 한다.

## 다. 근로청소년

여러 가지 이유로 인하여 진학을 하지 못하고 각종 산업에 종사하여 생산 활동을 비롯한 경제활동에 참여하고 있는 근로자 계층에 속하는 청소년 집단을 말한다. 따라서 근로청소년은 일련의 경제활동을 통해서 현재의 삶을 영위하고 그가 되고자 하는 모습을 장래에 실현시키기 위해서 일하고 있는 사람이라고 말할 수 있다. 최근 부실대학 퇴출과 관련하여 고졸 취업학생들이 증가하고 있음은 고무적인 현상으로 이러한 현상이 정착할 수 있는 프로그램이 마련되어야 할 것이다.

### 1) 근로청소년을 위한 복지대책

낮은 임금에 걸맞은 적정근로시간 이행과 쾌적한 작업환경을 만들어주는 근로환경 개선이 필요하다. 또 정부가 산업체로 하여금 근로청소년을 위한 주거환경을 개선하도록 보다 실질적으로 지도할 수 있는 법적·행정적 조치를 제도화하는 것도 한 방안이다. 근로청소년들이 진정으로 원하는 여가와 문화 사업이 무엇인지를 파악하여 여기 시간을 활용할 수 있는 공간이나 시설 확충이 중요하다. 근로청소년의 교육적 욕구가 보다 높아지고 있으므로 산업체와 대학 간의 교육네트워크 강화, 기업의 부설대학이나 일반대학의 야간학부 진학기회와 여건강화가 절실하다. 근로청소년이 다양한 사회에서 보다 잘 적응할 수 있도록 직장 및 사회적응 교육을 효과적으로 실시해야 할 것이다. 근로기준법에는 14세 미만의 미성년자 근로를 금하고 있음에도 불구하고 이는 철저하게 지켜지지 않고 있다. 즉, 강력한 관리 감독체제와 법질서의 실천의지, 양심적인 근로감독이 요구되는 부분이다.

## 라. 장애청소년

장애청소년이 그의 장애를 수용하지도 않고, 동시에 장애로 인한 여러 가지 불이익을 극복하려는 의지가 없고 사회적 지원이 따르지 못한다면 부모와 가족에게도 심리적·신체적·경제적 부담이 된다. 그리고 이러한 점은 사회 및 국가적 차원에서도 인적 자원의 손실을 초래하게 된다. 따라서 장애청소년이 그가 지닌 장애를 경감, 제거할 수 있는 제도적 조치 및 각종 재활을 통하여 사회통합을 돕는 것은 장애청소년 자신과 가정, 나아가 사회의 복지에 이바지할 수 있다는 데 그 의의가 크다.

## 1) 장애청소년 복지대책

### ① 기본생활을 위한 소득보장대책

공적 부조, 사회보험, 각종 조세감면 및 이용요금 할인을 통해 경제적 부담을 경감한다.

### ② 의료보장대책

의료부조 대상 이하인 자로서 생활에 장애를 받는 경우에는 보장구의 제조, 구매, 수리, 검진 및 적응훈련비를 지급하고 있다.

### ③ 시설보호대책

장애의 정도가 심하여 일반가정에서는 양육하기 어려운 청소년은 수용보호시설에서 수용하며, 장애의 정도가 비교적 경미할 때는 재활시설을 이용한다.

### ④ 재활대책

재활은 심신 장애인으로 하여금 그들이 가진 잠재능력을 개발시켜 최고 수준에 도달하도록 함으로써 사회적 복귀를 이루어 독립적인 사람으로 살아가도록 하는 것을 말한다. 이러한 재활로는 의료재활, 교육재활, 직업재활, 심리재활, 사회재활 등이 있으며, 서로 유기적인 관련을 지니고 통합적으로 실시해야 효과를 거둘 수 있다.

## 마. 미혼모 청소년

사전의 정의에 의하면 미혼모란 "합법적이고 정당한 결혼 절차 없이 아기를 임신 중이거나 출산한 여성을 말한다"라고 정의하고 있고, 법적으로는 혼인하지 않은 상태에서 분만한 여성을 말하며 때로는 이미 혼인한 기혼녀가 이혼, 과부 등의 상태에서 법적인 배우자가 아닌 남자와의 관계에서 임신했을 경우도 있고, 처녀가 혼전 임신한 경우나 독신녀가 인공 수정한 경우도 포함된다.

### 1) 미혼 청소년부모의 복지대책

미혼모의 문제는 예방과 사후 대책으로 나눌 수 있다. 예방은 반도덕적이고 비합리적인 성의식을 바로잡고 도덕성 회복을 위한 사회 문화적인 노력과 함께 충동적 행위를 통해서 나중에 겪게 될 고통 및 책임을 인식시키고 무지로 인한 혼전 임신 등을 방지하기 위한 실질적인 성교육 실시를 의미한다. 사후 대책은 미혼모들이 임신 중 또는 출산 후 신체적 또는 정신적으로 건강을 해치지 않도록 보호해 줄 수 있는 대책과 더불어, 출산 후 자녀 양육 및 사회 복귀를 도와 또 하나의 결손 가정이 생겨나는 것을 예방한다.

## 제5장

# 청소년과 사회복지

# 1. 청소년에 대한 역사적 조망

## 가. 고대그리스

플라톤(Platon)은 아동기 초기에는 지적인 면이 아닌 성격적인 면이 발달되어야 하고, 특히 초기 경험의 중요성을 강조하였으며, 인간의 영혼과 이성이 육체와 감정을 지배해야 된다고 주장하였으며, 아리스토텔레스(Aristoteles)는 인간발달 단계의 구체적인 시기를 기술한 최초의 사람으로 청소년기의 가장 중요한 측면을 선택 능력의 발달이라고 주장하였으며, 청소년 초기 개인들은 성숙한 사람에 비해 불안정하고 인내심이 부족하며 자기 통제 능력이 부족하다고 생각하였다(장수한, 2009).

따라서 그리스시대 철학자들은 청소년기의 중요성을 강조하면서, 청소년기를 이성의 발달적 시기 또는 자기 선택에 의한 자기 결정과 자기 통제 능력의 발달적 시기로 규정하였다(한국청소년지도학회, 2009).

## 나. 중세와 계몽기

청소년에 대한 중세와 계몽기 사회의 시각은 냉소적, 비인격적 존재로 취급하였다. 특히 축소된 성인으로 간주하면서 성인들과 똑같은 흥미와 욕구를 갖고 있다고 간주하고, 혹독한 훈육과 체벌, 성인과 동일한 노동력과 작은 야만인으로 생각하였다.

종교교육은 엄격한 교리주의적 전통으로 청소년의 비이성적, 반문화적인 행동을 마음속에 악령이 내재되어 있다고 생각하면서 엄격한 훈육의 대상으로 삼고, 청소년들을 견습공 또는 하급 기술자처럼 취급하고, 독자적인 문화와 사고방식은 허용되지 않았다(장수한, 2009).

## 다. 근대 말과 20세기 초

청소년이라는 말이 등장한 시기이다. 스탠리 홀(Stenly Hall, 1904)은 『Youth Age』라는 두 권의 저서를 출간하면서 청소년에 대한 생각을 재정립하고, 청소년은 질풍과 노도를 경험하고 있는 퇴폐 문제의 원인 제공자라고 주장하였다. 청소년들이 수동적 존재로 보이지만 내적으로 상당한 혼란을 경험하고 있다고 주장한 이후 역사가들은 Hall을 청소년에 대한 과학적 연구의 아버지라고 부른다.

마거릿 미드(Margaret Mead, 1928)는 청소년들의 기본적인 성질이 Hall이 주장한 생물학적 특징을 지닌 것이 아니라 사회 문화적 특징을 지니고 있다고 주장하면서, 사모아 섬의 청소년 연구를 통해 청소년들이 아동기에서 성인기로 부드럽고 점차적인 형태로 진행될 때 '질풍과 노도'는 청소년 시기와 거의 관계가 없다고 주장하였다(장수한, 2009).

## 라. 20세기의 청소년

1920년대 성인의 지도성에 따른 수동성과 순응성은 동료들의 영향에 따른 자율성과 순응성으로 대치, 젊은이들이 성인의 행동을 모방하기보다 성인들이 젊은이들의 스타일을 모방하기 시작했다.

1930년대는 대공황, 정부를 비난하는 급진적 저항집단이 증가하였다.

1940년대는 제2차 세계대전 발발로 심각한 경제적 어려움과 정치에 대한 관심이 많았다.

1950년대는 발달심리학적 기간이 확립되었으며, 신체적·사회적·정체성에 주목하도록 하고, 법적 관심을 불러일으켰다. 청소년들을 대상으로 특별법을 제정하고, 청소년들을 침묵의 세대로 기술했으며, 대학 학위가 좋은 직업을 차지할 수 있다는 생각이 지배적이었다.

1960년대는 고등교육을 추구하는 시기로 정치적 저항운동이 60~70년대 초에 절정에 달했으며, 십대들의 약물남용에 대한 부모들의 관심이 컸다.

1970년대는 여성운동과 관련한 저항운동이 많았으며, 여성의 사회적 지위향상과 성 역할의 변화에 많은 관심이 있었다(장수한, 2009).

## 마. 현대의 청소년

청소년들의 현행 지위를 보면, 대부분의 청소년들은 성숙한 성인에 이르는 긴 경로를 성공적으로 통과하지만 소수집단 청소년을 포함한 일단의 청소년은 그렇지 못한 실정이다. 인종·문화·성·사회경제·연령·생활양식의 차이는 각 청소년의 실제적 생활궤도에 영향을 주고 있다(장수한, 2009).

## 2. 청소년의 의미와 특성

### 가. 청소년의 의미

정범모(2002)는 사춘기와 청년기의 젊은이들을 통칭하여 청년이라 하고, 12~14세경에서부터 연령에 관계없이 결혼 및 직업의 책임을 성취할 때까지 라고 주장하였으며, 심리학적 측면에서 보통 12세에서 20세까지 급성장을 경험하고 있는 존재라고 하였다.

청소년은 생애 발달 과정의 어떤 시기와도 다른 독특성을 지님과 동시에 한 인간으로서의 인격적 존엄성을 지닌 존재이다. 즉 인간으로서의 보편적 인격성과 청소년만이 갖는 독특성을 동시에 지니고 있는 질풍노도의 세대이다(오치선, 2002).

## 나. 청소년의 특성

### 1) 신체적 · 성적 특성

청소년기는 제2의 성장 급등기라 할 만큼 신체적 성장과 변화가 급속한 시기로 남자의 경우 11세에서 13세 사이에 체중과 신장의 급등현상이 일어나고 음경과 고환의 크기가 증가, 음모와 겨드랑이 체모, 턱수염의 출현, 목소리가 변화하고 사정을 경험하게 된다. 여자의 경우에는 9세에서 11세 사이에 신체적 급등현상과 함께, 유방의 발육, 음모와 겨드랑이 체모, 초경이 있게 된다. 이러한 성적 발달에 따라 여자는 골반이 넓어지고 근육과 피하지방이 증가하여 여성다운 체형이 형성되고 남자는 근육과 골격이 발달하여 어깨가 벌어지고 역삼각형의 체형이 된다(임상록 외, 2007).

이러한 신체적 발달의 정도와 그 결과는 사회적, 심리적 함수와 관련이 깊으며, 사춘기 동안에 이루어진 신체적 특성의 유형이나 변화의 적응 여부 등에 따라 이후의 개인의 개성과 사회적 기능에 영향을 주며, 자아개념 등 인성과 사회성을 결정짓는 중요한 요소가 된다.

### 2) 심리적 특성

청소년들은 심리적으로 불안, 고독, 회의, 허세, 반항적인 마음이 생기는 시기이다. 이러한 청소년기의 심리적 특성으로는 급격한 변화와 성장에 따르는 긴장과 불안, 기존 세대에 대한 거부감과 역할의 혼동으로 인한 충동성을 들 수 있다.

즉, 청소년 전기에는 외향적인 심리가 발달하고 심리적 이유기가 시작되며, 중기에는 내향적이고 보다 관념적인 것에 치우친 이상주의를 추구하기도 하며, 후기에는 사회적인 이해와 현실적인 감각을 느끼는 특징을 갖는다. 이처럼 청소년은 주변인으로서 심리적으로 불안하며 감정의 기복이 크고 예민하며 자기중심적이고 열성적이며 모방심이 강하다는 특성을 띤다.

## 3) 사회적 특성

이 시기에는 부모로부터 독립하여 자아정체감을 형성하는 시기이므로, 부모의 보호와 관심을 귀찮아하거나 간섭으로 여기고 독립하고자 하는 강한 의지를 보인다. 또한 또래 친구들에게 몰두하며 함께 어울리고 동조하려는 경향을 나타내고 그 집단에 소속되기 위해 노력한다.

그리고 자신이라는 존재를 사회적 관계 속에서 우리 감정의 공동체적 차원으로 자각하고 사회의 존재는 너와 나의 일부로 협력체적 구성임을 인식하게 되는 경향을 보이기도 한다. 즉, 부모로부터 독립하고자 하는 시기로서 부모와의 잦은 갈등이 일어나며 부모로부터 개별화되고자 하는 또래집단에 몰두하는 특성을 보인다.

## 4) 지적 · 정서적 특성

첫째, 지적 특성은 지능의 우열에 의해 상황에 대한 적응력의 차이가 크게 나타나며, 지능발달이 지체된 청소년은 열등감을 갖는다. 형식적 조작의 사고, 모든 대안을 통한 문제 해결 가능, 구체적 사물에 의존하지 않고도 연역적 · 가설적 사고 가능, 자신에 대한 추리와 탐색, 고차적 사고(高次的 思考)[3]와 철학적, 사변적 사고[4]가 발달하는 특성을 지니고 있다.

둘째, 정서적 특성은 성충동의 급격한 증가로 인한 정서적인 혼동을 겪는다. 감정의 양가성(兩價性)[5]을 갖게 되며, 정체성의 위기를 경험하는 시기이므로 교육 환경을 정비하고 교육을 강화하여 심리적 갈등을 순조롭게 극복할 수 있는 방안과 지원 대책을 마련해주어야 한다(김성이, 2010).


# 3. 사회복지의 개념과 정의

## 가. 사회복지의 개념

사회복지란 '사회'와 '복지'라는 두 단어의 합성어이다. 복지란 영

---

3) 사고기능의 위계수준에서 보다 상위 수준에 있는 사고기능(창의적 사고기능, 비판적 사고기능 등).

4) 비경험적인(즉, 경험적 내용이 담기지 않은) 사고활동.

5) 양가성(Ambivalence): 반대되는 감정의 양립, 또는 양면적 감정으로 한 대상에 대한 상반되는 감정의 공존 상태. 동일 대상에 대해 사랑과 미움 같은 상반된 태도가 동시에 존재하는 것.

어단어의 Well과 Fare가 합해진 말로서 Well은 '잘, 훌륭히, 능숙히, 충분히'라는 의미의 부사이고 Fare는 '지내다, 되어가다'라는 의미의 동사이다. 결국 Welfare란 '편안하게 잘 지내는 상태'를 의미한다. 여기에 Social이란 형용사를 첨가한 사회복지란 뜻의 Social Welfare는 사회적으로 행복한 상태를 의미하게 된다. 즉 사회구성원의 행복과 안녕을 개인적인 차원으로서가 아닌 사회적 차원에서 해결하고 설계해나간다는 뜻이다. 따라서 복지와 사회적 노력의 개념과 의미를 정확히 파악하면 사회복지가 무엇인지를 알 수 있게 된다. 이러한 사회복지의 개념은 이론과 실천성을 지니고 있기 때문에 고정 불변의 개념이 아니고 나라와 시대에 따라 항상 변화한다(박경일 외, 2010).

제프리 블랙켓(Jeffrey Brackett, 1860~1949)이 사회복지의 명칭에 영향을 주었다. 그는 사회복지를 Social Welfare가 아닌 Social Work로 하여, 많은 사회복지사들은 이러한 명칭이 처음으로 어떻게 시작되었는가를 이해하지 않은 채 변화되기만을 기대해 왔다. 블랙킷은 'Social'이라는 용어가 발전하는 전문직 명칭의 한 부분이 됨을 주장하였다. 왜냐하면 이 용어는 가족성원·친구·문화·인종집단·학교·직장·이웃·지역사회 등을 포함하여 많은 다른 요소들과 같이 생활을 형성하는 중요한 힘과 사람들의 상호작용에 초점을 두고 묘사할 수 있기 때문이다. 'Work'라는 용어는 전문적인 실천과 자선적 활동을 구별하기 위하여 첨가되었다. 따라서 그는 전문직의 활동을 준비하지 않은 채 호기심에서 이루어지기보다 책임과 훈련을 강조하는 전문직의 명칭으로 'Work'를 포함해야 한다고 믿었다.

## 나. 사회복지의 정의

영국과 미국에서 처음으로 사용되었던 사회복지라는 개념은 일반적으로 인간의 욕구에 대한 서비스를 말한다(Mayer, 1965). 인간의 욕구에 대한 서비스는 인간으로 하여금 기존 사회구조에 대한 적응을 주된 목적으로 한다(Ponsioen, 1962). 인간의 욕구는 매우 다양하고 그것을 해결하기 위한 서비스는 자원배분의 제한성을 지니고 있기 때문에 여기에서 사회복지의 철학 · 제도 · 기술 등이 나타나게 된다. 욕구에 따른 배분은 자주 · 평등의 원리와 관련되어 있다(Wealle, 1978). 욕구가 어떤 목적 상태를 획득하기 위한 필요조건이기 때문에 그러한 결핍을 충족하는 것은 재화와 서비스인 것이다. 이러한 재화와 서비스는 기존 사회구조에서는 불평등하게 배분되어 있기 때문에 욕구를 해결할 수 있는 재화와 서비스를 어떻게 그리고 어느 정도로 제공해야 되는지를 검토하는 것이 사회복지의 중요한 과제가 되었다. 최근 복지라는 개념을 평등과 보장의 의미로 간주하려는 것도 그 때문이다.

넓은 의미의 사회복지를 광범위하게 설명하면 그것은 사회구성원을 불행과 불안정한 생활에 빠지지 않게 하려는 시책과 방법이라고 할 수 있다. 즉 공중위생과 의료관계가 포함된 공공일반시책, 사회보험과 고용정책 등이 포함된 사회정책 및 공익의 사회사업 등을 포함한 개념이다.

윌렌스키와 르보(Wilensky & Lebeaux)는 미국에 있어서 지배적 사회복지의 개념을 보완적(Residual)인 것과 제도적(Institutional)인 것으로 본다. 보완적 모델은 가족과 시장이 정상적인 기능을 수행하지 못할 때 이를 보충해 주는 기능을 담당하고 있는 소극적·일차적 기능으로서, 이때의 사회복지란 사람들이 정상적인 생활을 할 수 있을 때까지만 도움을 제공하는 것이다.

반면, 제도적 모델은 현대 산업사회에서 정상적인 제일선의 기능으로 사회복지가 가능할 수 있다는 것을 전제로 한 개념이다. 사회복지는 각 개인의 자아완성을 돕기 위해 타당하고 정당한 기능을 수행하는 것으로 받아들여지고 있다. 각 개인이 자신의 힘만으로는 충분히 대처할 수 없으며, 가족이나 직장을 통해 그의 모든 욕구를 충족할 수 없음을 정상적인 상태로 간주한다. 그러므로 여러 가지 생활상의 문제에 도움을 주는 원조기관은 정상적인 제도적 지위를 갖게 된다.

따라서 사회정책은 시민의 복지를 마련하는 것이 목적이며, 경제적 측면뿐만 아니라 비경제적 측면을 포함한다는 것이다. 또한 자원통제에 있어서도 부자로부터 빈자에게 진보적 재분배의 대책을 포함한다는 것으로, 이러한 정의는 마셜(Marshall)의 정의와도 매우 유사하다. 또한 그는 경제적 교환이 일어나는 장소를 경제시장이라 한다면, 사회적 교환의 장소인 사회시장이 있을 수 있다고 본다. 따라서 그는 윌렌스키와 르보(Wilensky & Lebeaux)의 보완적·제도적 모델의 2가지 유형이 아닌 보완적·산업성취적·제도적 모델의 3가지 유형으로 복지 모형을 분류하고 있다. 보완적 복지모델은 시장과 가족이 모두 존재한다는 전제에 기반을 두고 있다. 즉 시장과 가족이 제 기능을 하지 못할 때에만 사회복지 제도가 활동하기 시작하며 이때의 활동은 어디까지나 잠정적이다. 산업성취적 모델은 사회적 욕구가 업적, 업무수행 및 생산성에 기반을 두고 충족되어야 한다는 생각이다. 이 모델은 동기, 노력과 보수 및 계급의 형성과 집단의 충성에 관심을 두는 다양한 경제적·심리적 이론 등에서 도출되고 있다. 제도적 모델은 사회복지를 사회적 통합을 지향하는 중요한 제도로 간주하고, 사회적 욕구에 기초한 사회평등의 원리에 기반을 두고 있다.

좁은 의미의 사회복지는 대상을 보다 좁게 한정하고 사실상 사회적 낙오자라고 할 수 있는 자들에게 한정하여 구제, 보호, 예방 및 회복 등의 원조를 하는 시책 및 방법적 체계 등을 강구하려는 견해이다. 이와 같이 사회복지의 의의는 욕구 불충족자인 개인에 대한 직접적 지원과정을 중요시하고 또한 지원요구자에 대한 대우방법의 체제 확립을 강조하게 된다.

제6장

# 교육과정 변천사

교육은 인류의 역사와 깊은 상관성을 띤다. 인류의 역사와 교육이 함께했다고 해도 과언이 아닐 것이다. 이러한 교육은 개인에게는 지적인 성숙, 자아의 발견, 학문의 즐거움 등을 주고 사회적인 측면에서 볼 때에 문화활동은 바른 청소년의 육성 및 공동체 사회를 만드는 밑거름이 되는 중요한 것이다.

이러한 문화활동은 시대가 변함에 따라 많은 변화가 있었으며 새로운 시대에 새로운 변화를 모색하는 것은 중요한 일이다. 신교육이 보편화된 것은 1945년 이후로 양과 질에서 눈에 띄는 변화가 일어났으나 1950년 한국전쟁으로 인해 낙후된 경제적 기반을 확립하기 시작하면서 교육과정의 질적 제고를 위한 노력을 기울이기에 힘써 왔다. 광복 이후 교육과정은 계속하여 개정되어 왔으며 교육과정 변천사를 보면 다음과 같다.

군정시대의 긴급조치(1945~1946), 교수요목기(1946~1954),제1차 교육과정기(1954~1963), 제2차 교육과정기(1963~1973), 제3차 교육과정기(1973~1981), 제4차 교육과정기(1981~1987),제5차 교육과정기(1987~1992), 제6차 교육과정기(1992~1977), 제7차 교육과정기(1997~현재)로 나눌 수 있다.(교육과학기술부, 2011).

# 1. 군정시대의 긴급조치(1945~1946)

세계 제2차 대전에서 일본의 항복으로 전체주의적 식민지 교육에서 민주주의적 자주 교육으로 전환이 되었으며, 주요 교육으로

는 광복 후 각급 학교 개학을 위한 응급조치로 조선국호 그대로
사용, 교수용어는 국어로 하며 한국의 이익에 반하는 교과는 교수
하거나 실습을 금한다는 포괄적인 지시, 교육제도와 법규에서 일
본의 색채를 없애고 평화와 질서를 교육목표, 생활의 실제에 적합
한 지식기능을 연마, 초등학교 교과편제 및 시간배당을 발표, 중등
학교 교과편제 및 시간배당표 발표 등이다.

## 2. 교수요목기(1946~1954)

1945년 8월 15일 이후 미군정이 실시되어 교육에도 미국의 영
향을 받아서 자주 독립 국가로서 우리의 민주주의 교육을 실시해
야 한다는 의지는 있었으나, 교재가 없었으므로 교육 내용의 설정
과 교과서 편찬이 시급하였다. 이러한 상황에서 교수요목 제정위
원회를 조직하여 교수요목을 제정하는 한편 교과서를 편찬하였으
며 주요 교수요목의 내용 및 특징은 교과의 지도 내용을 상세히
표시하고 기초 능력을 배양하는 데 주력, 교과는 분과주의를 채택
하였으며 체계적인 지도와 지력의 배양에 중점, 애국 애족의 교육
을 강화하여 일제 잔재를 정신면에서나 생활면에서 시급히 제거하
는 데 노력(한글전용, 우리말 도로 찾기 및 우리말 용어 제정), 홍
익인간이 교육된 인간의 이상상으로 제시, 1948년 각 학년의 교과
서 편찬, 고등학교를 포함한 중학교가 4년에서 6년으로 확대되었
고, 1951년부터 중학교. 고등학교 분할, 학교장에게 재량권을 크게
허용하는 것 등이다.

# 3. 교육과정기(1 ~ 7차)

## 가. 제1차 교육과정기(1954 ~ 1965): 교과 중심

제1차 교육과정은 1954년 4월 20일 문교부령 제35호로 제정, 공포된 교육과정 배당 기준령이 나타나서 1963년 2월 15일 문교부령 120호로 개정된 교육과정령이 공포되기까지의 교육과정으로서 법령상의 명칭이 교과 과정이었고 교과 중심 교육과정으로도 불리었으며, 1954년의 '교육과정 시간배당 기준령'에서 교육과정이 교과 중심 교육과정이라고 밝히고 있다.

## 나. 제2차 교육과정기(1963 ~ 1973): 경험 중심

제2차 교육과정은 경험중심으로 자주성, 생산성, 유용성을 중요시했다. 교육과정의 운영에 있어서도 단편적인 지식 주입에 편중한 나머지 인격도야에 소홀히게 되어 학습활동도 경험중심 교육과는 잘 맞지 않아 교육 개혁을 요구하게 되었다. 게다가 특히 6·25사변은 경험 중심 교육의 필요를 절감케 하였으며 경험 중심 교육과정에 대한 시범적 연구가 고조되었다. 절대 빈곤에서 벗어나지 못하던 시기에 군사 정권의 등장으로 교육은 정치, 경제, 군사의 영향을 깊게 받기 시작했고, 교육과정은 교과, 반공 도덕, 특별활동으로 삼분화되었으며 주요 내용은 첫째, 자주성 강조로 막연하고 보편적인 민주적 공민이 아닌 구체적이고 자주적인 교육목표를 수립하고 고유 역사나 전통을 지니고 학습 내용을 선정하여 우리 국가, 국민 생활의 향상을 기하였다.

둘째, 생산성의 강조로 학생으로 하여금 만들고, 먹고, 입고, 살고 하는 적당한 방법을 습득시켜 우리의 생활을 실질적으로 개선할 수 있는 태도와 기능의 길로 나가도록 하는 데 주력하였다.

셋째, 유용성의 강조로 교육과정의 개정에 있어서는 국가 사회의 절실한 요구, 학생 생활에 필요불가결한 과제를 중심으로 학생들의 생활 경험을 통하여 교육함으로써 쓸모 있는 사회인으로 양성되게 하고 또한 자활할 수 있는 실천인의 육성을 강조하였다. 기술과 인격 배양에 중점을 두었다.

## 다. 제3차 교육과정기(1973~1981): 사회 중심

제3차 교육과정으로 개정은 국가 사회적 배경에서 국제사회의 제반 변화에 대처하는 국력 배양을 위한 교육을 요구하고 기술의 급격한 진보, 지식의 급격한 증가에 의한 지식 내용의 정리 및 구조화로 활용 능력의 배양을 필요로 하게 되었으며, 주요 내용으로는 국민적 자질 함양, 국가 발전의 조화, 인간 교육의 강화, 가치관 교육의 강화, 비인간화 경향의 극복, 근면성과 협동성의 앙양, 지식ㆍ기술교육의 쇄신, 기본적 개념의 지도 등이다.

## 라. 제4차 교육과정기(1981~1987): 학문 중심

1980년 제5공화국의 출범을 전후하여 정치적 사회적 특수한 상황이 일어났었다. 다가올 미래사회(민주사회, 고도 산업사회, 건전한 사회, 문화사회, 통일조국사회)에 기대되는 인간상(건강한 사람, 자주적인 사람, 창조적인 사람, 도덕적인 사람)에 따른 교육 개혁 조치를 고려하여 개정된 것으로 교육부 편수관이 주도하여 개정하던 종래의 교육과정과는 달리 한국교육개발원에 연구개발을 위탁하여 개발하도록 하여 개발형 교육과정의 성격을 지닌 것으로 주요 특징은 전인교육을 강조하면서 학문중심 교육과정의 정도를 낮추어 구성하였다.

## 마. 제5차 교육과정기(1987~1992): 행동주의

제5차 교육과정은 개정의 특별한 명분을 찾기 어려운 교육과정의 대표적 사례이다. 다만, 교과용 도서의 사용 유효기간은 최대 6년을 넘길 수 없다는 불합리한 규정 때문에 교과용 도서 개발을 위한 근거를 만들기 위해 교육과정 개편을 서둘렀다.

게다가 앞으로 고도성장과 지식의 폭발 그리고 인간 존중에 대한 폭넓은 수렴이 필요하게 되었다. 이러한 시대적 흐름으로 국제적 경쟁력 교육의 질적 고도화를 꾀하게 되는 것이다. 강화를 위해 그리하여 5차 교육과정은 4차 교육과정의 인간중심 사상을 그대로 이어받은 것으로 볼 수 있겠다.

## 바. 제6차 교육과정기(1992~1996): 인지주의

교육과정 사상 처음으로 '중앙 집권형 교육과정'을 '지방 분권형 교육과정'으로 전환하여, 시·도 교육청과 학교의 자율·재량 권한을 확대한 것이 제6차 교육과정이다. 3차 교육과정 이후 한국교육개발원이 교육과정 연구·개발의 중심이 되어 왔던 것을 별도의 교육과정개정연구위원회를 구성하여 연구·개발한 것이다.

교육과정 개정의 기본 방향과 구성 방침은 중등학교 교육과정의 전체적인 체제 및 구조, 각 교과의 목표, 내용, 방법, 평가의 기본 원리가 될 뿐만 아니라 교육과정의 운영, 교육양성 및 연수, 교과용 도서 및 교육자료 개발, 입시제도, 교육환경 및 시설 정비 등에 이르기까지 여러 모든 분야에 두루 걸쳐 깊은 영향을 끼치는 기본 철학과 원리로 적용된다. 이와 같은 개정의 기초 연구를 통해 설정된 주요 교육내용은 도덕성과 공동체 의식, 창의성 계발, 교육내용과 방법의 다양화, 교육의 질 관리 강화 등이다.

## 사. 제7차 교육과정기(1997~현재): 구성주의

1995년 5월 31일 대통령 자문 기구인 교육개혁위원회에서는 정보화, 세계화 시대에 대비하여 신교육체제 수립을 위한 교육개혁 방안을 구성하여 발표하였다. 이로 인해 1996년 말 전체 골격을 짜는 총론이 완성되었고 여러 기관과 개인이 참여하여 각 교과 교육과정이 연구·개발되어 1997년 12월 말 각급 학교 교육과정이 고시되었다. 세계화 정보화 사회를 살아갈 학생들에게 학습에 대한 자기 주도 학습 능력을 기르고, 창의력과 정보 처리 능력을 배양하는 것을 목표로 삼고 있으며, 교육체제로 누구나 언제 어디서나 원하는 교육을 받을 수 있는 길이 활짝 열려진 열린교육사회, 평생 학습사회 건설을 목표로 삼았다.

교육과정이 바뀌는 것은 과거에는 정치적인 요인이나 경제적인 요인 등의 어떠한 사건을 시점으로 바뀌는 경향이 있다. 요즈음에는 이러한 이유 외에도 교육에 대한 요구나 더 적절한 교육목표를 설정하고 시대에 부흥하는 교육이 되기 위해 이러한 변화들이 생기는 것 같다.


## 4. 중 · 고등학교의 특별활동 교육과정

제7차 특별활동의 내용 체계는 자치활동, 적응활동, 계발활동, 봉사활동, 행사활동의 5개 영역으로 설정하고, 각 영역에 따른 내용이 소영역으로 구분 · 제시되어 있다.

제7차 교육과정에서 특색 있게 신설된 활동내용으로는 민주시민 활동, 정체성 확립 활동, 정보통신 활동, 교류 활동 등이다. 각 영역별 활동 내용 면에서는 기본적으로 인간교육의 실현에 강조점을 두고 학생들이 인간, 자연, 사회, 문화와의 접촉을 확대, 강화할 수 있는 활동이나 프로그램을 학교 실정에 알맞게 선정하여 융통성 있게 운영할 수 있도록 제시되어 있다(교육과학기술부, 2011).

## 가. 선택 중심 교육과정

선택 중심 교육과정은 국민 공통 기본 교육과정을 받은 후 중·고등학교에서 학생들의 진로, 적성, 능력에 따른 선택을 존중하여 편성·운영되는 교육과정이다. 새로이 도입된 선택 중심 교육과정은 학생의 능력뿐만 아니라 흥미나 장래 진로를 감안하여 학생이 원하는 과목을 학생 스스로가 선택하여 학습할 수 있도록 하기 위한 학생 중심의 교육과정 운영 체제라는 의미에서 선택 중심 교육과정이라 한다. 선택 중심 교육과정은 근본적으로 다양하고, 변화하는 학습자들의 교육적 요구에 학교 교육이 대응해 나가고, 획일적인 교육에서 벗어나 우리 교육의 다양성, 수월성과 자율성을 제고하기 위한 것으로 제7차 교육과정의 핵심적인 실천 과제라 할 수 있다. 결국 선택 중심 교육과정은 선택과목을 단위학교가 어떤 식으로 개설·이수시키느냐에 따라 학교 교육과정의 성패가 좌우되는 교육과정의 핵심이다. 또한 학생들의 학업 성취 및 교육의 질을 결정하는 학습의 핵심이 되는 것이다.

## 나. 선택 중심 교육과정의 구성

선택 중심 교육과정은 주로 교과와 특별 활동의 2개 영역으로 구성되었다. 보통 교과의 선택 과목은 교양 증진 및 실생활과 연관된 '일반 선택과목'과 진로, 적성, 소질 계발에 도움이 되는 '심화 선택과목'으로 2원적으로 편성하였으며, 학생의 능력, 흥미, 적성, 진로를 고려하여 다양하게 개설하였다. 국가 수준에서의 개설 과목은 6차의 과정 선택 53과목, 교양 선택 7과목 등 60개의 과목에서 일반 선택 26과목, 심화 선택 53과목 등 79개로 확대 개설하였다. 학교에서 선택 중심 교육과정을 편성함에 있어 일반 선택과목은 최소 24단위 이상, 심화 선택과목은 최대 112단위 이하로 편성하여 총 136단위에 미달하지 않도록 해야 한다. 이때 일반 선택과목은 심화 선택과목 이수를 위한 기본 과목으로서의 성격이 강하므로 일반 선택과목 이수 없이 심화 선택과목 이수에만 치중하지 않도록 하기 위하여 이수해야 할 최소 단위 수를 규정하였다. 결국 선택중심 교육과정이 운영되는 선택과목은 이수 단위 216단위 중 136단위로서 60% 이상이며, 특히, 교과목 위주 학습 총 단위 수 192단위(국민공통 기본교과 56단위, 일반선택 과목 24단위, 심화선택 과목 112단위)의 70%를 차지할 정도로 비중이 높다(교육과학기술부, 2011).

## 다. 특별활동 교육과정의 지도 내용

제7차 특별활동의 내용 체계는 자치활동, 적응활동, 계발활동, 봉사활동, 행사활동의 5개 영역으로 설정하고, 각 영역에 따른 내용이 소영역으로 구분·제시되어 있으며, 교육과정의 영역 내용을 제시하면 다음과 같다.

<표 2> 특별활동의 내용체계

| 영역 | 자치활동 | 적응활동 | 계발활동 | 봉사활동 | 행사활동 |
|---|---|---|---|---|---|
| 소<br>영<br>역 | ·협의 활동<br>·역할분담 활동<br>·민주시민 활동<br>·그 밖의 필요한<br> 활동 | ·기본생활습관<br> 형성 활동<br>·친교 활동<br>·상담 활동<br>·진로 활동<br>·정체성 확립<br> 활동 | ·학술 문예 활동<br>·보건 체육 활동<br>·실습 노작 활동<br>·여가 문화 활동<br>·정보통신 활동<br>·청소년 단체<br> 활동 | ·일손 돕기 활동<br>·위문 활동<br>·캠페인 활동<br>·자선 구호 활동<br>·환경·시설<br> 보전활동 | ·의식 행사 활동<br>·학예 행사 활동<br>·보건 체육행사<br> 활동<br>·수련활동<br>·안전 구호 활동<br>·교류활동 |

출처: 교육과학기술부(2011)

제7차 교육과정에서 특색 있게 신설된 활동내용으로는 민주시민 활동, 정체성 확립 활동, 정보통신 활동, 교류활동 등이다. 각 영역별 활동내용 면에서는 기본적으로 인간교육의 실현에 강조점을 두고 학생들이 인간, 자연, 사회, 문화와의 접촉을 확대·강화할 수 있는 활동이나 프로그램을 학교 실정에 알맞게 선정하여 융통성 있게 운영할 수 있도록 제시되어 있다(교육과학기술부, 2011).

## 라. 특별활동 교육과정의 운영

### 1) 특별활동의 기본방향

첫째, 특별활동은 학교의 필요에 따라 시간 배당 기준(연간 68시간)보다 더 많은 시간을 확보하여 편성할 수 있으며, 시간 운영에 있어서도 다양한 방법으로 융통성 있게 운영할 수 있다.

둘째, 특별활동 영역별 시간 배당은 학생의 요구, 지역 및 학부모의 교육적 요구, 학교의 특성 등을 고려하여 학교에서 정한다.

셋째, 특별활동 교육과정은 목표 지향적으로 편성·운영한다. 즉, 특별활동을 통하여 학생들에게 길러주고자 하는 목표를 설정하고, 그 목표 달성에 적합한 구체적인 활동을 선정하여 교육과정을 편성한다.

넷째, 특별활동의 집단 편성은 구체적인 활동의 특성에 따라 개인, 소집단, 학급, 동 학년, 학년 군, 학교, 지역사회 단위로 다양하게 이루어질 수 있도록 한다.

다섯째, 이 지침에 제시된 강원 교육의 강조점을 지역적 특성과 학교 실정에 맞게 구체화하여 학교별 중점 영역을 설정하고, 학교 교육과정 편성에 반영한다.

## 2) 운영

첫째, 특별활동 연간 지도 계획을 월별, 주별로 작성하여 운영한다.

둘째, 특별활동의 각 영역을 균형 있게 운영하여야 하며, 각 학교별로 특색 있는 중점 영역을 설정하여 육성함으로써 학교의 전통을 가꾸어 나가도록 한다.

셋째, 특별활동은 지역 및 학교 실정과 활동 내용의 특성에 따라 정일제, 격주제, 전일제, 집중제 등의 다양한 방법으로 융통성 있게 운영할 수 있다.

넷째, 특별활동의 각종 계획을 수립하고 운영하는 과정에 학생, 학부모, 지역 인사의 의사를 최대한 반영하여 운영하도록 한다.

다섯째, 학생들의 개성, 흥미, 취미 등을 신장시키기 위하여 학교는 지역 사회의 인적·물적 자원의 실태를 파악하고, 다양한 프로그램을 개발하여 학교 및 지역 실정에 맞게 창의적으로 운영할 수 있다.

여섯째, 특별활동은 교사의 지도를 원칙으로 하되, 일부 특수한 활동 주제에 관련된 분야는 해당 시간에 학부모, 지역사회 인사의 도움을 받아 운영할 수 있다.

일곱째, 자치활동은 학생들이 자기 주도적으로 계획, 실천, 평가 해 볼 수 있는 자율적인 집단 활동 기회를 자주 제공하여 민주적 생활 태도를 형성하도록 운영한다.

여덟째, 적응활동은 학생 개개인에 대한 기초 자료를 여러 가지 활동을 통하여 종합적으로 수집하여 담임교사와 상담 교사가 주로 지도하되 활동 내용에 따라 동료 교사나 학부모 또는 지역 인사의 협조를 받아 지도한다.

아홉째, 학교는 학생의 적성, 흥미 능력을 기초로 정확한 판단과 합리적인 의사 결정을 통해 일생 동안 보람과 긍지를 가지고 행복한 삶을 누릴 수 있도록 진로 지도 계획을 수립하여 실천한다.

열째, 계발활동은 학생 개개인의 소질과 특기, 적성을 고려하여, 이를 지속적으로 신장시킬 수 있는 활동이 이루어질 수 있도록 운영한다. 봉사활동은 학교, 지역 사회의 특성을 고려하여 운영하되, 사전에 봉사 활동 정보를 수집하고 분석하여 학생 발달 단계를 고려한 학생 봉사 활동 계획을 수립하여 실천한다. 행사활동 중 보건·체육 행사 및 학예 행사는 시기, 장소 등을 고려하여 실시하고 안전지도에 유념하여 사전, 사후 지도를 철저히 한다. 또한, 행사활동에는 지역 주민, 동창회, 지역 단체 등이 참가할 수 있도록 다양한 프로그램을 마련하여 운영한다(교육과학기술부, 2011).

제7장

# 외국의 청소년 문화활동

청소년들의 생활양식, 청소년들이 살아가면서 이루어낸 일반적인 청소년들의 습관이나 능력 등을 통틀어서 청소년문화라고 할 수가 있다. 각 나라마다 청소년들의 특징들이 각기 다르겠지만, 청소년들은 국가에 상관없이 그들 스스로의 문화를 창출해 내고, 그 문화를 영위하려 한다는 점에서 유사하다고 할 수 있다(문화체육관광부, 2010).

# 1. 일본의 청소년 문화

## 가. 일본 청소년의 학교문화

### 1) 학생과 학급, 학기

일본은 한국과는 다르게 두발자유이다. 한국과 같이 회장이나 부회장, 실장과 부실장을 뽑는다. 하지만 일본에서는 대부분 돈이 많은 갑부집 자제들이 뽑힌다고 한다. 4월에 새 학기가 시작되며 3학기제를 실시하고 있다. 4월부터 7월 초까지를 1학기, 8월 말(또는 9월 초)부터 12월 중순까지를 2학기, 1월 말부터 3월까지를 3학기로 한다. 하지만 한국은 3월부터 7월 중순까지를 1학기, 9월부터 2학기가 시작되는 2학기제를 실시한다(日本文化院, 2010).

## 2) 동아리활동

일본은 동아리나 부 활동이 있다. 부 활동은 아침이나, 방과 후, CA 활동처럼 하며, 초등학교부터 고등학교까지 실행한다. 보통 3시에서 3시 반 정도에 수업이 끝나면 저녁 6시에서 7시까지 부 활동을 한다. 여러 종류가 있으며, 거의 모든 학생이 동아리나 부 활동에 참여해야만 한다. 하지만 중간고사나 기말고사가 가까워지면 학교에서 부 활동을 정지시켜 학생들을 공부에 전념하게 만든다. 고등학교 3학년이 되면 은퇴를 해서 공부에 매진한다(日本文化院, 2010).

## 3) 문화제(학원제)

흔히 한국은 학교 축제라고도 부른다. 그런데, 한국의 학교 축제와 일본의 문화제는 비슷하지만 다른 점도 있다. 일본의 문화제 때에는 모든 학생이 축제에 열정적으로 참여하고, 계획에서부터 준비, 정리까지 모두 학생들이 도맡아서 한다는 점이다. 문화제 때에 선생님들은 안전 확보를 중점으로 활동하신다. 하지만 한국의 학교 축제 때에는 선생님들께서 강당이나 건물을 빌려 학교에서 준비한 활동을 보거나 학생들의 장기(長技)대회를 열어 상을 주거나 한다. 대학교의 경우에는 문화제 때에 각 서클이 공연을 하기도 하며, 일일찻집처럼 차나 과자를 판매하기도 한다. 가끔은 세계 각국의 유학생들이 찾아와 음식을 대접하거나 서로 문화를 공유하기도 한다. 큰 행사로는 미스나 미스터(그 학교 제일의 미녀나 미남)를 뽑는 것이 있으며, 외부에서 유명한 연예인을 초빙하는 경우도 많다.

## 나. 일본의 국립청소년(소년의집)시설 운영체계

종래 일본의 국립청소년시설은 국립올림픽기념 청소년종합센터, 국립청년의 집, 국립소년 자연의 집 등 크게 세 종류가 있었다.

하지만 2006년 4월부터 [독립행정법인] 국립청소년 교육진흥기구6)가 발족하면서 기존의 모든 시설이 이 독립법인으로 통합되었고, 시설 유형도 [국립올림픽기념 청소년총합센터]와 [국립청소년 교류의 집], [국립청소년 자연의 집]으로 완전히 다 바꾸고 새로 출범하였으며 [독립행정법인] 국립청소년 교육진흥기구의 목적 및 사업은 다음과 같다.

### 1) 목적 및 연혁

이 기구는 일본의 청소년 교육을 위한 National Center로서, 청소년과 청소년 교육 관계자에 대하여 교육적 관점으로 종합적·체계적이고 일관성 있는 체험활동과 연수기회를 제공함과 더불어 청소년 교육에 관한 조사연구, 청소년단체·시설 등의 연락·협력의 촉진, 청소년단체 조성을 행하며 또한 일본의 청소년 교육 진흥 및 청소년 건전육성을 도모함을 목적으로 한다. 또한 전신인 세

---

6) Independent Administrative Institution National Institution for Youth Education

법인으로부터 인계받은 전국적인 28개 시설을 보유하며 이러한 시설들이 청소년 교육진흥을 위한 교육거점으로 전국의 공립·민간 시설이나 단체에 사업성과 보급을 비롯한 각종 교육자원을 제공하고 있다.

## 2) 사업안내

기구에서는 자연체험이나 교류체험 등 다양한 체험활동을 통하여 청소년의 건강한 성장을 지원하며 청소년 교육 관계자의 연수와 조사연구, 민간단체조성, 청소년단체 및 시설 간의 연락과 협력 촉진을 통하여 일본 청소년 교육진흥을 도모한다.

가) 기획 사업: 각 교육거점에 대해 교육프로그램을 기획·실시하며 그 성과를 공립시설 등에 보급하는 사업이다. 현재 청소년의 중요한 과제인 노동관·직업관의 육성, 차세대를 담당할 지도자 육성, 특정 상황에 놓인 청소년의 지원을 주제로 하여 다음 사업을 행한다.

첫째, 자원봉사체험이나 근로체험 등을 통하여 사람과 사람이 접촉하는 교류체험, 모험적인 야외활동이나 환경학습과 같은 자연체험 등을 선도적·시범적으로 기획·실시하는 체험활동 사업이다.

둘째, 기본연수와 전문연수로 구분하여 체계적으로 기획·실시하는 청소년 교육 관계자 연수이다.

셋째, 청소년 교육 관계자의 국제교류나 청소년이 다른 문화 이해를 추진하는 사업이다.

나) 연수지원 사업: 학교나 지역의 청소년그룹, 청소년단체나 학교관계자 등의 단체가 등산, 카약(kayak) 등의 야외활동, 연수실·공작실 등을 이용한 세미나 제공 또는 활동에 대한 직접 지도와 같은 지원을 받을 수 있다. 또한 깨끗한 아침 공기를 마시며 신체를 단련하고 동료들과 인사를 나누는 아침조회와 저녁 해를 맞으며 하루 활동을 반성하는 저녁조회, 표준생활시간 등을 통해 생활의 규칙적인 리듬을 체득하거나 동료들과의 숙박체험을 통하여 공동생활의 기본적인 룰을 체험적으로 배움으로써 청소년의 사회성과 자주성 등을 기를 수 있도록 지원한다.

다) 조사연구 사업: 청소년의 체험활동 실시조사, 부등교(不登校) 등 고민에 빠진 청소년에 대한 체험활동 효과검증 등의 조사연구를 행한다. 조사연구 성과에 관해서는 각 교육거점에서의 교육 프로그램 기획을 활성화함과 동시에 공립·민간 시설이나 단체에 확대, 제공한다.

라) 조성사업: '어린이의 꿈' 기금에 의해 각지에서 청소년을 위해 활동하고 있는 민간단체의 활동에 대해 도움을 준다. 조성 대상은 청소년 체험활동이나 독서활동 진흥을 도모하는 활동 등이다.

마) 연락협력촉진 사업: 전국에 있는 청소년 교육시설이나 단체 간의 네트워크 만들기를 지원한다. 어린이들의 건전한 성장을 원하는 사람들을 연계하여 시설·단체 간의 정보교환이나 교류를 도모한다.

## 다. 일본 청소년의 여가문화

일본의 학생들은 학교가 끝나면 대부분 다음 스케줄로 이동한다. 다음 스케줄이라 하면 상당수가 주쿠라고 하는 학원으로 가서 수험공부를 하는 것이며, 그 나머지는 아르바이트를 하는 청소년들도 있고, 부 활동이라 해서 학교수업이 끝난 후 운동부 혹은 각종 예능활동부에 소속하여 그곳에서 이런저런 활동을 하기도 한다. 또 한국과 마찬가지로 번화가에서 친구들과 쇼핑을 한다거나, 가라오케(노래방)에 가서 노래를 부르는 것을 좋아한다.

학교가 끝나자마자 집으로 향하는 학생들을 귀택부(집으로 돌아가는 부)라고 해서 약간 놀림감 비슷하게 취급하기도 한다. 주말에는 집에 있거나 혹은 친구들과 유원지, 게임센터 등에 가는 사람이 많다(日本文化院, 2010).

## 라. 일본 청소년의 자원봉사활동

일본 자원봉사활동의 특징은 초기 단계부터 다양한 공적 시책들에 의해 주도되어왔음. 지역사회 중심의 지역복지 개념의 실천이 지배적이다. 자원봉사활동을 활성화하기 위하여 민간봉사활동, 직장봉사활동의 육성과 함께 자원봉사 활성화를 정책적으로 지원하고 있다. 자원봉사활동 과정에서 발생할 수 있는 불의의 사고를 예방하기 위하여 사고방지 대책에 관한 지침을 마련하고, 사고가 발생하였을 경우에는 자원봉사 보험에서 제반 경비를 충당하고 있다.

자원봉사활동의 생활화를 위하여 초등학교 교과서에서부터 장애인에 대한 이해를 돕고 있음. 청소년을 위하여 '자원봉사 협력학교'를 지정하여 사회복지에 대한 이해를 돕고 있다. 마을 단위로 정부, 사회복지기관, 단체, 학교, 기업 등이 모두 나서 불우이웃을 돕는 지역사회 보호시스템을 개발하고자 하는 복지마을 운동에 협력학교 학생들의 자원봉사가 큰 도움이 되고 있다.

정부차원의 정책적 지원과 동시에 지역사회 중심의 자원봉사 시민운동이 활발히 전개되었는데 VYS 운동(Voluntary Youth Social Worker's Movement)[7]이 좋은 사례가 되고 있다. VYS 운동은 청소년 건전육성 활동, 어린이회 활동을 중심으로 한 프로그램이 조직되어 있으며, 최근에는 동남아시아를 비롯한 여러 나라의 국제적인 규모로서 운동을 전개하고 있다. 이 운동의 행동강령은 '우애ㆍ봉사ㆍ이상'으로 정해 두고 있는데, 이것은 자원봉사활동을 유지하는 3대 기둥이다.

자원봉사 협력학교 제도는 초ㆍ중ㆍ고교생들을 지역사회로 내보내 현장을 통한 학습을 체험하게 하고, 자연과 이웃에 눈뜨게 하자는 것이 목적이다. 이 프로그램에는 전체 학교의 1/4이 넘는 12,000개 학교가 참가하고 있다. 학생들은 지역사회를 위해서 할 수 있는 일들을 찾아서 하고 있으며 지역민들이 협력하고 있다. 일본 각 지방자치단체는 해마다 4월이면 사회복지협의회와 공동으로 자원봉사 협력학교를 신규 지정한다. 학교가 있는 마을의 사회복지협의회와 관내 초ㆍ중ㆍ고교들을 대상으로 자원봉사 협력학

---

7) 자원청년 사회사업가에 의해 전개되는 VYS 운동은 1952년 아이매현에서 일어나 곧 전국적인 조직으로 성장한 일본 특유의 자원봉사활동이다.

교를 추천하면 도도부현(시 · 도)의 자원봉사센터가 해당 지방정부와 협력하여 협력학교를 지정 · 통지한다. 협력학교 지정 기간은 3년이며 협력학교로 지정된 학교들에는 지방정부복지부가 연간 10만 엔씩 자원봉사 조성금을 지급한다. 협력학교는 매년 3월에 한 해 실적 보고서 결산서를 제출한다.

각 협력학교는 학생들을 관내 불우아동, 장애인, 노인 가정 및 시설들에 파견, 자원봉사활동을 펴게 하는 것 외에 교내에서 자원봉사에 관한 비디오, 영화상영, 강연회, 전시회 등을 개최한다. 이 밖에 학교 문을 통한 홍보, 모금, 자원봉사축제, 장애인 체육대회, 지역인 초청학예회, 집단 회식 등 사업을 펴고, 지역 내 고령자 수, 사회복지 자원, 하천 수질, 난민들에 관한 조사연구도 한다(한국청소년 정책연구원, 2005).

## 2. 미국의 청소년 문화

### 가. 미국 청소년의 학교 문화

미국은 한국과 달리 새 학년 새 학기의 시작은 9월과 1월이다. 미국의 고등학교는 대다수가 아침 9시부터 수업을 하여 보통 오후 3시면 수업을 마친다. 한국과 달리 학생들이 수업시간마다 교실을 찾아가는 제도이다. 공립 중학교는 공립 고등학교로 진학을 하는 편이지만 사립학교는 시험을 치고 입학한다. 또한 사립학교는 교복을 입는다.

　정규 수업이 마친 후 방과 후 교육(클럽)이 있는데 이는 자율적
(自律的)이다. 하지만 이를 정책적으로 꼭 하게 하는 것이 미국의
교육 시스템이다. 방과 후 교육을 참여하면 좋은 대학에 진학할
수 있는 밑거름이 되며 자기 발견에 도움을 준다고 설명하고 있다

## 나. 미국 청소년의 여가 문화

### 1) 파자마 파티

　십 대 청소년들 중 특히 여자아이들이 한 친구의 집에 모여 잠
옷 차림으로 밤새 수다를 떨며 놀거나 잠을 자는 것을 말한다. 이
는 Slumber party라고도 한다. 이때 부모는 간식을 챙겨주는 것
이외에 들여다보지 않는 것을 원칙으로 한다.

### 2) 핼러윈 파티

　10월 30일은 영혼들이 내려온다는 날로, 아이들은 귀신, 유령,
마녀, 괴물 등으로 분장하여 이 집, 저 집 돌아다니며 사탕을 얻는
다. 그날 저녁 호박 속을 긁어내고 그 안에 초를 넣어 만든 등을
집 앞에 두고 파티를 연다.

## 3) 졸업 파티

매년 6월 졸업시즌이 다가오면, 고등학교 졸업반 학생들은 5월 중순 혹은 5월 말경에 열리는 프롬(Prom)[8] 파티로 들뜨게 된다. 프롬은 남녀학생 모두 드레스와 턱시도 등 정장차림으로 잔뜩 멋을 부리고 공식적으로 데이트를 할 수 있는 날이라 대다수의 고등학생들은 프롬을 자신의 인생에 있어서 가장 로맨틱한 밤으로 생각하고 손꼽아 기다린다.

프롬은 고등학교 마지막 학기 끝에 열리는 공식적인 댄스파티이다. 프롬은 규모가 작은 학교에서는 전교 학생들을 대상으로 열리지만, 큰 학교에서는 11학년을 마치는 학생을 위한 주니어 프롬과 졸업을 하는 12학년생을 위한 시니어 프롬, 두 개의 프롬 파티가 열린다. 그러나 대부분 학교는 11학년생, 12학년생, 그들의 초대 손님들을 위한 프롬 파티가 열린다. 프롬은 19세기 말에 행해졌던 promenade ball에서 유래된 것으로 졸업 파티로서의 전통을 가지고 있다.

프롬에는 남녀가 쌍쌍으로 참석하는 전통이 있지만, 오랫동안 사귀어 온 친구들과 단체로 프롬에 가기도 한다. 남학생끼리, 여학생끼리, 1명의 남학생과 2명의 여학생이, 1명의 여학생과 2명의 남학생이 참가하는 경우도 흔히 있다. 오늘날 많은 고등학생들은 프롬을 데이트 상대와 즐기는 쌍쌍 파티라기보다 친구들과 함께 참가하여 좋은 시간을 보낸다는 의미로 생각한다.

---

8) 고교·대학 등에서 학년 말이나 졸업 때 여는 무도회, 댄스파티.

## 4) 크리스마스 파티

기독교 나라인 미국에서 크리스마스는 큰 명절이다. 이때에 친구들끼리 모여 선물을 주고받는 파티를 연다(미국대사관, 2010).

## 다. 미국 청소년의 자원봉사활동

미국 청소년 자원봉사활동을 지원하는 대표적인 기구로는 연방정부 조직인 '국가 및 지역사회봉사단(Corporation for National and Community Service)'이 있다. 국가봉사단은 연방정부의 조직으로, 단장은 대통령이 임명하며, 각 주를 대표하는 주위원회의 대표는 주지사가 임명하도록 되어 있다. 국가봉사단(AmeriCorps, Learn&Serve America, National Senior Service Corps)은 ISTA (Volunteers in Service to America)라는 4대 사업을 실시하고 있다. 그중 아메리코어(AmeriCorps) 프로그램의 특징 등을 소개하면 다음과 같다.

## 1) 특징

첫째, 자원봉사자(17~24세)는 9~12개월 기간에 1,700시간 풀타임으로 일하면서 4,725달러에 달하는 학비를 지원받는다. 그 외 주거생활비, 의료보험, 교통비, 탁아비, 용돈 등을 추가로 지급한다.
둘째, 프로그램은 각 주에 인구비례로 배당되는 '할당'제, 경쟁

적인 공모에 의해 배정되는 '공모'와 전국의 정부기관, 대학, 민간
단체들이 참여하는 자유공모 등 세 가지 방식으로 지급한다.

## 2) 봉사자 자격

자원봉사자는 17세 이상 고졸 이상 학력의 청소년으로, 청소년
프로그램에 참여하는 자원봉사자는 고졸 학력의 16세 이상 청소년
도 참여할 수 있다.

## 3) 사업 내용

가) 풀타임 연중 혹은 여름 기간 청소년봉사단 프로그램.

나) 학교 중퇴자 혹은 저소득층 청소년을 포함하는 16~25세
청소년이 자원봉사자로 참여하는 사업.

다) 자원봉사 참여자에게 직장경험, 직업기술, 진로지도 및 카운
슬링, 고용훈련 및 지원서비스 등 고도의 조직화된, 현장 전문 인
력이 배치된, 그리고 성인 현장 감독으로 진행되는 프로젝트.

라) 학교 봉사학습 과정에 있는 학생들에게 특별훈련을 제공해
서 이들을 초·중학교에서 봉사학습 프로그램 진행요원으로 배치
하는 프로그램.

마) 직장 학업(work-study) 프로그램에 참여한 학생, 이런 학생
들의 팀 혹은 일반학생들과 지역 주민으로 구성된 팀 등 대학생들
이 학기 중과 방학 기간에 지역사회 봉사 활동을 하는 대학운영
프로그램.

## 4) 재정

 예산 가운데 1/3은 주 정부의 특별사업(formula grant)으로 각 주에 인구비례로 배정되고, 1/3은 주 정부 간의 경쟁적인 프로그램 공모에 투입되며, 나머지 1/3은 연방정부기관, 지방정부, 비영리기관, 대학 등에 공모사업으로 배당된다.

 1993년에는 클린턴 행정부가 전국 자원봉사활동법(National Service Trust Act)을 새로이 제정하여 자원봉사활동을 위한 별도의 전담 기구 및 예산지원이 행해지고 기존의 두 단체인 국가·지역서비스 위원회와 1971년 창설된 ACTION으로 프로그램을 통합하여 새로운 단체인 전국서비스 연합(Corporation for National Service)기구를 설립했다(김성이 외, 2003).

 또 다른 흐름은 자원봉사의 인정과 관련된 것으로 자원봉사를 통한 학습이 학점으로 인정되었다. 정부는 물론 교육계와 기업으로부터도 지원과 고무를 받았다. 이렇게 해서 봉사학습은 유치원에서부터 대학원까지 다양한 학점 제도를 적용하면서 전국으로 번졌다. 학생들은 지역사회 봉사활동을 장려하기 위해서 청소년 자원봉사센터(NICOV)를 세우고 고교생들의 교과 과정에 대한 개념을 넣었다(박태영 외, 2009).

## 3. 중국의 청소년 문화

### 가. 중국 청소년의 문화

9월에 새 학기가 시작하며, 소학교 6년, 초급 중학교 3년, 고급 중학교 3년, 대학, 이렇게 한국과 비슷하다(흑룡강 지역은 5, 3, 3 제도이다). 그리고 초급 중학교 졸업 후 기술을 배우는 학교로 갈 수 있으며, 실업(전문)계 고등학교와 같다. 고등학교의 경우, 담임이 3년제이다. 즉 처음 입학 시 담임선생님이 졸업 때까지 담임인 것이다.

중국어에는 존댓말의 개념이 없어서인지, 담임과 학생들이 친하게 지내는 경우도 있다. 그리고 반 아이들 간의 나이 차이도 난다. 만약 공부를 잘할 경우 바로 월반이 되기도 한다(중국문화원, 2010).

보통 수업은 8시에 시작하여 6시에 마친다. 3교시를 마친 후 전교생이 모두 운동장으로 나가 체조하는 시간이 있다. 그리고 하교 후에는 바로 집이나 기숙사로 돌아가서 숙제를 한다.

더 좋은 상급학교로 진학해야 대학진학까지 좋은 곳으로 갈 수 있다고 보기 때문에, 부모들이 한국부모들 못지않게 공부를 많이 시키기도 한다. 한국의 대학수학능력시험과 같이 대입시험이 있으며 전국 보통고등학교 학생모집 통일고사(全國普通高等學校學生募集統一考試) 시험은 2일에 걸쳐 치게되고 대학입학 시 이 시험과, 내신 성적 모두 다 포함된다.

초등학교는 집에서 통학을 하지만, 중, 고등학교와 대학의 경우 기숙사가 있어 대부분의 학생들은 기숙사에서 생활하고, 무료함을 달래주기 위해 무도장을 설치하여 태극권 등을 수련시키고, 집에는 1주일에 한 번씩 주말에 다녀온다. 중국 땅이 넓은 만큼 학교 간 수준 차이도(시설, 교육환경 등) 많이 남을 알 수 있다.

또한 교복이 있어 여름과 겨울용으로 나뉘어 있고, 한국의 체육복과 같은 개념으로 볼 수 있다. 한국과 비슷한 개념의 교복은 사립학교 중에서도 학비가 아주 비싼 학교에 있고, 일반적으로는 체육복이다.

그리고 중국 학교에는 다음과 같은 교육을 철저히 한다. 소학교(초등학교)에서는 소선대원(少先隊員)이라고 무조건적으로 빨간 스카프를 매고, 학교 다녀야 하며, 중·고등학교도 청년단원으로 자유 선택하여 학생들에게 가입하도록 만든다(중국문화원, 2010). 이상의 비교를 요약하면 다음과 같다.

〈표 3〉 외국의 청소년문화

| 구분 | | 주요내용 |
|---|---|---|
| 일본 | 문화의 특징 | · 개인보다는 집단의 이익과 질서를 우선시 함<br>· 학기는 4월에 시작, 3학기 제, 두발자유<br>· '동아리'와 비슷한 '부 활동' 활성화 |
| | 긍정적인 문화 | · 패션, 헤어스타일의 다양한 연출 허용<br>· 노래방, 부 활동을 통한 놀이문화 정착<br>· 문화제(학원제)를 학생들이 계획, 시행, 종결 |
| 미국 | 문화의 특징 | · 방과 후 교육(클럽)시스템: 자율적이지만 장려<br>· 여가문화의 활성화가 대학입학의 밑거름<br>· 수업시간마다 교실을 찾아가는 제도<br>· 학기는 9월에 시작, 2학기 제 |
| | 긍정적인 문화 | · 파자마 파티, 5월 중·하순의 프롬(졸업무도회, 댄스파티 등)파티<br>· 크리스마스 파티 |
| 중국 | 문화의 특징 | · 중·고등학생 대부분 기숙사 생활<br>· 학기는 9월에 시작, 2학기 제<br>· 고등학교 담임의 3년제 |
| | 긍정적인 문화 | · 18세 때 성인식을 단체로 거행<br>· 집단, 기숙사 생활을 통해 사회적응력 배양 |

제8장

# 청소년과 문화활동

# 1. 청소년 문화의 범주와 특징

## 가. 청소년의 성장

청소년은 아동기와 성년기의 중간에 놓여 있는 중간 단계로서 인생의 꽃이요, 제2의 탄생기, 우리의 국민으로서 이 나라와 개인의 장래를 짊어질 희망에 찬 일꾼들이다. 그래서 인간의 한평생 중에서 매우 중요하고 독특한 위치를 차지하는 주변인(周邊人)[9]이라고도 한다(오치선, 2002).

청소년기는 그 시기를 명확하게 구분하기는 어렵지만, 대개 발달심리학자들의 종합적인 견해에 따르면, 청소년 초기(중학교 시절, 13~15세경), 청소년 중기(고등학교 시절, 16~18세), 청소년 후기(대학교 시절, 19~22세)로 구분하고 있다.

이 시기가 지나면 신체적으로 완전히 성숙되고 사회적으로 한평생을 지낼 직장을 구하고 배우자를 선택하여 독자적인 독립생활을 시작함으로써 일생의 여정에서 일단 정착하게 된다.

청소년기는 인생의 바탕이 되는 인격을 형성하고 어른이 된 다음에 어떠한 일에 종사하게 될 것인가를 결정짓는 준비이기도 하다. 청소년기에는 여러 가지 특징이 있다. 어린 시절은 주로 부모에 의존하여 생활하고 그 권위에 복종하는 시기인데 비하여 청소

---

9) 주변인(周邊人, marginal man): 경계인, 한계인이라고도 한다. 예를 들어 미국의 백인과 흑인의 혼혈아, 동양계 2세, 유럽의 유태인 또는 이민·이주로 다른 문화와 접촉했을 경우 이들은 가치기준·행동양식·언어·교육 등 서로 다른 문화의 경계에 서게 되기 때문에 심한 내적 갈등·정서적 불안정·강한 자기의식·열등감 등의 감정을 느끼게 된다. 반면, 주변적 상황에서 다른 새로운 생활양식이나 문화를 창출할 가능성도 가지고 있다.

년기에는 독자적으로 생활하고 부모의 권위나 간섭으로부터 해방되려고 하는 욕구가 강하게 나타난다. 자기 자신이 무엇인가에 대하여 깊이 생각하면서 자아개념을 확립하려고 한다. 또한 자기 자신과 다른 사람과의 관계, 인생과 사회, 국가에 대한 자기 자신의 위치 등을 정립하려고 하는 시기이다.

한편으로 아직도 사회의 부조리에 오염되지 않았기 때문에 청소년은 깨끗하고 순수한 높은 이상을 갖는다. 정의, 자유, 평등, 등 이상에 민감하고 자신에 대한 깊은 이해와 따뜻한 인간적인 사랑을 요구하기도 한다.

그러나 이러한 청소년들의 욕구는 그들이 희망하는 대로 잘 충족되지 않는 것이 보통이다. 청소년들은 독립을 원하지만 아직 부모에게 의존해야 하는 경우가 많으며, 이상은 높지만 현실적인 사회의 여건은 그러한 이상을 만족하게 충족시키기 어려운 경우가 많다.

여기에서 그들은 좌절감(frustration)과 갈등(葛藤, conflict)을 느끼고 가치관의 갈등을 느끼고 있는 것도 이 시기의 특징이다. 젊은 청소년들은 전통적이고 보수적인 규범으로부터 해방되려고 하는 특징이 있어 기성세대가 아직도 유교적인 규범 속에서 기존의 틀 속에 맞추려고 하는 데 비하여 청소년들은 그러한 형식을 부정하고 훨씬 더 단도직입적이고 실리적이며 행동적이다.

사회학자 H. Schelsky(1999)는 청소년은 "인간의 행동 단계 중에서 더 이상 아동의 역할을 하지는 않으나 성인행동이나 역할을 수행하기에는 아직 이른 시기에 있는 자"라고 표현하면서 14~25세를 청소년의 대상 연령으로 규정하였으며, Pöggeler는 교육학적 측면에서 "인간이 생활을 계속하는 한 성장·발달이 계속되므로 청소년기만을 따로 떼어 개념화할 수 없고, 단지 성장과 정상 성취인이 되어가는 과정으로 볼 수 있다"고 하였다.

Dawson(1977)은 "청소년기는 13~18세 시기로 소년기의 후기에 속함과 동시에 성인의 바로 직전 단계에 해당하는 과도기로서 성인이 되기 위한 학습시기로서 사회적 기능을 획득하고, 가치판단과 내적 기준을 형성하며 참여적 기능을 발전하는 때"라고 정의하였다.

또한 국가의 통치이념과 사회체제에 따라, 관련 법규에 따라 다르게 규정되고 있기도 한데 청소년의 개념을 관련 법규를 바탕으로 보면 한국 청소년 관련 법규에서는 해당 법규에 따라 다양하게 규정하고 있다. 즉, 민법[10]은 20세 미만을 미성년으로, 아동복지법[11]은 18세 미만을 요보호 대상으로, 근로기준법에서는 근로소년을 18세 미만으로, 청소년보호법에서는 20세 미만을 청소년으로 간주하고 있다.

위의 개념을 종합해 볼 때, 제정의가 다르듯이 한마디로 정의내리기는 어렵지만 청소년기는 성인으로 가는 과도기로서 정서적으로 아주 불안정하며 긴장을 느끼는 특징을 갖는다. 따라서 이 시기는 가치관이 안정되지 못한 형성 단계로 사회적 참여 기능을 갖는 학령기 연령인 점을 고려할 때 이 연구에서는 그 대상을 고등학교에 재학 중인 청소년으로 범주화시켜 정의한다.

---

10) 민법 제4조(성년기), 제5조(미성년자의 능력), 제753조(미성년자의 책임능력)
11) 아동복지법 제2조

## 나. 청소년 문화의 범주

청소년 문화에 대한 연구들이 태동하기 시작한 것은 1950년대부터이며, 대부분이 사회학자들에 의해 연구되었다. 청소년 문화라는 용어를 처음으로 도입한 학자는 탈코트 파슨스(Talcott Parsons, 1964)이며, 그 의미는 나이와 성별에 따른 특정 역할에 의해 구조화되어진 독특한 세계를 뜻하는 것이었다(Talcott Parsons, 1964).

먼저 문화는 개념상 상당히 포괄적인 분야를 포함하는데 인류학에서 쓰이는 문화의 개념은 Tylor가 『원시문화(Primitive Culture, 1871)』에서 이미 오래전에 언급했듯이 "지식, 신앙, 예술, 법률, 도덕, 관습, 그리고 사회의 한 성원으로서 인간에 의해 얻어진, 다른 능력이나 관습을 포함하는 복합총체(complex whole)"라고 했다. 다시 말해서 문화란 인류의 이상 실현을 위한 정신적 생활양식을 의미한다. 이와 같은 맥락에서 볼 때 문화는 일정한 영역에 속한 구성원들 사이의 유형화된 상호작용의 체계 속에서 이상 실현을 위한 정신적 활동과 생활체계라고 정의할 수 있다.

한편, 청소년 문화에 대한 개념도 일반 문화에 대한 정의 못지않게 연령, 계층, 이념, 소속집단, 학자에 따라 다양하게 분류될 수 있기에 그 영역을 일관성 있게 정리하기가 어렵다. 다만 '청소년들의 생활양식'으로서 그들이 가지고 있는 행동이나 사고방식, 취향, 말투, 먹거리 형태, 패션 등을 통틀어 지칭하는 것으로 청소년의 총체적인 삶의 양식이라고 할 수 있다(조영승, 1997).

즉, 청소년 문화에 대해 아동문화를 포함한 취향 문화로서 청소년들의 내면적, 외면적 행위양식이라고 이야기할 수 있다. 또한 청소년 문화란 청소년들이 공유하고 있는 청소년 세대 특유의 삶의 방식으로서 청소년 집단 간에 명시적, 잠재적 사회화를 통해 형성되고 전수되어지는 청소년 세대의 행동방식과 정신적 지표로 젊음을 풍기는 영상, 젊은이다운 행동, 젊은이 나름대로 쓰는 말을 통해 표출되는 것을 말한다.[12)

청소년들이 그들만의 문화를 만들어가고 공유하는 데 있어서 기초가 되는 것은 성인문화와 대중매체이며, 학교에서도 사회에서도 성인중심문화 및 대중매체에 의해 사회화되어 왔다. 그러나 오늘날의 청소년들이 경험하는 문화는 이전과는 달리 뉴미디어(new-media)의 등장과 발달로 지금의 성인문화의 내용물들과는 상당한 차이가 있다. 이에 청소년 문화에 대한 인식의 관점도 여러 가지로 나타나고 있는데 미숙한 문화로 보는 입장, 비행문화로 보는 입장, 하위문화로 보는 입장, 대항(對抗)문화 또는 반문화로 인식하는 입장, 새로운 문화로 보는 시각으로 나눌 수 있다. 오늘날 뉴미디어의 영향으로 대중문화를 받아들이는 환경이 변했고, 청소년들은 기성세대와는 다른 새로운 방식의 문화를 형성하며, 다양한 하위문화의 등장으로 그들 문화가 매우 다양화·분권화되었다고 할 수 있다(한국청소년지도학회, 2009).

따라서 이 논문에서는 중·고등학생들의 활동과 체계 속에서 이루어지는 제반 문화적 활동 일체를 청소년 문화로 범주화하고 이를 성인에 준한 문화 개념으로 정의한다.[13)

---

12) 청소년 문화는 그들만의 독특한 생각과 가치관, 규범, 태도, 언어, 복장, 행동, 인간관계, 오락, 여가생활에 이르기까지 내면적인 의식구조뿐만 아니라 외면적인 행동양식 모두를 포함하게 된다.

## 다. 청소년 문화의 특징

네트(net) 세대로 불리는 현대 청소년의 특성은 다양한 방식으로 묘사할 수 있는데 기존의 경험적 연구결과에 따르면 소비 지향적, 개인 지향적, 탈권위 지향적 특성으로 요약할 수 있다.14)

21세기의 청소년 문화를 바라보는 데 있어서 기존에 그들을 해석하고 평가하던 기준과는 다소 차이가 있어야 하며, 오늘날에 맞는 보편적인 청소년 문화의 특성을 몇 가지로 나누어 보면 다음과 같이 집약할 수 있다.

첫째, 개인주의적인 성향이다. 인생의 목표를 '집단이나 사회에 기여하는 것'에서 찾기보다는 '자신의 인생을 즐겁고 보람되게 사는 것'에 두는 청소년들이 점차 증가하고 있다. 선호하는 삶의 유형도 '행복한 가정생활'이나 '자신의 취미에 맞는 생활'을 추구해가고 있다. 또한 직업도 단순한 생계유지 수단으로서가 아니라 개인의 발전과 자아실현의 장으로 간주하여 그에 맞는 것을 선택하려는 경향이 있으며, 여기에 컴퓨터가 한몫을 하고 있다. 컴퓨터게임에 몰입하여 혼자서 긴 시간을 보냄으로써 친구와의 교분 횟수가 희박해지고, 친구의 불필요성까지 느끼게 되어 개인주의적이고 이기주의적인 성향이 짙어진다는 것이다.

---

13) 문화의 범주를 인본, 물질, 목적론적, 기계론적 관점에서의 가치 문화와 도덕적 규범으로 행해지는 일체의 규범문화와 생활 속에 나타나는 생활문화를 대상으로 가치, 규범, 생활의 세 가지 측면에서 갖는 문화로 국한한다.

14) 소비주의, 물질주의, 낭비성향, 일보다 여가를 중시하는 특성 등을 '소비 지향적'인 특성으로 범주화할 수 있으며, 개인주의와 이기주의, 다양성 · 개방성 · 자율성 추구 등의 탈획일주의, 자유분방함과 개성을 중시하는 특성 등을 '개인 지향적' 특성으로, 권위주의적 인간관계, 전통적 예절이나 격식, 권위주의적 통제에 대한 저항과 거부 등을 '탈권위주의적' 특성으로 범주화할 수 있을 것이다.

둘째, 현실 만족주의적인 성향이다. 사회적 지위 상승이나 목적 달성을 중요시하는 미래 지향적인 가치관과 행동양식은 현재의 행복한 생활을 추구하는 현실 중심적인 가치로 변하여 가고 있다. 즉, 근검, 절약, 인내 등의 과거 가치는 퇴색해 가고 현재 일상의 소중함과 즐거움을 추구하려는 성향이 강해지고 있다. 이러한 특징은 청소년들의 직업관, 여가관, 인생관 등에 잘 나타나고 있다.[15]

셋째, 자기표현주의이다. 차별 동기에 의한 가치성향, 즉 개별적 취향과 개성에 따른 욕구 충족의 다양화, 개별화의 특성을 나타내고 있고, 개성의 표현과 이미지 창출에 솔직하고 적극적이다. 예를 들어, 선호하는 직업의 유형이 사회의 평판에 관계없이 다양해지고 있고 직업 선택에 있어서도 남녀의 구분이 적어지고 있다는 점, 그 밖에 파격적인 의상이나 각양각색의 헤어스타일 등의 다양한 외모의 연출 등을 통해서 자기표현의 욕구와 방식을 잘 나타내고 있다.

넷째, 영상 세대로서의 특성이다. TV 등 영상매체의 숲에서 자라난 요즈음의 청소년들은 과거에 비해 매우 감각적이고 감수성이 풍부한 감성 세대로서의 특징을 갖는다. 심각하거나 따분한 것을 싫어하고 재미있고 즉각적인 반응을 추구한다. 이 점은 풍자적이고 유머러스한 10대들의 은어[16]와 축약형 언어들,[17] 패스트푸드점

---

15) 보수가 높아도 3D 직종을 기피하는 현상, 직업 선택기준에 있어서 자율적 권한 부여 여부와 여가 조건들이 점차 많이 고려되고 있는 점이 그것이다.

16) 강고: 그냥 하자, 어원은 '그냥 go 하자'
   걸조: 걸어 다니는 조각상, 즉, 꽃미남
   격친: 격렬하게 친하게 지냄
   고친: 고민을 해결해주는 친구

17) 완자는 '완벽한 자율학습', 기탄은 '기초탄탄', 우공비는 '우리들의 공부비법'

을 선호하는 청소년들의 음식 취향, 과거에 비해 가볍게 이루어지는 이성 교제의 양상 등에서 엿볼 수 있다.

그 밖에 컴퓨터 통신 문화의 발달로 가상공간에서 이루어지는 새로운 생활 양상들이 나타나는 등 10대의 모습이 하루가 달리 변화해 가고 있다.

이들은 대체로 인내심이 부족하다든지 공동체 의식이 결여되어 있다고는 하지만 풍부한 감수성과 창의성, 다양한 개성추구와 융통성 있고 탄력적인 사고방식 등은 점점 다원화되어 가는 새로운 사회에 없어서는 안 될 소중한 장점들이다.


## 2. 청소년 문화활동의 중요성


'아름다운 나라', '높은 문화의 힘을 가진 나라'를 건설하는 길은 문화의 교육을 통해 '인의와 사랑의 마음'을 함양하는 데에 있고, 그러한 교육을 올바르게 실현하는 길은 청소년들에게 문화활동의 기회를 확대해주는 데에 있다. 정부, 방송, 언론, 학교 등이 청소년들에게 문화 향유의 기회를 확대해 주고 향유 능력을 계발할 수 있는 여건을 제도적으로 만들어주어야 하며, 정부와 사회가 고등학교에서 문화활동이 성공적으로 수행될 수 있도록 지원하는 데에 있다(문화체육관광부, 2010).

특히 청소년 문화는 모든 청소년이 함께 창출해나가야 그 가치가 높아지고 아름다운 심미적인 행복을 결정할 수 있다. 그 행복은 느낌(feeling), 생각, 상상, 통찰, 판단 등을 통하여 내면의 작용을 해야 된다. 세계 각국의 왕성한 부흥기를 살펴보면, 프랑스는 자유성, 독일은 합리성, 영국은 실용성, 미국은 취합성, 일본은 모방성, 중국은 타산성에 있음을 알 수 있다. 이제 한국은 청소년들에게 남과 다른 창의성, 아름다운 심미성, 에너지가 충만한 역동성 등의 강점을 살려 질이 높고, 다양한 문화활동 교육을 추진해야 할 것(이홍수, 2010)이며, 김구(金九)의 자서전 중에 문화활동의 중요성[18]이 더 실감 나는 것을 알 수 있다.

## 3. 청소년 문화활동 영역

### 가. 문화감성 활동

청소년 문화활동은 청소년활동진흥법 제2조5항(정의)에 따라 청소년이 예술 활동, 스포츠 활동, 동아리활동, 봉사활동 등을 통하여 문화적 감성(感性)과 더불어 살아가는 능력을 함양하는 체험활동을 말한다. 이러한 문화활동은 주5일 수업제 확대 실시에 따라 늘어나는 청소년들의 여가 활용과 입시 위주의 공교육에서 충분히 지원하지 못하는 체험활동을 강화함으로써 공교육을 보완하는 중요한 기능을 한다고 할 수 있다(여성가족부, 2010).

---

18) "나는 대한민국이 세계에서 가장 부강한 나라가 아니라 가장 아름다운 나라가 되기를 원한다. ……그래서 한없이 가지고 싶은 것은 오직 높은 문화의 힘이다."

## 1) 청소년 문화존

청소년 문화존은 주 5일 수업제의 확대 실시에 따라 늘어나는 방과 후 시간대에 청소년들에게 전국의 광역 생활권 주변에서 쉽고 다양하게 문화향수, 문화감성, 문화 창조 등 다양한 체험활동을 제공할 목적으로 추진되었다. 청소년 문화존은 중앙과 지방이 50:50 매칭으로 예산을 투입하여 운영되며, 2004년 및 2005년에는 8개 광역시·도에서 운영되었고, 2006년부터 11개 시·도로 확대되고 시범사업으로 5개 시·도를 지정하여 총사업비 36억 원 규모(2007년)로 운영되고 있다.

2008년도에는 청소년들의 요구를 최대한 반영하여 청소년 문화축제를 지원하기 위해, 기존 청소년 동아리 경진대회를 폐지하고 시도별로 특성화된 대한민국 10대 청소년 문화축제를 운영하였다. 2009년도에는 16개 대표 문화존과 90개 시·군·구 문화존이 운영·지원되었다.

## 2) 청소년 문화활동과 복지 프로그램

청소년 활동 복지 프로그램은 주 5일제 수업 실시에 따라 청소년들이 여유시간을 활용할 수 있도록 하기 위하여 다양한 청소년 활동 참여기회를 제공하고 소외계층 청소년의 건전한 성장을 돕기 위한 복지 차원의 목적이 있다.

이에 따라 청소년의 눈높이에 맞는 프로그램을 발굴·보급하고 이에 필요한 인적·물적 제반자원의 경제적인 활용 방향을 확립하여 청소년들이 문화 · 예술, 과학 · 정보, 모험 · 개척, 직업준비, 환경보전 등의 활동을 통해 잠재역량을 계발하고 국제 경쟁력을 갖출 수 있도록 지원하고 있다.

〈표 4〉 청소년 문화활동 복지 프로그램

| 활동영역 | 지원 | 지원 금액 (천원) | 지원기간 |
|---|---|---|---|
| 문화감성 영역 | 44 | 628,844 | 연중 |
| 과학정보 영역 | 5 | 78,750 | 연중 |
| 봉사 · 협력 영역 | 18 | 220,137 | 연중 |
| 모험개척 영역 | 9 | 134,331 | 연중 |
| 직업체험 영역 | 15 | 175,205 | 연중 |
| 환경보존 영역 | 11 | 140,646 | 연중 |
| 방학 프로그램 | 10 | 156,832 | 방학 |
| 계 | 112 | 1,534,765 | |

출처: 여성가족부(2010)

## 나. 과학정보활동

21세기 교육에서 절실히 요구되는 것 중 하나가 창의성이다. 창의적인 사람은 독창성, 융통성, 유창성, 정교성 등의 지적 능력을 지니며, 적극적으로 도전하는 태도와 지식과 기술을 활용하여 새로운 것을 창출하려는 특성을 지닌다. 지식정보사회에서는 정보기술능력이 우수한 개인이 앞서 가는 사회가 될 것이며 국가의 미래는 국민 개개인의 정보를 다루는 능력에 달려 있다고 하여도 과언이 아니다. 전 세계는 이러한 사실에 주목하고 자국민들의 정보기술능력 육성을 위해 정책적인 노력과 교육과정을 변경하는 등 교육개혁에 많은 노력을 쏟고 있다(보건복지부, 2009).

지식정보사회의 핵심으로 지적되고 있는 정보기술능력은 학자에 따라 그 의미가 다르게 규정되고 있는데 정보기기를 다루는 능력으로서 정보기기 자체에 대한 지식만을 강조하는 학자들도 있고 좀 더 포괄적으로 정보기기에 대한 지식과 함께 정보를 검색하고 처리하고 전달하는 정보관리능력도 포함하는 개념으로 인식하는 학자들도 있다(교육부, 1999).

Kennewell(1995)은 정보기술능력에 대해 "정보기술을 이용하여 정보를 다루고 전달하며, 실생활과 가상 상황에 대한 모형을 탐색하고, 설계 · 개발 · 평가하며 물적 변인과 운동을 제어, 계측하고, 정보기술의 중요성과 활용 그리고 그것이 생활에 미치는 영향에 관해 현명한 판단을 내릴 수 있는 능력"이라고 하여 포괄적인 개념으로 정의하고 있다(Kennewell, 1995; 송재신 외 1998). 이러한 '정보기술능력'의 포괄적 개념은 '정보소양(Information Literacy)'의 개념과 거의 일치하고 있다. 과거의 '정보소양'은 정보의 검색, 이해, 판단, 편집, 수정, 활용, 창조와 전달력을 말하는 것이었으나 현 사회에서는 이러한 일련의 과정이 정보기술을 통하지 않고서는 이루어질 수 없으므로 '정보소양' 개념에 대하여 정보기술기반 정보를 실제 생활 또는 실제 문제에 활용할 수 있는 능력까지 확대하고 있다.

즉 정보기술능력은 21세기 지식기반 사회에서 학습자가 상위 수준의 사고활동을 하기 위해 필요한 능력이라 할 수 있으며 그러한 활동을 하기 위해서는 정보기기를 잘 다룰 수 있어야 한다. 산업사회에서 정보사회로 변화하고 있는 현재에는 이러한 능력을 정보소양, 정보기술능력이라 하고 있으며 이러한 의미를 광의로 정보기술(Information Technology)이라 총칭하고 있다. 이렇게 혼용되고 있는 명칭에 따라 이를 가르치는 교과명이 정보기술, 정보통신기술 등으로 혼재되어 있으며 한국에서도 컴퓨터, 정보기술, 정보과학, 정보공학 등으로 혼용되고 있는데 이 연구에서는 정보과학으로 통일하고자 한다.

전 세계 여러 국가들은 국민들의 정보기술능력을 육성하는 방안을 적극적으로 모색하고 있으며 교육을 통한 국가 경쟁력 제고에 힘을 쏟고 있다. 미국, 영국을 중심으로 그리고 아시아에서는 싱가포르, 일본, 대만과 같은 국가들이 장기적이고 체계적인 계획을 확립하여 전국의 학교를 대상으로 정보화 운동을 펼쳐가고 있다. 교육정보화 사업을 추진하는 방법은 컴퓨터 보급률을 늘리고 전산망을 구축하는 등 시설과 설비를 구축하는 방법도 있으나 구체적인 내용 면에 있어서 교육과정을 통한 교육 정보화의 방법도 있다(송재신 외, 1998). 지금까지 한국 교육에서 정보화 사업의 추세는 교단선진화 기자재 보급과 전산망 구축과 같은 시설과 설비 등 물적 기반 조성에 주력하였고 이제는 이들을 효과적으로 활용할 수 있는 교육과정의 개발에 주력하고 있다. 국내에서 정보과학교육을 강조하고 있는 시점에서 아시아의 다양한 사례와 교육정보화 정책을 체계적으로 정리해 한국 정보과학 교육과정 개발의 기초로 삼을 필요가 있다.

## 다. 봉사 · 협력활동

청소년 자원봉사활동은 체험학습을 통해 개인적 만족감을 증진할 뿐만 아니라 사회참여의 기회와 사회적 책임을 실천할 기회가 된다는 이중적인 의의를 가진다. 또한 청소년들은 학교에서 배우는 교과학습을 통하여 얻은 지식과 기술을 지역사회에서 실천함으로써 그 지식과 기술을 보다 실제적인 것으로 만들 수 있다는 것이 청소년 봉사활동의 중요한 의의가 된다. 특히 청소년 봉사활동을 지도할 때 지도자는 프로그램을 기획하여 청소년들과 함께 진행하거나, 지역의 수요처를 파악하여 모집된 청소년을 연결하는 과정에서 봉사교육을 실시하여야 한다(한국청소년정책연구원, 2005).

청소년 자원봉사활동은 여러 측면에서 그 의의를 찾을 수 있는 청소년 수련활동의 하나이다. 청소년들은 자원봉사라는 체험활동을 통해 개인적 만족감을 느낄 수 있을 뿐만 아니라 지역사회에 참여하여 사회적 책임을 공유할 기회를 가지게 된다. 또 학교에서 교과학습을 통하여 습득한 지식과 기술을 지역 사회에서 직접 실천해 봄으로써 그 지식과 기술을 보다 현실적인 것으로 만들어 나갈 수 있다.

## 라. 모험개척 활동

청소년의 문화활동 중에서 여학생보다 남학생들이 가장 선호하는 활동이 모험개척 활동이다. 최근에는 험한 자연을 배경으로 홍미와 호기심을 넓혀 나가는 경향이 많아지고 있다.

## 1) 모험개척 활동의 목적

첫째, 다양한 체험프로그램 개발을 통한 청소년 정신문화 및 수련활동, 체험학습, 놀이문화 등을 보급하며, 건전하고 건강한 체험수련활동의 참여를 통하여 정신과 신체가 건강하고 밝은 청소년을 육성한다.

둘째, 부모님의 참여를 적극적으로 유도하여 밝고 건강한 가정을 만들어 나가는데 선도적인 역할을 수행하며, 건강한 청소년 활동을 통하여 밝고 건강한 가정과 사회, 국가를 만들고자 하는 데 기여한다(한국청소년화랑단, 2010).

셋째, 심신수련활동을 통한 건강한 청소년이 스스로 자신을 발견케 하여 건강한 생활을 영위케 하며, 나눔의 정신을 키워주고 함께 살아가는 사회를 조성할 수 있는 건강한 청소년을 육성한다.

넷째, 한국청소년캠프협회 등 관련 청소년 단체, 수련 프로그램 단체와의 각종 정보공유 및 업무 제휴를 통한 단체를 육성하며, 사회발전을 위한 활동과 인간다운 삶을 영위할 수 있는 여건 조성에 참여함으로써 국가 발전에 기여한다.

다섯째, 건강하고 건전한 청소년 활동을 통하여 밝고 건강한 가정과 사회, 국가를 만들고자 하는 데 기여함을 목적으로 한다.

## 2) 주요활동

청소년을 위한 모험개척 활동의 주요 내용을 보면, 첫째, 우수한 문화유적 탐방을 통한 문화와 역사에 대한 새로운 인식과 소중함을 일깨우는 문화유적 탐방 활동을 하며, 국토순례를 통한 극기의 체험을 통한 협동심, 도전심, 자신감, 국토사랑 등을 일깨울 수 있는 계기 마련과 가족과의 동참을 통한 참된 가족 사랑을 체험할 수 있는 모험개척 활동을 한다.

둘째, 외국의 문화유적 탐방을 통한 미래에 대한 자신감과 보다 넓은 세계관, 높은 꿈을 실현하는 외국문화 체험활동을 하며, 건강한 정서와 신체발달을 증진할 수 있는 다양한 레저스포츠 활동을 한다.

셋째, 건강한 신체와 정신을 증진할 수 있는 다양한 트레킹 및 걷기 운동 활동을 하며, 인내력과 협동심, 자신감을 키워줄 수 있는 다양한 극기 훈련식의 체험활동을 한다.

넷째, 다양한 문화와 풍습 등을 직접 체험하고 느낄 수 있는 현장 체험여행, 체험학습 활동을 하며, 다음 세대를 이끌어 나갈 수 있는 올바른 정신과 가치관을 형성하기 위한 지도력 배양 활동을 한다.

다섯째, 인간교육의 기본을 깨닫고 올바른 가치관 형성과 우리 문화와 정신을 찾기 위한 전통문화 체험 및 예절활동을 하며, 주변 국가의 상호 교환 방문을 통한 일반 가정의 홈스테이를 이용한 외국문화체험 및 청소년 국제교류활동을 한다.

여섯째, 자연과 하나가 되는 체험을 통해 자신이 자연의 일부임을 깨닫게 해줄 수 있는 다양한 테마의 트레킹 활동을 하며, 몸과 마음이 밝고 건강한 청소년으로 육성하는 다양한 청소년 체험 수련활동을 한다.

일곱째, 다양한 정보 및 소식을 전달하고 회원 간의 공감대를 형성할 수 있는 화랑단 소식지를 발행하며, 봉사를 통한 나눔의 정신을 일깨울 수 있는 사회봉사 활동을 한다.

여덟째, 사랑과 나눔의 통장 모금활동을 하며, 불우한 환경 속에서 성장하는 청소년 및 탈북 청소년을 위한 후원활동을 하고, 회원 상호 간의 공동협력과 유대 결속을 위한 활동을 한다(한국청소년화랑단, 2010).

## 마. 직업준비 활동

선진 각국에서는 21세기 지식정보화 사회로의 변화와 필요에 능동적으로 대처하고 인적 자원 개발을 통해 국가 경쟁력을 강화하기 위하여 교육을 중심으로 개혁을 추진하고 있으며 특히 교육과정을 강조하고 있다.

이는 교육과정이 교원 및 학생과 더불어 교육을 구성하는 기본 요소로서, 교육과정에 무엇을 담아 가르치느냐에 따라 우리 다음 세대의 능력, 태도 및 가치관 등이 결정될 뿐만 아니라 사회의 발전도 좌우되기 때문이다(여성가족부, 2010).

분야와 영역을 초월하여 새로운 환경변화가 몰고 오는 변화의 물결과 그 영향력을 올바르게 평가하고 그 결과를 토대로 특정분야의 발전방향을 모색하고 실천과제를 설정하는 문제는 해당 분야의 발전적 성숙을 위한 기본 전제 조건이다. 더욱이 최근의 환경변화는 예측불허의 불연속적이고 불확실한 변화가 일상화되고 있기 때문에 과거와 같이 소극적인 환경 대응적인 노력만으로는 작금의 변화와 위기 상황에 유연하게 대응할 수 없다.

보다 근본적으로 사회변화를 일으키는 구조적 원인이 무엇이며, 이들이 만들어 내는 패턴이나 유형을 포착함으로써 해당 분야의 발전방향을 잠정적으로 모색할 수밖에 없다. 최근에 변화의 구조적 동인으로 지적되는 것 중에 지식을 화두로 전개되는 변화에 대한 논의가 단연 지배적이라고 볼 수 있다. 즉 스마트 사회(Smart Society)에 대비하는 사회, 문화, 정치, 경영, 교육 등 지식을 토대로 새롭게 전개되는 변화의 양상과 영향은 그 어떤 변화 요인보다 그 파급효과가 막대하다고 볼 수 있다.

스마트 사회에 대비하는 새로운 직업교육의 방향과 전망, 그리고 과제 등에 대해서 그동안 한국직업능력개발원을 중심으로 다양한 연구노력과 심포지엄이 이루어져 왔으며 그 결과 향후 추진되어야 할 정책과제 등도 비교적 구체적으로 제시되었다.

따라서 스마트 사회에 대비하는 직업교육의 방향과 전망에 초점을 두고 한국 청소년의 직업관과 미국 청소년의 직업교육을 소개하고자 한다. 특히 거시적인 사회 환경변화에 비추어 일반적인 직업교육의 방향성을 제시하기보다는 현실적으로 실효성 있는 직업교육의 방향성을 정립하는 데 반드시 고려해야 될 것이다(여성가족부, 2010).

## 1) 한국 청소년의 직업관

원시적인 자급자족의 생활을 하던 시대에는 인간은 스스로 일을 해서 얻은 것을 자신의 의·식·주생활에 사용하였다. 그러나 사회가 변화하고 발전함에 따라 산업의 분업화·세분화·다양화가 이루어지고 시장경제가 형성되었다. 과학기술의 발달과 더불어 첨단산업과 정보화시대로 돌입함에 따라 직업의 세계도 복잡 다양하고 그 종류도 수만 종을 넘는 복잡한 현실 속에서 청소년들은 이에 현명하게 적응하고 선택할 수 있는 준비교육이 더욱 절실해지고 있다.

우리 청소년들은 미래 삶의 준비를 위한 직업을 선택하기 위한 준비태세를 갖추어야 할 것이다. 오늘날에는 대부분의 사람이 장차 자신이나 가족의 생계유지를 위해서 어느 정도 보수를 얻는 것을 목표로 일정한 일을 계속하지 않으면 안 된다. 우리는 이것을 직업이라고 부른다. 그런데 이 경우 직업이란 단순히 개인의 '생계유지를 목표로 하는 계속적인 인간의 활동'일 뿐만 아니라, 사회의 한 구성원으로서 자신이 속하고 있는 그 사회의 존속과 유지 발전을 위한 중대한 역할을 담당, 수행한다는 의미를 갖는다. 개인으로서의 인간은 직업을 통하여 사회와 구체적 연관을 가지며, 사회의 번영과 발전을 위한 일을 맡아 그것을 훌륭하게 수행함으로써 사회를 위하여 공헌뿐만 아니라 자신의 능력을 발휘하여 자아를 실현하는 결과가 된다.

이러한 자아실현의 기초 단계는 개인마다 선택한 직업에서부터 시작된다. 청소년들이 장래의 직업을 선택하기 위해서는 각자 나름대로의 뚜렷한 직업 가치관이 정립되어야 한다. 또한 직업선택의 가장 중요한 핵심적 요인으로 외적 가치보다 내적 가치에 비중을 두어야 한다. 가치관이란 사물이나 행위가 바람직한 특성을 가지고 있음을 나타내는 말이다. 가치판단 또는 도덕적 판단을 해야 하는 경우에는 한 가지 가치만 관련되어 있는 것이 아니라 여러 가지 가치가 관련되어 있다.

가치관은 사람마다 다르다. 사람은 저마다 다른 개성과 개인차가 있듯이 가치관이 무엇인가 확인하고 가치 있는 것을 제 나름대로 정립하고 선택할 수 있는 능력도 길러주어야 한다. 직업관도 역시 가치관의 영역으로 취급되어야 마땅하다. 어떤 직업적 가치가 나에게 중요한 것인가를 탐색하는 직업도 함께 이루어져야 한다(여성가족부, 2010).

## 2) 미국 청소년의 직업교육

미국에서의 직업교육의 가장 큰 특징은 자율성 및 다양성에 있다. 주(state) 단위 교육위원회에서 모든 결정 권한을 가지고 있으며, 연방정부의 간섭을 거의 받지 않기 때문에, 미국의 직업교육은 주(state)에 따라 매우 다양하게 운영되고 있다(미국대사관, 2010).

교육과정의 개발에 있어서 연방정부 수준에서는 국가 교육 목적 및 평가 준거만을 제시하며, 주 단위에서 결정된 교육과정에 따라 각 지역구별로 교육과정 지침서를 현직 교사 중심으로 개발하며, 이를 통해 단위 학교에서는 교육과정을 편성·운영하게 된다.

이러한 교육과정 개발 절차는 주별, 주 내 지역별, 지역 내 학교별 각각의 단위에 자율성을 부여하고 있다. 이에 비하여 한국의 교육과정 개발 절차는 형식적으로는 지역 및 학교 수준으로 옮겨 갔지만, 실질적인 운영에 있어 많은 부분이 아직까지도 중앙 단위의 결정에 의지하고 있는 실정이다. 제7차 교육과정의 중요한 방향인 '수요자 중심'에 부합하기 위해서는 각각의 단위에 자율성을 부여하는 미국의 교육과정 개발 절차가 시사하는 바가 크다고 할 수 있다.

물론, 최근 미국에서는 지방분권식 교육 제도에 대한 검토를 통해 운영 방식의 개혁을 모색하고 있다. 직업교육과정과 관련해서 버락 오바마 미국 대통령은 미시간주 워런의 머콤 커뮤니티 칼리지(전문대)에서 행한 연설에서 미국 노동자들이 21세기 직장을 준비하는 데 필요한 교육을 제공할 수 있도록 향후 10년간 120억 달러를 커뮤니티 칼리지에 지원해 수백만 명에게 새로운 세대의 직업교육을 하도록 하겠다고 말했다.

오바마 대통령은 이를 통해 커뮤니티 칼리지 졸업생을 500만 명 늘려 기존 수준의 배로 확대하고 2020년까지 미국의 대학 졸업률을 세계 최고 수준으로 끌어올릴 것이라고 강조했다.

이번 고등교육 개혁방안은 2년제 커뮤니티 칼리지를 활성화해 수백만 명의 학생들에게 새로운 직장을 얻거나 4년제 대학에 갈 수 있는 발판을 마련할 기회를 제공하려는 것이다.

즉 경제가 회복돼 새로운 일자리를 창출해내기 시작할 때 사람들이 청정에너지 산업 같은 분야의 새로운 직업에 도전할 수 있도록 훈련한다는 것이다. 미국 내에는 준학사를 수여하는 2년제 커뮤니티 칼리지가 1,000개 이상이 있고 현재 600만 명 이상이 재학 중이며 매년 50만 명 정도가 졸업한다.

오바마 대통령은 미국인이라면 누구나 고교 졸업 후 어떤 교육 경로가 됐든 대학과정에 1년 이상 등록해서 21세기 경제에 맞는 직업능력을 갖출 준비가 되어 있어야 한다는 믿음을 가지고 있다(한국교육신문, 2009).

미국 내 종합 고등학교 직업 교육과정에서 계열 구분의 두드러진 특징은 일반 직업 준비과정과 특정 분야의 직업 준비과정으로 나누어져 있다는 것이다. 일반 직업 준비과정은 직업 세계로 나가기 위해 공통적으로 필요한 분야이고, 특정분야의 직업 준비과정은 취업 및 동일 계열 진학을 위한 전문분야이다.

또한, 종합 고등학교에서는 직업에 관한 전문 교과 과정이 음악이나 미술, 연극, 외국어 등과 같은 수준의 선택 교과라는 점이 주목(注目)할 만하다(미국대사관, 2010).

## 바. 환경의식 활동

인구의 급격한 증가와 산업 활동으로 인하여 지구 환경이 빠르게 변화되면서 자연이 평형을 상실하고, 생활환경이 악화되어 환경 문제는 인류의 생존을 위협하는 심각한 문제로 대두되고 있다. 지속가능한 개발[19]을 성취하기 위한 '장기적인' 환경 전략의 수립은 학교 환경교육에 기초를 두어야 한다는 것이다. 즉, 어릴 때부터

---

19) ESSD: Environmentally Sound and Sustainable Development
　　1987년 세계환경개발위원회에서 처음 사용한 말로 지속가능한 개발은 "미래 세대의 욕구를 충족시킬 능력을 손상시키지 않으면서 우리 세대의 욕구를 충족시키는 개발"이라고 정의하였다. 1992년 185개 국가의 정부대표들이 참여한 리우 UN 환경개발회의에서 세계 환경정책의 기본규범으로 정식 채택되었다.

계속적으로 학교교육과 사회교육의 양자를 포함하는 교육을 통하여 인간과 항상 변화하는 자연-인공 환경 간의 관계를 인식시키고, 환경적으로 건전하고, 환경에 친화적인 상호관계를 이해시키고, 그 가치, 태도를 함양하게 해주는 것보다 더 장기적이고 기본적인 전략은 없다는 것이다. 이렇게 환경적으로 교육된 대중의 지지와 참여가 역시 환경적으로 교육된 의사결정자들의 노력과 합해질 때 바로 지속가능한 개발에 접근할 수 있기 때문이다(환경부, 2010).

환경교육은 자연과 생명의 존엄성을 배우고 가르치는 윤리교육인 동시에 국가 수준의 지속가능발전을 위한 토대인 사회구성원의 올바른 환경 가치관 확립을 위한 교육이다. 환경문제의 본질이 자연과학, 사회과학, 인문학 전 분야에 걸쳐 학제적 성격을 띠고 있기에 환경교육 역시 전인교육의 성격을 가진다고 할 수 있다.

환경에 대한 더 나은 이해는 합리적인 개발에 필수적이며 환경교육을 통해서 가능하다. 환경교육은 교육을 통하여 환경 그 자체뿐만 아니라 환경을 구성하는 여러 요소 간의 관련성과 상호 의존성에 대한 지식은 물론 환경을 이용하거나 환경에 영향을 미치는 행동을 할 때에 올바른 행동을 하도록 도와준다. 어려서부터 환경에 대한 인식을 새롭게 하고, 환경을 보호하며 탐구하는 능력을 신장하는 것은 미래 사회를 살아갈 민주시민을 양성하는 데도 크게 도움이 될 것이다.

환경교육은 미래세대의 삶을 위한 교육이어야 한다. 환경교육의 필요성에 대하여 많은 사람들은 현재의 환경문제 해결에 필요하기 때문이라고 한다. 이 말은 현재 이 지구상에서 삶을 살고 있는 성인 중심의 삶을 위한 것이라는 점을 은연중에 가정하고 있다. 물론 학생들도 현재의 세계를 구성하고 성인들과 똑같은 시공 속에서 공동의 삶을 살고 있기 때문에 현재의 환경문제에 참여해야 한다는 것은 분명하다. 그러나 현재의 환경문제를 해결하기 위하여 학생들에게 환경교육을 실시한다는 것은 옳지 않다. 우선 교육 자체가 미래 지향적이라는 점에서 환경교육은 현재의 환경문제가 아니라 미래의 쾌적한 환경을 지향한 것이어야 한다는 논거를 찾을 수 있다.

이에 대하여 환경교육 고유의 논거가 있다. 그것은 대를 이어 지켜야 할 '청지기의 윤리(stewar-dship)'라는 대답이다. 지구 환경에 대한 현재의 청지기는 현재를 살아가는 성인들이다. 따라서 성인들은 정치적, 경제적 힘을 가지고 스스로의 의사결정에 따라 환경자원을 개발, 이용하는 전권을 가지고 있지만 사람들뿐만 아니라 모든 생명체를 포함하는 지구 환경 주인의 뜻을 받들어야 한다. 청지기의 역할은 주인의 위임 아래 재산을 유지, 관리하며 나아가 그 재산을 불려 나가는 것으로서 청지기[20]는 주인이 아니기 때문이다(환경부, 2010).

기존의 환경교육은 실생활 장면에서 실천할 수 있는 실제적인 생활교육을 해야 한다는 논리하에 행동 지향적인 목표를 지나치게 강조하여 왔다. 그러나 환경교육은 사회적 구조에 의해서 더욱 크게 파괴되고 있으므로, 그 해결을 위해서라면 학생들에게 단순한 행동이 아닌 가치관, 사고 정향, 태도 등의 변화를 노리는 환경적 문해력(Environmental Literacy)을 함양시켜야 한다. 이렇게 하기

---

20) 양반집에서 잡일을 맡아보거나 시중을 들던 사람. 수청방(守廳房)에 있었다.

위해서는 환경교육의 과정은 학생들이 읽고, 해석하고, 비판할 수 있는 것이어야 한다. 그러나 과학·기술 중심적 환경교육만으로는 이 욕구를 충족시킬 수 없다. 가치중립적 과학관에 근거한 환경교육은 시민 윤리 교육으로 발전할 수 없기 때문이다(환경부, 2010).

## 사. 청소년 문화활동의 방향

### 1) 청소년의 문화 공간 배려

청소년들의 놀이문화는 공부는 하지 말고, 노는 문화로 생각되는 경향이 있어 지금의 우리 청소년 놀이란 무엇인가에 대하여 정확하게 말하기는 어렵다. 김정명(1990)은 청소년이 여가 시간에 노는 양태에 따라 놀이를 세 가지로 분류하고 있다. 첫째는 '휴식 분산형' 놀이로서 여러 환경에서 오는 스트레스를 풀기 위하여 활동 자체에 몰두하기보다는 육체적 회복이나 정신적 평형을 유지하는 정도의 활동으로 공상, 음악 감상, 특별한 용건 없는 대화, 물건사기, 음주, 흡연 등이 포함된다. 둘째는 '관람 집중형' 놀이로서 관람을 통해 관람대상 자체에 집중하는 경우의 활동을 말하며 각종 스포츠나 영화 등의 공연 및 예술전시의 관람활동이 포함된다. 셋째는 '활동 몰입형' 놀이로 전통적으로 놀이라고 여겨지는 각종 게임, 여가 활동으로 즐기는 스포츠와 모든 활동이 포함된다.

그러면 놀이 중에서 청소년들이 즐겨하는 놀이는 무엇인가? 이영숙 외 (1996)의 연구에 의하면, 30% 이상의 청소년이 참가하는 것은 '친구와 만남(95.4%)', 'TV 보기(88.5%)', '비디오 보기(82.1%)', '독서나 만화 읽기(78.8%)', '노래방에서 노래 부르기(76.0%)', '음악 감상(74.1%)', '영화, 연극, 음악회 관람(69.0%)', '쇼핑하기(66.7%)', '컴퓨터 게임(50.1%)', '흡연, 음주(45.7%)', '카드놀이나 고스톱(37.4%)', '다트 등 실내 스포츠(36.3%)', '농구나 축구(31.0%)'다. 반면 수영이나 자전거, 롤러스케이트 등의 놀이에 참여하고 있는 청소년은 상대적으로 낮은 비율이었다(문화체육관광부, 2010).

이 결과를 보면 청소년들은 주로 휴식 분산형 놀이나 관람 집중형 놀이를 중심적으로 즐기고 있으며, 활동 몰입형 놀이는 거의 하지 않는 것으로 나타나고 있어 실외 공간에서의 활동적이고 사회적인 놀이보다는 실내 공간에서 정적인 놀이에 주로 참여하고 있음을 볼 수 있다. 그러나 이들이 앞으로 참여하기를 원하는 놀이는 현재 경험하고 있는 '카드놀이나 고스톱', '음주, 흡연'의 놀이는 거의 나타나지 않으며, 실내형 위주의 '노래방에서 노래하기'나 '비디오, TV 보기'는 상대적으로 낮은 비율을 보이고, 그 대신 '등산, 캠핑, 낚시', '스포츠 관람', '피아노 등 악기 다루기', '컴퓨터 배우기' 등에 관심을 보이고 있다. 이렇게 볼 때 청소년 놀이 내용을 통해 본 청소년의 놀이문화는 부정적인 면도 있지만 긍정적인 면과 다양함, 그리고 건전함을 느낄 수 있는 것처럼 보인다.

청소년들이 즐길 수 있는 문화 공간이 사춘기의 청소년들에게 매우 중대한 영향을 미친다. 하지만 주변에 그러한 공간은 턱없이 부족한 게 우리의 현실이다. 오히려 유해 공간은 증가하고 범람하지만 특별한 대책이 없는 실정이다(문화체육관광부, 2010).

## 2) 청소년 관련기관과 사회, 가정의 배려

### ① 경제적인 측면

청소년은 나라의 기둥이라는 말처럼 사회생활을 준비하기 위한 준비 과정의 삶이다. 최근 불어오는 신세대들의 문화로 각 분야에서 한국 사회에 미치는 경제적 부가가치는 엄청나다. 음반시장, 의류시장, 패션몰, 게임 프로그램 등에서 청소년을 연구하면 돈이라는 말까지 흘러나온다. 그만큼 청소년들이 보고 배우고 즐기는 문화가 우리 사회에 경제적 소비가 차지하는 영향은 막강하다. 노래방, 비디오방, PC방, 게임방 문화를 만들어냈고 새로운 신종 사업들이 만들어지는 역할도 했다. 한때는 콜라텍이라고 하는 음료수를 마시고 춤을 추는 무도장은 청소년들이 만들어낸 신종 사업이었다. 그 사업장이 지금은 무허가로 사업을 했던 무도장이 일제히 콜라텍으로 명칭 변경 후 한국 사회의 새로운 라틴 댄스와 사교댄스를 만들어내는 중요한 역할도 했다.

### ② 사회적인 측면

사회적으로는 노래방과 비디오방 등의 소집단적인 놀이공간이 제공되고, MP3, TV, 비디오, 컴퓨터, 디지털카메라, 화상 채팅, 핸드폰 등의 전자기기가 개인화되면서 기업들의 부가가치를 창출했지만, 혼자만의 공간에서 혼자 있는 사회적 폐단도 청소년에게 부정적인 영향을 미치고 있다. 그러므로 가족과 함께하는 시간이 적어지고 친구 집단과의 관계를 더 좋아하는 경향이 강하게 나타나고 있다. 그러한 경향의 청소년들에게 순간적인 즐김을 위해 청소년들의 기호나 성향을 파악하여 그들이 원하는 방향으로 공간을 만든다. 즉, 청소년들이 즐겨가는 놀이공간은 청소년들이 원하는 색상, 음악, 음식, 상품으로 장식하고서 청소년들을 주요 고객으로 삼고 있기 때문에, 단골이 되는 이중적인 공간이 된다(문화체육관광부, 2010).

결국 청소년들에게 내일의 생산적인 미래를 위해 자신의 인격 형성과 인간관계의 도움이 되고, 가족 간의 관계를 건강하게 지켜주고 사회적 소속감을 길러주는 진정한 문화를 사회가 책임져 줘야 한다.

### ③ 청소년 문화의 변화

청소년을 기성세대가 생각하는 관점에서, 틀에 박힌 교육에서 벗어나야 한다. 기초 교육의 과정에서 새로운 아이디어를 받아들여 좁은 공간에서 얻어지는 암기식, 주입식 교육의 철폐다. 청소년이 하고 싶은 취미를 발산하게 모든 문화 시스템이 바뀌어야 한다.

그 첫 번째가 교육 제도의 변화다. 입시 제도의 모순을 과감하게 철폐하고 새로운 교육 제도를 도입해야 한다. 열심히 공부를 해서 대학을 나와도 사회의 경제적 활동이 어렵다(문화체육관광부, 2010).

우리가 결국 사회 활동을 통해서 경제적 가치 수단을 만들어내야만 살아갈 수 있는 것 아닌가? 기성세대의 교육이 고기를 잡는 방법을 가르쳐 주는 교육이 아닌 기초 교육에 너무 많이 의존하기 때문이다. 세계는 지금 너무도 빠르게 변화하고 있기 때문이다.

일반적으로 하루 24시간을 3등분해서 8시간은 휴식 및 수면 시간,

8시간은 공부하는 시간이라면, 나머지 8시간을 청소년 문화 시간으로 개발하는 것이다. 그렇다면 입시나 대학이 삶을 위한 중요도가 아닌데도 우리는 그 비중을 너무 크게 잡고 있는 것이다.

대학을 안 나와도 대통령을 할 수 있는 시대가 왔다. 청소년기에는 이상과 넘치는 아이디어가 모두 입시에 시달리다 보니 가장 신선한 생각을 사회가 받아들일 수가 없다. 예를 들어 청소년 잡지를 만들어도 기성세대만 참여해서 만드는 것이다. 청소년 옷을 만들어도 청소년 의사가 많이 반영되게 새로운 창조 문화와 청소년들이 좋아하는 분야나 취미를 함께 공유하는 교육 문화 및 사회를 만들어줘야 한다.

예를 들어 청소년들의 우상 현빈, 소녀시대, 2PM, 김연아, 박태환과 같이 영화배우를 할 수 있고 가수, 스포츠 스타 등이 만들어지게, 배출되게 교육 문화를 만들어줄 수 있어야 한다. 예능 분야 및 스포츠 분야 등 모든 분야들이 국위 선양 및 자신의 적성 개발을 할 수 있는 사회적 시스템 개발이 중요하다. 집중력을 높여주며 탐구력과 판단력을 향상할 뿐만 아니라 성인의 역할을 배워 가도록 도울 수도 있는 것이다.

영국의 자유교육실천가인 니일(Nil)은 "이 세상에서 문제 청소년이란 존재하지 않는다. 다만 문제 사회와 문제 가정, 문제 학교만이 존재한다"라고 말함으로써 청소년의 비행이 청소년을 둘러싼 환경으로부터 유발됨을 강조하고 있다. 그러하기에 우리는 그런 시스템을 만들고 바꿔서 그들이 사회에 필요한 정책의 일환으로 훈련시키고 연구하고 함께 동참하는 사회를 만들어 가야 하는 것이다.

## 아. 청소년 문화활동의 효과

청소년 문화활동을 통해서 성취할 수 있는 것 중에서 가장 탁월한 효과는 응집력일 것이다. 다양한 공동체활동이 개인의 가치 발견은 물론 티끌 모아 태산과 같은 위력을 체험하고 명예심을 높일수 있을 것이다(문화체육관광부, 2010).

### 1) 집단 응집력 효과

집단 응집력이란 어떤 단체나 조직에 속하는 구성원들을 통합하는 힘으로 다음과 같이 정의할 수 있다. 응집력은 한마디로 말해서 팀 구성원들이 그 팀에 남아 있을 수 있게 하는 힘을 말한다. 캐론(Carron, 1980)은 응집이란 '개인이 단체에 애착(Attention),[21] 헌신(Commitment), 그리고 관여(Involvement)하는 정도'라고 학술적인 의미를 부여하였다. 즉, 응집성은 단체를 유지해주는 전반적인 힘의 장으로서 단체에 대한 각 구성원의 애착이나 인력, 헌신의 정도가 팀에 반영되어 하나의 힘을 만드는 것이라 할 수 있다.
사회심리학 측면에서는 '개인이 집단에 참여하려는 가장 기본적인 힘'으로 보고, 이러한 힘은 두 가지 측면에서 파악되고 있다. 즉 팀에 머물고자 하는 힘과 팀에서의 이탈을 막으려는 힘이며, 캐론(Carron, 1982)은 응집력은 한 가지 목적이나 목표를 달성하기 위해서 뭉치거나 결합하는 것이라고 하였다.

---

21) 루돌프 쉐퍼와 페기 피터슨이 장기적인 관찰과 설문을 통해 애착을 형성하는 데에도 특정한 단계가 있다고 보고했다.

① 집단 응집력의 영향

집단 응집력이란 집단 청소년들이 서로 좋아하고 집단의 일원으로서 존재하고 싶어 하는 정도를 의미하며, 영향요인과 그 결과를 보면 다음과 같다.

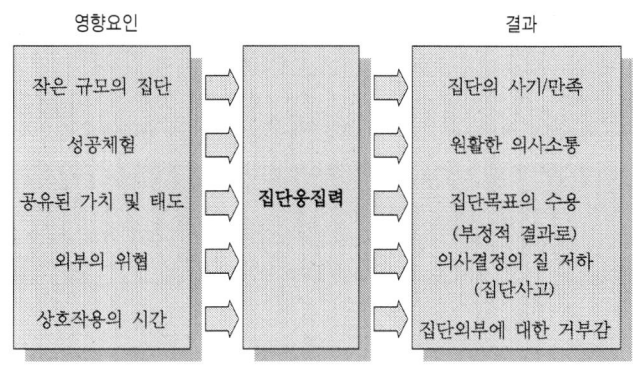

출처: 오치선 외(2004)

〈그림 1〉 집단 응집력의 영향요인과 결과

(1) 집단의 크기

다른 모든 조건이 동일하다면 규모가 큰 집난에 비해 작은 집단의 응집력이 강하다. 이는 작은 집단이 큰 집단에 비해 집단 구성원들 간에서보다 많은 상호작용을 할 수 있기 때문이다.

(2) 공유된 성공체험

목표달성 시 성공체험을 공유함으로써 집단의 응집력이 높아진다. 집단의 목표를 달성했을 때 집단은 자신의 이미지를 효과적인 집단으로 각인하고 단결이 유지된다. 한편 실패 시에는 집단은 집단 구성원들에게 훨씬 덜 매력적이 된다.

### (3) 집단과 가치관의 유사성

집단 응집력의 가장 강력한 원천이다. 비슷한 의견을 갖고 있는 사람들과 함께 시간을 보내는 것을 좋아한다. 이유인 즉, 그들은 의견이 옳다는 느낌을 주고 상호 간 충분한 교감을 느끼기 때문이다.

### (4) 기타 외부의 위협, 상호작용 시간

외부위협이 증대되거나 경쟁이 격화될 때 집단구성원들은 그들의 공공의 적에 대처하고 집단을 보존하기 위해 긴밀하게 협조하게 된다. 또한 집단구성원들이 함께 보내는 시간이 많을수록 서로 친근감을 느끼게 되고 응집력이 강해진다(오치선 외, 2004).

### ② 집단 응집력의 효과

집단 응집력이 항상 집단에 긍정적인 영향을 주는 것은 아니다. 응집력이 강한 집단은 긍정적인 효과뿐만 아니라 부정적인 효과를 갖기도 한다.

### (1) 집단의 사기와 만족

응집력이 높은 집단은 집단구성원들의 집단에 대한 만족도와 사기가 높다. 집단구성원들은 서로를 긍정적으로 평가하고 집단에 대해 호의적 의견과 태도를 갖는다. 따라서 응집력이 높은 집단은 낮은 집단에 비해 집단내부의 갈등이 적고 집단 목표에 대한 수용도가 높다.

### (2) 원활한 의사소통

응집력이 높은 집단의 구성원들은 상호 간 많은 공통점을 발견하게 되고 보다 즐거운 느낌을 갖고 대화한다. 또한 서로에게 매우 민감해서 동료의 느낌을 정확하게 파악할 수 있다.

### (3) 의사결정의 질 저하

응집력이 강한 집단의 의사결정 시 집단 전체의 극단적인 합의나 무조건적인 동의를 이끌어낼 가능성이 높다. 집단이 의사결정을 할 때에도 합리적이고 객관적인 대안을 도출하기 위해 충분한 분석과 토론을 하기보다는 카리스마적인 리더나 대다수의 집단 구성원들의 의견에 쉽게 동의해 버릴 가능성이 높다. 따라서 집단의 응집력이 강할수록 의사결정의 정확성과 합리성이 저하될 가능성이 높다.

### (4) 집단 외부에 대한 거부감

응집력이 높은 집단 구성원들은 다른 집단이나 집단 외부 사람들에 대한 부정적인 견해를 갖는 경향이 있다. 그 결과 다른 집단과의 상호작용이나 조정이 어렵게 되고, 조직 전체의 성과를 저하할 수도 있다.

### (5) 초·중등 문화예술교육 효과

국내 문화예술인 10명 중 4명은 초등학교와 중학교에서 받은 예술교육이 예술 능력을 기르는 네 도움이 된나고 생각하는 것으로 나타났다. 문화체육관광부가 실시한 '2009 문화예술인 실태조사'에 따르면 11.7%가 매우 도움, 24.0%가 다소 도움으로 나타나 총 35.7%를 차지하는 것으로 나타났다(문화체육관광부, 2010).

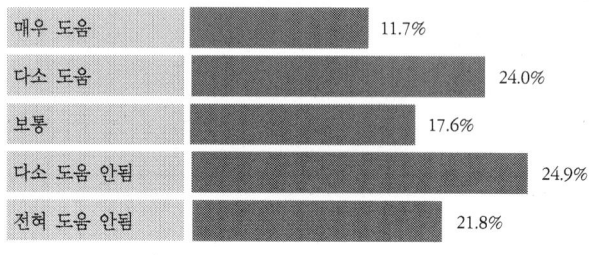

출처: 문화체육관광부(2010)

〈그림 2〉 초 · 중등 문화예술교육 효과

## 2) 청소년기 성장에 도움

청소년 시기는 일생을 통해 출생 후 3년간을 제외하고는 가장 큰 성장을 보이는 시기이다. 태어나서 유아기 때 어머니의 사랑이 결핍된 유아에게 영양가 높은 음식을 제공한다고 해서 정상적인 성장을 기대하기는 어렵다. 마찬가지로 청소년기에도 신체적 · 정신적 · 사회적 · 영적으로 잘 성장하기 위해서는 한 부분만을 강요해서는 안 된다. 이러한 측면에서 문화활동은 청소년기 성장에 도움이 된다. 문화활동은 특히 발달 시기에 있는 청소년기에 단순히 공부와 분리된 개념으로서가 아니라 학업을 더욱 증진하고, 성장기의 다양한 신체적 · 정신적 · 사회적 발달을 촉진하는 중요한 역할을 한다(오치선 외, 2004).

특히 청소년기에 행해지는 문화활동을 통한 체험에서는 아동기나 유아기의 놀이형태와 달리 자아인식이 시작되는 청소년기에 경쟁적인 놀이나 사회적인 놀이에 참여함으로써 청소년들은 놀이 내에서의 규칙과 그 안에서의 사회적 상호작용을 배우고 사회적 일원으로서의 자기를 인식할 뿐만 아니라 소속감을 느끼고 심리적 안정을 갖게 되며 그런 가운데 자아개념과 자신감을 형성한다는 것이다. 또한 활동 시간은 공부와 관련된 시간에 얻지 못하는 다양한 경험을 하게 되므로 장래의 직업 선택에 큰 도움을 주기도 한다(문화체육관광부, 2010).

## 3) 청소년 비행 예방 효과

청소년 시기의 비행은 평생을 불행하게 만드는 아주 '위험한' 행동이다. 이러한 '위험'을 예방하기 위해 문화활동은 중요한 부분이다. 최근 '청소년'이란 말은 '문제'라는 개념과 결합하여 쓰이고 있을 만큼 날이 갈수록 청소년 비행은 심각해져 가고 있다. 영상매체의 영향으로 가상과 현실을 혼동한 오프라인 범죄가 평범한 청소년들에서 발생하기도 한다. 여하튼 청소년들의 비행은 날로 양적으로 증가하고 있을 뿐 아니라 질적으로도 난폭화·집단화·지능화·저연령화되는 추세를 보이고 있는 것이 사실이다.

이제 청소년 문제는 단순한 개인 또는 가정의 반성을 넘어 사회·국가적인 문제로 대두되고 있으며 문제 해결의 시급성은 더욱 요청되고 있는 것이다. 청소년의 문제 발생은 가정, 학교, 사회의 복합적인 요소의 결과로 볼 수 있는데 그 원인을 살 살펴보면 기본적인 욕구가 충족되지 않았기 때문이다. 사회, 학교, 가정에서는 청소년들이 놀기보다는 공부만 할 것을 강요한다. 아이나 어른이나 놀고 싶은 것은 당연한 것임에도 불구하고 그 기본적인 욕구를 억제함으로 인해 부적응 상태가 악순환하면서 기성세대에 대한 반항심으로 유해환경에서 잘못된 여가 활동을 함으로 인해 청소년 비행 및 범죄의 원인이 되는 것이다(오치선 외, 2004).

결국 청소년 문제의 본질도 바로 이러한 불균형한 생활 속에서 생성되는 것이라 할 수 있는 것이다. 청소년들에게 있어서 건전한 문화생활은 공부에서 오는 스트레스를 극복하는 데 도움이 되며 또한 부적응 상태를 극복하게 해서 결국은 비행을 억제하는 효과가 있다. 그러므로 문화생활은 청소년들의 비행을 예방함으로써 그들의 미래를 밝게 하는 것이다.

통계청(2010)의 조사 자료에 따르면 대다수의 청소년들은 주말이나 휴일의 주된 문화활동 방법으로 컴퓨터게임과 TV 시청을 많이 하는 것으로 나타났다. 전체적인 조사 결과를 통해 발견할 수 있는 것은 대부분의 청소년 문화활동 내용은 획일적이며 선택의 폭이 좁을 뿐 아니라, 문화활동 참여에 따른 경제적 부담 때문에 청소년들은 다양한 활동경험을 갖지 못하면서 주로 소극적이고 수동적인 청소년기의 문화활동을 즐기고 있다는 것이다.

한국사회조사연구소(2009)의 자료에 따르면 청소년들이 즐겨 찾는 장소 중에 술집과 나이트클럽이 있는 것으로 나타났다. 특히 술집은 청소년 10명 중 3명의 청소년이 이용해본 경험이 있는 것으로 나타났다. 이것은 청소년을 위한 전용시설이 존재하지 않기 때문이기도 하며, 어른들이 청소년들의 순간적인 즐김을 위해 청소년들의 기호나 성향을 파악하여 그들이 원하는 방향으로 공간을 만들기 때문이기도 하다. 이렇게 술집이나 나이트클럽은 청소년이 출입금지 대상자이면서도 단골이 되는 이중적인 공간이 된다.

통계청(2010)의 조사 자료에 따르면 대다수의 청소년들은 문화활동의 불만족 이유로 시간부족과 경제적 부담이 큰 것으로 나타났다. 특히 시간부족이 다른 연령대의 조사 결과보다 확연히 높게 나타난 것으로 보아 청소년들이 입시 위주의 교육에서 얼마나 속박당하고 있는지를 확연하게 알 수 있다.

## 자. 법으로 보장받는 청소년 문화활동

미래를 책임질 청소년은 세계의 희망이다. 그들에게 주어진 권리를 살펴보면, 문화에 접근할 수 있는 권리, 문화적 생활에 참여할 수 있는 권리, 문화 창작의 권리, 창작물을 보호받을 수 있는 권리, 문화적 재산을 보호받을 수 있는 권리, 세계적 문화유산을 보호받을 수 있는 권리, 국제적 문화협력의 권리 등이 있다.

### 1) 청소년 문화활동 지원 관계법

#### ① 헌법

헌법은 국가의 기본법으로 국민의 기본권을 보장하는 최고의 법으로 국민은 물론 청소년 문화활동 지원에 근거가 된다.

#### ② 청소년기본법

청소년기본법은 청소년의 권리 및 책임과 가정, 사회, 국가 및 지방자치단체의 청소년에 대한 책임을 정하고, 청소년정책에 관한 기본적인 사항을 규정함을 목적으로 한 법이다. 이 법은 1991년 12월 31일에 기존 청소년육성법을 폐지하고 새로 제정된 법으로 수련시설의 확충, 수련시설의 개발, 청소년지도자의 양성을 통하여 청소년 수련활동을 제도화하고자 하였다. 미래사회의 주역이 될 청소년이 풍부한 지식을 바탕으로 개인적으로 건강하고 정서와 용기가 충만하며, 이웃과는 예절과 협동을 바탕으로 공동체적인 삶을 실천하며, 자유 민주주의 원칙에 대한 신념과 조국에 대한 무한한 긍지를 가지고 인류공영에 이바지할 줄 아는 밝고 능동적인 모습으로 자랄 수 있도록 함을 이 법의 기본이념으로 한다.

### ③ 청소년복지지원법

2003년 12월 30일에 제정된 법이다. 이 법은 청소년기본법 제49조 제4항의 규정에 따라 청소년복지 증진에 관한 사항을 정함을 목적으로 하여 총칙, 청소년의 인권보장 및 복지향상, 청소년의 건강보장, 특별지원 청소년지원, 교육적 선도, 벌칙 등 6개 장(21개 조항)과 부칙 3개 조항으로 구성되어 있다.

청소년의 기초생활의 보장, 건강 및 안전의 확보, 직업기반의 조성, 건전한 문화 · 정보 · 환경에의 접근 등을 통하여 기본적 욕구를 충족하도록 하여 삶의 질을 높이고 신체적 · 정신적으로 최상의 발달을 기하기 위하여 청소년에게 제공되는 지원법이다.

국가 및 지방자치단체는 청소년의 직업선택을 위한 직종개발과 진로지도를 실시하고 직업을 갖고자 하는 청소년에게 적합한 직업을 알선하며 청소년의 취업기회를 확대하기 위하여 청소년 전용

취업알선 전산망을 구축하도록 한다(제22조, 제24조 및 제25조).

'청소년 복지시설'이라 함은 청소년의 기초생활보장, 심신의 건강증진, 직업능력 개발·체험, 건전한 문화 및 정보제공 등을 위한 시설로서 제58조의 규정에 의한 시설을 말한다(제2조제7호).

### ④ 청소년보호법

청소년에게 유해한 매체물[22]과 약물 등이 청소년에게 유통되는 것과 청소년이 유해한 업소에 출입하는 것 등을 규제하고, 청소년을 청소년 폭력·학대 등 청소년 유해행위를 포함한 각종 유해한 환경으로부터 보호·규제함으로써 청소년이 건전한 인격체로 성장할 수 있도록 함을 목적으로 한 법이며, 이 법은 1997년 3월 7일 제정된 법률로 청소년기본법과 함께 청소년복지에 관한 핵심 법률이다.

### ⑤ 문화예술진흥법

이 법은 문화예술의 진흥을 위한 사업과 활동을 지원함으로써 전통문화예술을 계승하고 새로운 문화를 창조하여 민족문화창달에 이바지함을 목적으로 한다(제1조).

문화예술이란 문학, 미술(응용미술을 포함한다), 음악, 무용, 연극, 영화, 연예, 국악, 사진, 건축, 어문 및 출판을 말하고, 문화산업이란 문화예술의 창작물 또는 문화예술용품을 산업수단에 의하여 기획·제작·공연·전시·판매하는 것을 업으로 하는 것을 말한다.

---

22) 청소년에게 유해하다고 결정된 매체물로 '청소년보호법'에 의거해 설립된 청소년위원회에서 유해 여부를 심의하여 결정한다.

특히 국가와 지방자치단체는 문화예술진흥에 관한 시책을 강구하고, 국민의 문화예술 활동을 권장·보호·육성하며, 이에 필요한 재원을 적극 마련하여야 하며, 제1항에 따른 문화예술진흥 시책은 국민생활의 질적 향상을 위한 건전한 생활 문화의 개발·보급에 관한 사항을 포함하여야 한다(제3조).

### ⑥ 청소년의 권리에 관한 국제 조약[23)

제13조(표현의 자유) 우리는 말과 글, 예술 등을 통해 여러 가지 것을 알고 우리 생각을 말할 권리가 있다. 하지만 다른 사람의 권리를 해치지 않는가를 잘 생각해서 말해야 한다.

제15조(결사와 평화적 집회의 자유) 우리는 다른 사람을 만나서 사귀고 모임을 만들 권리가 있다. 물론 다른 사람에게 해를 끼치기 위한 모임은 안 된다.

제16조(사생활·명예·신앙) 우리는 개인적인 삶을 누릴 권리가 있다.

제30조(소수 집단 또는 원주민 아동) 소수 집단의 청소년에게도 자신만의 문화를 즐기고, 자신들의 종교를 믿으며, 자신들의 언어를 사용할 권리가 있다.

제31조(휴식·여가·문화생활) 우리에게 쉬고 놀 수 있는 권리가 있다.

---

23) 청소년 인권선언: 제2차 세계대전 이후 각 나라의 대표들은 국제연합(U.N.)에 모여 사람의 권리를 보장하기 위한 여러 가지 약속을 했다.

⑦ 초중등교육법

제18조의4 (학생의 인권보장): 학교의 설립자·경영자와 학교의 장은 「헌법」과 국제인권조약에 명시된 학생의 인권을 보장하여야 한다.

제23조 (교육과정): 학교는 교육과정을 운영하여야 한다. 교육과학기술부장관은 제1항의 규정에 의한 교육과정의 기준과 내용에 관한 기본적인 사항을 정하며, 교육감은 교육과학기술부장관이 정한 교육과정의 범위 안에서 지역의 실정에 적합한 기준과 내용을 정할 수 있다.

한국의 초·중·고등학교 교육과정에서 특별활동은 집단생활에의 자발적 참여, 자기표현의 기회를 통한 개성과 소질의 발견, 심신의 조화로운 발달을 통해 민주시민으로서 국가·사회의 발전에 기여할 수 있는 능력과 자질의 함양을 강조하고 있다. 특별활동은 집단생활을 통해 이와 같은 일반 목표를 달성할 수 있도록 계획·운영되어야 한다. 특별활동의 활동내용은 학생회활동, 동아리활동, 학교행사의 3개 영역으로 나누어진다. 각 활동의 구체적인 내용은 다르지만 특별활동은 다음과 같은 특징이 있다.

첫째, 특별활동은 집단 활동을 통해 전개된다.

둘째, 참여를 통해 배우는 실천적인 활동이다.

셋째, 민주시민으로서의 능력과 자질을 갖출 수 있도록 생활을 향상시키는 활동이다.

넷째, 학생들의 자발적·자율적·자치적인 활동을 중시한다.

다섯째, 개성과 소질을 발견하고 신장하며 보다 정서적인 안정감을 누릴 수 있는 활동이다(국가입법지원센터, 2010).

## 2) 청소년 문화활동 지원을 위한 법

교육기본법상(제2조)의 교육이념은 청소년의 인격도야, 자주적 생활능력, 민주시민 자질, 인간다운 생활, 민주국가 발전, 인류공영의 이상 실현으로 나타나 있다. 2009년에 공포된 문화예술교육지원법(법률 제7774호, 이하 지원법)이 시행령을 갖추어 2010년부터 본격 시행되었다. 문화관광부가 지원법 시행일정에 맞추어 지역별 토론회, 공청회 등을 거쳐 마련한 지원법 시행령안이 국무회의에서 최종 의결됨으로써, 문화예술교육을 안정적으로 추진할 수 있는 법적 토대가 갖추어진 것이다.

지원법안이 여야의원 13인에 의해 2004년 말 발의된 이후 법과 시행령 제정이 완료되었다. 문화정책과 교육정책의 중간영역으로서의 문화예술교육정책의 특성상 부처 간 협력이 매우 중요하였는데, 지원법안의 입안단계부터 교육과학기술부의 의견이 충분히 반영됨으로써 관련 부처 간 창의적 협력체계 구축의 바람직한 모범 사례로 평가받기도 하였다. 문화관광부와 교육과학기술부는 2004년 공동으로 '문화예술교육활성화종합계획'을 인적자원개발회의에 상정하는 등 문화예술교육 활성화 정책 추진 초기부터 원활한 협력관계를 유지해 왔다.

문화관광부와 교육과학기술부 이외에도 다양한 문화예술 관련기관 및 단체, 현장교사, 관련 전문가 등이 수차례의 자문회의, 공청회 등을 통해 법 제정 과정에 참여하여 각계의 의견이 수렴되었다. 이 과정에서 주요 쟁점 사안이었던 문화예술교육 자격증 제도 도입과 관련하여, 심도 있는 토론을 통해 '문화예술교육 전문 인력

교육기관 지정·운영'이라는 대안적 합의안이 도출되는 성과를 거두기도 했다. 지원법은 모든 국민이 문화예술교육을 받을 기회를 균등하게 보장받음을 천명하고, 학교 내 문화예술교육뿐 아니라, 문화기반시설·복지시설 등에서 이루어지는 사회 문화예술교육에 대한 지원 근거를 명시하였다.

시행령은 지원법의 테두리 내에서 문화예술교육시설과 단체의 범위, 지역 문화예술교육지원협의회 구성 및 지역 문화예술교육지원센터 지정·운영, 공공재원을 지원받은 문화예술교육시설 및 단체에 대한 평가, 학교 및 사회 문화예술교육을 위한 세부 지원 사항, 문화예술교육 전문 인력 교육기관 지정·운영, 국·공립문화시설 내 전문 인력 의무배치 등을 주요 골자로 하고 있다. 이 중 지역 문화예술교육에 관련된 조항과 전문 인력의 양성 및 활용에 대한 조항을 핵심적 요소로 꼽을 수 있다.

우선, 지역협의회의 구성과 지역센터 지정·운영(제3조~제10조)을 통해 지역에서 문화예술교육이 뿌리내릴 수 있는 유·무형의 기반을 구축할 수 있게 된다. 시도에 설치될 지역협의회는 지자체장을 위원장, 부교육감을 부위원장, 교원·문화예술교육 전문 인력·학부모·관련 시민단체 관계자 등을 위원으로 하여 연차별 지역 문화예술교육 시책에 대한 협의와 지역 내 관계 기관 간 협력과제를 발굴하는 역할을 수행한다.

지역협의회 운영과 더불어, 문화관광부장관은 지자체장과 협의하여 기존 문화예술교육시설 및 단체 중 일정요건을 갖춘 곳을 지역 문화예술교육지원센터로 지정·운영할 수 있다. 지역센터는 기본적으로 주민대상 교육사업을 직접 운영하기보다는 지역 내 교육

수요 조사, 학교·문화예술교육시설 및 단체·교육청·지자체 간 협력체계 구축, 교육현장 모니터링, 전문 인력 연수 등을 담당하는 지원기구로서의 역할을 수행하게 된다. 지역센터는 시·도뿐 아니라 필요에 따라 시·군·구 단위에서도 지정·운영이 가능하며, 지역의 시행여건 등을 고려하여 단계적으로 추진된다.

다음으로, 문화예술교육시설·단체, 대학 등을 문화예술교육 전문 인력 교육기관으로 지정·운영(제17조~제19조)할 수 있게 된다. 현재 문화관광부와 교육과학기술부의 전략적 협력을 바탕으로 문화예술교육 활성화 정책 사업이 전국적으로 확산되고 있으나, 문화예술교육에 관한 전문성을 갖춘 인력은 절대적으로 부족한 실정이다. 지원법 시행에 따라 기존의 교육시설 및 단체 또는 지역의 대학 등을 대상으로 전문 인력 교육기관을 지정·운영하게 되면, 체계적인 전문 인력 양성을 통해 증가하는 인력 수요에 효율적으로 대처할 수 있을 것으로 기대된다. 아울러 교육현장에서 필요로 하는 이론과 실무를 겸비한 전문 인력을 효과적으로 양성하기 위하여, 교육기관이 준수해야 할 교육과정 및 교육내용의 기본 틀을 시행령에 명시하였다.

그리고 2007년부터 문화예술교육 전문 인력이 국·공립 문화시설에 1인 이상 의무적으로 배치되어 문화예술교육 프로그램의 기획·운영을 담당하게 되었다. 주5일 근무(수업)제 확산 등에 따라 문화예술교육에 대한 수요가 급증하고 있으나, 국·공립 문화시설에서조차 교육업무를 담당할 전문 인력이 부재하여 증가하는 교육 수요에 대응하고 있지 못하고 있다. 이러한 상황에서 국민들이 일상적으로 접하는 국·공립문화기반시설 중 공연장(문예회관 포함),

박물관 및 미술관, 도서관, 문화의 집에 문화예술교육 전문 인력이 1인 이상 의무배치 되어 활동함으로써, 지역의 초·중등학생과 일반 주민들이 일상적으로 문화예술교육 기회를 접할 수 있는 환경이 조성되었고, 대규모 공공재원이 투입된 문화시설의 활용도를 향상하는 효과도 거둘 수 있었다. 문화관광부는 소규모 국·공립 시설들의 열악한 재정상황을 감안하여, 기존 인력의 재교육 프로그램 운영, 필요 경비에 대한 일부 보조 등 다각적인 지원책 마련을 병행하고 있다.

이 밖에도 그동안 민법에 근거하여 운영되어 왔던 한국문화예술교육진흥원이 지원법의 시행에 따라 특수법인으로 전환되었다. 법인 전환을 계기로 교육진흥원은 문화예술교육에 활력을 불어넣어 주는 전문지원기구로서 사회적 역할을 확대함과 동시에 공공기관으로서의 투명성과 책임성을 보다 공고히 할 수 있게 될 것으로 기대된다(문화체육관광부, 2010).

## 제9장

# 청소년 문화활동

# 참여 실태 분석

# 1. 연구 대상

청소년 문화활동의 효과 검증을 위한 실험 대상은 연구 자료의 이해와 체험활동이 가능한 시기인 청소년기이므로 이에 해당되는 특별시, 광역권 도시, 중·소도시, 면 단위 지역의 중학생 및 고등학생 2학년 남녀 중에서 선정하였으며, 배부(2011. 4. 4~16)된 1,120부의 설문지 중 1,040부가 회수되어 98.2%의 회수율을 보였으나, 비율에 따라 1,040부를 분석 처리하였다.

〈표 5〉 연구 대상

| 대상 | 지역 | 성별 | 학생수 | 비고 |
|---|---|---|---|---|
| 고등학교 2학년 | S특별시 | 남 | 65 | S고교 |
| | | 여 | 65 | K여고 |
| | J시 (광역권) | 남 | 65 | N고교 |
| | | 여 | 65 | N여고 |
| | H시 (중소도시) | 남 | 65 | H고교 |
| | | 여 | 65 | H여고 |
| | D면 (면 단위) | 남 | 65 | I고(남녀공학) |
| | | 여 | 65 | |
| 중학교 2학년 | S특별시 | 남 | 65 | G중 |
| | | 여 | 65 | S여중 |
| | J시 (광역권) | 남 | 65 | N중 |
| | | 여 | 65 | Y여중 |
| | H시 (중소도시) | 남 | 65 | H중(남녀공학) |
| | | 여 | 65 | |
| | D면 (면 단위) | 남 | 65 | I중(남녀공학) |
| | | 여 | 65 | |
| 계 | | | 1,040 | |

## 2. 측정 도구 및 자료 처리

### 가. 측정도구

이 연구에 사용된 설문 문항은 한국청소년지도학회(2009, 9문항), 한국청소년정책연구원(2009, 10문항), 교육과학기술부(2010, 11문항), 청소년 문화활동 연구보고서(한국청소년개발원, 10문항) 등 관련 선행연구에서 사용된 내용을 토대로 검증된 자료를 기초로 하여 연구의 목적에 맞도록 수정·보완한 후 실시하였다.

이 척도는 총 40개 문항으로 문화활동 참여(9문항), 특별활동 참여(10문항), 특별활동 프로그램의 유익성(11문항), 특별활동의 개선방안(10문항) 등으로 구성되어 있다. 이 척도를 타당화하는 과정에서 전체 문항들 가운데 전체 신뢰도는 Cronbach의 알파계수가 .820이고, 각 하위 요인별 신뢰도 범위는 .779~.912로서 상당히 신뢰할 수 있는 척도이다. 이 척도의 하위 요인별 문항구성 및 신뢰도는 다음과 같다.

〈표 6〉 설문지 신뢰도계수

| 구분 | 구성요소 | 문항 수 | 신뢰도계수 |
|---|---|---|---|
| 청소년<br>문화활동<br>프로그램 | 문화활동 참여 | 9 | ·912 |
| | 특별활동 참여 | 10 | ·783 |
| | 프로그램의 유익성 | 11 | ·816 |
| | 특별활동의 개선방안 | 10 | ·779 |
| | 계 | 40 | ·820 |

## 나. 자료처리

이 연구를 위해 수집된 자료의 분석을 위해서 SAS 9.2 통계패키지를 이용하였다. 자료 분석 방법으로는 우선 표본의 특성을 파악하기 위해서 빈도분석을 실시하였으며, 측정도구의 신뢰도 추정을 위해서 Cronbach's alpha 계수를 이용한 신뢰도 분석을 실시하였다.

첫째, 각 문항에 대한 신뢰도 검사를 통해 문항 간 신뢰도를 측정하여 내적 일관성 정도를 확인하였다. 또한 요인 분석으로 불필요한 변수를 제거하고 측정도구의 타당성을 높였다.

둘째, 단순 통계분석인 빈도분석과 각 변수의 수준을 파악하기 위해 기술 통계분석(descriptive statistics)으로 조사 대상자의 일반적 특성과 프로그램 유익성, 특별활동 개선방안 평균, 표준편차 등을 살펴보았다.

셋째, 성별에 따라 문화활동 참여와 특별활동 참여에 미치는 연관성을 알아보기 위하여 카이제곱 검정을 수행하였다. 이 검증은 교차분석을 통해서 수행하였으며, 성별에 따른 참여도의 비율도 살펴보았다.

넷째, 성별, 학교, 지역, 가족 등에 따라 프로그램 유익성과 특별활동 개선방안에 미치는 영향력 정도를 알아보기 위하여 평균의 차이를 검증하였다. 이 검증은 T-test와 일원변량분석(one-way anova)을 사용하였다.

다섯째, 프로그램 유익성 내 변인과 특별활동 개선방안 내 변인들에서 상관계수를 측정하기 위하여 피어슨(Pearson)의 상관관계 분석을 실시하였다.

여섯째, 독립변수인 프로그램 유익성 요인에서 종속변수인 특별활동 개선방안에 미치는 영향을 알아보기 위해 다중회귀분석(Multiple Regression Analysis)을 실시하였다.

## 3. 분석 및 해석

### 가. 문화활동 참여

문화활동에 참여한 청소년들의 설문 분석을 위한 주요 변인들의 기술통계는 다음과 같다.

〈표 7〉 주요 변인들의 빈도분석(문화활동 참여)

| 설문 | 문항 | 빈도 | % |
|---|---|---|---|
| 문화활동 관심 | 아주 많음 | 345 | 33.2 |
| | 많음 | 471 | 45.3 |
| | 그저 그럼 | 192 | 18.5 |
| | 없음 | 32 | 3.1 |
| | 합계 | 1,040 | 100.0 |
| 문화활동 동아리 | 아주 많이 희망함 | 352 | 33.8 |
| | 희망함 | 420 | 40.4 |
| | 그저 그럼 | 238 | 22.9 |
| | 희망하지 않음 | 30 | 2.9 |
| | 합계 | 1.040 | 100.0 |

| 문화활동 중점 | 문화감성 | 261 | 25.1 |
|---|---|---|---|
| | 과학정보 | 298 | 28.7 |
| 문화활동 중점 | 봉사협력 | 193 | 18.6 |
| | 모험개척 | 180 | 17.3 |
| | 직업준비 | 77 | 7.4 |
| | 환경의식 | 31 | 3.0 |
| | 합계 | 1,040 | 100.0 |
| 문화활동 운영시간 | 수업시간 중 | 237 | 22.8 |
| | 방과 후 | 294 | 28.3 |
| | 방학 중 | 437 | 42.0 |
| | 기타 | 72 | 6.9 |
| | 합계 | 1,040 | 100.0 |
| 문화활동 시간 | 주당 1시간 | 501 | 48.2 |
| | 주당 2~3시간 | 61 | 5.9 |
| | 주당 4~5시간 | 456 | 43.8 |
| | 기타 | 22 | 2.1 |
| | 합계 | 1,040 | 100.0 |
| 문화활동 필요 | 꼭 필요함 | 495 | 47.6 |
| | 필요함 | 512 | 49.2 |
| | 필요하지 않음 | 9 | 0.9 |
| | 잘 모름 | 24 | 2.3 |
| | 합계 | 1,040 | 100.0 |
| 기타 문화활동 | 사교육 | 470 | 45.2 |
| | 단체구성 | 510 | 49.0 |
| | 홀로 활동 | 57 | 5.5 |
| | 기타 | 3 | 0.3 |
| | 합계 | 1,040 | 100.0 |
| 문화활동 운영 | 희망하는 학생 모두에게 실시 | 695 | 66.8 |
| | 시간이 많은 방학에 실시 | 69 | 6.6 |
| | 학교가 아닌 장소에서 실시 | 240 | 23.1 |
| | 없다 | 36 | 3.5 |
| | 합계 | 1,040 | 100.0 |

위 표에서 보는 바와 같이 문화활동에 참여하는 주요 변인들의

빈도분석을 보면 첫째, 문화활동에 대한 관심에서 연구 대상의 청소년 78.5%(많다 45.3%, 아주 많다 33.2%)가 적극적으로 다양한 문화활동에 관심이 있음을 알 수 있다.

둘째, 문화활동 영역 중에서 과학정보 29.5%, 문화감성 24.9%, 봉사협력 17.8%, 모험개척 17.6% 순으로 참여 의사를 나타냈다.

셋째, 문화활동 동아리 참여 희망에서는 '희망한다' 40.4%, '아주 많이 희망한다' 33.8% 등으로 나타났다.

넷째, 중점을 두어야 할 문화활동은 과학정보 28.7%, 문화감성 25.1%, 봉사협력 18.6%, 모험개척 17.35%로 나타났다.

다섯째, 문화활동 운영 시간은 방학 중에 42.0%, 방과 후에 28.3%, 수업시간 중에 22.8%로 나타났다.

여섯째, 문화활동은 1주일에 몇 시간 정도가 효율적이냐는 문항에서는 주당 1시간이 48.2%, 주당 4~5시간이 43.8%, 주당 2~3시간이 5.9% 순으로 나타났다.

일곱째, 학교에서 문화활동 교육이 필요하다는 생각은 '필요하다'가 49.2%, '꼭 필요하다'가 47.6%로 전체 96.8%가 중요성을 인식하고 있었다.

여덟째, 학교에서 권장하는 6개 영역의 문화활동 이외의 다른 문화활동 체험 계획은 단체구성이 49.0%, 사교육 이용이 45.2%, 홀로 활동이 5.5% 순으로 나타났다.

아홉째, 청소년을 위한 문화활동 운영은 희망하는 학생 모두에게 실시(66.8%)하되 학교가 아닌 장소에서 실시되기를 바라고 있음을 알 수 있었다.

위와 같은 분석을 볼 때, 청소년들은 문화활동에 관심이 많기 때문에 다양한 복지 프로그램을 개발하여 가능하면 방학 중에 제공해야 하며, 특히 남학생의 과학정보 분야와 여학생의 문화감성 영역에 많은 투자를 해야 한다.

그러나 청소년들이 기피하는 환경보호, 모험심을 유발하는 영역들도 적절한 시기1에 교육화하여 학생 모두에게 적용하되 학교가 아닌 지역사회 문화센터와 수련원 등에서 실시할 수 있는 여건을 조성해주어야 한다.

## 나. 특별활동 참여

특별활동에 참여한 청소년들의 설문 분석을 위한 주요 변인들의 기술통계는 다음과 같다.

〈표 8〉 주요 변인들의 빈도분석(특별활동 참여)

| 설문 | 문항 | 빈도 | % |
|---|---|---|---|
| 특별활동 중점 | 교과 학습 심화 활동 | 51 | 4.9 |
| | 현실적이 문제 해결 | 74 | 7.1 |
| | 사고력과 창의성 신장 | 51 | 4.9 |
| | 통합교과 활동 | 864 | 83.1 |
| | 합계 | 1,040 | 100.0 |
| 특별활동 흥미 | 흥미 있음 | 854 | 82.1 |
| | 그저 그럼 | 116 | 11.2 |
| | 흥미가 없음 | 38 | 3.7 |
| | 기타 | 32 | 3.1 |
| | 합계 | 1,040 | 100.0 |
| 특별활동 적절성 | 적절함 | 801 | 77.0 |
| | 부족함 | 159 | 15.3 |

| | | | |
|---|---|---|---|
| 특별활동 적절성 | 많음 | 48 | 4.6 |
| | 기타 | 32 | 3.1 |
| | 합계 | 1,040 | 100.0 |
| 특별활동 횟수 | 적절함 | 792 | 76.2 |
| | 부족함 | 169 | 16.3 |
| | 많음 | 47 | 4.5 |
| | 기타 | 32 | 3.1 |
| | 합계 | 1,040 | 100.0 |
| 특별활동 도움 | 도움이 됨 | 860 | 82.7 |
| | 그저 그럼 | 111 | 10.7 |
| | 도움이 안 됨 | 37 | 3.6 |
| | 기타 | 32 | 3.1 |
| | 합계 | 1,040 | 100.0 |
| 특별활동 만족 | 만족함 | 843 | 81.1 |
| | 그저 그럼 | 165 | 15.9 |
| | 불만임 | 16 | 1.5 |
| | 기타 | 16 | 1.5 |
| | 합계 | 1,040 | 100.0 |
| 특별활동 지도자 | 만족함 | 766 | 73.7 |
| | 그저 그럼 | 242 | 23.3 |
| | 불만임 | 16 | 1.5 |
| | 기타 | 16 | 1.5 |
| | 합계 | 1,040 | 100.0 |
| 특별활동 참여 | 응답 없음 | 32 | 3.1 |
| | 즐거움 | 782 | 75.2 |
| | 그저 그럼 | 188 | 18.1 |
| | 부담스러움 | 38 | 3.7 |
| | 합계 | 1,040 | 100.0 |
| 특별활동 결석 | 응답 없음 | 960 | 92.3 |
| | 질병 | 80 | 7.7 |
| | 합계 | 1,040 | 100.0 |
| 특별활동 결석 후 | 응답 없음 | 960 | 92.3 |
| | 보충을 받고 싶었음 | 80 | 7.7 |
| | 합계 | 1,040 | 100.0 |

위의 표에서 보는 바와 같이 특별활동에 참여하는 주요 변인들의 빈도분석을 보면 첫째, 중점을 두어야 할 특별활동은 교과, 사고력, 창의성이 혼합된 활동이 83.1%로 가장 선호한 것으로 나타났다.

둘째, 특별활동을 하고 있는 내용이나 주제에 대한 생각은 82.1%가 흥미가 있는 것으로 나타났다.

셋째, 현재 학교에서 실시하고 있는 특별활동 시간은 77.0%가 적절하다고 생각하고 있는 것으로 나타났다.

넷째, 1주일에 2회 실시하고 있는 특별활동 횟수에 대한 생각은 '적절하다'가 76.2%, '부족하다'가 15.3%로 나타났다.

다섯째, 현재 학교에서 실시하고 있는 특별활동 프로그램의 내용은 자신의 능력 개발에 도움이 된다가 82.7%, 그저 그렇다가 10.7%로 나타났다.

여섯째, 특별활동 내용이나 학습 방법에 대한 생각은 '만족한다'가 81.1%, '그저 그렇다'가 15.9%로 나타났다.

일곱째, 특별활동을 지도하시는 선생님들에 대한 생각은 '만족한다'가 73.7%, '그저 그렇다'가 23.3%로 나타났으며, 불만(1.5%)은 거의 없는 것으로 나타나 지도자에 대한 신뢰가 있음을 알 수 있다.

여덟째, 특별활동에 참여하는 것에 대한 생각은 '즐겁다'가 75.2%, '그저 그렇다'가 18.1%로 나타났다.

아홉째, 특별활동에 결석한 사유는 7.7%가 질병으로 응답했으나, 보충을 받고 싶은 생각은 별로 없는 것으로 나타났다.

위와 같은 분석을 볼 때, 특별활동에 참여하는 청소년들은 학교 교육과정은 물론 사고력과 창의성이 혼합된 통합적인 문화활동을 선호하고 있으며, 많은 흥미와 호기심으로 수행하고 있어 국가에서 2011년부터 추진하고 있는 창의적 체험활동에 큰 기대를 하고 있다.

특히 학교에서 실시하고 있는 특별활동 영역을 청소년 개인의 특기와 적성을 고려하여 다양하게 개설할 필요가 있으며, 프로그램 만족도 조사를 통한 개선방안을 마련해주어야 한다.

## 다. 프로그램의 유익과 개선방안

프로그램의 유익성에 참여한 청소년들의 설문 분석을 위한 주요 변인들의 기술통계는 다음과 같다.

〈표 9〉 주요 변인들의 기술통계량(유익성과 개선)

| 설문 | 프로그램의 유익성 | | 설문 | 특별활동의 개선방안 | |
|---|---|---|---|---|---|
| | M | SD | | M | SD |
| 참여유익 | 4.23 | 1.07 | 진행안전 | 4.10 | 1.13 |
| 적합성 | 4.12 | 1.13 | 배려정도 | 4.11 | 1.13 |
| 내용차이 | 4.15 | 1.10 | 가치발견 | 4.11 | 1.14 |
| 자기주도 | 4.13 | 1.11 | 흥미향상 | 4.10 | 1.14 |
| 생활유익 | 4.15 | 1.11 | 시민활동 | 4.08 | 1.14 |
| 폭력예방 | 4.10 | 1.12 | 적용활동 | 4.19 | 1.10 |
| 능력향상 | 4.13 | 1.10 | 계발활동 | 3.96 | 1.18 |
| 다양성 | 4.15 | 1.09 | 노작활동 | 4.02 | 1.17 |
| 필요성 | 4.11 | 1.12 | 봉사활동 | 4.04 | 1.15 |
| 고마움 | 4.13 | 1.12 | - | - | - |
| 충분성 | 4.13 | 1.12 | - | - | - |

N=1,040. 최소값=1. 최대값=5

위의 표에서 보는 바와 같이 특별활동에 참여하는 주요 변인들의 평균값을 보면 첫째, 특별활동 시간의 프로그램 유익성 영역에서는 참여의 유익(M=4.23), 내용의 차이(M=4.15), 다양성(M=4.15) 순으로 나타났다.

둘째, 특별활동 프로그램 개선방안 영역에서는 자치활동의 협의, 역할분담활동이 민주시민 활동에 도움이 된다(M=4.08), 적응활동의 상담, 진로활동 등은 정체성 확립에 도움이 된다(M=4.19), 실습, 노작활동 등은 가정과 사회생활에 도움이 된다(M=4.02), 봉사활동의 자선 구호활동 등은 이웃을 사랑하고 배려하는 데 도움이 된다(M=4.04) 등으로 나타났다.

따라서 특별활동 프로그램 중 자기주도 학습시간을 늘려 주고, 프로그램의 전문선택을 통해서 학교생활에 유익한 도움을 지속적으로 제공해야 하며, 사회생활에 유익한 실습, 노작활동 등을 통해 가정과 국제사회 다문화생활에 적응하게 하고, 이웃을 사랑하고 배려할 수 있도록 봉사와 자선 구호활동을 후원해주어야 한다.

## 4. 프로그램 유익성과 특별활동 개선방안의 요인 분석

### 가. 변인별 요인 분석

요인 분석(Factor analysis)은 수집된 연구 변수들은 공통 차원들끼리 묶어 적은 수의 요인으로 축소시키는 방법을 실시하였다. 이 연구의 요인 분석에서는 독립변수와 종속변수가 없으며, 모든 변수 간의 관계를 분석함으로써 변수들의 토대를 이루는 요인을 발견하고자 하였으며 표본의 크기는 면 단위 농촌 학교를 고려하여 65명을 대상으로 하였다.

요인 분석에서는 주성분분석을 사용하여 요인모형을 추정하였고, 다중공선성 문제를 방지하기 위하여 직각회전 방식들 가운데 하나인 베리맥스(varimax) 방법을 이용하여 요인을 회전시켰다.

이 연구에서는 가설 요인 내 타당도 측정을 위해 요인 분석을 먼저 수행하고, 프로그램 유익성과 개선방안의 설문 문항을 요인 분석을 통해 타당도 검증을 실시한 결과 각 요인의 문항 중 공통성 값이 0.4 이하는 제외 한 후 각 요인의 문항을 최종 선택하여 다시 요인 분석을 실시하였고, 요인 적재치를 나타내는 아이겐(Eigen) 값은 1.0 이상인 것만 활용하였다.

## 1) 프로그램 유익성의 요인 분석

〈표 10〉 프로그램 유익성의 요인 분석

| 설 문 항 목 | 요인 1 | 요인 2 | 공통성 |
|---|---|---|---|
| 1. 특별활동에 참여하는 것이 유익하다고 생각한다. | 0.47 | 0.79 | 0.84 |
| 2. 특별활동이 청소년에 적합한 프로그램이라고 생각한다. | 0.30 | 0.87 | 0.84 |
| 3. 특별활동 프로그램이 학교수업 내용과 많은 차이점이 있다고 생각한다. | 0.66 | 0.62 | 0.82 |
| 4. 특별활동 프로그램 중 자기주도 학습시간이 유익하다고 생각한다. | 0.66 | 0.54 | 0.72 |
| 5. 특별활동 프로그램의 전문선택을 통해서 학교활동에 있어서 유익한 도움을 받고 있다고 생각한다. | 0.54 | 0.68 | 0.75 |
| 6. 특별활동의 성폭력교육, 학교폭력교육 등은 폭력사건예방에 도움이 된다고 생각한다. | 0.80 | 0.33 | 0.75 |
| 7. 특별활동 프로그램을 통해 자기주도 학습능력이 향상되었다고 생각한다. | 0.82 | 0.37 | 0.80 |

| 설문항목 | | | |
|---|---|---|---|
| 8. 특별활동 프로그램을 통해서 학교에서 배우지 못한 다양한 교육들을 해 주고 있다고 생각한다. | 0.81 | 0.42 | 0.83 |
| 9. 특별활동 프로그램이 다른 친구들에게도 필요하다고 생각한다. | 0.67 | 0.59 | 0.80 |
| 10. 특별활동 지도 선생님께 고마운 마음이 크다. | 0.67 | 0.46 | 0.66 |
| 11. 특별활동 프로그램 진행 시 교재 도구가 충분하다고 생각한다. | 0.64 | 0.63 | 0.80 |
| Eigen 값 | | 3.89 | |
| 전체 변량(%) | | 78.29 | |
| 공통 변량(%) | | 78.29 | |

요인추출방법: 주성분분석.
회전방법(Rotated solution): Kaiser 정규화가 있는 Varimax.
3 반복계산에서 요인회전이 수렴되었음.

위의 결과를 살펴보면 각 문항들이 두 개의 요인으로 군집되었
다. 즉, 프로그램 유익성의 6~11번 문항이 하나의 요인으로 묶였
으며, 프로그램 유익성 1~5번 문항이 또 다른 하나의 요인으로
군집되었다. 따라서 프로그램 유익성 요인에 대한 설문항목들은
타당도에 문제점이 없다고 본다. 또한 프로그램 유익성의 두 개의
요인은 78.29%의 설명력을 갖는다.

## 2) 특별활동 개선방안의 요인 분석

〈표 11〉 특별활동 개선방안의 요인 분석

| 설문항목 | 요인 1 | 요인 2 | 공통성 |
|---|---|---|---|
| 1. 특별활동의 프로그램 진행이 안전하다고 생각한다. | 0.83 | 0.31 | 0.78 |
| 2. 특별활동에 참여할 수 있도록 배려한 지역사회와 국가에 고마움이 크다. | 0.85 | 0.29 | 0.81 |
| 3. 특별활동 프로그램을 통해 자신의 가치를 발견했다고 생각한다. | 0.83 | 0.29 | 0.78 |
| 4. 특별활동 프로그램을 통해 호기심과 흥미가 향상되었다고 생각한다. | 0.87 | 0.26 | 0.82 |
| 5. 자치활동의 협의, 역할분담 활동이 민주시민 활동에 도움이 된다고 생각한다. | 0.82 | 0.20 | 0.72 |

| | | | |
|---|---|---|---|
| 6. 적응활동의 상담, 진로활동 등은 정체성 확립에 도움이 된다고 생각한다. | 0.90 | 0.32 | 0.92 |
| 7. 계발활동의 성폭력교육, 학교폭력교육 등은 폭력사건예방에 도움이 된다고 생각한다. | 0.23 | 0.83 | 0.75 |
| 8. 특별활동의 실습, 노작활동 등은 가정과 사회생활에 도움이 된다고 생각한다. | 0.29 | 0.85 | 0.80 |
| 9. 봉사활동의 자선 구호활동 등은 이웃을 사랑하고 배려하는데 도움이 된다고 생각한다. | 0.29 | 0.85 | 0.81 |
| Eigen 값 | | 2.61 | |
| 전체 변량(%) | | 50.94 | |
| 공통 변량(%) | | 50.94 | |

요인추출방법: 주성분분석.
회전방법(Rotated solution): Kaiser 정규화가 있는 Varimax.
3 반복계산에서 요인회전이 수렴되었음.

위의 결과를 살펴보면 각 문항들이 두 개의 요인으로 군집되었다. 즉, 특별활동 개선방안의 1~6번 문항이 하나의 요인으로 묶였으며, 특별활동 개선방안 7~9번 문항이 또 다른 하나의 요인으로 군집되었다. 따라서 특별활동 개선방안 요인에 대한 설문항목들은 타당도에 문제점이 없다고 본다. 또한 특별활동 개선방안의 두 개의 요인은 50.94%의 설명력을 갖는다.


## 5. 성별에 따른 문화활동 및 특별활동 의식수준

교차분석은 두 개의 변수를 동시에 교차하여 표로 만들어 각각의 빈도와 비율을 작성하는 통계적 과정으로 설문조사를 통해 얻은 성별에 따른 문화활동을 정리하여 관계가 있음을 다루었다.
문화활동에 참여한 연구대상 학생들의 요인들 간에 교차분석

(cross-table)을 통해 얻은 결과로 문화활동 참여 변인들 간에 연관성을 알아보는 분석으로 전체 변인에서 유의미한 연관성을 가지고 있는 것으로 나타났으며 그 결과는 다음과 같다.

## 가. 성별에 따른 문화활동

연구대상 청소년들의 성별에 따른 문화활동에 대한 의식의 수준을 교차분석한 결과는 다음과 같다.

### 1) 문화활동에 대한 관심

〈표 12〉 문화활동 관심과 성별 간 교차분석

| 성별/빈도 | | 문화활동에 대한 관심 | | | | 전체 | 자유도 | $X^2$ |
|---|---|---|---|---|---|---|---|---|
| | | 아주 많음 | 많음 | 그저 그럼 | 없음 | | | |
| 남학생 | 빈도 | 172 | 242 | 90 | 16 | 520 | | |
| | % | 33 | 47 | 17 | 3 | 100 | | |
| 여학생 | 빈도 | 173 | 229 | 102 | 16 | 520 | 3 | 1.112 |
| | % | 33 | 44 | 20 | 3 | 100 | | |
| 전체 | 빈도 | 345 | 471 | 192 | 32 | 1,040 | | |
| | % | 33 | 45 | 18 | 3 | 100 | | |

위의 표에서 보는 바와 같이 문화활동에 대한 관심 변인과 남녀 간의 교차분석에서 남학생의 80%, 여학생의 77%가 관심이 높고 참여 의욕이 높게 나타났으며, $X^2$-test 값은 1.112로 두 변인 간에 연관성이 크게 없는 것으로 나타났다.

청소년 문화활동은 건전한 인격을 도야하고 인간다운 삶을 영위하게 하며 민주시민으로써 다양한 문화에 적응할 수 있는 자질을 갖출 수 있도록 지도되어야 한다. 따라서 모든 청소년이 문화 복지 교육의 기회를 균형 있게 지속적으로 제공받고 개인의 능력을 효과적으로 계발할 수 있는 다양한 문화활동을 추구할 수 있는 여건을 마련해주어야 한다.

## 2) 문화활동 영역과 성별 간 교차분석

〈표 13〉 문화활동 영역과 성별 간 교차분석

| 성별/빈도 | | 문화활동 선호 영역 | | | | | | 전체 | 자유도 | $X^2$ |
|---|---|---|---|---|---|---|---|---|---|---|
| | | 문화 감성 | 과학 정보 | 봉사 협력 | 모험 개척 | 직업 준비 | 환경 의식 | | | |
| 남학생 | 빈도 | 27 | 242 | 55 | 151 | 29 | 16 | 520 | | |
| | % | 5 | 47 | 11 | 29 | 6 | 3 | 100 | | |
| 여학생 | 빈도 | 232 | 65 | 130 | 32 | 46 | 15 | 520 | 5 | '375.981 |
| | % | 45 | 13 | 25 | 6 | 9 | 35 | 100 | | |
| 전체 | 빈도 | 259 | 307 | 185 | 183 | 75 | 31 | 1,040 | | |
| | % | 25 | 30 | 18 | 18 | 7 | 3 | 100 | | |

위 표에서 보는 바와 같이 문화활동 선호 영역과 남녀 간 교차 분석에서 남학생의 '과학정보' 47%, 여학생의 '문화감성' 45%로 가장 높게 나타났으며, $X^2$-test 값은 375.981로 두 변인 간에 연관성이 있는 것으로 나타났다.

남학생들의 과학정보 선호는 IT 산업의 발달로 게임에 집중되어 있기 때문에 청소년들이 게임중독이 되지 않도록 각별히 보호받을 수 있는 여건을 조성해야하며, 여학생들의 문화감성은 전시회, 영화, 연극, 뮤지컬 관람 등으로 견학 위주에서 창의적 체험활동 위주로 변화를 주어야 한다.

특히 청소년 지도자들은 유해한 환경의 정화에 노력해야 할 책임을 지니고 있으며, 국가는 청소년이 올바른 국가관과 건전한 가치관을 지니면서 함께 살아가는 글로벌 인재가 되도록 무한 책임을 지녀야 한다.

## 3) 동아리활동 희망과 성별 간 교차분석

〈표 14〉 동아리활동 희망과 성별 간 교차분석

| 성별/빈도 | | 동아리활동 희망 | | | | 전체 | 자유도 | $X^2$ |
|---|---|---|---|---|---|---|---|---|
| | | 많이 희망 | 희망함 | 그저 그럼 | 희망하지 않음 | | | |
| 남학생 | 빈도 | 316 | 161 | 34 | 9 | 520 | | |
| | % | 61 | 31 | 7 | 25 | 100 | | |
| 여학생 | 빈도 | 36 | 259 | 204 | 21 | 520 | 3 | 371.823 |
| | % | 7 | 50 | 39 | 45 | 100 | | |
| 전체 | 빈도 | 352 | 420 | 238 | 30 | 1,040 | | |
| | % | 34 | 40 | 23 | 3 | 100 | | |

위의 표에서 보는 바와 같이 동아리활동 희망과 남녀 간 교차분석에서 남학생의 92%, 여학생의 57%가 희망하는 것으로 나타났으며, $X^2$-test 값은 371.823로 두 변인 간에 연관성이 있는 것으로 나타났다.

청소년들이 자신의 잠재력을 발휘할 수 있는 다양한 문화활동의 기회가 적용되어야 하고, 나아가서 사회와 국가의 발전에 기여하는 다양한 인재로 키우기 위한 동아리활동 교육이 제공되어야 한다. 특히 지구촌 다문화 사회로 접어들면서 정체성을 확립하고 가치 창출과 발전을 좌우하게 될 고급 인력을 다양한 분야에서 체계적으로 양성해야 한다.

## 4) 문화활동 중점 영역과 성별 간 교차분석

〈표 15〉 문화 활동 중점 영역과 성별 간 교차분석

| 성별/빈도 | | 중점 영역 | | | | | | 전체 | 자유도 | $X^2$ |
|---|---|---|---|---|---|---|---|---|---|---|
| | | 문화 감성 | 과학 정보 | 봉사 협력 | 모험 개척 | 직업 준비 | 환경 의식 | | | |
| 남학생 | 빈도 | 15 | 245 | 55 | 159 | 30 | 16 | 520 | | |
| | % | 3 | 47 | 11 | 31 | 6 | 3 | 100 | | |
| 여학생 | 빈도 | 246 | 53 | 138 | 21 | 47 | 15 | 520 | 3 | 473.433 |
| | % | 47 | 10 | 27 | 4 | 9 | 3 | 100 | | |
| 전체 | 빈도 | 261 | 298 | 193 | 180 | 77 | 31 | 1,040 | | |
| | % | 25 | 29 | 19 | 17 | 7 | 3 | 100 | | |

위의 표에서 보는 바와 같이 문화활동 중점 영역과 남녀 간 교차분석에서 47%의 남학생은 '과학정보', 47%의 여학생은 '문화감성'으로 나타났으며, $X^2$-test 값은 473.433으로 두 변인 간에 연관성이 있는 것으로 나타났다.

창의적인 사람은 과학정보를 활용하여 적극적으로 도전하는 태도, 지식, 기술을 활용하여 새로운 것을 창출하려는 특성을 지닌다. 따라서 과학정보 능력이 우수한 청소년의 미래는 곧 국가의 부흥과 연결될 수 있고, 문화 감성을 통한 창의적 활동들이 잠재된 감성을 풍족하게 유지시켜 줄 것이다. 이러한 과학정보와 문화감성의 능력을 향상시키기 위해 정책적인 노력과 교육과정을 변경하는 등 교육개혁에 많은 노력을 쏟아야 한다.

## 5) 문화활동 시간과 성별 간 교차분석

〈표 16〉 문화활동 시간과 성별 간 교차분석

| 성별/빈도 | | 활동 시간 | | | | 전체 | 자유도 | $X^2$ |
|---|---|---|---|---|---|---|---|---|
| | | 수업 시간 | 방과 후에 | 방학 중 | 기타 | | | |
| 남학생 | 빈도 | 123 | 143 | 221 | 33 | 520 | | |
| | % | 24 | 28 | 43 | 6 | 100 | | |
| 여학생 | 빈도 | 114 | 151 | 216 | 39 | 520 | 3 | 1.117 |
| | % | 22 | 29 | 42 | 8 | 100 | | |
| 전체 | 빈도 | 237 | 294 | 437 | 72 | 1,040 | | |
| | % | 23 | 28 | 42 | 75 | 100 | | |

위의 표에서 보는 바와 같이 문화활동 시간과 남녀 간 교차분석에서 남학생의 43%, 여학생의 42%가 '방학 중'에 문화활동을 원하고 있는 것은 입시 위주의 학교 성적에서 손해를 보지 않으려는 경향인 것으로 분석되었으며, $X^2$-test 값은 371.823로 두 변인 간에 연관성이 크지 않은 것으로 나타났다.

청소년들에게 방학은 참으로 귀중한 시간이라고 할 수 있다. 특히 학기 중에 실시되는 문화활동들은 교과학습에 지장을 줄 수 있고, 과중한 신체활동으로 피로감은 물론 발병의 원인이 되기도 하기 때문에 청소년들이 방학 중에 문화활동을 선호하고 있다. 따라서 문화활동의 범위를 국내는 물론 국외로까지 확대될 수 있도록 다양한 프로그램을 자료화하여 각종 학교에 보급해야 한다.

# 6) 주당 시간과 성별 간 교차분석

〈표 17〉 주당 시간과 성별 간 교차분석

| 성별/빈도 | | 주당 시간 | | | | 전체 | 자유도 | $X^2$ |
|---|---|---|---|---|---|---|---|---|
| | | 주당 1시간 | 주당 2~3시간 | 주당 4~5시간 | 기타 | | | |
| 남학생 | 빈도 | 62 | 10 | 440 | 8 | 520 | | 707.13 |
| | % | 12 | 2 | 85 | 2 | 100 | | |
| 여학생 | 빈도 | 439 | 51 | 16 | 14 | 520 | 3 | |
| | % | 84 | 10 | 3 | 3 | 100 | | 707.130 |
| 전체 | 빈도 | 501 | 61 | 456 | 22 | 1,040 | | |
| | % | 48 | 6 | 44 | 2 | 100 | | |

위의 표에서 보는 바와 같이 주당 시간과 남녀 간 교차분석에서 남학생은 '주당 4~5시간' 대답이 85%, 여학생에서는 '주당 1시간' 대답이 84%로 가장 높게 나타났으며, $X^2$-test 값은 707.13으로 두 변인 간에 연관성이 있는 것으로 나타났다.

청소년들에게 시간을 적절하게 활용하는 방법을 교육해야 한다. 하루에 2시간 공부하는 학생과 3시간 공부하는 학생은 하루 생활에서는 1시간의 차이라지만 한 달이면 30시간, 1년이면 365시간으로 확산된다. 청소년들이 자신의 생활에 충실하고 창의적인 문화 활동을 통해 삶의 보람을 느낄 수 있도록 시간 관리의 지혜를 가르쳐야 한다.

## 7) 문화활동의 필요성과 성별 간 교차분석

〈표 18〉 문화활동의 필요성과 성별 간 교차분석

| 성별/빈도 | | 문화활동의 필요성 | | | | 전체 | 자유도 | $X^2$ |
|---|---|---|---|---|---|---|---|---|
| | | 꼭 필요함 | 필요함 | 필요하지 않음 | 잘 모름 | | | |
| 남학생 | 빈도 | 458 | 49 | 8 | 5 | 520 | 3 | 706.432 |
| | % | 88 | 9 | 2 | 1 | 100 | | |
| 여학생 | 빈도 | 37 | 463 | 1 | 19 | 520 | | |
| | % | 7 | 89 | 0 | 4 | 100 | | |
| 전체 | 빈도 | 495 | 512 | 9 | 24 | 1,040 | | |
| | % | 48 | 49 | 1 | 2 | 100 | | |

위의 표에서 보는 바와 같이 문화활동의 필요성과 남녀 간 교차 분석에서 남학생은 '꼭 필요하다'가 88%, 여학생은 '필요하다'가 89%로 가장 높게 나타났으며, $X^2$-test 값은 706.432로 두 변인 간에 연관성이 있는 것으로 나타났다.

학교 내에서도 문화활동 교육이 지속적으로 전개되어야 한다. 대부분의 학교가 야간자율학습과 특기 적성 등으로 인하여 방과 후에도 학생들이 제도권에 얽매여 자유를 누릴 수 없는 실정이다. 그렇게 되면서 학생들은 지쳐가게 되고 심지어 주말까지도 그 피로가 이어지는 경우가 많아 주말에 문화활동을 활용할 시간을 갖지 못하고 있다. 청소년들이 가장 관심과 욕구가 많은 문화활동에 대한 다양한 지원이 문화의 세기로 일컬어지는 21세기에 가장 절실한 상황이다.

## 8) 기타 문화활동과 성별 간 교차분석

〈표 19〉 기타 문화활동과 성별 간 교차분석

| 성별/빈도 | | 기타 활동영역 | | | | 전체 | 자유도 | $x^2$ |
|---|---|---|---|---|---|---|---|---|
| | | 사교육 | 단체구성 | 홀로 활동 | 기타 | | | |
| 남학생 | 빈도 | 234 | 256 | 28 | 2 | 520 | | |
| | % | 45 | 49 | 5 | 0 | 100 | | |
| 여학생 | 빈도 | 236 | 254 | 29 | 1 | 520 | 3 | .367 |
| | % | 45 | 49 | 6 | 0 | 100 | | |
| 전체 | 빈도 | 470 | 510 | 57 | 3 | 1,040 | | |
| | % | 45 | 49 | 5 | 0 | 100 | | |

위의 표에서 보는 바와 같이 학교에서 참여할 수 없는 문화활동과 남녀 간 교차분석에서 남학생과 여학생 모두 '단체구성' 49%, '사교육으로 해결' 45%로 나타났으며, $x^2$-test 값은 .367로 두 변인 간에 연관성이 없는 것으로 나타났다.

청소년들이 학교 밖에서 이루어지는 문화활동 역시 즐길 수 있는 장소가 부족하다. 이 문제는 오래전부터 심각한 청소년 문제라고 생각되어 왔지만, 아직까지도 크게 개선된 점은 없다. 이 문제를 단적으로 보여주듯이 대부분의 지역은 청소년을 위한 문화센터가 없다. 또한 문화센터에서는 청소년의 관심사에서 벗어난 프로그램을 수정, 보완할 필요가 있고, 특성과 수준에 따른 동아리 형태의 팀이 운영될 수 있는 여건을 제공해주어야 한다.

## 9) 문화활동 실시와 성별 간 교차분석

〈표 20〉 문화활동 실시와 성별 간 교차분석

| 성별/빈도 | | 선호하는 실시 영역 | | | | 전체 | 자유도 | $X^2$ |
|---|---|---|---|---|---|---|---|---|
| | | 희망 학생 | 방학 실시 | 외부 장소 | 없음 | | | |
| 남학생 | 빈도 | 344 | 33 | 122 | 21 | 520 | | |
| | % | 66 | 6 | 23 | 4 | 100 | | |
| 여학생 | 빈도 | 351 | 36 | 118 | 15 | 520 | 3 | 1.268 |
| | % | 68 | 7 | 23 | 3 | 100 | | |
| 전체 | 빈도 | 695 | 69 | 240 | 36 | 1,040 | | |
| | % | 67 | 7 | 23 | 3 | 100 | | |

위의 표에서 보는 바와 같이 문화활동 운영의 건의사항과 남녀 간 교차분석에서 남학생은 '희망하는 학생 모두에게 실시하자'라는 대답이 66%, 외부 장소에서 실시하여 학교 감독으로부터 벗어나고 싶어 하는 의견이 23%로 여학생의 경우와 비슷하게 나타났으나, $X^2$-test 값은 1.268로 두 변인 간에 연관성이 없는 것으로 나타났다.

청소년 문화와 예술 프로그램을 운영하는 전문 단체를 적절히 육성해야 한다. 많은 비영리 기관이나 지역공동체 기반의 단체들은 청소년 문화예술만을 위하여 설립된 경우가 있지만, 운영 면에 있어서 미숙함을 보여 많은 청소년의 실망이 큰 것을 볼 수 있다. 이런 문제 상황을 극복하기 위해서는 해당 기관의 지도 감독이 지속적으로 이루어져야 한다.

## 나. 성별에 따른 특별활동 참여

　연구 대상 청소년들의 성별에 따른 특별활동에 대한 의식의 수
준을 교차분석한 결과는 다음과 같다.

### 1) 중점영역과 성별 간 교차분석

〈표 21〉 중점영역과 성별 간 교차분석

| 성별/빈도 | | 중점 영역 | | | | 전체 | 자유도 | $X^2$ |
|---|---|---|---|---|---|---|---|---|
| | | 교과 심화 활동 | 능력 신장 활동 | 창의 신장 활동 | 교과 혼합 활동 | | | |
| 남학생 | 빈도 | 27 | 39 | 22 | 432 | 520 | | |
| | % | 5 | 8 | 4 | 83 | 100 | | |
| 여학생 | 빈도 | 24 | 35 | 29 | 432 | 520 | 3 | 1.353 |
| | % | 5 | 7 | 6 | 83 | 100 | | |
| 전체 | 빈도 | 51 | 74 | 51 | 864 | 1,040 | | |
| | % | 5 | 7 | 5 | 83 | 100 | | |

　위의 표에서 보는 바와 같이 중점영역과 남녀 간 교차분석에서
남녀 학생모두 '교과, 사고력, 창의성이 혼합된 활동'이 83%로 높
게 나타났으며, $X^2$-test 값은 1.353로 두 변인 간에 연관성이 없는
것으로 나타났다.

　과학, 인문, 사회, 예체능 등 각 분야의 전문가들이 청소년들의
'창의성 계발'에 주목하면서 '통섭(Consilience)'을 강조하고 있다.
학문의 경계를 깨고 청소년들의 창의적인 특별활동 교육효과를 어
떻게 늘릴 것인지 지혜를 모아야 한다. 스티브 잡스는 "내 상상력

의 원천은 학교에서 배운 IT 기술과 인문학의 결합"이라고 말한 바 있다. 따라서 창의적 특별활동을 비롯한 다양한 활동과 문·이과의 특성을 동시에 갖춘 통합형 문화활동 프로그램 개발에 전념해야 한다.

## 2) 주제 내용과 성별 간 교차분석

〈표 22〉 주제 내용과 성별 간 교차분석

| 성별/빈도 | | 주제와 내용 | | | | 전체 | 자유도 | $x^2$ |
|---|---|---|---|---|---|---|---|---|
| | | 흥미 많음 | 그저 그럼 | 흥미 없음 | 기타 | | | |
| 남학생 | 빈도 | 429 | 54 | 20 | 17 | 520 | | .801 |
| | % | 83 | 10 | 4 | 3 | 100 | | |
| 여학생 | 빈도 | 425 | 62 | 18 | 15 | 520 | 3 | |
| | % | 82 | 12 | 3 | 3 | 100 | | |
| 전체 | 빈도 | 854 | 116 | 38 | 32 | 1,040 | | |
| | % | 82 | 11 | 4 | 3 | 100 | | |

위의 표에서 보는 바와 같이 특별활동의 주제 및 내용과 남녀 간 교차분석에서 남학생은 '흥미 있다'가 83%, 여학생 역시 '흥미 있다'가 82%로 비슷하게 나타났으나, $x^2$-test 값은 .801로 두 변인 간에 연관성이 없는 것으로 나타났다. 주 5일제 수업과 창의적 특별활동은 청소년들의 최대 관심사이다. 따라서 전통과 현대의 교류가 청소년 특별활동의 핵심으로 자리 잡을 수 있도록 지역 전통문화 체험과 연계한 창의적 특별활동을 적극적으로 지원해야 한다. 이를 위해 지역 내 미술관, 박물관 등을 활용한 문화활동이 이루어져야 하고, 학교 현장에서 각종 유·무형 문화재의 의미와 계

승현황, 문화 프로그램 참여 기획을 통해 특별활동의 이해도와 타 문화에 대한 관용정신을 높여야 한다.

### 3) 활동시간과 성별 간 교차분석

〈표 23〉 활동 시간과 성별 간 교차분석

| 성별/빈도 | | 활동 시간 | | | | 전체 | 자유도 | $X^2$ |
|---|---|---|---|---|---|---|---|---|
| | | 적절 | 부족 | 많음 | 기타 | | | |
| 남학생 | 빈도 | 396 | 84 | 24 | 16 | 520 | | |
| | % | 76 | 16 | 5 | 3 | 100 | | |
| 여학생 | 빈도 | 405 | 75 | 24 | 16 | 520 | 3 | .611 |
| | % | 78 | 14 | 5 | 3 | 100 | | |
| 전체 | 빈도 | 801 | 159 | 48 | 32 | 1,040 | | |
| | % | 77 | 15 | 5 | 3 | 100 | | |

위의 표에서 보는 바와 같이 특별활동 시간과 남녀 간 교차분석에서 남학생은 '적절하다'가 76%, 여학생 역시 '적절하다'가 78%로 높게 나타났으나, $X^2$-test 값은 .611로 두 변인 간에 연관성이 없는 것으로 나타났다.

청소년들은 개성과 자신의 문화를 찾고 싶어 한다. 현재 특별활동 상황으로는 자신들의 독자적인 문화와 개성은 물론 자유까지 억압당하는 실정이다. 일류 대학에 진학해야 하는 뿌리 깊은 입시 제도 그리고 특별활동을 할 수 있는 여건이 마련되어 있지 않고 있다.

## 4) 활동 횟수와 성별 간 교차분석

〈표 24〉 활동 횟수와 성별 간 교차분석

| 성별/빈도 | | 활동 횟수 | | | | 전체 | 자유도 | $X^2$ |
|---|---|---|---|---|---|---|---|---|
| | | 적절 | 부족 | 많음 | 기타 | | | |
| 남학생 | 빈도 | 388 | 92 | 23 | 17 | 520 | 3 | 1.801 |
| | % | 75 | 18 | 4 | 3 | 100 | | |
| 여학생 | 빈도 | 404 | 77 | 24 | 15 | 520 | | |
| | % | 78 | 15 | 5 | 3 | 100 | | |
| 전체 | 빈도 | 792 | 169 | 47 | 32 | 1,040 | | |
| | % | 76 | 16 | 5 | 3 | 100 | | |

위의 표에서 보는 바와 같이 특별활동 횟수와 남녀 간 교차분석에서 남학생은 '적절하다'가 75%, 여학생도 '적절하다'가 78%로 높게 나타났으나, $X^2$-test 값은 1.801로 두 변인 간에 연관성이 없는 것으로 나타났다.

청소년들이 다양한 특별활동을 하면서 입시에도 구속받지 않는 그런 문화와 복지로 바뀌어야 한다. 문화활동을 아무 걱정 없이 하고 흥미와 호기심이 넘치는 하고 싶은 일을 하도록 만들어 주어야 한다.

## 5) 능력계발과 성별 간 교차분석

〈표 25〉 능력계발과 성별 간 교차분석

| 성별/빈도 | | 능력 계발 | | | | 전체 | 자유도 | $X^2$ |
|---|---|---|---|---|---|---|---|---|
| | | 도움 | 그저 그럼 | 도움 안됨 | 기타 | | | |
| 남학생 | 빈도 | 436 | 50 | 18 | 16 | 520 | | |
| | % | 84 | 10 | 3 | 3 | 100 | | |
| 여학생 | 빈도 | 424 | 61 | 19 | 16 | 520 | 3 | 1.285 |
| | % | 82 | 12 | 4 | 3 | 100 | | |
| 전체 | 빈도 | 860 | 111 | 37 | 32 | 1,040 | | |
| | % | 83 | 11 | 45 | 3 | 100 | | |

위의 표에서 보는 바와 같이 능력계발과 남녀 간 교차분석에서 남학생은 '도움이 된다'가 84%, 여학생도 '도움이 된다'가 82%로 가장 높게 나타났으나, $X^2$-test 값은 1.285로 두 변인 간에 연관성이 없는 것으로 나타났다.

학교에서의 시간 외에도 방과 후 활동으로 특별활동과 같은 공부 이외의 활동으로 자기 스스로 능력을 계발하고 성장시키는 활동을 더 많이 할 수 있는 여건 조성이 필요하다. 청소년들은 무한한 잠재력을 가지고 있으며, 미래 사회를 이끌어갈 주역으로 공부는 물론 스스로 향유할 수 있는 문화를 창조할 수 있는 환경을 조성해주어야 한다.

## 6) 학습만족도와 성별 간 교차분석

〈표 26〉 학습만족도와 성별 간 교차분석

| 성별/빈도 | | 학습만족 | | | | 전체 | 자유도 | $X^2$ |
|---|---|---|---|---|---|---|---|---|
| | | 만족 | 그저 그럼 | 불만 | 기타 | | | |
| 남학생 | 빈도 | 433 | 80 | 5 | 2 | 520 | | |
| | % | 83 | 15 | 1 | 0.3 | 100 | | |
| 여학생 | 빈도 | 406 | 81 | 25 | 8 | 520 | 3 | .065 |
| | % | 78 | 15 | 5 | 2 | 100 | | |
| 전체 | 빈도 | 839 | 161 | 30 | 10 | 1,040 | | |
| | % | 81 | 15 | 3 | 1 | 100 | | |

위의 표에서 보는 바와 같이 학습방법 만족도와 남녀 간 교차분석에서 남학생은 '만족한다'가 83%, 여학생은 '만족한다'가 78%로 높게 나타났으나, $X^2$-test 값은 .065로 두 변인 간에 연관성이 없는 것으로 나타났다.

성장기에 있는 청소년들에게 건전한 문화활동이란 학교에서 지적 활동을 통하여 경험할 수 있는 내용에 비해 훨씬 다양한 인지, 정의, 심리학습을 가능하게 한다. 문화활동에 대한 청소년들의 불만족의 주된 이유는 시설과 장소의 부족, 비용, 시간의 부족 등이다. 특히 지역사회의 문화 여건은 청소년들에게 건강한 문화활동의 동기를 유발하고, 만족스러운 문화 경험을 제공할 수 있도록 추진되어야 한다.

## 7) 지도자에 대한 만족도와 성별 간 교차분석

〈표 27〉 지도자에 대한 만족도와 성별 간 교차분석

| 성별/빈도 | | 지도자에 대한 만족 | | | | 전체 | 자유도 | $X^2$ |
|---|---|---|---|---|---|---|---|---|
| | | 만족 | 그저 그럼 | 불만 | 기타 | | | |
| 남학생 | 빈도 | 382 | 122 | 8 | 8 | 520 | 3 | .022 |
| | % | 73 | 23 | 2 | 2 | 100 | | |
| 여학생 | 빈도 | 384 | 120 | 8 | 8 | 520 | | |
| | % | 74 | 23 | 2 | 2 | 100 | | |
| 전체 | 빈도 | 766 | 242 | 16 | 16 | 1,040 | | |
| | % | 74 | 23 | 2 | 2 | 100 | | |

위의 표에서 보는 바와 같이 지도자에 대한 만족과 남녀 간 교차분석에서 남학생은 '만족한다'가 73%, 여학생도 '만족한다'가 74%로 높게 나타났으나, $X^2$-test 값은 .022로 두 변인 간에 연관성이 없는 것으로 나타났다.

청소년 지도자는 첫째, 가이딩 비전(guiding vision)이 있어야 한다. 청소년들을 이끌 수 있는 비전을 말한다. 지도자의 책임은 이 비전을 사실로 승화시키는 데에 있다. 둘째, 패션(passion)이 있어야 한다. 정열, 열의, 낙천적 영감(inspiration optimism) 등이 필요하며 긍정적이고 적극적으로 세계를 봐야 한다. 셋째, 성실성과 용기가 있어야 한다. 위험을 무릅쓰는 용기, 미개척지를 향하여 도전하는 용기, 모든 어려움과 고난을 극복하는 용기를 갖춘 성실한 지도자가 필요하다.

## 8) 참여 흥미도와 성별 간 교차분석

〈표 28〉 참여 흥미도와 성별 간 교차분석

| 성별/빈도 | | 참여 흥미도 | | | | 전체 | 자유도 | $X^2$ |
|---|---|---|---|---|---|---|---|---|
| | | 응답 없음 | 즐거움 | 그저 그럼 | 부담스러움 | | | |
| 남학생 | 빈도 | 17 | 398 | 85 | 20 | 520 | | |
| | % | 3 | 77 | 16 | 4 | 100 | | |
| 여학생 | 빈도 | 15 | 384 | 103 | 18 | 520 | 3 | 2.204 |
| | % | 3 | 74 | 20 | 3 | 100 | | |
| 전체 | 빈도 | 32 | 782 | 188 | 38 | 1,040 | | |
| | % | 3 | 75 | 18 | 4 | 100 | | |

위의 표에서 보는 바와 같이 특별활동 참여 흥미도와 남녀 간 교차분석에서 남학생은 '즐겁다'가 77%, 여학생도 '즐겁다'가 74%로 높게 나타났으나, $X^2$-test 값은 2.204로 두 변인 간에 연관성이 없는 것으로 나타났다

청소년을 위한 특별활동 교육과정은 '21세기의 세계화·정보화 시대를 주도할 자율적이고 창의적인 한국인을 육성'하는 데 기본 방향을 두고 있다. 이런 짐에서 특별활동은 과거 어느 때보다 중요한 위치와 교육적 의미를 갖게 될 것으로 전망된다. 그 이유는 교육과정 개정의 기본 방향에서 강조되고 있는 인간성, 창의성, 적응력, 자기 주도력, 적성, 진로 등에 관한 교육은 교과보다는 오히려 특별활동이 담당하여야 할 영역이 더 넓고 깊은 관련성을 가지고 있다고 볼 수 있기 때문이다.

따라서 청소년의 인지적·학문적 발달을 주로 돕는 교과의 내용과 방법을 개선하는 것도 필요하지만, 청소년의 사회적·인간적

발달을 촉진하는 특별활동의 교육과정을 새로운 시대와 환경, 새로운 교육적 요구에 부합하게 보완하고 개선하는 일은 더욱 중요하고 절실한 의미를 지닌다고 할 수 있다. 특별활동 교육과정의 외형상의 가장 큰 특징은 특별활동의 영역을 종래의 집단 중심 영역 구분에서 탈피하여, 특별 활동을 통하여 달성하고자 하는 목표와 활동 내용을 중심으로 그 영역을 자치활동, 적응활동, 계발활동, 봉사활동, 행사활동으로 추진되어야 한다.

# 6. 집단 간 프로그램 유익성 및 특별활동 개선방안 차이

t-test는 두 집단(남, 여)의 평균이 통계적으로 유의한 차이를 보이고 있는지의 여부를 검증할 때 사용하는 통계기법이며, 이는 t 분포에 의하여 검증하였으며, 변량분석(Analysis of variance)은 지역(특별시, 광역시, 중소도시, 면 단위)의 평균이 통계적으로 유의한 차이를 보이고 있는지의 여부를 검증할 때 사용하는 통계기법으로 F 분포에 의하여 검증하였다.

## 가. 집단 간 프로그램의 유익성 차이(T-검정)

두 집단 성별 간 프로그램 유익성의 점수 차이가 있는지를 검증한 결과는 다음과 같다.

# 1) 성별에 따른 프로그램 유익성 차이

〈표 29〉 성별에 따른 프로그램 유익성 차이 검증

| 요 인 | 집단 | M | SD | t | p |
|---|---|---|---|---|---|
| 참여유익 | 남학생 | 4.23 | 1.08 | 0.09 | 0.95 |
| | 여학생 | 4.23 | 1.07 | | |
| 적합성 | 남학생 | 4.16 | 1.11 | 1.02 | 0.49 |
| | 여학생 | 4.09 | 1.14 | | |
| 내용차이 | 남학생 | 4.20 | 1.08 | 1.52 | 0.31 |
| | 여학생 | 4.10 | 1.12 | | |
| 자기주도 | 남학생 | 4.15 | 1.09 | 0.78 | 0.47 |
| | 여학생 | 4.10 | 1.12 | | |
| 생활유익 | 남학생 | 4.19 | 1.08 | 1.20 | 0.17 |
| | 여학생 | 4.11 | 1.14 | | |
| 폭력예방 | 남학생 | 4.14 | 1.10 | 1.24 | 0.40 |
| | 여학생 | 4.06 | 1.14 | | |
| 능력향상 | 남학생 | 4.14 | 1.08 | 0.14 | 0.27 |
| | 여학생 | 4.13 | 1.12 | | |
| 다양성 | 남학생 | 4.18 | 1.07 | 0.71 | 0.38 |
| | 여학생 | 4.13 | 1.11 | | |
| 필요성 | 남학생 | 4.14 | 1.10 | 0.72 | 0.60 |
| | 여학생 | 4.09 | 1.13 | | |
| 고마움 | 남학생 | 4.16 | 1.10 | 0.92 | 0.39 |
| | 여학생 | 4.10 | 1.14 | | |
| 충분성 | 남학생 | 4.15 | 1.10 | 0.77 | 0.31 |
| | 여학생 | 4.10 | 1.15 | | |
| 유익성 | 남학생 | 45.85 | 10.56 | 0.97 | 0.96 |
| | 여학생 | 45.22 | 10.32 | | |

남녀 간에 프로그램의 유익성 각 요인별 t-test를 수행한 결과를 살펴보면, 모든 요인에서 두 집단 간에 차이가 없는 것으로 나타났다. 즉, 성별에 따른 유익성에 대한 입장은 동일하다고 볼 수 있다.

따라서 청소년을 위한 프로그램은 건전한 인간성과 창의성을 지닌 자율적인 청소년을 기르는 데 적합한 특별활동 교육과정으로 추진되어야 한다. 특별활동 교육은 인간다운 인간을 기르는 데 중점을 두어야 할 것이다. 인간다운 인간을 기르기 위해서는 각 학교가 학생의 신체적·인지적·감성적·사회적·심미적인 제발달이 조화롭게 이루어질 수 있는 효과적인 교육 프로그램을 계획적으로 제공하고, 그러한 환경을 의도적으로 조성하는 것이 필요하다. 청소년 한 사람, 한 사람의 개성과 소질을 계발하고 이들의 인간성을 소중하게 여기는 문화 복지활동이 수준별로 제공되어야 한다.

## 2) 학교에 따른 프로그램 유익성 차이

학교에 따른 프로그램 유익성의 점수 차이가 있는지를 검증한 결과는 다음과 같다.

⟨표 30⟩ 학교에 따른 프로그램 유익성 차이 검증

| 요 인 | 집단 | M | SD | t | p |
|---|---|---|---|---|---|
| 참여유익 | 중학교 | 3.97 | 1.18 | $-7.93^{***}$ | 0.00 |
| | 고등학교 | 4.48 | 0.89 | | |
| 적합성 | 중학교 | 3.85 | 1.22 | $-8.21^{***}$ | 0.00 |
| | 고등학교 | 4.40 | 0.95 | | |
| 내용차이 | 중학교 | 3.90 | 1.19 | $-7.69^{***}$ | 0.00 |
| | 고등학교 | 4.41 | 0.93 | | |
| 자기주도 | 중학교 | 3.86 | 1.20 | $-7.84^{***}$ | 0.00 |
| | 고등학교 | 4.39 | 0.94 | | |
| 생활유익 | 중학교 | 3.92 | 1.20 | $-6.93^{***}$ | 0.00 |
| | 고등학교 | 4.39 | 0.96 | | |

| | | | | | |
|---|---|---|---|---|---|
| 폭력예방 | 중학교 | 3.85 | 1.22 | -7.38*** | 0.00 |
| | 고등학교 | 4.35 | 0.96 | | |
| 능력향상 | 중학교 | 3.95 | 1.19 | -5.52*** | 0.00 |
| | 고등학교 | 4.32 | 0.97 | | |
| 다양성 | 중학교 | 3.91 | 1.19 | -7.22*** | 0.00 |
| | 고등학교 | 4.39 | 0.92 | | |
| 필요성 | 중학교 | 3.88 | 1.21 | -6.87*** | 0.00 |
| | 고등학교 | 4.35 | 0.97 | | |
| 고마움 | 중학교 | 3.89 | 1.21 | -7.19*** | 0.00 |
| | 고등학교 | 4.38 | 0.96 | | |
| 충분성 | 중학교 | 3.87 | 1.21 | -7.66*** | 0.00 |
| | 고등학교 | 4.39 | 0.95 | | |
| 유익성 | 중학교 | 42.84 | 11.59 | -8.61*** | 0.00 |
| | 고등학교 | 48.23 | 8.34 | | |

*P<0.05, **P<0.01, ***P<0.001

학교 간에 프로그램의 유익성 각 요인별 t-test를 수행한 결과를 살펴보면, 모든 요인에서 두 집단 간에 차이가 있는 것으로 나타났다. 즉, 평균적으로 중학교 보다는 고등학교에서 유익성에 대한 점수가 더 높게 나타났다.

특히 고등학생을 위한 프로그램은 세계화·정보화 사회의 인간적, 교육적, 문화적 요구를 중시하고 이를 적극 반영하는 특별활동 교육과정으로 추진되어야 한다. 세계화·정보화의 진전에 따라 앞으로 특별활동 교육에서 중시되어야 할 것은 청소년들이 정보와 지식의 노예로 전락되지 않도록 하기 위해서 주체적 인격과 순수한 영혼을 지닌 인간을 육성하는 일이라고 할 수 있다. 그러한 청소년의 특성은 구체적으로 주체성과 판단력, 열린 마음과 창의성, 인간 존중과 환경 보호, 전통 보존과 국제 이해, 공동체 의식과 자기 통제력 등과 같은 것들이 지도되어야 한다.

## 나. 집단 간 특별활동 개선방안 차이(T-검정)

특별활동 개선방안의 차이를 성별과 학교별로 검증한 결과는 다음과 같다.

### 1) 성별에 따른 특별활동의 개선방안 차이

성별에 따른 특별활동 개선방안의 차이를 위한 집단 간의 점수에 차이가 있는지를 검증한 결과는 다음과 같다.

〈표 31〉 성별에 따른 특별활동의 개선방안 차이 검증

| 요 인 | 집단 | M | SD | t | p |
|---|---|---|---|---|---|
| 진행안전 | 남학생 | 4.16 | 1.10 | 1.51 | 0.29 |
| | 여학생 | 4.05 | 1.16 | | |
| 배려정도 | 남학생 | 4.13 | 1.13 | 0.55 | 0.95 |
| | 여학생 | 4.09 | 1.14 | | |
| 가치발견 | 남학생 | 4.13 | 1.12 | 0.60 | 0.62 |
| | 여학생 | 4.08 | 1.15 | | |
| 흥미향상 | 남학생 | 4.13 | 1.12 | 0.82 | 0.47 |
| | 여학생 | 4.08 | 1.16 | | |
| 시민활동 | 남학생 | 4.12 | 1.12 | 1.22 | 0.22 |
| | 여학생 | 4.04 | 1.17 | | |
| 적응활동 | 남학생 | 4.23 | 1.08 | 1.13 | 0.35 |
| | 여학생 | 4.15 | 1.12 | | |
| 계발활동 | 남학생 | 4.04 | 1.13 | 2.27* | 0.01 |
| | 여학생 | 3.87 | 1.22 | | |
| 노작활동 | 남학생 | 4.05 | 1.16 | 0.98 | 0.66 |
| | 여학생 | 3.98 | 1.17 | | |

| | | | | | |
|---|---|---|---|---|---|
| 봉사활동 | 남학생 | 4.03 | 1.17 | -0.30 | 0.51 |
| | 여학생 | 4.05 | 1.13 | | |
| 개선방안 | 남학생 | 37.02 | 8.09 | 1.21 | 0.37 |
| | 여학생 | 36.40 | 8.46 | | |

*P<0.05, **P<0.01, ***P<0.001

남녀 간에 특별활동의 개선방안 각 요인별 t-test를 수행한 결과를 살펴보면, 지도자에 대한 고마움을 제외한 모든 요인에서 두 집단 간에 차이가 없는 것으로 나타났다. 즉, 성별에 따른 유익성에 대한 입장은 동일하다고 볼 수 있다.

청소년들이 지닌 독특한 신체적, 인지적, 감성적, 사회적, 심미적 특성과 욕구, 필요가 충분히 반영된 특별활동 교육과정이 제공되어야 한다. 청소년들은 멀티미디어와 인터넷, 가상공간의 사용자들로서 과거와는 전혀 다른 인지 구조와 감성, 사회성, 심미감, 신체적 특성을 지닌 세대들로 새로운 멀티미디어와 가상공간에 더 집착하여 개인적이고 고립적인 생활에 빠질 우려가 있다.

따라서 특별활동을 통하여 다양한 활동에 참여함으로써 공동체 의식과 유대감을 형성하고, 더불어 사는 삶 속에서 자기발견을 이룰 수 있는 경험을 갖도록 하는 일이 중요하다.

## 2) 학교에 따른 특별활동의 개선방안 차이

학교에 따른 특별활동 개선방안의 점수 차이가 있는지를 검증한 결과는 다음과 같다.

<표 32> 학교에 따른 특별활동의 개선방안 차이 검증

| 요인 | 집단 | M | SD | t | p |
|------|------|------|------|------|------|
| 진행안전 | 중학교 | 3.85 | 1.21 | -7.40*** | 0.00 |
|  | 고등학교 | 4.36 | 0.99 |  |  |
| 배려정도 | 중학교 | 3.86 | 1.23 | -7.18*** | 0.00 |
|  | 고등학교 | 4.36 | 0.97 |  |  |
| 가치발견 | 중학교 | 3.85 | 1.22 | -7.38*** | 0.00 |
|  | 고등학교 | 4.36 | 0.99 |  |  |
| 흥미향상 | 중학교 | 3.85 | 1.22 | -7.38*** | 0.00 |
|  | 고등학교 | 4.36 | 0.99 |  |  |
| 시민활동 | 중학교 | 3.83 | 1.22 | -7.19*** | 0.00 |
|  | 고등학교 | 4.33 | 1.01 |  |  |
| 적응활동 | 중학교 | 3.93 | 1.19 | -7.84*** | 0.00 |
|  | 고등학교 | 4.45 | 0.93 |  |  |
| 계발활동 | 중학교 | 3.72 | 1.21 | -6.56*** | 0.00 |
|  | 고등학교 | 4.19 | 1.09 |  |  |
| 노작활동 | 중학교 | 3.83 | 1.20 | -5.09*** | 0.00 |
|  | 고등학교 | 4.20 | 1.10 |  |  |
| 봉사활동 | 중학교 | 3.89 | 1.18 | -4.43*** | 0.00 |
|  | 고등학교 | 4.20 | 1.09 |  |  |
| 개선방안 | 중학교 | 34.62 | 9.31 | -8.40*** | 0.00 |
|  | 고등학교 | 38.80 | 6.47 |  |  |

*P〈0.05, **P〈0.01, ***P〈0.001

학교 간에 특별활동의 개선방안 각 요인별 t-test를 수행한 결과를 살펴보면, 모든 요인에서 두 집단 간에 차이가 있는 것으로 나타났다. 즉, 평균적으로 중학교보다는 고등학교에서 개선방안에 대한 점수가 더 높게 나타났다.

청소년들의 능력, 소질, 특기 계발을 위한 다양한 문화활동을 정상적인 학교 교육을 통해서 해결할 수 있는 특별활동 교육과정으로 운영되어야 한다. 또한 여러 가지 문화활동을 특별활동 교육과정으로 끌어들여 계발활동이 학교 교육과정의 틀 속에서 정상적이고 지속적으로 운영될 수 있도록 하는 것이 바람직하다.

따라서 지금까지 교육과정 편제 속에 그 위치를 찾기 어려웠던 문화활동 교육이라든가 학생의 소질과 특기를 신장하기 위한 각종 활동들이 창의적으로 운영될 수 있도록 지원해야 한다.

## 다. 집단 간 프로그램 유익성 차이 검증(분산분석)

프로그램의 유익성에 대한 지역별, 수입별, 가족별 차이 검증에 대한 결과는 다음과 같다.

### 1) 프로그램 유익성에 대한 지역별 차이 검증

세 집단 이상에서 프로그램 유익성에 차이를 위한 집단 간의 점수에 차이가 있는지를 검증한 결과는 다음과 같다.

〈표 33〉 프로그램 유익성에 대한 지역별 차이 검증

| 지역규모 | 평균 | 표준편차 | 빈도 | F값 | 유의확률 |
|---|---|---|---|---|---|
| 서울특별시 | 46.48 | 9.64 | 260 | | |
| 광역시 | 45.86 | 10.07 | 260 | | |
| 시 지역 | 45.21 | 11.50 | 260 | 1.59 | 0.19 |
| 면 지역 | 44.60 | 10.43 | 260 | | |

*$P<0.05$, **$P<0.01$, ***$P<0.001$

위의 표에서 보는 바와 같이 프로그램 유익성에 대한 지역별 차이 검증을 위한 분산분석을 수행한 결과를 보면, 지역 간에는 차이가 없는 것으로 나타났다. 학교에서 자율적이고 창의적인 프로그램 운영이 원활하게 이루어 질 수 있는 특별활동 교육과정으로 추진되어야 한다. 지역사회와 학교가 지역의 특수성과 학교의 실정, 청소년들의 실태에 적합하게 자율적이고 창의적으로 특별활동을 운영하고자 할 때, 교육 현장의 특별활동 운영을 보다 활성화하고, 상이한 교육여건과 환경이 제공되어야 한다.

## 2) 프로그램 유익성 하위 변인에 대한 지역별 차이 검증

〈표 34〉 프로그램 유익성 하위 변인에 대한 지역별 차이 검증

| 요인 | 지역규모 | 평균 | 표준편차 | 빈도 | F값 | 유의확률 |
|------|----------|------|----------|------|-----|----------|
| 참여유익 | 서울특별시 | 4.37 | 1.00 | 260 | 3.38* | 0.02 |
| | 광역시 | 4.27 | 1.06 | 260 | | |
| | 시 지역 | 4.21 | 1.08 | 260 | | |
| | 면 지역 | 4.07 | 1.13 | 260 | | |
| 적합성 | 서울특별시 | 4.19 | 1.12 | 260 | 0.98 | 0.40 |
| | 광역시 | 4.17 | 1.11 | 260 | | |
| | 시 지역 | 4.09 | 1.14 | 260 | | |
| | 면 지역 | 4.04 | 1.13 | 260 | | |
| 내용차이 | 서울특별시 | 4.27 | 1.07 | 260 | 2.34 | 0.07 |
| | 광역시 | 4.17 | 1.07 | 260 | | |
| | 시 지역 | 4.15 | 1.10 | 260 | | |
| | 면 지역 | 4.02 | 1.15 | 260 | | |
| 자기주도 | 서울특별시 | 4.19 | 1.11 | 260 | 0.46 | 0.71 |
| | 광역시 | 4.13 | 1.08 | 260 | | |
| | 시 지역 | 4.10 | 1.13 | 260 | | |
| | 면 지역 | 4.08 | 1.10 | 260 | | |
| 생활유익 | 서울특별시 | 4.22 | 1.14 | 260 | 1.41 | 0.24 |
| | 광역시 | 4.21 | 1.05 | 260 | | |
| | 시 지역 | 4.15 | 1.11 | 260 | | |
| | 면 지역 | 4.04 | 1.14 | 260 | | |

| | | | | | | |
|---|---|---|---|---|---|---|
| 폭력예방 | 서울특별시 | 4.17 | 1.10 | 260 | 0.60 | 0.61 |
| | 광역시 | 4.11 | 1.12 | 260 | | |
| | 시 지역 | 4.07 | 1.13 | 260 | | |
| | 면 지역 | 4.05 | 1.15 | 260 | | |
| 능력향상 | 서울특별시 | 4.19 | 1.05 | 260 | 0.73 | 0.54 |
| | 광역시 | 4.17 | 1.08 | 260 | | |
| | 시 지역 | 4.11 | 1.12 | 260 | | |
| | 면 지역 | 4.06 | 1.15 | 260 | | |
| 다양성 | 서울특별시 | 4.13 | 1.10 | 260 | 0.49 | 0.69 |
| | 광역시 | 4.18 | 1.08 | 260 | | |
| | 시 지역 | 4.17 | 1.06 | 260 | | |
| | 면 지역 | 4.08 | 1.12 | 260 | | |
| 필요성 | 서울특별시 | 4.17 | 1.08 | 260 | 1.34 | 0.26 |
| | 광역시 | 4.15 | 1.09 | 260 | | |
| | 시 지역 | 4.20 | 1.08 | 260 | | |
| | 면 지역 | 4.16 | 1.11 | 260 | | |
| 고마움 | 서울특별시 | 4.07 | 1.11 | 260 | 1.99 | 0.11 |
| | 광역시 | 4.02 | 1.15 | 260 | | |
| | 시 지역 | 4.23 | 1.09 | 260 | | |
| | 면 지역 | 4.18 | 1.09 | 260 | | |
| 충분성 | 서울특별시 | 4.11 | 1.11 | 260 | 2.56 | 0.05 |
| | 광역시 | 4.00 | 1.18 | 260 | | |
| | 시 지역 | 4.28 | 1.07 | 260 | | |
| | 면 지역 | 4.12 | 1.12 | 260 | | |

*P<0.05, **P<0.01, ***P<0.001

위의 표에서 보는 바와 같이 프로그램 유익성 하위 변인에 대한 지역별 차이 검증을 위한 분산분석을 수행한 결과를 보면, 지역 간에는 참여 유익에서만 차이가 있는 것으로 나타났다.

## 3) 프로그램 유익성에 대한 수입별 차이 검증

수입에 따른 프로그램 유익성 차이를 위한 집단 간의 점수에 차

이가 있는지를 검증한 결과는 다음과 같다

<표 35> 프로그램 유익성에 대한 수입별 차이 검증

| 수입 | 평균 | 표준편차 | 빈도 | F값 | 유의확률 | 사후검증 |
|---|---|---|---|---|---|---|
| 100만 원 미만 | 44.62 | 11.66 | 60 | 4.88 | 0.00 | A |
| 100~300만 원 | 45.39 | 10.70 | 366 | | | AB |
| 300~500만 원 | 44.55 | 10.52 | 395 | 4.88 | 0.00 | A |
| 500만 원 이상 | 47.81 | 9.16 | 219 | | | B |

*P〈0.05, **P〈0.01, ***P〈0.001

위의 표에서 보는 바와 같이 프로그램 유익성에 대한 수입별 차이 검증을 위한 분산분석을 수행한 결과를 보면, 유익성 통계 수치는 (F=4.88, 유의확률=0.00)으로 유의한 차이가 있는 것으로 나타났으며, Tukey에 의한 사후검증을 수행한 결과 유익성에서는 '100만 원 미만' 그룹과 '100~300만 원' 그룹, '300~500만 원' 그룹이 동일 집단으로 묶이고, '100~300만 원' 그룹과 '500만 원 이상' 그룹이 동일 집단으로 묶이는 것을 볼 수 있다. 따라서 부모의 경제력 영향권에서 문화활동 역시 완전히 자유로울 수는 없겠지만 '정도'의 문제라고 생각되며 특별활동 교육만은 '예외'이어야 한다. 계층 간 이동의 가장 합리적인 방법이 교육이기 때문에 모든 문화활동 제도에서 저소득층, 빈민층이 배려와 관심을 받아야 한다.

## 4) 프로그램 유익성 하위 변인에 대한 수입별 차이 검증

수입에 따른 프로그램 유익성 하위변인들의 차이를 위한 집단 간의 점수에 차이가 있는지를 검증한 결과는 다음과 같다

<표 36> 프로그램 유익성 하위 변인에 대한 수입별 차이 검증

| 요인 | 수입 | 평균 | 표준편차 | 빈도 | F값 | 유의확률 |
|---|---|---|---|---|---|---|
| 참여유익 | 100만 원 미만 | 4.15 | 1.13 | 60 | 5.21* | 0.00 |
| | 100~300만 원 | 4.21 | 1.08 | 366 | | |
| | 300~500만 원 | 4.12 | 1.11 | 395 | | |
| | 500만 원 이상 | 4.47 | 0.95 | 219 | | |
| 적합성 | 100만 원 미만 | 4.07 | 1.16 | 60 | 4.20* | 0.01 |
| | 100~300만 원 | 4.13 | 1.12 | 366 | | |
| | 300~500만 원 | 4.01 | 1.16 | 395 | | |
| | 500만 원 이상 | 4.34 | 1.03 | 219 | | |
| 내용차이 | 100만 원 미만 | 4.08 | 1.15 | 60 | 4.46* | 0.00 |
| | 100~300만 원 | 4.09 | 1.16 | 366 | | |
| | 300~500만 원 | 4.09 | 1.10 | 395 | | |
| | 500만 원 이상 | 4.39 | 0.97 | 219 | | |
| 자기주도 | 100만 원 미만 | 4.00 | 1.13 | 60 | 3.69* | 0.01 |
| | 100~300만 원 | 4.14 | 1.10 | 366 | | |
| | 300~500만 원 | 4.02 | 1.14 | 395 | | |
| | 500만 원 이상 | 4.32 | 1.02 | 219 | | |
| 생활유익 | 100만 원 미만 | 4.03 | 1.21 | 60 | 2.11 | 0.10 |
| | 100~300만 원 | 4.13 | 1.15 | 366 | | |
| | 300~500만 원 | 4.10 | 1.10 | 395 | | |
| | 500만 원 이상 | 4.32 | 1.03 | 219 | | |
| 폭력예방 | 100만원미만 | 4.03 | 1.16 | 60 | 4.11* | 0.01 |
| | 100~300만원 | 4.09 | 1.14 | 366 | | |
| | 300~500만원 | 4.00 | 1.17 | 395 | | |
| | 500만 원 이상 | 4.32 | 0.98 | 219 | | |
| 능력향상 | 100만 원 미만 | 4.10 | 1.15 | 60 | 2.25 | 0.08 |
| | 100~300만 원 | 4.13 | 1.12 | 366 | | |
| | 300~500만 원 | 4.05 | 1.12 | 395 | | |
| | 500만 원 이상 | 4.29 | 1.00 | 219 | | |
| 다양성 | 100만 원 미만 | 4.13 | 1.13 | 60 | 3.37* | 0.02 |
| | 100~300만 원 | 4.17 | 1.11 | 366 | | |
| | 300~500만 원 | 4.04 | 1.11 | 395 | | |
| | 500만 원 이상 | 4.33 | 0.98 | 219 | | |
| 필요성 | 100만 원 미만 | 3.97 | 1.18 | 60 | 3.94* | 0.01 |
| | 100~300만 원 | 4.07 | 1.16 | 366 | | |
| | 300~500만 원 | 4.05 | 1.13 | 395 | | |
| | 500만 원 이상 | 4.34 | 0.97 | 219 | | |

| | | | | | | |
|---|---|---|---|---|---|---|
| 고마움 | 100만 원 미만 | 4.03 | 1.18 | 60 | 2.90* | 0.03 |
| | 100~300만 원 | 4.12 | 1.15 | 366 | | |
| | 300~500만 원 | 4.05 | 1.11 | 395 | | |
| | 500만 원 이상 | 4.32 | 1.04 | 219 | | |
| 충분성 | 100만 원 미만 | 4.02 | 1.19 | 60 | 5.11* | 0.00 |
| | 100~300만 원 | 4.11 | 1.15 | 366 | | |
| | 300~500만 원 | 4.02 | 1.13 | 395 | | |
| | 500만 원 이상 | 4.38 | 1.01 | 219 | | |

*P<0.05, **P<0.01, ***P<0.001

위의 표에서 보는 바와 같이 프로그램 유익성 하위 변인들에 대한 수입별 차이 검증을 위한 분산분석을 수행한 결과를 보면, 생활유익, 능력향상을 제외한 나머지 유익성 하위 변인들에서 유의한 차이가 있는 것으로 나타났다.

## 5) 프로그램 유익성에 대한 가족별 차이 검증

가족의 규모에 따른 프로그램의 유익성에 대한 결과는 다음과 같다.

〈표 37〉 프로그램 유익성에 대한 가족별 차이 검증

| 가족규모 | 평균 | 표준편차 | 빈도 | F값 | 유의확률 |
|---|---|---|---|---|---|
| 핵가족 | 46.04 | 9.86 | 675 | 2.54 | 0.08 |
| 대가족 | 44.77 | 11.57 | 321 | | |
| 다문화가정 | 43.45 | 10.15 | 44 | | |

*P<0.05, **P<0.01, ***P<0.001

위의 표에서 보는 바와 같이 프로그램 유익성에 대한 가족별 차이 검증을 위한 분산분석을 수행한 결과를 보면, 가족 간에는 차이가 없는 것으로 나타났다.

특별활동을 하고자 하는 청소년들의 의지와 욕구가 가족의 규모와 차이가 없는 것은 문화콘텐츠의 발달로 청소년들이 쉽게 접근을 할 수 있기 때문이며 공교육에서도 최선을 다해 문화활동 여건을 조성해주고 있기 때문이다.

## 6) 프로그램 유익성 하위 변인에 대한 가족별 차이 검증

가족의 규모에 따른 프로그램의 유익성 하위 변인들에 대한 가족별로 검증한 결과는 다음과 같다.

〈표 38〉 프로그램 유익성 하위 변인에 대한 가족별 차이 검증

| 요인 | 가족규모 | 평균 | 표준편차 | 빈도 | F값 | 유의확률 |
|---|---|---|---|---|---|---|
| 참여유익 | 핵가족 | 4.28 | 1.02 | 675 | 1.91 | 0.15 |
| | 대가족 | 4.14 | 1.19 | 321 | | |
| | 다문화가정 | 4.11 | 1.06 | 44 | | |
| 적합성 | 핵가족 | 4.17 | 1.08 | 675 | 2.07 | 0.13 |
| | 대가족 | 4.04 | 1.22 | 321 | | |
| | 다문화가정 | 3.95 | 1.08 | 44 | | |
| 내용차이 | 핵가족 | 4.20 | 1.05 | 675 | 1.99 | 0.14 |
| | 대가족 | 4.07 | 1.21 | 321 | | |
| | 다문화가정 | 3.98 | 1.07 | 44 | | |
| 자기주도 | 핵가족 | 4.15 | 1.08 | 675 | 2.49 | 0.08 |
| | 대가족 | 4.11 | 1.17 | 321 | | |
| | 다문화가정 | 3.77 | 1.03 | 44 | | |
| 생활유익 | 핵가족 | 4.23 | 1.04 | 675 | 4.69[*] | 0.01 |
| | 대가족 | 4.00 | 1.23 | 321 | | |
| | 다문화가정 | 4.07 | 1.09 | 44 | | |
| 폭력예방 | 핵가족 | 4.15 | 1.08 | 675 | 2.21 | 0.11 |
| | 대가족 | 4.02 | 1.21 | 321 | | |
| | 다문화가정 | 3.89 | 1.10 | 44 | | |

| | | | | | | |
|---|---|---|---|---|---|---|
| 능력향상 | 핵가족 | 4.16 | 1.05 | 675 | 1.07 | 0.34 |
| | 대가족 | 4.09 | 1.20 | 321 | | |
| | 다문화가정 | 3.95 | 1.06 | 44 | | |
| 다양성 | 핵가족 | 4.17 | 1.05 | 675 | 0.31 | 0.73 |
| | 대가족 | 4.12 | 1.17 | 321 | | |
| | 다문화가정 | 4.07 | 1.04 | 44 | | |
| 필요성 | 핵가족 | 4.18 | 1.07 | 675 | 4.08* | 0.02 |
| | 대가족 | 4.03 | 1.19 | 321 | | |
| | 다문화가정 | 3.77 | 1.20 | 44 | | |
| 고마움 | 핵가족 | 4.18 | 1.07 | 675 | 1.97 | 0.14 |
| | 대가족 | 4.04 | 1.22 | 321 | | |
| | 다문화가정 | 4.05 | 1.01 | 44 | | |
| 충분성 | 핵가족 | 4.16 | 1.08 | 675 | 2.01 | 0.13 |
| | 대가족 | 4.09 | 1.20 | 321 | | |
| | 다문화가정 | 3.84 | 1.10 | 44 | | |

*P<0.05, **P<0.01, ***P<0.001

위의 표에서 보는 바와 같이 프로그램 유익성 하위 변인들에 대한 가족별 차이 검증을 위한 분산분석을 수행한 결과를 보면, 가족 간에는 생활유익, 필요성에서만 차이가 있는 것으로 나타났다.

## 라. 집단 간 특별활동의 개선방안 차이 검증(분산분석)

특별활동의 개선방안에 대한 지역별 차이 검증, 수입별 차이 검증, 가족별 차이 검증을 살펴 본 결과는 다음과 같다.

### 1) 특별활동의 개선방안에 대한 지역별 차이 검증

세 집단 이상에서 특별활동의 개선방안에 차이를 위한 집단 간의 점수에 차이가 있는지를 검증한 결과는 다음과 같다.

〈표 39〉 특별활동의 개선방안에 대한 지역별 차이 검증

| 지역 | 평균 | 표준편차 | 빈도 | F값 | 유의확률 |
|------|------|----------|------|-----|----------|
| 서울특별시 | 37.49 | 7.88 | 260 | | |
| 광역시 | 36.87 | 8.67 | 260 | | |
| 시 지역 | 36.90 | 9.10 | 260 | 2.48 | 0.06 |
| 면 지역 | 35.58 | 7.27 | 260 | | |

위의 표에서 보는 바와 같이 특별활동의 개선방안에 대한 지역별 차이 검증을 위한 분산분석을 수행한 결과를 보면, 지역 간에는 차이가 없는 것으로 나타났으나, 특별활동을 운영할 수 있는 환경과 여건은 많은 차이를 보였다.

따라서 청소년들에게 특별활동에 대한 지역 차별이 되지 않도록 수혜가 적은 면 단위 중심으로 행정과 재정을 적극 지원해주어야 한다. 특히 방학을 이용하여 면 단위 학생들을 위한 문화활동 특별 프로그램을 운영하고 적극 지원하여 대도시와 격차가 나지 않도록 운영되어야 한다.

## 2) 특별활동의 개선방안 하위 변인에 대한 지역별 차이 검증

〈표 40〉 특별활동의 개선방안 하위 변인에 대한 지역별 차이 검증

| 요인 | 지역규모 | 평균 | 표준편차 | 빈도 | F값 | 유의확률 |
|------|----------|------|----------|------|-----|----------|
| 진행안전 진행안전 | 서울특별시 | 4.23 | 1.08 | 260 | | |
| | 광역시 | 4.08 | 1.12 | 260 | | |
| | 시 지역 | 4.13 | 1.10 | 260 | 2.57 | 0.05 |
| | 면 지역 | 3.96 | 1.21 | 260 | | |

| | | | | | | |
|---|---|---|---|---|---|---|
| 배려정도 | 서울특별시 | 4.23 | 1.10 | 260 | 1.49 | 0.22 |
| | 광역시 | 4.10 | 1.13 | 260 | | |
| | 시 지역 | 4.08 | 1.13 | 260 | | |
| | 면 지역 | 4.03 | 1.16 | 260 | | |
| 가치발견 | 서울특별시 | 4.22 | 1.10 | 260 | 2.95* | 0.03 |
| | 광역시 | 4.15 | 1.11 | 260 | | |
| | 시 지역 | 4.11 | 1.12 | 260 | | |
| | 면 지역 | 3.94 | 1.21 | 260 | | |
| 흥미향상 | 서울특별시 | 4.17 | 1.10 | 260 | 0.62 | 0.60 |
| | 광역시 | 4.13 | 1.12 | 260 | | |
| | 시 지역 | 4.08 | 1.14 | 260 | | |
| | 면 지역 | 4.04 | 1.19 | 260 | | |
| 시민활동 | 서울특별시 | 4.16 | 1.12 | 260 | 1.28 | 0.28 |
| | 광역시 | 4.10 | 1.15 | 260 | | |
| | 시 지역 | 4.09 | 1.14 | 260 | | |
| | 면 지역 | 3.97 | 1.17 | 260 | | |
| 적응활동 | 서울특별시 | 4.29 | 1.07 | 260 | 1.54 | 0.20 |
| | 광역시 | 4.23 | 1.06 | 260 | | |
| | 시 지역 | 4.14 | 1.13 | 260 | | |
| | 면 지역 | 4.10 | 1.13 | 260 | | |
| 계발활동 | 서울특별시 | 4.06 | 1.16 | 260 | 6.22** | 0.00 |
| | 광역시 | 4.00 | 1.18 | 260 | | |
| | 시지역 | 4.07 | 1.15 | 260 | | |
| | 면지역 | 3.69 | 1.18 | 260 | | |
| 노작활동 | 서울특별시 | 4.04 | 1.17 | 260 | 1.10 | 0.35 |
| | 광역시 | 4.02 | 1.21 | 260 | | |
| | 시지역 | 4.09 | 1.16 | 260 | | |
| | 면지역 | 3.91 | 1.12 | 260 | | |
| 봉사활동 | 서울특별시 | 4.09 | 1.17 | 260 | 1.18 | 0.32 |
| | 광역시 | 4.05 | 1.16 | 260 | | |
| | 시 지역 | 4.10 | 1.15 | 260 | | |
| | 면 지역 | 3.93 | 1.11 | 260 | | |

위의 표에서 보는 바와 같이 특별활동의 개선방안 하위 변인들에 대한 지역별 차이 검증을 위한 분산분석을 수행한 결과를 보

면, 지역 간에는 가치발견, 계발활동에서만 차이가 있는 것으로 나타났다.

## 3) 특별활동의 개선방안에 대한 수입별 차이 검증

수입에 따른 특별활동의 개선방안에 대한 수입별 차이 검증 결과는 다음과 같다.

〈표 41〉 특별활동의 개선방안에 대한 수입별 차이 검증

| 수입 | 평균 | 표준편차 | 빈도 | F값 | 유의확률 | 사후검증 |
|------|------|---------|------|-----|---------|---------|
| 100만 원 미만 | 35.83 | 8.91 | 60 | | | A |
| 100~300만 원 | 36.43 | 8.22 | 366 | 4.67 | 0.00 | AB |
| 300~500만 원 | 36.09 | 8.67 | 395 | | | AB |
| 500만 원 이상 | 38.53 | 7.19 | 219 | | | B |

*P〈0.05, **P〈0.01, ***P〈0.001

위의 표에서 보는 바와 같이 특별활동의 개선방안에 대한 수입별 차이 검증을 위한 분산분석을 수행한 결과를 보면, 개선방안 통계 수치는 (F=4.67, 유의확률=0.00)으로 유의한 차이가 있는 것으로 나타났으며, Tukey에 의한 사후 검증을 수행한 결과 개선방안에서는 '100만 원 미만' 그룹을 제외한 나머지 그룹에서는 동일집단으로 묶이는 것을 볼 수 있다.

가족의 적은 수입으로 인하여 청소년들의 문화 결핍이 유발되어서는 안 된다. 청소년기의 양육과 교육환경의 부적절함으로 인해 학교생활을 하는데 필요한 생활태도가 결여되고 누적되지 않도록

각별히 주의를 기울여야 한다. 청소년 인성발달에서 요구되는 환경적 조건으로서의 심리적 요소의 결핍 및 작용의 시기적 부적당성에서 일어나는 심리적 발달의 결손은 성인이 되어서 더 큰 후유증이 발생될 수 있기 때문이다.

따라서 청소년 초기 가정의 물리적·심리적 환경이 빈약하여 청소년의 성장발달에 필요한 문화적 자극을 받지 못한 결과로 발생하는 인지적·정의적·신체적 부적응이 일어나지 않도록 여건과 환경 등이 개선되어야 한다.

## 4) 특별활동의 개선방안 하위변인에 대한 수입별 차이 검증

수입에 따른 특별활동의 개선방안 하위 변인들에 대한 수입별 차이 검증 결과는 다음과 같다.

〈표 42〉 특별활동의 개선방안 하위 변인에 대한 수입별 차이 검증

| 요인 | 수입 | 평균 | 표준편차 | 빈도 | F값 | 유의확률 |
|---|---|---|---|---|---|---|
| 진행안전 | 100만 원 미만 | 3.92 | 1.18 | 60 | 5.51** | 0.00 |
| | 100~300만 원 | 4.08 | 1.15 | 366 | | |
| | 300~500만 원 | 4.01 | 1.13 | 395 | | |
| | 500만 원 이상 | 4.37 | 1.03 | 219 | | |
| 배려정도 | 100만 원 미만 | 4.08 | 1.15 | 60 | 3.23* | 0.02 |
| | 100~300만 원 | 4.06 | 1.20 | 366 | | |
| | 300~500만 원 | 4.04 | 1.12 | 395 | | |
| | 500만 원 이상 | 4.32 | 1.01 | 219 | | |
| 가치발견 | 100만 원 미만 | 4.03 | 1.23 | 60 | 3.45* | 0.02 |
| | 100~300만 원 | 4.04 | 1.18 | 366 | | |
| | 300~500만 원 | 4.06 | 1.12 | 395 | | |
| | 500만 원 이상 | 4.32 | 1.04 | 219 | | |

| | | | | | | |
|---|---|---|---|---|---|---|
| 흥미향상 | 100만 원 미만 | 3.98 | 1.28 | 60 | 5.66** | 0.00 |
| | 100~300만 원 | 4.10 | 1.16 | 366 | | |
| | 300~500만 원 | 3.98 | 1.15 | 395 | | |
| | 500만 원 이상 | 4.37 | 0.99 | 219 | | |
| 시민활동 | 100만 원 미만 | 3.90 | 1.26 | 60 | 1.55 | 0.20 |
| | 100~300만 원 | 4.06 | 1.17 | 366 | | |
| | 300~500만 원 | 4.05 | 1.12 | 395 | | |
| | 500만 원 이상 | 4.21 | 1.09 | 219 | | |
| 적응활동 | 100만 원 미만 | 4.10 | 1.15 | 60 | 5.82** | 0.00 |
| | 100~300만 원 | 4.17 | 1.13 | 366 | | |
| | 300~500만 원 | 4.08 | 1.12 | 395 | | |
| | 500만 원 이상 | 4.45 | 0.95 | 219 | | |
| 계발활동 | 100만 원 미만 | 3.90 | 1.17 | 60 | 2.94* | 0.03 |
| | 100~300만 원 | 3.91 | 1.13 | 366 | | |
| | 300~500만 원 | 3.89 | 1.21 | 395 | | |
| | 500만 원 이상 | 4.16 | 1.18 | 219 | | |
| 노작활동 | 100만 원 미만 | 3.90 | 1.15 | 60 | 1.16 | 0.32 |
| | 100~300만 원 | 3.97 | 1.16 | 366 | | |
| | 300~500만 원 | 4.01 | 1.15 | 395 | | |
| | 500만 원 이상 | 4.14 | 1.20 | 219 | | |
| 봉사활동 | 100만 원 미만 | 4.02 | 1.05 | 60 | 1.73 | 0.16 |
| | 100~300만 원 | 4.04 | 1.13 | 366 | | |
| | 300~500만 원 | 3.97 | 1.17 | 395 | | |
| | 500만 원 이상 | 4.19 | 1.17 | 219 | | |

*P<0.05, **P<0.01, ***P<0.001

위의 표에서 보는 바와 같이 특별활동의 개선방안 하위 변인들에 대한 수입별 차이 검증을 위한 분산분석을 수행한 결과를 보면, 진행안전, 배려정도, 가치발견, 흥미향상, 적응활동, 계발활동에서 유의한 차이가 있는 것으로 나타났다.

## 5) 특별활동의 개선방안 하위 변인에 대한 가족별 차이 검증

가족규모에 따른 특별활동의 개선방안 하위 변인들에 대한 가족별 차이 검증 결과는 다음과 같다.

〈표 43〉 특별활동의 개선방안 하위 변인에 대한 가족별 차이 검증

| 요인 | 가족규모 | 평균 | 표준편차 | 빈도 | F값 | 유의확률 |
|---|---|---|---|---|---|---|
| 진행안전 | 핵가족 | 4.16 | 1.08 | 675 | 4.34$^*$ | 0.01 |
| | 대가족 | 4.04 | 1.22 | 321 | | |
| | 다문화가정 | 3.68 | 1.09 | 44 | | |
| 배려정도 | 핵가족 | 4.14 | 1.10 | 675 | 0.66 | 0.52 |
| | 대가족 | 4.07 | 1.21 | 321 | | |
| | 다문화가정 | 4.00 | 1.16 | 44 | | |
| 가치발견 | 핵가족 | 4.15 | 1.09 | 675 | 1.60 | 0.20 |
| | 대가족 | 4.04 | 1.22 | 321 | | |
| | 다문화가정 | 3.93 | 1.17 | 44 | | |
| 흥미향상 | 핵가족 | 4.16 | 1.09 | 675 | 3.06$^*$ | 0.05 |
| | 대가족 | 4.03 | 1.23 | 321 | | |
| | 다문화가정 | 3.80 | 1.15 | 44 | | |
| 시민활동 | 핵가족 | 4.13 | 1.09 | 675 | 2.77 | 0.06 |
| | 대가족 | 4.01 | 1.23 | 321 | | |
| | 다문화가정 | 3.80 | 1.21 | 44 | | |
| 적응활동 | 핵가족 | 4.23 | 1.06 | 675 | 1.42 | 0.24 |
| | 대가족 | 4.15 | 1.18 | 321 | | |
| | 다문화가정 | 3.98 | 1.07 | 44 | | |
| 계발활동 | 핵가족 | 4.05 | 1.12 | 675 | 6.48$^{**}$ | 0.00 |
| | 대가족 | 3.80 | 1.27 | 321 | | |
| | 다문화가정 | 3.64 | 1.12 | 44 | | |
| 노작활동 | 핵가족 | 4.10 | 1.11 | 675 | 5.40$^{**}$ | 0.00 |
| | 대가족 | 3.87 | 1.26 | 321 | | |
| | 다문화가정 | 3.77 | 1.12 | 44 | | |

| | | | | | | |
|---|---|---|---|---|---|---|
| 봉사활동 | 핵가족 | 4.13 | 1.10 | 675 | 5.27* | 0.01 |
| | 대가족 | 3.91 | 1.24 | 321 | | |
| | 다문화가정 | 3.77 | 1.18 | 44 | | |

*P〈0.05. **P〈0.01. ***P〈0.001

위 표에서 보는 바와 같이 특별활동의 개선방안 하위 변인에 대한 가족별 차이 검증을 위한 분산분석을 수행한 결과를 보면, 진행안전, 흥미향상, 계발활동, 노작활동, 봉사활동에서 유의한 차이가 있는 것으로 나타났다.

## 6) 특별활동의 개선방안에 대한 가족별 차이 검증

가족규모에 따른 특별활동의 개선방안에 대한 가족별 차이 검증결과는 다음과 같다.

〈표 44〉 특별활동의 개선방안에 대한 가족별 차이 검증

| 가족규모 | 평균 | 표준편차 | 빈도 | F값 | 유의확률 | 사후검증 |
|---|---|---|---|---|---|---|
| 핵가족 | 37.24 | 7.95 | 675 | 4.68 | 0.01 | B |
| 대가족 | 35.91 | 8.88 | 321 | | | A B |
| 다문화가정 | 34.36 | 8.03 | 44 | | | A |

*P〈0.05. **P〈0.01. ***P〈0.001

위의 표에서 보는 바와 같이 특별활동의 개선방안에 대한 가족별 차이 검증을 위한 분산분석을 수행한 결과를 보면, 개선방안 통계 수치는 (F=4.68, 유의확률=0.00)으로 유의한 차이가 있는 것으로 나타났으며, Tukey에 의한 사후검증을 수행한 결과 개선방안에

서는 핵가족과 다문화가정에서만 차이가 있고, 대가족, 다문화가정과 핵가족과 대가족에서 동일 집단으로 묶이는 것을 볼 수 있다.

따라서 가족의 규모가 미치는 영향을 감안해서 핵가족 학생들에게 대가족 또는 다문화가정과 바람직한 유대 관계를 형성할 수 있는 특별활동 프로그램을 다양하게 운영해야 한다.

## 7. 특별활동 프로그램의 유익성 및 개선방안의 상관관계

2개 이상의 통계적 변량 사이에 존재하는 상호 관계로서, 서로 다른 사상 사이에 존재하는 확률적인 함수 관계. 상관관계를 측정하는 개념으로는 상관 지수, 상관 계수, 상관비 등이 있는데 이러한 상관관계는 두 변량이 서로 비례하는 정상관, 반비례하는 역상관, 아무 관계가 없는 무상관, 그리고 완전히 일치하는 완전 상관 등의 관계를 검증하였다.

### 가. 프로그램의 유익성과 특별활동의 개선방안의 상관관계

연구집단 내 특별활동 프로그램의 유익성과 개선방안의 하위 영역 간 상관관계의 결과는 다음과 같다.

## 1) 연구집단 내 유익성과 개선방안의 하위 영역 간 상관관계

〈표 45〉 연구집단 내 프로그램 유익성 하위 변인 간 상관관계

| 설문 | 계수확률 | 유1 | 유2 | 유3 | 유4 | 유5 | 유6 | 유7 | 유8 | 유9 | 유10 | 유11 |
|---|---|---|---|---|---|---|---|---|---|---|---|---|
| 참여 유익 | 상관계수 | | | | | | | | | | | |
| | 유의확률 | | | | | | | | | | | |
| 적합성 | 상관계수 | 0.75 | | | | | | | | | | |
| | 유의확률 | 0.00** | | | | | | | | | | |
| 내용 차이 | 상관계수 | 0.80 | 0.69 | | | | | | | | | |
| | 유의확률 | 0.00** | 0.00** | | | | | | | | | |
| 자기 주도 | 상관계수 | 0.71 | 0.66 | 0.74 | | | | | | | | |
| | 유의확률 | 0.00** | 0.00** | 0.00** | | | | | | | | |
| 생활 유익 | 상관계수 | 0.75 | 0.66 | 0.77 | 0.71 | | | | | | | |
| | 유의확률 | 0.00** | 0.00** | 0.00** | 0.00** | | | | | | | |
| 폭력 예방 | 상관계수 | 0.65 | 0.59 | 0.72 | 0.68 | 0.65 | | | | | | |
| | 유의확률 | 0.00** | 0.00** | 0.00** | 0.00** | 0.00** | | | | | | |
| 능력 향상 | 상관계수 | 0.69 | 0.61 | 0.75 | 0.72 | 0.66 | 0.69 | | | | | |
| | 유의확률 | 0.00** | 0.00** | 0.00** | 0.00** | 0.00** | 0.00** | | | | | |
| 다양성 | 상관계수 | 0.72 | 0.64 | 0.76 | 0.75 | 0.70 | 0.73 | 0.81 | | | | |
| | 유의확률 | 0.00** | 0.00** | 0.00** | 0.00** | 0.00** | 0.00** | 0.00** | | | | |
| 필요성 | 상관계수 | 0.77 | 0.66 | 0.80 | 0.70 | 0.74 | 0.69 | 0.73 | 0.78 | | | |
| | 유의확률 | 0.00** | 0.00** | 0.00** | 0.00** | 0.00** | 0.00** | 0.00** | 0.00** | | | |
| 고마움 | 상관계수 | 0.63 | 0.59 | 0.71 | 0.61 | 0.65 | 0.62 | 0.65 | 0.68 | 0.72 | | |
| | 유의확률 | 0.00** | 0.00** | 0.00** | 0.00** | 0.00** | 0.00** | 0.00** | 0.00** | 0.00** | | |
| 충분성 | 상관계수 | 0.73 | 0.72 | 0.78 | 0.73 | 0.74 | 0.68 | 0.74 | 0.75 | 0.81 | 0.74 | |
| | 유의확률 | 0.00** | 0.00** | 0.00** | 0.00** | 0.00** | 0.00** | 0.00** | 0.00** | 0.00** | 0.00** | |

*P⟨0.05, **P⟨0.01, ***P⟨0.001

위의 표에서 보는 바와 같이 프로그램 유익성 하위 변인 간 상
관분석을 한 결과를 살펴보면, 자기주도 학습 능력과 학교에서 배
우지 못한 다양한 과목을 수강하고 있다(상관계수=0.81, p=0.000),

프로그램은 친구들에게도 필요하다와 교재·교구가 충분히 비치되어 있다(상관계수=0.81, p=0.000) 등 전체 요인에서 양의 상관관계를 보이고 있다.

따라서 특별활동 시간운영은 청소년의 요구사항이나 학부모의 건의사항을 종합하여 지역사회 특성과 학교 특색에 따라 효율적인 운영이 될 수 있도록 유관 기관과의 긴밀한 협조 체제가 구축되어야 한다.

## 2) 연구집단 내 특별활동의 개선방안 하위 변인 간 상관관계

<표 46> 연구집단 내 특별활동의 개선방안 하위 변인 간 상관관계

| 설문 | 계수확률 | 개1 | 개2 | 개3 | 개4 | 개5 | 개6 | 개7 | 개8 | 개9 |
|------|----------|-----|-----|-----|-----|-----|-----|-----|-----|-----|
| 진행안전 | 상관계수 | | | | | | | | | |
| | 유의확률 | | | | | | | | | |
| 배려정도 | 상관계수 | 0.74 | | | | | | | | |
| | 유의확률 | 0.00 | | | | | | | | |
| 가치발견 | 상관계수 | 0.73 | 0.75 | | | | | | | |
| | 유의확률 | 0.00 | 0.00 | | | | | | | |
| 흥미향상 | 상관계수 | 0.78 | 0.76 | 0.77 | | | | | | |
| | 유의확률 | 0.00 | 0.00 | 0.00 | | | | | | |
| 시민활동 | 상관계수 | 0.71 | 0.69 | 0.67 | 0.72 | | | | | |
| | 유의확률 | 0.00 | 0.00 | 0.00 | 0.00 | | | | | |
| 적응활동 | 상관계수 | 0.81 | 0.89 | 0.83 | 0.85 | 0.77 | | | | |
| | 유의확률 | 0.00 | 0.00 | 0.00 | 0.00 | 0.00 | | | | |
| 계발활동 | 상관계수 | 0.45 | 0.43 | 0.43 | 0.41 | 0.38 | 0.48 | | | |
| | 유의확률 | 0.00 | 0.00 | 0.00 | 0.00 | 0.00 | 0.00 | | | |
| 노작활동 | 상관계수 | 0.48 | 0.50 | 0.48 | 0.48 | 0.42 | 0.54 | 0.65 | | |
| | 유의확률 | 0.00 | 0.00 | 0.00 | 0.00 | 0.00 | 0.00 | 0.00 | | |
| 봉사활동 | 상관계수 | 0.51 | 0.50 | 0.48 | 0.48 | 0.42 | 0.53 | 0.65 | 0.74 | |
| | 유의확률 | 0.00 | 0.00 | 0.00 | 0.00 | 0.00 | 0.00 | 0.00 | 0.00 | |

*P<0.05, **P<0.01, ***P<0.001

위의 표에서 보는 바와 같이 특별활동의 개선방안 하위 변인 간 상관분석결과를 살펴보면, '특별활동에 참여할 수 있도록 배려한 지역사회와 국가에 고마움이 크다'와 '적응활동의 상담, 진로활동이 정체성 확립에 도움이 된다'고 생각한다(상관계수=0.89, p=0.000), '다양한 적응활동'과 '특별활동의 프로그램 진행이 안전하다고 생각한다'(상관계수=0.81, p=0.000) 등 전체 요인에서 양의 상관관계를 보이고 있다.

따라서 특별활동의 내실화를 위한 프로그램의 개발 및 교사의 전문성을 함양하기 위한 지도자 연수 제도가 강화되어야 하고, 특별활동 운영방법의 다양성을 확보하기 위하여 인적·물적 자원의 확충은 물론 시설 개선에 과감한 투자가 요구된다.

## 8. 유익성 요인이 특별활동 개선방안에 미치는 영향

회귀분석(回歸分析, regression analysis)은 분석에서 관찰된 연속형 변수들에 대해 독립변수와 종속변수 사이의 인과관계에 따른 선형적 관계식을 구하여 어떤 독립변수가 주어졌을 때 이에 따른 종속변수를 예측하는 것으로 연구 모형이 얼마나 잘 설명하고 있는지를 판별하기 위한 적합도를 측정하여 분석하였다.

## 가. 프로그램 유익성 하위 변인들이 개선방안에 미치는 영향

프로그램 유익성 요인이 특별활동 개선방안에 미치는 영향을 알아보기 위해, 유익성 하위 변인들 하나씩 투입시켜 단계별 회귀분석을 진행한 결과는 다음과 같다.

〈표 47〉 개선방안에 대한 유익성 하위 영역의 다중 회귀분석

| 구분 | 특별활동 개선방안 | | | | |
|------|--------|------|----------------|----------|------|
|      | $\beta$ | s.e | Standardized $\beta$ | t | p |
| (상수) | 4.32 | 0.47 |  | 9.28 | 0.00 |
| 충분성 | 2.02 | 0.19 | 0.27 | 10.56** | 0.00 |
| 다양성 | 1.40 | 0.18 | 0.18 | 8.02** | 0.00 |
| 생활유익 | 0.92 | 0.16 | 0.12 | 5.60** | 0.00 |
| 고마움 | 1.25 | 0.15 | 0.17 | 8.55** | 0.00 |
| 참여유익 | 0.66 | 0.19 | 0.09 | 3.52** | 0.00 |
| 필요성 | 0.83 | 0.19 | 0.11 | 4.37** | 0.00 |
| 적합성 | 0.37 | 0.15 | 0.05 | 2.45* | 0.01 |
| 자기주도 | 0.36 | 0.16 | 0.05 | 2.26* | 0.02 |

F: 680.82** P값: 0.00 $R^2$: 0.84 adjusted $R^2$: 0.84

** = p<.01, * = p<.05

위의 결과를 살펴보면, 모형의 F-통계량은 680.82로 유의수준 1% 하에 매우 유의함을 알 수 있다(p=0.00). 모형의 설명력인 $R^2$가 0.84로써 충분성, 다양성, 생활유익, 고마움, 참여유익, 필요성, 적합성, 자기주도는 특별활동 개선방안에 약 84% 정도 설명할 수 있다고 할 수 있다.

변수 각각의 회귀계수를 보면, 충분성 2.02(p=0.00), 다양성 1.43 (p=0.00), 생활유익 0.92(p=0.00), 고마움 1.25(p=0.00), 참여유익 0.66

(p=0.00), 필요성 0.83(p=0.00), 적합성 0.37(p=0.01), 자기주도 0.36 (p=0.02)으로 유의수준 5% 하에서 유의함을 볼 수 있으며, 상대적 중요도로 볼 수 있는 표준화 회귀계수를 보면 충분성 0.27, 다양성 0.18, 고마움 0.17, 생활유익 0.12, 필요성 0.11, 참여유익 0.09, 적합성 0.05, 자기주도 0.05 순으로 나타났다. 즉, 충분성, 다양성, 고마움, 생활유익, 필요성, 참여유익, 적합성, 자기주도가 높을수록 특별활동 개선방안의 점수가 높게 나타난다고 할 수 있다.

## 9. 요약, 결론 및 제언

### 가. 요약

이 연구에서 중·고등학생들의 청소년 복지향상을 위한 문화활동의 현장 요구분석을 요약하면 다음과 같다.

1) 문화활동에 참여하는 주요 변인들의 빈도분석을 보면, 문화활동에 대한 관심에서 연구대상의 청소년들이 적극적으로 다양한 문화활동에 관심이 있고, 그중에서 과학정보, 문화감성, 봉사협력, 모험개척 순으로 참여 의사를 보였으며, 남학생을 위한 과학정보와 여학생을 위한 문화감성에 많은 복지 프로그램이 제공되어야하는 것으로 나타났다.

2) 특별활동에 참여하는 주요 변인들의 빈도분석을 보면, 중점을 두어야 할 특별활동은 교과·사고력·창의성 등이 혼합된 활동을 가장 선호한 것으로 나타났으며, 학교에서 실시하고 있는 특별활동 영역을 청소년 개인의 특기와 적성을 고려하여 다양하게 개설하는 등 만족도 조사를 통한 개선방안을 마련해주어야 하는 것으로 분석되었다.

3) 특별활동에 참여하는 주요 변인들의 빈도분석을 보면, 중점을 두어야 할 영역은 교과, 사고력, 창의성이 혼합된 활동으로 내용이나 주제가 흥미가 있으며, 1주일에 2회 실시하되 일반교과에 지장을 주지 않는 범위에서 실시되기를 원하는 것으로 나타났다. 따라서 흥미와 호기심이 유발되는 다양한 사고력과 창의성이 계발될 수 있는 복지 프로그램이 제공될 수 있도록 관심을 기울여야 하는 것으로 해석할 수 있다.

4) 학교에서 실시하고 있는 특별활동 프로그램이 다양한 능력 개발에 도움이 되고 있으며, 내용이나 학습방법에 대한 생각과 지도교사에 대해 만족하고 있는 결과를 볼 때, 개인별 특성과 특기 적성에 따른 맞춤형 프로그램을 개발하여 적용하는 것이 최우선임을 알 수 있다.

5) 특별활동에 참여하는 청소년들은 일반교과는 물론 사고력과 창의성이 혼합된 통합적인 문화활동을 선호하고 있으며, 창의적 체험 활동에 큰 기대를 하고 있는 것으로 나타났다. 특히 청소년을 위한

수준별 체험활동 영역과 이용이 편리한 시스템을 구축해주어야 한다.

6) 특별활동 프로그램 개선방안 영역에서는 자치활동의 협의, 역할분담활동이 민주시민 활동에 도움이 되었고, 적응활동의 상담, 진로활동 등은 정체성 확립에 도움이 된 것으로 나타났다. 또한 실습, 노작활동 등은 가정과 사회생활에 큰 도움이 되었고, 봉사활동의 자선 구호활동 등은 이웃을 사랑하고 배려하는 데 도움이 된 것으로 나타났다. 따라서 사회생활에 유익한 실습, 노작활동 등을 통해 가정과 국제사회의 다문화생활에 적응하게 하고, 이웃을 배려할 수 있도록 봉사와 자선 구호활동을 후원해주어야 한다.

7) 문화활동에 대한 관심 변인과 남녀 간의 교차분석에서 남녀 학생 모두 관심이 높고 참여 의욕이 높았으나, X2-test 값은 두 변인 간에 연관성이 크게 없는 것으로 나타났다. 이와 같이 높은 참여 의욕을 통하여 건전한 인격을 도야하고 인간다운 삶을 영위하게 하며 민주시민으로서 다양한 문화에 적응할 수 있는 자질을 갖출 수 있도록 지도되어야 한다.

8) 문화활동 선호 영역과 남녀 간 교차분석에서 남학생의 과학정보, 여학생의 문화감성이 가장 높게 나타났으며, X2-test 값은 두 변인 간에 연관성이 있는 것으로 나타났다. 즉 남학생들의 과학정보 선호는 IT 산업의 발달로 게임에 집중되어 있기 때문에 청소년들이 게임중독이 되지 않도록 각별히 보호받을 수 있는 여건을 조성해야 하며, 여학생들의 문화감성은 전시회, 영화, 연극, 뮤

지컬 관람 등으로 견학위주에서 창의적 체험활동 위주로 변화를 주어야 하는 프로그램이 개발되어야 한다.

9) 문화활동 희망과 남녀 간 교차분석에서 남녀학생 모두 희망하고 있으며, $X^2$-test 값은 두 변인 간에 연관성이 있는 것으로 나타났다. 따라서 청소년들이 자신의 잠재력을 발휘할 수 있는 다양한 문화활동의 기회가 적용되어야 하고, 나아가서 사회와 국가의 발전에 기여하는 다양한 인재로 키우기 위한 프로그램이 제공되어야 한다.

10) 주당 문화활동 시간과 남녀 간 교차분석에서 남학생은 '주당 4~5시간', 여학생은 '주당 1시간' 대답이 가장 높게 보였으며, $X^2$-test 값은 두 변인 간에 연관성이 있는 것으로 나타났다. 따라서 청소년들에게 시간을 적절하게 활용하는 방법을 교육해야 하고, 청소년들이 학교생활에 충실하고 창의적인 문화활동을 통해 삶의 보람을 느낄 수 있도록 시간을 관리하는 지혜를 가르쳐야 한다.

11) 문화활동 교육의 필요성과 남녀 간 교차분석에서 남녀학생 모두 꼭 필요한 것으로 높게 나타났으며, $X^2$-test 값은 두 변인 간에 연관성이 있는 것으로 나타났다. 따라서 대부분의 학교가 야간 자율학습과 특기적성 등으로 인하여 방과 후에도 학생들이 제도권에 의해 자유를 누릴 수 없는 실정이지만, 청소년들의 관심과 욕구가 많은 문화활동에 대한 다양한 지원이 문화의 세기로 일컬어지는 21세기 주역이 될 수 있도록 여건을 마련해주어야 한다.

12) 프로그램의 유익성 각 요인별 t-test를 수행한 결과를 살펴보면, 모든 요인에서 두 집단 간에 차이가 없는 것으로 보아 성별에 따른 유익성에 대한 입장은 동일하다고 볼 수 있다. 따라서 청소년을 위한 프로그램은 건전한 인간성과 창의성을 지닌 자율적인 청소년을 기르는 데 적합한 문화활동 교육과정으로 추진되어야 하고, 효과적인 복지 프로그램을 수준별 맞춤형으로 제공하여야 한다.

13) 학교 간에 프로그램의 유익성 각 요인별 t-test를 수행한 결과 모든 요인에서 두 집단 간에 차이가 있는 것으로 보였으며, 평균적으로 중학교보다는 고등학교에서 유익성에 대한 점수가 더 높게 나타났다. 특히 고등학생을 위한 프로그램은 세계화 · 정보화 사회의 인간적 · 교육적 · 문화적 요구를 중시하고 이를 적극 반영하는 문화활동 교육과정으로 추진되어야 한다.

14) 학교 간에 특별활동의 개선방안 각 요인별 t-test를 수행한 결과 모든 요인에서 두 집단 간에 차이가 있는 것으로 보였으며, 평균적으로 중학교보다는 고등학교에서 개선방안에 대한 점수가 더 높게 보였다. 따라서 청소년들의 능력 · 소질 · 특기 계발을 위한 다양한 문화활동을 정상적인 학교 교육을 통해서 해결할 수 있는 교육과정으로 운영되어야 한다. 또한 여러 가지 문화활동을 재구성하여 학교 교육과정 속에서 정상적이고 지속적으로 운영될 수 있기를 원하는 것으로 나타났다.

15) 프로그램 유익성에 대한 수입별 차이 검증을 위한 분산분석을 수행한 결과 유익성 통계 수치는 유의한 차이가 있는 것으로 보였으며, Tukey에 의한 사후검증을 수행한 결과 유익성에서는 '100만 원 미만' 그룹과 '100~300만 원' 그룹, '300~500만 원' 그룹이 동일 집단으로 묶이고, '100~300만 원' 그룹과 '500만 원 이상' 그룹이 동일 집단으로 묶이는 것으로 분석되었다.

따라서 부모의 경제력 영향권에서 문화활동 역시 완전히 자유로울 수는 없겠지만 정도의 문제라고 생각되며, 모든 문화활동 제도에서 저소득층, 빈민층 등이 배려와 관심을 받아야 하는 것으로 나타났다.

16) 특별활동의 개선방안에 대한 수입별 차이 검증을 위한 분산분석을 수행한 결과 개선방안 통계 수치는 유의한 차이가 있는 것으로 나타났으며, Tukey에 의한 사후검증을 수행한 결과 개선방안에서는 '100만 원 미만' 그룹을 제외한 나머지 그룹에서는 동일 집단으로 묶이는 것을 볼 수 있다. 따라서 가족들의 적은 수입으로 인하여 청소년들의 문화 결핍이 유발되어서는 안 된다. 청소년기의 양육과 교육환경의 부적절함으로 인해 학교생활을 하는 데 필요한 생활태도가 결여되고 누적되지 않도록 각별히 주의를 기울여야 한다.

17) 특별활동의 개선방안에 대한 가족별 차이 검증을 위한 분산분석을 수행한 결과 개선방안 통계 수치는 유의한 차이가 있는 것으로 분석되었으며, Tukey에 의한 사후검증을 수행한 결과 개선방

안에서는 핵가족과 다문화가정에서만 차이가 있고, 대가족, 다문화
가정과 핵가족과 대가족에서 동일 집단으로 묶이는 것을 볼 수 있
다. 따라서 핵가족 학생들에게 대가족 또는 다문화가정과 바람직
한 유대 관계를 형성할 수 있는 문화활동 복지 프로그램을 다양하
게 운영해야 하는 것으로 나타났다.

18) 프로그램 유익성 하위 변인 간 상관분석을 한 결과 자기주
도 학습 능력이 향상되었고, 학교에서 배우지 못한 다양한 과목을
수강하고 있는 것으로 분석되었으며, 프로그램 실시, 교재·교구
비치 등 전체 요인에서 양의 상관관계를 보이고 있다. 따라서 특
별활동 시간운영은 청소년의 요구를 종합하여 지역사회 특성과 학
교 특색에 따라 효율적인 운영이 될 수 있도록 유관 기관과의 긴
밀한 협조 체제가 구축되어야 하는 것으로 나타났다.

19) 특별활동의 개선방안 하위 변인 간 상관분석 결과 특별활동
참여, 지역사회와 국가에 대한 고마움, 적응활동의 상담, 정체성 확
립, 프로그램 진행의 안전 등이 전체 요인에서 양의 상관관계를 보
이고 있다. 따라서 특별활동의 내실화를 위한 프로그램의 개발 및
교사의 전문성을 함양하기 위한 지도자 연수 제도가 강화되어야 하
고, 특별활동 운영 방법의 다양성을 확보하기 위하여 인적·물적 자
원의 확충은 물론 시설 개선에 과감한 투자가 요구됨을 알 수 있다.

20) 개선방안에 대한 유익성 하위 영역의 다중회귀분석 결과 모
형의 F-통계량은 680.82로 유의수준 1%하에 매우 유의함을 알 수

있으며, 모형의 설명력인 $R^2$가 0.84로써 충분성, 다양성, 생활유익, 고마움, 참여유익, 필요성, 적합성, 자기주도는 특별활동 개선방안에 약 84% 정도 설명할 수 있다고 할 수 있다.

또한 변수 각각의 회귀 계수를 보면, 충분성, 다양성, 생활유익, 고마움, 참여유익, 필요성, 적합성, 자기주도 등이 유의수준 5% 하에서 유의함을 볼 수 있으며, 상대적 중요도로 볼 수 있는 표준화 회귀 계수를 보면 충분성, 다양성, 고마움, 생활유익, 필요성, 참여유익, 적합성, 자기주도 순으로 나타났다. 즉, 충분성, 다양성, 고마움, 생활유익, 필요성, 참여유익, 적합성, 자기주도가 높을수록 특별활동 개선방안의 점수가 높게 나타난다고 할 수 있다.

## 나. 결론

이 연구에서 특별시, 광역권, 중소도시, 면 단위의 중·고등학생들을 대상으로 한 설문조사 결과 다음과 같은 결론이 도출되었다.

1) 청소년복지 향상을 위해서는 청소년들의 인간다운 생활을 보장하고, 건강과 번영을 증진시키기 위하여 사회제도 및 교육체계 간의 상호작용에서 파생되는 문제에 보다 효과적으로 대처해 나가도록 계획적인 복지 프로그램을 제공해야 한다.

2) 청소년문화진흥법 등 각종 법규에 기초한 문화에 접근할 수 있는 권리, 문화적 생활에 참여할 수 있는 권리 등을 통해 청소년

들이 중심이 되어 적극적으로 추진되어야 한다.

3) 청소년 문화활동은 그 체제를 구성하는 교육기관 간에 상호 경쟁적이며 협력적인 경쟁 분위기가 조성될 수 있도록 구축되는 것이 매우 중요하다.

4) 청소년 전문기관은 법적 기반 없이 산발적으로 이루어져 왔던 다양한 문화활동 프로그램의 역할 및 특성을 분석·종합하고, 문화활동 영역이 체계적이고 유기적으로 운영될 수 있도록 문화활동 시스템을 확립하여야 한다.

5) 청소년 문화활동 전문가를 구성하여 프로그램을 개발하고, 정보를 교환하며 다양한 교수-학습 자료를 구축하여 과제해결학습, 탐구학습, 토론학습, 소집단협동학습, 현장체험학습 등 호기심과 흥미를 유발할 수 있는 수업을 전개해야 한다.

6) 청소년 전문기관에서 제작된 자료를 보급하고 확대하는 제도적 장치가 마련되어야 한다. 특히 중·고등학교와 교육기관 사이에 협조체제가 잘 이루어져야 하겠고, 통합적인 자료를 개발하여 서로 공유하는 시스템이 활성화되어야 한다.

7) 청소년의 문화활동 인식을 분석한 결과, 다양한 프로그램 운영, 자기주도 학습력 향상, 재능의 계발 등 개인의 가치 추구를 중시하면서 문화활동 실시의 필요성을 인지하고 있었다. 그러므로

문화활동의 역기능, 교육 환경의 미비, 강사의 질 향상 등을 개선하는 방향으로 정책이 입안되어야 한다.

8) 중·고등학생들의 문화활동을 통해서, 타인과 더불어 살아가는 삶 속에서 리더 역할을 수행하게 될 청소년들은 도덕생활, 협력의 중요성, 봉사활동 등 이웃과 함께하는 배려에 많은 관심을 갖도록 해야 한다.

9) 청소년 문화활동은 인문, 과학, 예술, 체육, 진로, IT 등 전 분야로 확대된 문화활동의 실시를 바라면서, 영역별 다양한 프로그램 개발 보급, 전문지도교사의 양성, 자료 및 시설 확장을 위한 행정·재정적 지원이 가장 시급한 과제라고 할 수 있다.

10) 청소년 문화활동은 청소년의 다양한 문화 욕구충족을 통한 삶의 질 확보를 위한 수준의 향상이 필요하며, 정서적, 심미적, 정신적 욕구와 관련된 활동을 통해서 얻어질 수 있도록 향유활동, 학습활동, 정보활동 등 적극적인 측면을 포괄해야 한다.

11) 청소년의 문화활동은 학생, 학부모, 교사, 지역사회 등이 협력하여 계획하고, 다양하게 지역특성을 살려 운영해야 하며, 교육기관과 전문기관 간의 협의는 정기적으로 공청회 등을 통해 해야 할 것이며, 적절하게 적기(適期)에 지속성을 유지해야 함을 알 수 있었다.

## 다. 제언

이 연구의 결론을 바탕으로 효율적인 청소년의 문화활동 운영을 위한 기본 방향을 제시하기 위하여 다음과 같이 제언한다.

1) 문화 활동에 대한 관심에서 남학생의 과학정보, 여학생의 문화감성이 가장 높게 나타났으므로 이 분야의 전문가의 자문과 유관기관의 충분한 협의를 거쳐 적기에 적절한 프로그램이 운영될 수 있는 여건을 마련해주어야 할 것이다.

2) 학교에서 실시하고 있는 특별활동은 교과, 사고력, 창의성이 혼합된 활동이 흥미가 있기 때문에 흥미와 호기심이 유발되는 다양한 사고력과 창의성이 계발될 수 있는 창의적 체험활동 프로그램이 개발될 수 있도록 지도자들은 관심을 기울여야 할 것이다.

3) 청소년들이 학교에서 실시하는 특별활동과 문화활동의 프로그램을 충분히 검토하여 적절한 시간운영과 흥미 있는 프로그램을 개발해야 하고, 방과 후에도 제도권에 의해 환경이 제공되어야 할 것이다.

4) 모든 문화활동에서 저소득층, 빈민층 등이 배려와 관심을 받을 수 있도록 제도적인 보완이 필요하고, 문화활동은 1년 이상 지속돼야 효과가 조금씩 나타나는 것으로 보아 문화활동을 수행할 재원과 다양한 창의적 프로그램이 개발될 수 있도록 정부 차원의

노력이 필요하다.

5) 청소년의 문화활동을 통한 감성계발과 정서 함양 등 가시적 성과를 지속적으로 홍보하여 청소년 스스로 참여할 수 있도록 여건을 조성하고, 문화활동의 필요성을 교육기관과 청소년 전문기관에서 적극적으로 수용할 수 있도록 다양한 지원을 해야 할 것이다.

6) 청소년기의 문화 체험은 정신과 신체의 균형적 발전을 도모해 삭막해지기 쉬운 현대사회에서 좀 더 성숙한 시민을 길러낼 수 있다. 따라서 체계적인 프로그램을 전문기관에서 지속적으로 개발해야 할 것이다.

7) 문화활동의 활성화를 통해 융합인재교육 시스템이 활성화되어야 한다. 과학, 기술, 예술, 문화를 연계하고 실생활에 접목하여 청소년들의 흥미와 융합적인 사고력을 키워 줄 수 있는 환경을 제공해주어야 할 것이다.

# 참고문헌

강인수(2010).『교원단체와 관련법규의 이해』. 한국교원대학교 종합연수원.

교육과학기술부(2010).『청소년 문화활동』. 교육과학기술부.

_____(2011).『교육과정의 변천』. 교육과학기술부.

권이종 외(1998).『청소년 교육론』. 서울: 양서원.

_____(1994).『청소년 문화와 정책』. 서울: 배영사.

김구(1995).『자서전』. 서울: 집문당.

김건용(2010).「영재교육의 六感 효과」. 국제영재교육연구회.

김경신 외(2007).『청소년 복지론』. 서울: 청목출판사.

김경우(2005).『사회복지개론』. 서울: MJ미디어.

김동배(1995).「자원봉사활동이 고등학생의 인성발달에 미치는 영향에 관한 연구」.

_____ 외(1996).『청소년 자원봉사의 길잡이』. 서울: 동인출판사.

김미윤(2002).「온라인 네트워크에 기반한 청소년 문화활동 경험과 의미」. 청소년문화포럼. 제5호. 한국청소년문화연구소.

김민정(2000).『한국청소년 문화복지 지표체계개발과 타당화 연구』. 청소년문화원.

김병석 외(1999).『청소년의 놀이문화』. 청소년 대화의 광장.

김병주(2009).「중소도시 사립중학교 학생들의 순응, 저항, 그리고 희망」. 영남대학교 대학원. 박사학위논문.

김성이 외(2003).『자원봉사의 이해』. 서울: 양서원.

_____(2010).『청소년복지학』. 서울: 양서원.

김영모 외(1991).『청소년정책연구』. 한국복지정책연구소 출판부.

김영수 외(2000).「국내외 정보과학 교육과정 비교연구: 한국, 미국, 영국을 중심으로」. 교육과학연구 30집.

_____(1999).「교육정보화 현황과 과제」. 한국교육학회 춘계학술대회 발표 자료집.

김영윤(2000).「학생자원봉사의 활성화 방향과 정책」. IVY 2001 한국위원회 정책 토론회 토론원고.

김영지 외(2001).「청소년 권리신장 정책프로그램 활성화 방안 연구」. 한국청소년개발원.

김영철(1999).「청소년의 놀이문화와 교육」. 한국교육인류학회 연구논문.

김용균(2009).「청소년복지 증진을 위한 청소년 수련시설 실태운영 연구」. 서강대학교 공공정책대학원.

김전승(2000).「학생봉사활동의 현실과 과제」. IVY 2001한국위원회 정책토론회 토론원고.

김정명(1990).『청소년전용 놀이마당의 발전방향에 관한 연구』. 한국청소년연구원.

김진균 외(1987).『조직사회학』. 서울: 풀빛.

김재한(1995).『청소년발달 심리학』. 서울: 세광공사.

김정주(1999).『청소년의 지역사회 참여운동 연구』. 문화관광부.

김충기(2004).『직업과 진로설계』. 대학교육연합회.

_____(2005).『미래사회와 진로선택』. 서울: 배영사.

_____(2006).「미래사회의 자녀교육과 진로지도」. 서울: 교육과학사.

김치묵(1977).「청소년복지」. 한국사회복지협의회.

김형태(1998).『청소년 세대 교육론』. 한남대학교 출판부.

남성준(1995).『환경교육』. 서울: 대학사.

_____(1999).『환경교육의 원리와 실제』. 서울: 원미사.

남일재(2006).『사회복지개론』. 서울: 학현사.

노용오 외(2005).『청소년지도자가 쓴 청소년복지론』. 도서출판 구상.

_____(2005).『청소년 문화론』. 서울: 구상.

노혁(2010).『청소년복지론』. 서울: 교육과학사.

대구광역시 청소년 자원봉사센터(1996).『활동터전에서 본 청소년 자원봉사』.

대만원주민민족문화원(2010).『청소년 문화활동』. 대만문화원.

독일문화원(2010).『청소년 문화활동』. 독일문화원.

멀티미디어교육지원센터(1998).「교원·학생 정보소양 인증체제 개발」. 멀티미디어 교육지원센터 연구보고 RR 98-11.

문화체육관광부(1998).『청소년 육성 5개년 계획』. 문화체육관광부.

_____(1999).『청소년백서』. 서울: 문화체육관광부.

_____(2010).『문화정책백서』. 문화체육관광부.

미국문화원(2010).『청소년 문화활동』. 미국문화원.

마이클 이(2003).『세계의 축제문화기행』. 서울 : 평단문화사.

박경일 외(2010).『사회복지학강의』. 서울: 양서원.

박종삼 외(2003) .『사회복지학개론』. 서울: 학지사.

박진규(2003).『청소년 관계제도』. 서울: 양서원.

_____(2004).『청소년 문화』. 서울: 학지사.

_____(2005).『청소년 문화론』. 서울: 학지사.

박찬석 외(2000).『통일교육론』. 서울: 도서출판 백의.

박태윤 외(2001).『환경교육학개론』. 서울: 교육과학사.

박태영 외(2009).『자원봉사론』. 경기도: 공동체.

보건복지부(2010).『아동 · 청소년사업 안내서』. 보건복지부.

부산광역시 청소년 자원봉사센터(1996).『청소년 자원봉사활동에 대한 의식조
　　　사 및 교육에 관한 설문조사결과』. 청소년자원봉사센터.

서상철(2007).『사회문제와 사회복지(공동체)』. 서울: 사회복지.

서울신문(2010).『창의적 미래 파워』. 서울신문 차터스쿨.

성경옥(1983).「자원봉사의 공용자원과 개발」. 아산 통권 20권 춘계호.

송복(1999).『남북한 사회통합 비교』. 한국사회학회.

송은미(2005).「청소년 문화축제 참여가 자아정체성과 사회공존지수에 미치는
　　　영향」. 조선대학교 대학원. 박사학위논문.

송재신 외(1998).「교원 · 학생 정보소양 인증 체제 개발 연구」. 멀티미디어 교
　　　육지원센터 연구보고 RR 98-11.

송정부(1991).『지역사회의 청소년복지 대책』. 체육청소년부.

숙명여자대학교 통일문제연구소(1999).『님북한 사회문화비교』. 숙명여자대학
　　　교 출판부.

신유근(1982).『조직행위론』. 서울: 다산출판사.

심재호(2000).『한국사회복지행정학』. 서울: 학지사.

싱가포르 대사관(2010).『청소년 문화활동』. 싱가포르 대사관.

싱가포르 교육부(2000).『교육과정』. 싱가포르 교육부.

여가문화편(2005).『여가의 기능, 청소년 여가대응』. 서울: 대왕사.

여성가족부(2010).「청소년 문화활동」. 여성가족부.

_____(2010).『청소년백서』. 여성가족부.

영국문화원(2010).「청소년 문화활동」. 영국문화원.

오석홍(1991).『조직학의 주요이론』. 서울: 경세원.

오세철(1984). 「비판조직이론: 관점과 쟁점」. 사회학연구 2.

오치선(1999). 『사회교육』. 「교육의 수월성」. 서울: 한국교총.

_____ 외(1999). 『청소년지도학』. 서울: 학지사.

_____(2000). 『청소년지도방법론』. 서울: 학지사.

_____(2002). 『청소년조직행동론』. 서울: 솔과학.

_____(2002). 『청소년리더십론』. 서울: 솔과학.

_____(2002). 『청소년커뮤니케이션학』. 서울: 솔과학.

_____(2002). 『청소년집단역학』. 서울: 솔과학.

오치선, 김현수(1995). 『기쁨의 교육 The Joy of Learning, Diana Whitmore』. 서울: 금강출판사.

이경란(2006). 「재북미 한인청소년을 위한 한국문화교육 프로그램 개발 연구」. 성신여자대학교대학원. 박사학위논문.

이규호(2007). 『직업교육과 인간교육』. 대한교육연합회.

이봉철(2001). 『현대인권사상』. 아카넷.

이병호(2008). 「프로그램에 참여한 청소년의 지도자 리더십에 대한 만족도 연구」. 광운대학교 정보복지대학원.

이상우(2009). 「중소도시 사립중학교 학생들의 순응, 저항 그리고 희망」. 영남대학교 대학원. 박사학위논문.

이수민(1968). 「청소년복지의 이념과 과제」. 복지연구 제2호. 한국복지연구소.

이영숙 외(1996). 『외국의 청소년복지정책 연구』. 한국청소년개발원.

이옥화 외(1999). 「고등학교 학생의 정보소양인증제에 관한 소고」. 교육과학연구 제15집.

이옥화(1999). 「한국에 있어서의 정보공학의 교육적 활용」. 일본CIC. vol.7.

이용교 외(1996). 『청소년인권 보고서』. 한국청소년개발원.

_____(1999). 『청소년 권익증진을 위한 국내외 활동 동향 연구』. 한국청소년개발원.

_____(2002). 『청소년 문제와 청소년복지』. 서울: 인간과 복지.

_____(1993). 『한국청소년복지의 현실과 대안』. 서울: 은평천사원 출판부.

_____(1995). 『한국청소년정책론』. 서울: 인간과 복지.

이우영(1994). 「남북한 문화정책비교연구」. 민속통일연구원.

이충용(2008). 「남북 청소년 교육문화차이와 교류활동에 관한 연구」. 국민대학교 대학원. 박사학위논문.

이화여자대학교 교육공학과(1996). 『교육방법 및 교육공학』. 서울: 교육과학사.

이홍수(2010). 『문화 예술과 교육의 방향』. 교원대학교 종합연수원.

임상록 외(2007). 『사회복지개론』. 파란마음.

장수한(2009). 『학교와 청소년 문화복지론』. 서울: 공동체

장을병 외(1994). 『남북한 정치의 고조와 전망』. 서울: 한울아카데미.

전인영(1990). 『북한의 정치』. 서울: 을유문화사.

정범모(2002). 『교육과 교육학』. 서울: 배영사.

정운학(2009). 「청소년복지 욕구조사를 통한 사회복지 프로그램의 필요성 연구」. 경안신학대학원.

정재민(2008). 「청소년문화의 탈(脫)하위문화 현상에 관한 일 연구」. 명지대학교 대학원. 박사학위논문.

정재영(2001). 「우리나라 청소년복지제도의 발전방안에 관한 연구」. 경희대학교 행정대학원.

정태수(1991). 『아동의 권리협약』. 서울: 예지각.

정택희 외(1992). 『초·중등학교 컴퓨터과목 운영방안 연구』. 한국교육개발원 연구보고 RR 92-33.

정하성(2006). 『신 청소년문화론』. 서울: 21세기사.

조규환(2004). 『청소년문화복지』. 청소년문화복지아카데미 편.

조영승(1997). 『청소년학총론』. 서울: 교육과학사.

_____(1998). 『청소년육성법론』. 서울: 교육과학사.

_____(2002). 『수원시 청소년 육성정책의 발전방향에 관한 연구』. 수원시.

조용환(2000). 「인터넷 시대의 교육인류학적 의미」. 교육인류학연구. 제3권 제3호. 조정우 외(1997). 『국내외 정보교육 교육과정 분석 자료』. 멀티미디어 교육지원.

조흥식(1999). 「청소년학의 정체성 확립을 위한 청소년복지의 과제」. 청소년학연구. 제6권 2호. 한국청소년학회.

주영주(1999). 「교육정보화정책 수용자 의식에 관한 조사연구」. 교육과학연구 제29집.

차경수(2000). 『한국의 청소년정책』. 서울: 양서원.

청소년 대화의 광장(2005). 『청소년의 일탈행동』. 청소년 대화의 광장.

청소년 문화복지(2005). 『인간과 복지』. 서울: 문화복지.

통계청(2010). 『청소년의 문화활동』. 통계청.

표갑수(2002). 『아동·청소년복지론』. 서울: 나남출판.

한국교육신문(2010). 서울: 한국교육신문.

한국교원대학교 실과 교육과정 개정 연구위원회(1997). 『제7차 교육과정 각론 개정연구』. 한국교원대학교.

한국교육개발원(1992). 『중학교 컴퓨터 교육과정 개발 연구』. RR 92-4.

한국교육과정평가원(1999). 『21세기 정보사회대비 제7차 교육과정에서의 정보기술 활용방안연구』. 한국교육과정평가원.

한국문화정책개발원(1995). 『근로청소년을 위한 문화프로그램 개발』. 한국문화정책개발원.

한국지역사회복리회(1999). 『UN아동권리협약 훈련교재』. 한국지역사회복리회.

한국청소년지도학회(2009). 『청소년 문화활동 프로그램』. 한국청소년지도학회.

한국청소년화랑단(2010). 『청소년 문화활동』. 한국청소년화랑단.

한국청소년정책연구원(1991). 『21세기를 향한 한국 청소년 정책』. 한국청소년연구.

_____(1994). 『청소년복지론』. 서울: 인간과 복지.

_____(1995). 『지역사회봉사활동』. 서울: 인간과 복지.

_____(2005). 『청소년자원봉사 및 동아리활동론』. 교육과학사.

_____(2007). 『청소년 문제론』. 서울: 교육과학사.

_____(2007). 『청소년 육성제도론』. 서울: 교육과학사.

_____(2008). 『청소년방과 후 아카데미 연구보고』.

_____(2008). 『청소년학개론』. 서울: 교육과학사.

_____(2009). 『청소년심리학』. 서울: 교육과학사.

_____(2010). 『청소년문화론』. 서울: 교육과학사.

한준상(1999). 『청소년학 연구』. 연세대학교 출판부.

허남순 외(2005). 『빈곤아동과 삶의 질』. 서울: 학지사.

현외성(1996). 『교육개혁과 자원봉사활동』. 서울: 유풍출판사.

홍봉선 외(2010). 『청소년복지론』. 서울: 공동체.


サイゾー(2010).  非實在靑少年＜規制反對＞讀本. サイゾー.

上里一郎(2006). 청소년のこころの闇－情報社會の落とし穴－. ゆまに書房.

石田弓(2005). 自己を追いつめる靑少年の心－自殺の心理－. 北大路書房.

日本文化院(2010). "日本靑少年の 未來". 日本文化院.

河野莊子(2005). 人をあやめる靑少年の心-殺人の心理-發達. 北大路書房.


原田玲仁(2010). 每天懂一点好玩心理学. 北京.

野口哲典(2010). 靑少年成功概率学. 北京.

中國文化院(2010). "中國靑少年 將來". 中國文化院.

麦克斯威尔(2005). 心理控制术:改变自我意象, 改变你的人生. 北京.

Challis & B. Davies(1986). "Case Management and Community Care", Gower Publishing.

Challis & Davies(1989). "Case Management and Community Care(2nd eds.)", Gower

Dawson(1977). "Youth Development". Community College, Glendive, Montana.

Jonassen, David H.(1996). "Computers in the Classroom: Mindtools for Critical Thinking".
Englewood Cliffs: Prentice Hall.

LeeJongyen(1999). "Present and Future of Cyber Education in Korea". International
Journal of Educational Technology. vol.1.

Margaret Mead(1978). "Samoa island's Youth Study". New York City.

Nil(1998). "Delinquency of Youth". Oxford University Press.

Oh, Chi-Sun (1991). "Lifelong Education". Seoul: Ji-Young Books.

_____(1998). "Youth Education and Leadership". Seoul: Ji-Young Books.

_____, Kim, Hyon-Soo (1995). "OK Training Program for Youth". Seoul: Ji-Young
Books.

Talcott Parsons(1964). "Youth and Social Theory". Chicago: Free Press.

Tylor(1871). "Primitive Culture". Oxford University Press.


미국의 청소년 문화(2010). 사이버 세계와 청소년 문화. 네이버.

사단법인 한국 청소년 예술문화 협회(2010). http://www.goodya.org.

브리태니커(2010). 다음백과사전. 다음커뮤니케이션.

환경부(2010). 「청소년의 환경교육」. http://www.me.go.kr.

日本の 青少年 文化(2010). http://blog.daum.nct.

中國 青少年 文化(2010). http://blog.naver.com.

# 부 록

# [부록 1]

**청소년복지지원법**

**법률 제10297호 일부개정 2010. 5. 17.**

## 제1장 총칙

제1조 (목적)

이 법은 청소년기본법 제49조제4항의 규정에 따라 청소년복지 증진에 관한 사항을 정함을 목적으로 한다.

제2조 (정의)

이 법에서 사용하는 용어의 정의는 다음 각 호와 같다.

1. '청소년'이라 함은 따로 정한 규정이 없는 경우에는 청소년기본법 제3조제1호의 규정에 해당하는 자를 말한다.

'청소년'이라 함은 9세 이상 24세 이하의 자를 말한다. 다만, 다른 법률에서 청소년에 대한 적용을 달리할 필요가 있는 경우에는 따로 정할 수 있다.
-아동복지법: '아동'이라 함은 18세 미만의 자를 말한다.

2. '청소년복지'라 함은 청소년기본법 제3조제4호에 규정된 청소년복

지를 말한다.

'청소년복지'라 함은 청소년이 정상적인 삶을 영위할 수 있는 기본적인 여건을 조성하고 조화롭게 성장·발달할 수 있도록 제공되는 사회적·경제적 지원을 말한다.

3. '특별지원 청소년'이라 함은 청소년의 조화로운 성장과 정상적인 생활에 필요한 기초적인 여건이 미비하여 사회적·경제적 지원이 필요한 청소년을 말한다. 다만, 국민기초생활보장법 등 다른 법률의 적용을 받는 청소년을 제외한다.

4. '보호자'라 함은 친권자, 법정대리인 및 사실상 청소년을 보호하는 자를 말한다.

**제2장 청소년의 인권보장 및 복지향상**

제3조 (청소년의 인권보장)

① 청소년은 인종·종교·성·연령·학력·신체조건 등 여타의 조건에 의하여 이 법이 정한 규정을 적용함에 있어서 차별을 받아서는 아니 된다.
② 청소년은 외부적 영향에 구애받지 아니하면서 자기 의사를 자유롭게 표명하고 스스로 결정할 권리를 가진다.

제4조 (청소년의 자치권 확대)

① 청소년은 사회의 정당한 구성원으로서 본인과 관련된 의사결정에

참여할 권리를 가진다. 이를 위하여 가정 및 사회는 적절한 노력을 강구하여야 한다.

② 국가 및 지방자치단체는 청소년이 원활하게 정보에 접근하고 그 의사를 표명할 수 있도록 하기 위하여 청소년 관련 정책의 자문·심의 등의 절차에 청소년의 대표를 참여시키거나 그 의견을 수렴하여야 한다.

③ 국가 및 지방자치단체는 청소년과 관련된 정책수립절차에 청소년의 참여 또는 의견수렴을 보장하는 조치를 시행하여야 한다.

제5조 (교육 및 홍보)

① 국가 및 지방자치단체는 이 법 및 아동의 권리에 관한 협약에서 규정한 청소년의 권리와 관련된 내용을 널리 홍보하여야 한다.

② 제1항의 규정에 의하여 청소년 관련 기관·단체에서는 청소년을 대상으로 청소년의 권리에 관한 교육적 조치를 시행하여야 한다.

제6조 (청소년의 우대)

① 국가 또는 지방자치단체는 청소년에 대하여 국가 또는 지방자치단체가 운영하는 수송시설, 궁·능, 박물관, 공원, 공연장 등의 시설의 이용료를 면제 또는 할인할 수 있다.

② 국가 또는 지방자치단체는 다음 각 호의 1에 해당하는 자가 청소년의 일상생활에 관련된 시설을 운영하는 경우 청소년에 대하여 당해 시설의 이용료를 할인하여 주도록 권고할 수 있다.

1. 국가 또는 지방자치단체의 보조를 받는 자
2. 관계법령에 따라 세제상의 혜택을 받는 자
3. 국가 또는 지방자치단체로부터 위탁을 받아 업무를 수행하는 자

③ 청소년이 제1항 또는 제2항의 규정에 따라 이용료의 면제 또는 할인을 받고자 하는 때에는 이용하고자 하는 시설의 관리자에게 다음 각 호의 1에 해당하는 학생증, 주민등록증, 제7조의 규정에 의한 청소년증 그 밖에 연령을 확인할 수 있는 증빙자료를 제시하여야 한다.

1. 초·중등교육법 제2조의 규정에 의한 학교의 학생임을 증명하는 서류
2. 고등교육법 제2조의 규정에 의한 학교의 학생임을 증명하는 서류

④ 제1항 또는 제2항의 규정에 따라 이용료를 면제 또는 할인받을 수 있는 시설의 종류 및 청소년의 연령기준 등은 대통령령으로 정한다.

제7조 (청소년증)

① 시장·군수·구청장(자치구의 구청장을 말한다. 이하 같다)은 9세 이상 18세 이하의 청소년에 대하여 청소년증을 발급할 수 있다.

② 청소년증은 이를 다른 사람에게 양도하거나 대여하여서는 아니 된다.

③ 누구든지 청소년증과 동일한 명칭 또는 표시의 증표를 사용하여서는 아니 된다.

④ 제1항의 규정에 의한 청소년증의 발급 및 재발급신청과 교부에 관하여 필요한 사항은 여성가족부령으로 정한다. [개정 2005. 3. 24, 2008. 2. 29 제8852호(정부조직법), 2010. 1. 18 제9932호(정부조직법)] [[시행일 2010. 3. 19]]

**제3장 청소년의 건강보장**

제8조 (건강한 심신의 보존)

① 국가 및 지방자치단체, 청소년의 보호자 등은 청소년의 건강증진

과 체력향상을 위하여 최선의 노력을 하여야 한다.

② 국가 및 지방자치단체는 청소년의 건강증진 및 체력향상을 위한 예방·교육 등의 필요한 시책을 강구하여야 하고, 관련기관과 협의하여 청소년의 건강·체력기준을 설정하여 보급할 수 있다.

③ 제2항의 규정에 관하여 필요한 사항은 대통령령으로 정한다.


제9조 (체력검사와 건강진단)


① 국가 및 지방자치단체는 청소년의 체력검사와 건강진단을 실시할 수 있다. 다만, 다른 법률의 규정에 의하여 체력검사 등을 실시하는 청소년을 제외한다.

② 국가 및 지방자치단체는 제1항의 규정에 의한 체력검사 및 건강진단 결과를 청소년 본인에게 통보하여야 한다.

③ 국가 및 지방자치단체는 제1항 및 제2항의 규정에 의한 체력검사·건강진단의 실시 및 결과통보를 전문기관·단체에 위탁할 수 있다.

④ 제1항 및 제2항의 규정에 의한 체력검사·건강진단의 기준 및 결과통보 등에 관하여는 대통령령으로 정한다.


제10조 (진단결과의 분석)


① 국가 및 지방자치단체는 건강진단결과를 분석하여 필요한 대책을 수립·시행하여야 한다.

② 국가 및 지방자치단체는 제1항의 규정에 의한 분석을 전문기관에 의뢰할 수 있다.


제11조 (진단결과의 공개금지)

제9조의 규정에 의하여 건강진단을 한 자 또는 건강진단기관에 근무하는 자는 청소년의 건강증진사업의 수행을 위하여 불가피한 경우를 제외하고는 진단결과를 공개하여서는 아니 된다.

## 제4장 특별지원 청소년의 지원

제12조 (특별지원 청소년에 대한 지원)

① 국가 및 지방자치단체는 특별지원 청소년에 대하여 필요한 지원대책을 강구하여야 한다.

② 제1항의 규정에 의한 지원은 기초적인 생활지원·학업지원·의료지원·직업훈련지원·청소년 활동지원 등으로 한다. 다만, 다른 법률에 의하여 지원되는 사항을 제외한다.

③ 제2항의 규정에 의한 지원의 내용·범위·절차 등에 관한 사항은 대통령령으로 정한다.

제13조 (특별지원 청소년의 선정 등)

① 국가 및 지방자치단체는 대통령령이 정하는 기준·절차에 따라 특별지원 청소년을 선정하여야 한다.

② 제1항의 규정에 의한 특별지원 청소년 선정업무는 청소년기본법 제42조, 제46조 및 제46조의2의 규정에 따라 각각 설치된 한국청소년상담원·기관 등에 위탁할 수 있다. 이 경우 한국청소년상담원·기관은 지원대상 청소년 선정업무의 수행에 필요한 조사 및 상담을 실시하여야 한다. [개정 2005. 12. 29 제7799호(청소년기본법)][[시행일 2006. 3.3 0]]

③ 지원 대상 청소년의 선정업무를 위탁받은 단체의 장은 청소년분

야의 전문가로 구성된 특별지원 청소년 선정심의위원회의 심의를 거쳐 지원 대상 청소년을 결정하여야 한다.

④ 제3항의 규정에 의한 특별지원 청소년 선정심의위원회의 구성·운영 그 밖에 필요한 사항은 대통령령으로 정한다.

제14조 (청소년쉼터의 설치·운영)

① 국가 및 지방자치단체는 가출청소년의 일시적인 생활지원과 선도, 가정·사회로의 복귀를 지원하기 위하여 청소년쉼터를 설치·운영할 수 있다.

② 청소년쉼터의 설치자 또는 운영자는 대통령령이 정하는 바에 따라 청소년쉼터에서 보호를 받고 있는 청소년의 생명·신체에 관한 손해를 배상할 것을 내용으로 하는 보험에 가입하여야 한다.

③ 국가 및 지방자치단체는 예산의 범위에서 제1항의 규정에 의한 청소년쉼터의 설치·운영 및 활동에 소요되는 경비의 전부 또는 일부를 지원할 수 있다.

**제5장 교육적 선도(선도)**

제15조 (교육적 선도의 실시 등)

① 국가 및 지방자치단체는 청소년 본인, 당해 청소년의 보호자 또는 학교의 장의 신청에 의하여 당해 청소년에 대한 교육적 선도(이하 '선도'라 한다)를 실시할 수 있다. 다만, 당해 청소년의 보호자 또는 학교의 장의 신청에 의하여 선도를 실시하는 경우에는 반드시 청소년 본인의 동의를 얻어야 한다.

② 선도는 청소년상담사 등 전문가를 통한 상담과 교육·자원봉사·

수련 · 체육 · 단체활동 등으로 하며, 그 기간은 6월 이내로 한다.

③ 국가 및 지방자치단체는 제2항의 규정에 의한 선도결과를 분석하여 선도의 종료 또는 연장여부를 결정하여야 한다. 선도 기간을 연장하는 경우에는 6월의 기간 이내에서 1회에 한하여 그 기간을 연장할 수 있으며, 반드시 청소년 본인의 동의를 얻어야 한다.

④ 선도대상자의 선정기준 · 선정절차 · 선도내용 · 선도 기간 등 세부적인 사항은 대통령령으로 정한다.

제16조 (시설의 설치 · 운영 등)

국가 및 지방자치단체는 선도를 위하여 필요한 시설의 설치 · 운영, 선도프로그램의 개발 · 보급, 선도활동에 대한 지원 및 지도자교육 등 선도의 실효성을 확보하기 위한 노력을 강구하여야 한다.

제17조 (사무의 위탁)

국가 및 지방자치단체는 제15조의 규정에 의한 사무를 대통령령이 정하는 바에 따라 청소년기본법 제42조에 의한 한국청소년상담원, 동법 제46조 및 제46조의2에 의한 기관, 동법 제3조제8호에 의한 청소년단체에 위탁할 수 있다. [개정 2005. 12. 29 제7799호(청소년기본법)][[시행일 2006. 3. 30]]

제18조 (선도후견인)

① 국가 및 지방자치단체 또는 제17조의 규정에 의하여 사무를 위탁받은 단체는 선도대상청소년 개인별로 선도후견인을 지정하여 운영할

수 있다.

② 제1항의 규정에 의한 선도후견인은 청소년기본법 제3조제7호의 규정에 의한 청소년지도자 및 동법 제27조의 규정에 의한 청소년지도위원으로 위촉한다.

③ 선도후견인의 임무·위촉기준 등 세부적인 사항은 대통령령으로 정한다.

### 제6장 벌칙

제19조 (벌칙)

제11조의 규정에 의한 건강진단결과 공개금지 의무를 위반한 자는 1년 이하의 징역 또는 1천만 원 이하의 벌금에 처한다.

제20조 (양벌규정)

법인의 대표자나 법인 또는 개인의 대리인, 사용인, 그 밖의 종업원이 그 법인 또는 개인의 업무에 관하여 제19조의 위반행위를 하면 그 행위자를 벌하는 외에 그 법인 또는 개인에게도 해당 조문의 벌금형을 과(科)한다. 다만, 법인 또는 개인이 그 위반행위를 방지하기 위하여 해당 업무에 관하여 상당한 주의와 감독을 게을리 하지 아니한 경우에는 그러하지 아니하다.

[전문개정 2010. 5. 17]

제21조 (과태료)

① 제7조제2항 또는 제3항의 규정을 위반하여 청소년증을 대여·양도한 자 또는 대여·양도 받은 자와 청소년증과 동일한 명칭 또는 표시의 증표를 사용한 자는 50만 원 이하의 과태료에 처한다.

② 제1항의 규정에 의한 과태료는 대통령령이 정하는 바에 의하여 시장·군수·구청장이 부과·징수한다.

③ 제2항의 규정에 의한 과태료처분에 불복이 있는 자는 그 처분의 고지를 받은 날부터 30일 이내에 당해 시장·군수·구청장에게 이의를 제기할 수 있다.

④ 제2항의 규정에 의한 과태료처분을 받은 자가 제3항의 규정에 의하여 이의를 제기한 때에는 당해 시장·군수·구청장은 지체 없이 관할 법원에 그 사실을 통보하여야 하며, 그 통보를 받은 관할법원은 비송사건절차법에 의한 과태료의 재판을 한다.

⑤ 제3항의 규정에 의한 기간 이내에 이의를 제기하지 아니하고 과태료를 납부하지 아니한 때에는 국세 또는 지방세 체납처분의 예에 의하여 이를 징수한다.

부칙 [2004. 2. 9]

① (시행일) 이 법은 공포 후 1년이 경과한 날부터 시행한다.

② (이미 발급한 청소년증에 관한 경과조치) 이 법 시행 당시 시장·군수·구청장(자치구의 구청장에 한한다)이 발급한 청소년증은 제7조제1항의 규정에 따라 발급된 청소년증으로 본다.

③ (청소년쉼터에 대한 경과조치) 이 법 시행 당시 종전의 청소년기본법 제49조제2항의 규정에 의하여 설치·운영하고 있는 청소년쉼터는 이 법 제14조의 규정에 따라 설치·운영되는 청소년쉼터로 본다.

부칙 [2005. 3. 24 제7421호(청소년기본법)]

제1조(시행일) 이 법은 공포 후 3월 이내에 청소년위원회의 조직에 관한 대통령령이 시행되는 날부터 시행한다.

제2조 생략

제3조(다른 법률의 개정)

① 생략

② 청소년복지지원법 일부를 다음과 같이 개정한다.

제7조제4항 중 '문화관광부령'을 '청소년위원회규칙'으로 한다.

③ 내지 ⑨ 생략

제4조 생략


부칙 [2005. 12. 29 제7799호(청소년기본법)]

제1조 (시행일) 이 법은 공포 후 3월이 경과한 날부터 시행한다.

제2조 생략

제3조 (다른 법률의 개정) ① 내지 ⑩ 생략

⑪ 제13조제2항 중 '제42조 및 제46조'를 '제42조, 제46조 및 제46조의2'로 하고, 제17조 중 '제46조'를 '제46조 및 제46조의2'로 하며, 제13조제2항 및 제17조 중 '지방청소년종합상담센터 및 지방청소년상담센터'를 각각 '기관'으로 한다.

제4조 생략


부칙 [2008. 2. 29 제8852호(정부조직법)]

제1조 (시행일) 이 법은 공포한 날부터 시행한다. 다만, ……<생략> …… 부칙 제6조에 따라 개정되는 법률 중 이 법의 시행 전에 공포되었으나 시행일이 도래하지 아니한 법률을 개정한 부분은 각각 해당 법률의 시행일부터 시행한다.

제2조부터 제5조까지 생략

제6조 (다른 법률의 개정) ①부터 <756>까지 생략

<757> 청소년복지지원법 일부를 다음과 같이 개정한다.

제7조제4항 중 '청소년위원회규칙'을 '보건복지가족부령'으로 한다.

<758>부터 <760>까지 생략

제7조 생략


부칙[2010. 1. 18 제9932호(정부조직법)]

제1조(시행일) 이 법은 공포 후 2개월이 경과한 날부터 시행한다. <단서 생략>

제2조 및 제3조 생략

제4조(다른 법률의 개정) ①부터 <119>까지 생략

<120> 청소년복지지원법 일부를 다음과 같이 개정한다.

제7조제4항 중 '보건복지가족부령'을 '여성가족부령'으로 한다.

<121>부터 <137>까지 생략

제5조 생략


부칙[2010. 5. 17 제10297호]

이 법은 공포한 날부터 시행한다.

# [부록 2]

## 청소년복지지원법 시행령
### 대통령령 제22269호(고용노동부와 그 소속기관 직제)
### 일부개정 2010. 7. 12.

### 제1장 총칙

제1조 (목적)

이 영은 '청소년복지지원법'에서 위임된 사항과 그 시행에 관하여 필요한 사항을 규정함을 목적으로 한다.

### 제2장 청소년의 인권보장

제2조 (청소년인권의 보장을 위한 실태조사)

국가 및 지방자치단체는 '청소년복지지원법'(이하 '법'이라 한다) 제3조제1항의 규정에 의한 청소년에 대한 차별의 금지 등 청소년의 인권보장을 위하여 이에 관한 실태조사를 할 수 있다.

## 제3장 청소년의 건강보장

제3조 (청소년의 건강증진 및 체력향상을 위한 시책)

① 국가 및 지방자치단체는 법 제8조제2항의 규정에 의한 청소년의 건강증진과 체력향상을 위한 시책으로서 청소년이 참가하는 체육대회를 장려하고, 청소년 스포츠 동호인 활동을 적극 지원하여야 한다.

② 국가 및 지방자치단체는 제1항의 규정에 의한 체육대회를 개최하는 단체 또는 동호인 활동을 지원하는 단체에 대하여 예산의 범위 안에서 개최 또는 활동지원에 따르는 경비를 보조할 수 있다.

제4조 (청소년 건강·체력기준의 설정·보급)

① 법 제8조제2항의 규정에 의한 청소년의 건강·체력기준의 설정 및 보급은 여성가족부장관이 실시하되, 필요한 때에는 전문연구기관에 그 업무를 위탁할 수 있다. [개정 2005. 4. 27 제18811호(청소년기본법 시행령), 2006. 3. 29 제19431호(청소년기본법 시행령), 2008. 2. 29 제20679호(보건복지가족부와 그 소속기관 직제), 2010. 3. 15 제22076호(여성가족부 직제)] [[시행일 2010. 3. 19]]

② 여성가족부장관은 제1항의 규정에 의한 청소년의 건강·체력기준을 청소년의 성장환경을 고려하여 매 5년의 범위 내에서 다시 설정하여야 한다. [개정 2005. 4. 27 제18811호(청소년기본법 시행령), 2006. 3. 29 제19431호(청소년기본법 시행령), 2008. 2. 29 제20679호(보건복지가족부와 그 소속기관 직제), 2010. 3. 15 제22076호(여성가족부 직제)] [[시행일 2010. 3. 19]]

제5조 (체력검사와 건강진단의 실시 등)

① 법 제9조제1항의 규정에 의한 체력검사와 건강진단은 9세 이상 18세 이하의 비취학 청소년을 우선 대상으로 한다.

② 법 제9조제1항의 규정에 의한 체력검사와 건강진단은 제4조의 규정에 의한 청소년의 건강·체력기준 및 '국민건강보험법 시행령' 제26조제8항의 규정에 의한 건강검진의 검사항목·방법에 따른다.

③ 여성가족부장관, 특별시장·광역시장·도지사(이하 '시·도지사'라 한다) 및 시장·군수·구청장(자치구의 구청장을 말한다. 이하 같다)은 체력검사와 건강진단을 실시하는 경우 실시기간·장소·신청절차 등 구체적인 실시계획을 공고하여야 한다. [개정 2005. 4. 27 제18811호('청소년기본법 시행령'), 2006. 3. 29 제19431호('청소년기본법 시행령'), 2008. 2. 29 제20679호(보건복지가족부와 그 소속기관 직제), 2010. 3. 15 제22076호(여성가족부 직제)] [[시행일 2010. 3. 19]]

④ 제3항의 규정에 의한 공고가 있는 경우 청소년 본인, 보호자 또는 '청소년기본법' 제22조제1항의 규정에 의한 청소년상담사(이하 '청소년상담사'라 한다) 등 관계인은 공고된 실시계획에 따라 여성가족부장관, 시·도지사 및 시장·군수·구청장(이하 '여성가족부장관 등'이라 한다)에게 체력검사와 건강진단을 신청할 수 있다. [개정 2005. 4. 27 제18811호('청소년기본법 시행령'), 2006. 3. 29 제19431호(청소년기본법 시행령), 2008. 2. 29 제20679호(보건복지가족부와 그 소속기관 직제), 2010. 3. 15 제22076호(여성가족부 직제)] [[시행일 2010. 3. 19]]

⑤ 여성가족부장관 등은 체력검사와 건강진단의 신청을 받은 때에는 신청일부터 30일 이내에 해당 청소년의 취학 여부 등을 조사·확인한 후 그 실시 여부를 결정하고, 이를 신청인에게 통보하여야 한다. [개정 2005. 4. 27, 2006. 3. 29, 2008. 2. 29, 2010. 3. 15 제22076호(여성가

족부 직제)] [[시행일 2010. 3. 19]]

⑥ 여성가족부장관 등은 체력검사와 건강검진을 실시한 후 30일 이내에 그 결과를 청소년 본인 및 신청인에게 통보하여야 한다. [개정 2005. 4. 27 제18811호('청소년기본법 시행령'), 2006. 3. 29 제19431호(청소년기본법 시행령), 2008. 2. 29 제20679호(보건복지가족부와 그 소속기관 직제), 2010. 3. 15 제22076호(여성가족부 직제)] [[시행일 2010. 3. 19]]

⑦ 여성가족부장관 등은 체력검사와 건강검진을 실시한 결과 질병의 치료 등이 필요한 청소년에 대하여는 적절한 조치를 하여야 한다. [개정 2005. 4. 27 제18811호('청소년기본법 시행령'), 2006. 3. 29 제19431호(청소년기본법 시행령), 2008. 2. 29 제20679호(보건복지가족부와 그 소속기관 직제), 2010. 3. 15 제22076호(여성가족부 직제)] [[시행일 2010. 3. 19]]

⑧ 제4항의 규정에 의한 신청서식, 증빙자료 등 신청에 필요한 세부적인 사항은 여성가족부령으로 정한다. [개정 2005. 4. 27 제18811호('청소년기본법 시행령'), 2006. 3. 29 제19431호(청소년기본법 시행령), 2008. 2. 29 제20679호(보건복지가족부와 그 소속기관 직제), 2010. 3. 15 제22076호(여성가족부 직제)] [[시행일 2010. 3. 19]]

## 제4장 특별지원 청소년의 지원

제6조 (특별지원 청소년에 대한 지원내용 등)

① 법 제12조의 규정에 의한 특별지원 청소년에 대한 지원은 다음의 금전 또는 이에 상당하는 물품·용역으로 한다. 다만, 제7조제1항제2호 및 제3호에 해당하는 청소년의 경우 제1호 및 제2호의 비용을 지원하지 아니한다. [개정 2005. 4. 27 제18811호('청소년기본법 시행령'), 2006. 3. 29 제19431호(청소년기본법 시행령), 2008. 2. 29 제20679호(보건복

지가족부와 그 소속기관 직제), 2010. 3. 15 제22076호(여성가족부 직제)] [[시행일 2010. 3. 19]]

1. 일상생활을 유지하기 위하여 필요한 의·식·주 등 기초생계비

2. 여성가족부령이 정하는 요양급여비용

3. '학원의 설립·운영 및 과외교습에 관한 법률' 제2조제1호의 규정에 의한 학원에서 계속적인 학업을 수행하기 위하여 필요한 학습비

4. 구직을 위한 지식·기술·기능이나 능력을 함양하기 위하여 필요한 훈련비

5. 그 밖에 청소년활동 등 건전한 성장을 위하여 필요한 활동비

② 제1항의 규정에 의한 지원은 '국민기초생활 보장법'등 다른 법령에서 지원하는 수준을 초과할 수 없으며, 지원내용에 따른 구체적인 금액은 여성가족부장관이 따로 정하여 고시한다. [개정 2005. 4. 27 제18811호('청소년기본법 시행령'), 2006. 3. 29 제19431호(청소년기본법 시행령), 2008. 2. 29 제20679호(보건복지가족부와 그 소속기관 직제), 2010. 3. 15 제22076호(여성가족부 직제)] [[시행일 2010. 3. 19]]

③ 제1항의 규정에 의한 지원은 그 지원기간을 1년 이내로 하되, 필요한 경우 연장할 수 있으며 한 번에 연장할 수 있는 기간은 1년을 초과할 수 없다.

④ 제3항의 규정에 불구하고 제1항제3호 및 제4호의 비용은 그 지원기간을 합한 기간이 3년을 초과할 수 없다.


제7조 (특별지원 청소년의 선정기준)

① 법 제12조의 규정에 의한 특별지원 청소년은 다음의 청소년 중에서 선정한다.

1. 보호자가 없거나, 실질적으로 보호자의 보호를 받지 못하는 청소년

2. '초·중등교육법' 제2조의 규정에 의한 학교에서 학업을 중단한 자로서 제1호의 규정에 해당되지 아니하는 청소년

  3. 법 제15조제1항의 규정에 의한 교육적 선도 대상자 중에서 비행예방을 위하여 지원이 필요한 자로서 제1호의 규정에 해당되지 아니하는 청소년

  ② 국가 및 지방자치단체는 제1항의 규정에 의한 청소년 중에서 다음 기준을 모두 충족한 자를 특별지원 청소년으로 선정한다. [개정 2005. 4. 27 제18811호('청소년기본법 시행령'), 2006. 3.2 9 제19431호(청소년기본법 시행령), 2008. 2. 29 제20679호(보건복지가족부와 그 소속기관 직제), 2010. 3. 15 제22076호(여성가족부 직제)] [[시행일 2010. 3. 19]]

  1. 9세 이상 18세 이하일 것

  2. 청소년이 속한 가구의 소득인정액('국민기초생활 보장법' 제2조제8호 및 제9호의 규정에 의한 개별가구의 소득평가액과 재산의 소득환산액을 합산한 금액을 말한다)이 여성가족부령이 정하는 범위 내에 있을 것

  제8조 (특별지원 청소년의 지원신청)

  ① 청소년 본인 또는 보호자, 청소년상담사, '청소년기본법' 제3조제7호의 규정에 의한 청소년지도사(이하 '청소년지도사'라 한다), '사회복지사업법' 제11조의 규정에 의한 사회복지사(이하 '사회복지사'라 한다) 그 밖의 관계인은 관할 시장·군수·구청장에게 제6조의 규정에 의한 지원을 신청할 수 있다.

  ② 시장·군수·구청장은 소속공무원으로 하여금 관할구역 내에 거주하는 청소년을 조사하여 제1항의 규정에 의한 지원을 신청하게 할 수 있다.

  ③ 제1항 및 제2항의 규정에 의한 신청서식, 증빙자료 등 신청에 필요한 세부적인 사항은 여성가족부령으로 정한다. [개정 2005. 4. 27 제

18811호('청소년기본법 시행령'), 2006. 3. 29 제19431호(청소년기본법 시행령), 2008. 2. 29 제20679호(보건복지가족부와 그 소속기관 직제), 2010. 3. 15 제22076호(여성가족부 직제)] [[시행일 2010. 3. 19]]

제9조 (특별지원 청소년의 선정 등)

① 시장·군수·구청장은 제8조제1항 또는 제2항의 규정에 의하여 지원신청을 받은 때에는 소속공무원의 조사·상담과 제10조의 규정에 의한 특별지원 청소년 심의위원회의 심의를 거쳐 신청일부터 30일 이내에 그 지원여부와 제6조의 규정에 의한 지원내용 등을 결정하여야 한다. 다만, 조사·상담을 위하여 특별한 사정이 있는 경우에는 14일의 범위 내에서 그 기간을 연장할 수 있다.

② 제1항의 규정에 의한 조사·상담은 다음의 사항을 대상으로 한다.

1. 보호자의 유무 및 보호 정도 등 보호자에 관한 사항
2. 청소년의 생계, 학업 및 건강상태 등 생활실태에 관한 사항
3. 청소년이 속한 가구의 소득 및 재산에 관한 사항
4. '국민기초생활 보장법' 등 다른 법령에 의한 지원에 관한 사항
5. 그 밖에 지원을 결정하기 위하여 필요한 사항

③ 시장·군수·구청장은 제2항 각 호의 규정에 의한 조사를 실시하기 위하여 국세·지방세·토지·건물·건강보험·국민연금 및 고용보험 등에 관한 전산망을 이용하고자 하는 경우에는 관계기관의 장에게 협조를 요청할 수 있다. 이 경우 관계기관의 장은 정당한 사유가 없는 한 이에 응하여야 한다.

④ 제1항의 규정에 의하여 조사·상담을 실시하는 시·군·구(자치구를 말한다. 이하 같다) 소속 공무원은 그 권한을 표시하는 증표를 휴대하고 이를 관계인에게 제시하여야 한다.

⑤ 시장·군수·구청장은 청소년 본인 또는 보호자가 제2항의 규정에 의한 조사·상담을 거부·방해 또는 기피하는 경우에는 제8조의 규정에 의한 지원신청을 반려할 수 있다. 이 경우 서면으로 그 이유를 명시하여야 한다.

⑥ 그 밖에 특별지원 청소년의 선정절차 등에 관하여 필요한 사항은 여성가족부령으로 정한다. [개정 2005. 4. 27 제18811호('청소년기본법 시행령'), 2006. 3. 29 제19431호(청소년기본법 시행령), 2008. 2. 29 제20679호(보건복지가족부와 그 소속기관 직제), 2010. 3. 15 제22076호(여성가족부 직제)] [[시행일 2010. 3. 19]]

제10조 (특별지원 청소년 심의위원회의 구성·운영 등)

① 특별지원 청소년의 선정 및 지원에 관한 사항을 심의하기 위하여 시장·군수·구청장 소속 하에 특별지원 청소년 심의위원회(이하 '심의위원회'라 한다)를 둔다.

② 심의위원회는 위원장 1인을 포함한 10인 이내의 위원으로 구성한다.

③ 위원장은 시장·군수·구청장이 되고, 필요한 경우에는 소속공무원으로 하여금 그 직무를 대행하게 할 수 있다.

④ 심의위원회의 위원은 시·군·구 소속 공무원 중에서 시장·군수·구청장이 지명하는 자와 다음 각 호의 규정에 의한 자 중에서 시장·군수·구청장이 위촉하는 자로 한다. [개정 2010. 7. 12 제22269호(고용노동부와 그 소속기관 직제)]

1. 지역교육청 또는 지방고용노동관서에 소속된 공무원으로서 청소년 관련 업무를 담당하거나 하였던 자

2. '고등교육법' 제2조 각 호의 규정에 의한 학교에서 조교수 이상 또는 이에 상당하는 직에 있거나 있었던 자로서 청소년 분야에 학식과

경험이 풍부한 자

3. 변호사·의사 또는 교사의 자격이 있는 자로서 청소년 분야에 학식과 경험이 풍부한 자

4. 청소년상담사, 청소년지도사 또는 사회복지사의 자격이 있는 자

5. 청소년단체에서 청소년활동을 3년 이상 전문적으로 담당하거나 하였던 자

6. 그 밖에 청소년분야에 전문지식이 있다고 위원장이 인정한 자

⑤ 위촉위원의 임기는 2년으로 하되, 연임할 수 있다.

⑥ 위원장은 심의위원회를 소집하고, 그 의장이 된다.

⑦ 심의위원회의 회의는 재적위원 과반수의 출석으로 개의하고, 출석위원 과반수의 찬성으로 의결한다.

⑧ 심의위원회의 사무를 담당하기 위하여 간사 1인을 두며, 간사는 시·군·구 소속공무원 중에서 위원장이 지명한다.

⑨ 위원장은 필요하다고 인정하는 때에는 심의위원회의 위원 외에 관계인 및 전문가로 하여금 회의에 출석하여 발언하도록 요청할 수 있다.

⑩ 심의위원회의 회의에 출석한 위원, 관계인 및 전문가에 대하여는 예산의 범위 안에서 수당과 여비를 지급할 수 있다. 다만, 공무원인 위원이 그 소관업무와 직접적으로 관련하여 회의에 출석하는 경우에는 그러하지 아니하다.

⑪ 그 밖에 심의위원회의 구성·운영 등에 관하여 필요한 사항은 시·군·구의 조례로 정한다.


제11조 (특별지원 청소년 지원통보 등)

① 시장·군수·구청장은 특별지원 청소년에 대한 지원을 결정한 때 및 제12조제5항의 규정에 의한 선정을 통보받은 때에는 그 결정의 요

지, 지원내용·금액 및 지원기간 등을 서면으로 청소년 본인, 보호자 및 신청인에게 통보하여야 한다.

② 시장·군수·구청장이 제6조제3항의 규정에 의한 지원기간의 연장결정을 하는 경우에는 지원성과 및 제7조의 규정에 의한 선정기준에의 적합여부 등을 조사·확인하여야 한다.

제12조 (특별지원 청소년 선정업무 위탁 등)

① 시장·군수·구청장은 법 제13조제2항의 규정에 의하여 특별지원 청소년 선정업무를 위탁하는 경우 위탁받을 단체의 전문성 및 운영능력 등을 고려하여야 한다.

② 특별지원 청소년의 선정업무를 위탁받은 단체의 장은 특별지원 청소년 선정에 관한 사항을 심의하기 위하여 위탁받은 단체에 특별지원 청소년 심의위원회(이하 '위탁심의위원회'라 한다)를 둔다.

③ 위탁받은 단체의 장은 위탁심의위원회의 위원장이 되고, 위원은 다음 각 호의 규정에 의한 자 중에서 위원장이 위촉한다.

1. '고등교육법' 제2조 각 호의 규정에 의한 학교에서 조교수 이상 또는 이에 상당하는 직에 있거나 있었던 자로서 청소년 분야에 학식과 경험이 풍부한 자

2. 변호사·의사 또는 교사의 자격이 있는 자로서 청소년 분야에 학식과 경험이 풍부한 자

3. 청소년상담사·청소년지도사 또는 사회복지사의 자격이 있는 자

4. 청소년단체에서 청소년활동을 3년 이상 전문적으로 담당하거나 하였던 자

5. 그 밖에 청소년 분야에 전문지식이 있다고 위원장이 인정한 자

④ 그 밖에 위탁심의위원회의 구성·운영 등에 관하여 필요한 사항은

제10조제2항, 제5항 내지 제7항, 제9항 및 제10항의 규정을 준용한다.

⑤ 위탁받은 단체의 장은 특별지원 청소년을 선정한 때에는 지체 없이 그 사실을 시장·군수·구청장에게 통보하여야 한다.


제13조 (청소년쉼터의 설치·운영)

① 법 제14조제1항의 규정에 의한 청소년쉼터는 가출청소년의 일시적인 생활지원과 선도 및 가정·사회로의 복귀를 지원하기 위하여 다음의 사업을 수행한다.
　1. 가출청소년의 일시보호 및 숙식제공
　2. 가출청소년의 상담·선도·수련활동
　3. 가출청소년의 학업 및 직업훈련 지원활동
　4. 청소년의 가출 예방을 위한 거리상담활동
　5. 그 밖에 청소년복지지원에 관한 활동
② 국가 및 지방자치단체는 제1항의 규정에 의한 청소년쉼터를 설치·운영하는 경우 여성가족부령이 정하는 설치 기준에 적합한 시설과 전문인력을 확보·유지하도록 노력하여야 한다. [개정 2005. 4. 27 제18811호('청소년기본법 시행령'), 2006. 3. 29 제19431호(청소년기본법 시행령), 2008. 2. 29 제20679호(보건복지가족부와 그 소속기관 직제), 2010. 3. 15 제22076호(여성가족부 직제)] [[시행일 2010. 3. 19]]


제14조 (청소년쉼터의 보험가입)

법 제14조제2항의 규정에 의한 보험금액의 기준은 '청소년활동진흥법 시행령' 제13조제2항의 규정을 준용한다.

## 제5장 교육적 선도(선도)

### 제15조 (선도내용 등)

① 법 제15조의 규정에 의하여 교육적 선도(이하 '선도'라 한다)의 내용·방법 및 선도 기간을 정하는 때에는 제18조제2항 및 제3항의 규정에 의한 조사·상담내용과 선도대상자 및 법 제18조제1항의 규정에 의한 선도후견인의 의견을 고려하여야 한다.

② '초·중등교육법' 제2조의 규정에 의한 학교에 재학 중인 청소년이 선도대상자로 선정되는 경우에는 학교 교육과정의 이수에 어려움이 없도록 선도내용·방법 및 선도 기간이 조정되어야 한다.

### 제16조 (선도대상자의 선정기준)

법 제15조제1항의 규정에 의한 선도대상자의 선정은 9세 이상 18세 이하의 자로서 다음의 청소년으로 한다.

1. 일상생활에 적응하지 못하여 비행·일탈을 저지른 청소년
2. 일상생활에 적응하지 못하여 전문가의 상담 등 가정 또는 학교 외부의 교육적 도움이 필요한 청소년

### 제17조 (선도신청)

① 법 제15조제1항의 규정에 의하여 청소년 본인이 선도를 신청하는 때에는 시장·군수·구청장에게 신청서를 제출하여야 한다.

② 법 제15조제1항의 규정에 의하여 청소년의 보호자 또는 학교의 장이 시장·군수·구청장에게 선도를 신청하는 때에는 신청서와 청소년 본인의 동의서를 첨부하여야 한다.

③ 제1항 및 제2항의 규정에 의한 신청서식 등 선도신청에 필요한 세부적인 사항은 여성가족부령으로 정한다. [개정 2005. 4. 27 제18811호('청소년기본법 시행령'), 2006. 3. 29 제19431호(청소년기본법 시행령), 2008. 2. 29 제20679호(보건복지가족부와 그 소속기관 직제), 2010. 3. 15 제22076호(여성가족부 직제)] [[시행일 2010. 3. 19]]

제18조 (선도대상자의 선정절차 등)

① 시장·군수·구청장은 제17조의 규정에 의한 선도신청을 받은 때에는 기본적인 조사를 실시하고, 선도가 필요하다고 인정되는 때에는 전문적인 조사·상담을 실시한 후 청소년선도심의위원회(이하 '선도위원회'라 한다)의 심의를 거쳐 신청일부터 30일 이내에 선도실시 여부, 선도내용 및 선도 기간 등을 결정하여야 한다. 다만, 조사·상담을 위하여 특별한 사정이 있는 경우에는 14일의 범위 내에서 그 기간을 연장할 수 있다.

② 제1항의 규정에 의한 기본적인 조사는 다음의 사항을 대상으로 한다.

1. 비행·일탈 유무 및 비행·일탈내용에 관한 사항
2. 청소년의 가정, 학교 등 생활환경에 관한 사항
3. 그 밖에 선도여부를 결정하기 위하여 필요한 사항

③ 제1항의 규정에 의한 전문적인 조사·상담은 다음의 사항과 관련하여 실시한다.

1. 청소년의 인성, 적성 등을 측정하는 심리검사
2. 청소년의 장래희망, 학업 및 직업계획 등에 관한 사항
3. 그 밖에 선도방향 및 기간을 결정하기 위하여 필요한 사항

④ 제1항의 규정에 의하여 조사·상담을 실시하는 자는 그 권한을

표시하는 증표를 휴대하고 이를 관계인에게 제시하여야 한다.

⑤ 제1항의 규정에 의한 선도위원회는 시장·군수·구청장 소속하에 설치하고 그 밖에 위원회의 구성·운영 등에 관하여 필요한 사항은 여성가족부령으로 정한다. [개정 2005. 4. 27 제18811호('청소년기본법 시행령'), 2006. 3. 29 제19431호(청소년기본법 시행령), 2008. 2. 29 제20679호(보건복지가족부와 그 소속기관 직제), 2010. 3. 15 제22076호(여성가족부 직제)] [[시행일 2010. 3. 19]]

제19조 (선도결정 등)

시장·군수·구청장은 청소년에 대한 선도를 결정하는 때에는 그 결정의 요지, 선도내용 및 선도 기간 등을 서면으로 청소년 본인, 보호자 및 학교의 장에게 각각 통보하여야 한다. 다만, 학교의 장에 대한 통보는 청소년 본인 또는 보호자가 원하지 아니하는 때에는 하지 아니한다.

제20조 (선도사무의 위탁 등)

① 법 제17조의 규정에 의하여 선도사무를 위탁하는 경우에는 위탁받을 단체의 전문성 및 운영능력 등을 고려하여야 한다.

② 법 제17조의 규정에 의하여 선도사무를 위탁받은 단체는 선도에 관한 사항을 심의하기 위하여 위탁받은 단체에 청소년선도심의위원회(이하 "위탁선도위원회"라 한다)를 둔다. 다만, 선도사무와 법 제13조제2항의 규정에 의한 특별지원 청소년 선정업무를 위탁받은 단체가 동일한 경우에는 위탁심의위원회와 통합하여 운영할 수 있다.

③ 국가 및 지방자치단체는 법 제17조의 규정에 의하여 선도사무를 위탁받은 단체에 예산의 범위 안에서 선도사무 수행에 필요한 비용 및

시설 등을 지원할 수 있다.

④ 제2항의 규정에 의한 위탁선도위원회의 구성·운영 등에 관하여 필요한 사항은 여성가족부령으로 정한다. [개정 2005. 4. 27 제18811호('청소년기본법 시행령'), 2006. 3. 29 제19431호(청소년기본법 시행령), 2008. 2. 29 제20679호(보건복지가족부와 그 소속기관 직제), 2010. 3. 15 제22076호(여성가족부 직제)] [[시행일 2010. 3. 19]]

제21조 (선도후견인의 임무 등)

① 법 제18조제1항의 규정에 의한 선도후견인의 임무는 다음 각 호와 같다.
1. 선도대상 청소년에 대한 상담 및 지원
2. 선도대상 청소년의 선도내용 변경, 선도 기간 종료 및 연장에 관한 의견제출
3. 그 밖에 선도대상 청소년의 건강한 성장을 위한 조언
② 선도후견인에 대하여는 예산의 범위 안에서 수당과 활동에 필요한 경비를 지원할 수 있다.

## 제6장 벌칙

제22조 (과태료의 부과)

① 법 제21조제2항의 규정에 의하여 시장·군수·구청장이 과태료를 부과하고자 하는 때에는 당해 위반행위를 조사·확인한 후 위반사실과 과태료의 금액 등을 서면으로 명시하여 과태료 처분대상자에게 통지하여야 한다.

② 시장·군수·구청장은 제1항의 규정에 의하여 과태료를 부과하고자 할 때에는 10일 이상의 기간을 정하여 과태료처분대상자에게 구두 또는 서면에 의한 의견진술의 기회를 주어야 한다. 이 경우 지정된 기일까지 의견진술이 없는 때에는 의견이 없는 것으로 본다.

③ 시장·군수·구청장은 과태료의 금액을 정함에 있어서 당해 위반행위의 동기와 그 결과 등을 참작하여야 한다.

④ 과태료의 징수절차는 여성가족부령으로 정한다. [개정 2005. 4. 27 제18811호('청소년기본법 시행령'), 2006. 3. 29 제19431호(청소년기본법 시행령), 2008. 2. 29 제20679호(보건복지가족부와 그 소속기관 직제), 2010. 3. 15 제22076호(여성가족부 직제)] [[시행일 2010. 3. 19]]

부칙 [2005. 3. 18 제18741호]
이 영은 공포한 날부터 시행한다.

부칙 [2005. 4. 27 제18811호(청소년기본법 시행령)]
제1조 (시행일) 이 영은 공포한 날부터 시행한다.
제2조 생략
제3조 (다른 법령의 개정) ① 생략
② 청소년복지지원법 시행령 일부를 다음과 같이 개정한다.
제5조제3항 내지 제7항 중 '문화관광부장관'을 각각 '청소년위원회'로 한다.
제4조제1항 및 제6조제2항 중 '문화관광부장관이'를 각각 '청소년위원회가'로 한다.
제4조제2항 중 '문화관광부장관은'을 '청소년위원회는'으로 한다.
제5조제8항, 제6조제1항제2호, 제7조제2항제2호, 제8조제3항, 제9조제6항, 제13조제2항, 제17조제3항, 제18조제5항, 제20조제4항 및 제22조제4항 중 '문화관광부령을 각각 '청소년위원회규칙'으로 한다.

③ 내지 ⑧ 생략

부칙 [2006. 3. 29 제19431호(청소년기본법 시행령)]
제1조 (시행일) 이 영은 2006년 3월 30일부터 시행한다.
제2조 (다른 법령의 개정) ① 내지 ⑥ 생략
⑦ 청소년복지지원법 시행령 일부를 다음과 같이 개정한다.
제4조제1항·제2항, 제5조제3항 내지 제7항 및 제6조제2항 중 '청소년위원회'를 각각 '국가청소년위원회'로 한다.
제5조제8항, 제6조제1항제2호, 제7조제2항제2호, 제8조제3항, 제9조제6항, 제13조제2항, 제17조제3항, 제18조제5항, 제20조제4항 및 제22조제4항 중 '청소년위원회규칙'을 '국가청소년위원회규칙'으로 한다.
⑧ 내지 ⑫ 생략

부칙[2008. 2. 29 제20679호 (보건복지가족부와 그 소속기관 직제)]
제1조(시행일) 이 영은 공포한 날부터 시행한다.
제2조부터 제8조까지 생략
제9조(다른 법령의 개정) ①부터 <67>까지 생략
<68> 청소년복지지원법 시행령 일부를 다음과 같이 개정한다.
제4조제1항 중 '국가청소년위원회가'를 '보건복지가족부장관이'로 하고, 같은 조 제2항 중 '국가청소년위원회는'을 '보건복지가족부장관은'으로 한다.
제5조제3항 중 '국가청소년위원회'를 '보건복지가족부장관'으로 하고, 같은 조 제4항 중 '국가청소년위원회'를 '보건복지가족부장관'으로, '국가청소년위원회 등'을 '보건복지가족부장관등'으로 하며, 같은 조 제5항부터 제7항까지 중 '국가청소년위원회 등'을 각각 '보건복지가족부장관 등'으로 하고, 같은 조 제8항 중 '국가청소년위원회규칙'을 '보건복지가족부령'으로 한다.

제6조제1항제2호 중 '국가청소년위원회규칙'을 '보건복지가족부령'으로 하고, 같은 조제2항 중 '국가청소년위원회'를 '보건복지가족부장관이'로 한다.

제7조제2항제2호, 제8조제3항, 제9조제6항, 제13조제2항, 제17조제3항, 제18조제5항, 제20조제4항, 제22조제4항 중 '국가청소년위원회규칙'을 각각 '보건복지가족부령'으로 한다.

<69>부터 <80>까지 생략


부칙[2010. 3. 15 제22076호(여성가족부 직제)]

제1조(시행일) 이 영은 2010년 3월 19일부터 시행한다.

제2조 생략

제3조(다른 법령의 개정) ①부터 <21>까지 생략

<22> 청소년복지지원법 시행령 일부를 다음과 같이 개정한다.

제4조제1항·제2항, 제5조제3항·제4항 및 제6조제2항 중 '보건복지가족부장관'을 각각 '여성가족부장관'으로 한다.

제5조제4항부터 제7항까지 중 '보건복지가족부장관등'을 각각 '여성가족부장관등'으로 한다.

제5조제8항, 제6조제1항제2호, 제7조제2항제2호, 제8조제3항, 제9조제6항, 제13조제2항, 제17조제3항, 제18조제5항, 제20조제4항 및 제22조제4항 중 '보건복지가족부령'을 각각 '여성가족부령'으로 한다.

<23>부터 <26>까지 생략


부칙[2010. 7 .12 제22269호(고용노동부와 그 소속기관 직제)]

제1조(시행일) 이 영은 공포한 날부터 시행한다. <단서 생략>

제2조(다른 법령의 개정) ①부터 <119>까지 생략

<120> 청소년복지지원법 시행령 일부를 다음과 같이 개정한다.

제10조제4항제1호 중 '지방노동관서'를 '지방고용노동관서'로 한다.

<121>부터 <136>까지 생략

# [부록 3]

## 청소년복지지원법 시행규칙

### 여성가족부령 제12호 일부개정 2011. 3. 29.

제1조 (목적)

이 규칙은 「청소년복지지원법」 및 동법 시행령에서 위임된 사항과 그 시행에 관하여 필요한 사항을 규정함을 목적으로 한다.

제2조 (청소년증의 발급신청)

① 「청소년복지지원법」(이하 '법'이라 한다) 제7조제1항에 따라 청소년증의 발급을 신청하려는 청소년(이하 "신청인"이라 한다)은 별지 제1호 서식의 청소년증 발급신청서에 사진 1장을 첨부하여 관할 시장·군수·구청장(자치구의 구청장을 말한다. 이하 같다) 또는 읍·면·동장에게 제출하여야 한다. [개성 2011. 3. 29] [[시행일 2011. 6. 1]]

② 관할 시장·군수·구청장 또는 읍·면·동장은 신청인이 청소년증 발급 전에 임시증명서로 활용하기 위하여 청소년증 발급신청 확인서 발급을 요청하는 경우에는 사진 1장을 추가로 제출받아 별지 제1호의2 서식에 따른 청소년증 발급신청 확인서를 발급하여야 한다. [개정 2011 .3. 29] [[시행일 2011. 6. 1]]

제3조 (청소년증의 발급 · 교부)

① 제2조제1항의 규정에 의하여 청소년증의 발급을 신청 받은 자는 신청인의 본인 여부를 확인한 후, 별지 제2호 서식의 청소년증 신청접수 · 발급대장에 해당사항을 기재하여야 한다.

② 제1항의 규정에 의한 신청인의 본인 여부의 확인은 관계공무원이 신청인에게 주민등록번호 및 주소 등 필요한 사항을 물어보거나 인근 주민에게 문의하는 방법으로 할 수 있다.

③ 시장 · 군수 · 구청장이 청소년증을 신청인에게 교부하는 때에는 별지 제2호 서식의 청소년증 신청접수 · 발급대장에 교부인을 날인하여야 한다.

④ 청소년이 읍 · 면 · 동장에게 청소년증의 발급을 신청한 경우에 시장 · 군수 · 구청장은 발급된 청소년증을 해당 읍 · 면 · 동장에게 송부한다.

⑤ 읍 · 면 · 동장이 제4항의 규정에 의하여 청소년증을 송부 받은 때에는 별지 제2호 서식의 청소년증 신청접수 · 발급대장에 교부인을 날인하고 신청인에게 교부한다.

제4조 (청소년증의 재발급 등)

① 청소년증을 교부받은 사람은 그 청소년증을 잃어버리거나 청소년증이 훼손되거나 기재사항을 변경하려는 경우에는 별지 제1호 서식의 청소년증 재발급신청서에 청소년증(청소년증을 잃어버린 경우는 제외한다)과 기재사항의 변경내용을 증명할 수 있는 서류(기재사항을 변경하려는 경우에만 해당한다)를 첨부하여 신청인의 거주지와 관계없이 시장 · 군수 · 구청장 또는 읍 · 면 · 동장에게 재발급을 신청할 수 있다. 다만, 청소년증에 부착된 사진을 교체하려는 경우에는 신청인의 관할 시장 ·

군수·구청장 또는 읍·면·동장에게 신청하여야 한다. [개정 2011. 3. 29] [[시행일 2011 .6. 1]]

② 제1항에 따라 청소년증 재발급 신청을 받은 시장·군수·구청장 또는 읍·면·동장은 신청인이 재발급 신청 이전에 청소년증을 발급받은 사실이 있는지와 본인이 맞는지를 확인한 후 처리하여야 한다. [신설 2011 .3. 29] [[시행일 2011. 6. 1]]

③ 신청인이 관할 시장·군수·구청장 또는 읍·면·동장이 아닌 시장·군수·구청장 또는 읍·면·동장에게 청소년증 재발급을 신청한 후 재발급된 청소년증을 6개월간 찾아가지 아니하는 경우에는 그 청소년증을 발급하여 보관하고 있는 시장·군수·구청장 또는 읍·면·동장은 신청인의 관할 시장·군수·구청장 또는 읍·면·동장에게 청소년증을 보내야 한다. [신설 2011. 3. 29] [[시행일 2011. 6. 1]]

④ 제3조제2항부터 제5항까지의 규정은 청소년증의 재발급 시 준용한다. [개정 2011. 3. 29] [[시행일 2011. 6. 1]]

제4조의2 (청소년증의 회수·파기)

① 시장·군수·구청장 또는 읍·면·동장은 다음 각 호의 어느 하나에 해당하는 사유가 발생하면 청소년증(제2호의 경우는 재발급되기 전의 청소년증을 말한다)을 회수하여야 한다.

1. 유효기간 도래 등으로 청소년증을 반납한 경우

2. 제4조제1항에 따라 청소년증을 재발급한 경우. 다만, 청소년증을 잃어버려 재발급한 경우는 제외한다.

3. 우체국 등으로부터 습득한 청소년증에 대하여 본인에게 수령안내를 통지한 후 1년이 경과한 경우

4. 제3조 또는 제4조에 따라 발급한 청소년증에 대하여 수령안내를

통지한 후 1년이 지나도 찾아가지 아니하는 경우

② 제1항에 따라 회수된 청소년증은 별지 제2호의2 서식에 따른 청소년증 회수대장에 기록하고 분기마다 1회 이상 이를 파기하여야 한다.

[본조신설 2011. 3. 29] [[시행일 2011. 6. 1]]


제5조 (청소년증)

① 법 제7조제1항의 규정에 의한 청소년증은 별지 제3호 서식에 의한다.

② 제1항의 규정에 의한 청소년증의 발급에 있어서 직인의 날인은 그 직인의 인영을 인쇄함으로써 이에 갈음할 수 있다.


제6조 (체력검사 및 건강진단 신청서식)

① 「청소년복지지원법 시행령」(이하 '영'이라 한다) 제5조제8항의 규정에 의한 청소년 체력검사 및 건강진단 신청서는 별지 제4호 서식에 의한다.

② 제1항의 규정에 의한 신청서에 필요한 증빙자료는 다음과 같다. 다만, 「전자정부구현을 위한 행정업무 등의 전자화촉진에 관한 법률」 제21조제1항의 규정에 의한 행정정보의 공동이용을 통하여 첨부서류에 대한 정보를 확인할 수 있는 경우에는 그 확인으로 증빙자료에 갈음할 수 있다.

1. 비취학을 증명하는 서류 1부
2. 주민등록등본 1부

제7조 (요양급여비용)

영 제6조제1항제2호에서 '여성가족부령이 정하는 요양급여비용'이라
함은 청소년이 질병·부상 등으로 인하여 다음의 요양급여를 받는 데에
소요되는 비용을 말한다. [개정 2008.3.3 제1호(보건복지가족부와 그 소
속기관 직제 시행규칙), 2010. 3. 19 제1호(여성가족부 직제 시행규칙)]

1. 진찰·검사
2. 약제·치료재료의 지급
3. 처치·수술과 그 밖의 치료
4. 예방·재활
5. 입원
6. 간호
7. 이송과 그 밖의 의료목적의 달성을 위한 조치

제8조 (청소년이 속한 가구의 소득인정액의 범위)

영 제7조제2항제2호에서 '여성가족부령이 정하는 범위'란 「국민기초생
활 보장법」 제6조에 따른 최저생계비를 기준으로 다음에 해당하는 경우
를 말한다. [개정 2008. 3. 3 제1호(보건복지가족부와 그 소속기관 직제
시행규칙), 2010. 3. 19 제1호(여성가족부 직제 시행규칙), 2011. 3. 29]
[[시행일 2011. 6. 1]]

1. 영 제6조제1항제1호 및 제2호의 경우: 최저생계비의 100분의 150
미만일 것
2. 영 제6조제1항제3호부터 제5호까지의 경우: 최저생계비의 100분의
180 미만일 것

제9조 (특별지원 청소년 신청)

① 영 제8조제3항에 따른 특별지원 청소년 지원신청서는 사회복지관련 사업 및 서비스와 관련하여 보건복지부장관이 정하여 고시하는 공통서식에 의한다. [개정 2009. 12. 31, 2010. 3. 19 제1호(여성가족부 직제 시행규칙), 2011. 3. 29] [[시행일 2011. 6. 1]]

② 제1항에 의한 신청서에 필요한 증빙자료 등은 다음과 같다. 다만, 「전자정부법」 제36조제1항에 따른 행정정보의 공동이용을 통하여 첨부서류에 대한 정보를 확인할 수 있는 경우에는 그 확인으로 증빙자료에 갈음할 수 있다. [개정 2009. 12. 31, 2010. 3. 19 제1호(여성가족부 직제 시행규칙), 2011. 3. 29] [[시행일 2011. 6. 1]]

1. 영 제7조제1항의 규정에 의한 특별지원 청소년 선정대상임을 증명하는 서류 또는 그 밖의 관련자료

2. 소득 · 재산 신고서(사회복지관련 사업 및 서비스와 관련하여 보건복지부장관이 정하여 고시하는 공통서식에 따른다) 및 소득 · 재산을 증명할 수 있는 서류(월급명세서, 전 · 월세계약서를 말한다) 각 1부

3. 삭제 [2011. 3. 29] [[시행일 2011. 6. 1]]

4. 삭제 [2011. 3. 29] [[시행일 2011. 6. 1]]

[본조제목개정 2009. 12. 31] [[시행일 2010. 1. 1]]


제10조 (자료의 제출요구)

시장 · 군수 · 구청장은 영 제9조제2항 각 호의 내용을 확인하기 위하여 필요한 자료를 청소년 본인, 보호자 및 특별지원 청소년 신청인에게 요청할 수 있다.

제11조 (특별지원 청소년 조사 · 상담내용의 기록 · 관리)

시장 · 군수 · 구청장은 영 제9조제2항의 규정에 의한 조사 · 상담내용을 기록 · 관리하여야 한다.

제12조 (특별지원 청소년 지원현황 관리)

시장 · 군수 · 구청장은 사회복지관련 사업 및 서비스와 관련하여 여성가족부장관이 정하여 고시하는 공통서식에 따라 복지대상자 통합관리카드를 작성 · 관리하여야 한다. [개정 2010 .3. 19 제1호(여성가족부 직제 시행규칙)]
[전문개정 2009. 12 .31] [[시행일 2010. 1. 1]]

제13조 (청소년쉼터의 설치기준 등)

① 영 제13조제2항의 규정에 의한 청소년쉼터의 설치기준은 다음과 같다.
1. 숙식 시설(침실 · 식당 및 욕실을 포함한다)
2. 단체활동실 1개소
3. 상담실 1개소
4. 사무실 1개소
② 영 제13조제2항의 규정에 의한 전문인력 기준은 「청소년기본법」 제21조제1항의 규정에 의한 청소년지도사(이하 '청소년지도사'라 한다), 「청소년기본법」 제22조제1항의 규정에 의한 청소년상담사(이하 '청소년상담사'라 한다) 및 「사회복지사업법」 제11조의 규정에 의한 사회복지사중 2명 이상을 확보 · 유지함을 말한다.

제14조 (교육적 선도 지원신청서)

영 제17조제3항의 규정에 의한 교육적 선도(이하 '선도'라 한다) 지원신청서는 별지 제7호 서식에 의한다.

제15조 (청소년선도심의위원회의 구성·운영 등)

① 영 제18조제5항의 규정에 의하여 청소년선도심의위원회(이하 '선도위원회'라 한다)는 위원장 1인을 포함하여 10인 이내의 위원으로 구성한다.

② 선도위원회의 위원장은 시장·군수·구청장이 되고, 부득이한 경우 제3항의 규정에 의하여 소속 공무원으로서 선도위원회의 위원인 자로 하여금 그 직무를 대행하게 할 수 있다.

③ 선도위원회의 위원은 시·군·구(자치구를 말한다. 이하 같다) 소속 공무원 중에서 시장·군수·구청장이 지명하는 자와 다음의 자 중에서 시장·군수·구청장이 위촉하는 자로 한다.

1. 지역교육청에 소속된 공무원으로서 청소년관련 업무를 담당하거나 하였던 자

2. 「고등교육법」 제2조 각 호의 규정에 의한 학교에서 조교수 이상 또는 이에 상당하는 직에 있거나 있었던 자로서 청소년분야에 학식과 경험이 풍부한 자

3. 변호사·의사 또는 교사의 자격이 있는 자로서 청소년 분야에 학식과 경험이 풍부한 자

4. 청소년지도사·청소년상담사 또는 사회복지사의 자격이 있는 자

5. 청소년단체에서 청소년활동을 3년 이상 전문적으로 담당하거나 하였던 자

6. 그 밖에 청소년 분야에 전문지식이 있다고 위원장이 인정한 자

④ 위촉위원의 임기는 2년으로 하되, 연임할 수 있다.

⑤ 위원장은 선도위원회를 소집하고, 그 의장이 된다.

⑥ 선도위원회의 회의는 재적위원 과반수의 출석으로 개의하고, 출석위원 과반수의 찬성으로 의결한다.

⑦ 선도위원회의 사무를 담당하기 위하여 간사 1인을 두며, 간사는 시·군·구 소속공무원 중에서 위원장이 지명한다.

⑧ 위원장은 필요하다고 인정하는 때에는 선도위원회의 위원 외에 관계인 및 전문가로 하여금 회의에 출석하여 발언하도록 요청할 수 있다.

⑨ 선도위원회의 회의에 출석한 위원, 관계인 및 전문가에 대하여는 예산의 범위 안에서 수당과 여비를 지급할 수 있다. 다만, 공무원인 위원이 그 소관업무와 직접적으로 관련하여 회의에 출석하는 경우에는 그러하지 아니하다.

⑩ 그 밖에 선도위원회의 구성·운영 등에 관하여 필요한 사항은 시·군·구의 조례로 정한다.


제16조 (선도사무의 위탁)


① 법 제17조의 규정에 의하여 선도사무를 위탁받은 단체의 장은 영 제20조제2항의 규정에 의한 청소년선도심의위원회(이하 '위탁선도위원회'라 한다)의 위원장이 되고, 위원은 다음의 자 중에서 위원장이 위촉한다.

1. 「고등교육법」 제2조 각 호의 규정에 의한 학교에서 조교수 이상 또는 이에 상당하는 직에 있거나 있었던 자로서 청소년분야에 학식과 경험이 풍부한 자

2. 변호사·의사 또는 교사의 자격이 있는 자로서 청소년 분야에 학식과 경험이 풍부한 자

3. 청소년지도사·청소년상담사 또는 사회복지사의 자격이 있는 자

4. 청소년단체에서 청소년활동을 3년 이상 전문적으로 담당하거나 하였던 자

5. 그 밖에 청소년분야에 전문지식이 있다고 위원장이 인정한 자

② 그 밖에 위탁선도위원회의 구성·운영 등에 관하여 필요한 사항은 제15조제1항, 제4항 내지 제6항, 제8항 및 제9항의 규정을 준용한다.

③ 선도결정의 선도사무를 위탁받은 단체의 장이 청소년에 대한 선도를 결정하는 경우에 선도결정의 통보는 영 제19조의 규정을 준용한다.

④ 선도사무를 위탁받은 단체의 장이 선도를 실시한 경우에는 반기별로 1회씩 선도실시 내용 등을 시장·군수·구청장에게 제출하여야 한다.


제17조 (과태료의 징수절차)

영 제22조제4항의 규정에 의한 과태료의 징수절차에 관하여는 「국고금관리법 시행규칙」을 준용한다. 이 경우 납입고지서에는 이의신청방법 및 이의신청기간을 함께 적어 넣어야 한다.


부칙 [2005. 3. 18 제108호]
이 규칙은 공포한 날부터 시행한다.


부칙 [2008. 3. 3. 제1호(보건복지가족부와 그 소속기관 직제 시행규칙)]
제1조(시행일) 이 규칙은 공포한 날부터 시행한다.
제2조 생략
제3조(다른 법령의 개정) ①부터 <84>까지 생략
<85> 청소년복지지원법 시행규칙 일부를 다음과 같이 개정한다.
제7조 각 호 외의 부분 및 제8조 각 호 외의 부분 중 '문화관광부령'을 각각 '보건복지가족부령'으로 한다.

별지 제4호 서식 앞쪽 중 '문화관광부장관'을 '보건복지가족부장관'으로 한다.

<86>부터 <94>까지 생략


부칙[2009. 12. 31 제148호]

이 규칙은 2010년 1월 1일부터 시행한다.


부칙[2010. 3. 19 제1호(여성가족부 직제 시행규칙)]

제1조(시행일) 이 규칙은 공포한 날부터 시행한다.

제2조(다른 법령의 개정) ①부터 ⑫까지 생략

⑬ 청소년복지지원법 시행규칙 일부를 다음과 같이 개정한다.

제7조 각 호 외의 부분 및 제8조 각 호 외의 부분 중 '보건복지가족부령'을 각각 '여성가족부령'으로 한다.

제9조제1항·제2항제2호, 제12조 및 별지 제4호 서식 앞쪽 중 '보건복지가족부장관'을 각각 '여성가족부장관'으로 한다.

⑭ 및 ⑮생략


부칙[2011. 3. 29 제12호]

제1조 (시행일) 이 규칙은 2011년 6월 1일부터 시행한다.

제2조 (소득인정액의 범위에 관한 적용례) 제8조의 개정규정은 이 규칙 시행 후 최초로 특별지원 청소년 선정 신청을 한 경우부터 적용한다.

# [부록 4]

## 청소년기본법
### 법률 제10658호 일부개정 2011. 5. 19.

### 제1장 총칙

제1조 (목적)

이 법은 청소년의 권리 및 책임과 가정·사회·국가 및 지방자치단체의 청소년에 대한 책임을 정하고 청소년 육성정책에 관한 기본적인 사항을 규정함을 목적으로 한다.

제2조 (기본이념)

① 청소년이 사회구성원으로서 정당한 대우와 권익을 보장받음과 아울러 스스로 생각하고 자유롭게 활동할 수 있도록 하며 보다 나은 삶을 누리고 유해한 환경으로부터 보호될 수 있도록 함으로써 국가와 사회가 필요로 하는 건전한 민주시민으로 자랄 수 있도록 함을 이 법의 기본이념으로 한다.

② 제1항의 기본이념을 구현하기 위한 장기적·종합적 청소년 육성정책을 추진함에 있어서 다음 각 호의 사항을 그 추진방향으로 한다.

1. 청소년의 참여보장
2. 청소년의 창의성과 자율성에 기초한 능동적 삶의 실현
3. 청소년의 성장여건과 사회 환경의 개선

4. 민주 · 복지 · 통일조국에 대비하는 청소년의 자질향상

제3조 (정의)

이 법에서 사용하는 용어의 정의는 다음 각 호와 같다.

1. '청소년'이라 함은 9세 이상 24세 이하의 자를 말한다. 다만, 다른 법률에서 청소년에 대한 적용을 달리할 필요가 있는 경우에는 따로 정할 수 있다.

2. '청소년 육성'이라 함은 청소년활동을 지원하고 청소년의 복지를 증진하며 사회여건과 환경을 청소년에게 유익하도록 개선하고 청소년을 보호하여 청소년에 대한 교육을 보완함으로써 청소년의 균형 있는 성장을 돕는 것을 말한다.

3. '청소년활동'이라 함은 청소년의 균형 있는 성장을 위하여 필요한 활동과 이러한 활동을 소재로 하는 수련활동 · 교류활동 · 문화활동 등 다양한 형태의 활동을 말한다.

4. '청소년복지'라 함은 청소년이 정상적인 삶을 영위할 수 있는 기본적인 여건을 조성하고 조화롭게 성장 · 발달할 수 있도록 제공되는 사회적 · 경제적 지원을 말한다.

5. '청소년 보호'라 함은 청소년의 건전한 성장에 유해한 물질 · 물건 · 장소 · 행위 등 각종 청소년 유해환경을 규제하거나 청소년의 접촉 또는 접근을 제한하는 것을 말한다.

6. '청소년시설'이라 함은 청소년활동 · 청소년복지 및 청소년 보호에 제공되는 시설을 말한다.

7. '청소년지도자'라 함은 제21조의 규정에 의한 청소년지도사 및 제22조의 규정에 의한 청소년상담사와 청소년시설 · 청소년단체 · 청소년 관련기관 등에서 청소년 육성 및 지도업무에 종사하는 자를 말한다.

8. '청소년단체'라 함은 청소년 육성을 주된 목적으로 설립된 법인 또는 대통령령이 정하는 단체를 말한다.

제4조 (다른 법률과의 관계)

① 이 법은 청소년 육성에 관하여 다른 법률에 우선하여 적용한다.
② 청소년 육성에 관한 법률을 제정하거나 개정하는 때에는 이 법에 부합되도록 하여야 한다.

제5조 (청소년의 권리와 책임)

① 청소년의 기본적 인권은 청소년활동·청소년복지·청소년 보호 등 청소년 육성의 모든 영역에서 존중되어야 한다.
② 청소년은 안전하고 쾌적한 환경 속에서 자기발전을 추구하고 정신적·신체적 건강을 해치거나 해칠 우려가 있는 모든 형태의 환경으로부터 보호받을 권리를 가진다.
③ 청소년은 자신의 능력개발과 건전한 가치관의 확립에 힘쓰고 가정·사회 및 국가의 구성원으로서의 책임을 다하도록 노력하여야 한다.

제6조 (가정의 책임)

① 가정은 청소년 육성에 관하여 1차적 책임이 있음을 인식하고, 따뜻한 사랑과 관심을 통하여 청소년이 개성과 자질을 바탕으로 자기발전을 실현하고 국가와 사회의 구성원으로서의 책임을 다하는 후계세대로 성장할 수 있도록 노력하여야 한다.
② 가정은 학교 및 청소년 관련 기관 등에서 실시하는 교육프로그램

에 청소년과 함께 참여하는 등 청소년을 바르게 육성하기 위하여 적극적으로 노력하여야 한다.

③ 가정은 정보통신망을 이용한 유해매체물의 접촉 등 청소년 유해환경으로부터 청소년을 보호하기 위하여 필요한 노력을 하여야 한다.

④ 가정의 무관심·방치·억압 또는 폭력 등이 원인이 되어 청소년이 가출하거나 비행을 저지르는 경우 친권자 또는 친권자를 대신하여 청소년을 보호하는 자는 보호의무의 책임을 진다.

[전문개정 2005. 12. 29][[시행일 2006. 3. 30]]

제7조 (사회의 책임)

① 모든 국민은 청소년이 일상생활 속에서 즐겁게 활동하고 더불어 사는 기쁨을 누리도록 도와주어야 한다.

② 모든 국민은 청소년의 사고와 행동양식의 특성을 인식하고 사랑과 대화를 통하여 청소년을 이해하고 지도하여야 하며, 청소년의 비행을 방임하지 아니하는 등 그 선도에 최선을 다하여야 한다.

③ 모든 국민은 청소년을 대상으로 하거나 청소년이 쉽게 접할 수 있는 장소에서 청소년의 정신적·신체적 건강에 해를 끼치는 행위를 하여서는 아니 되며, 청소년에게 유해한 환경을 정화하고 유익한 환경이 조성되도록 노력하여야 한다.

④ 모든 국민은 경제적·사회적·문화적·정신적으로 어려운 상태에 있는 청소년들에게 특별한 관심을 가지고 이들이 보다 나은 삶을 누릴 수 있도록 노력하여야 한다.

제8조 (국가 및 지방자치단체의 책임)

① 국가 및 지방자치단체는 청소년활동의 지원, 청소년복지의 증진

및 청소년 보호의 수행에 필요한 법적·제도적 장치를 마련하여 시행하여야 한다.

② 국가 및 지방자치단체는 근로 청소년을 특별히 보호하고 근로 청소년의 균형 있는 성장과 발전에 도움이 되도록 필요한 시책을 마련하여야 한다. [신설 2011. 5. 19][[시행일 2011. 11. 20]]

③ 국가 및 지방자치단체는 제6조 및 제7조의 규정에 의한 국민의 책임수행에 필요한 여건을 조성하여야 한다. [개정 2011. 5. 19][[시행일 2011. 11. 20]]

④ 국가 및 지방자치단체는 제1항부터 제3항까지의 규정의 업무를 수행하는 데 필요한 재원을 안정적으로 확보하기 위한 시책을 수립·실시하여야 한다. [개정 2011. 5. 19][[시행일 2011. 11. 20]]

## 제2장 청소년 육성정책의 총괄·조정

제9조 (청소년 육성정책의 총괄·조정)

청소년 육성정책은 여성가족부장관이 관계행정기관의 장과 협의하여 이를 총괄·조정한다. [개정 2005. 3. 24, 2005. 12. 29, 2008. 2. 29 제8852호(정부조직법), 2010. 1. 18 제9932호(정부조직법)] [[시행일 2010. 3. 19]]

제10조 (청소년정책 관계기관 협의회)

① 청소년정책에 관한 관계기관간의 연계·조정과 상호협력을 위하여 여성가족부에 관계기관의 공무원 등으로 구성되는 청소년정책 관계기관 협의회(이하 '협의회'라 한다)를 둔다. [개정 2005. 12. 29, 2008. 2. 29 제8852호(정부조직법), 2010. 1. 18 제9932호(정부조직법)] [[시행

일 2010. 3. 19]]

② 협의회는 다음의 사항을 협의한다.

1. 2 이상의 행정기관에 관련되는 청소년정책의 조정에 관한 사항

2. 여러 부처가 협력하여 추진하여야 하는 청소년정책에 관한 사항

③ 협의회의 구성·조직 그 밖의 운영에 관하여 필요한 사항은 대통령령으로 정한다.

[전문개정 2005. 3. 24]


제11조 (지방청소년육성위원회의 설치)


① 청소년 육성에 관한 지방자치단체의 주요시책을 심의하기 위하여 특별시장·광역시장·도지사(이하 '시·도지사'라 한다) 및 시장·군수·구청장(자치구의 구청장에 한한다. 이하 같다)의 소속 하에 지방청소년육성위원회를 둔다.

② 제10조제3항의 규정은 지방청소년육성위원회에 이를 준용한다.

③ 지방청소년육성위원회의 구성·조직 그 밖의 운영에 관하여 필요한 사항은 조례로 정한다.


제12조 (청소년특별회의의 개최)


① 국가는 범정부적 차원의 청소년 육성 정책과제의 설정·추진 및 점검을 위하여 청소년 분야의 전문가와 청소년이 참여하는 청소년특별회의(이하 '특별회의'라 한다)를 매년 개최하여야 한다.

② 특별회의의 참석대상·운영방법 등 세부적인 사항은 대통령령으로 정한다.

제13조 (청소년 육성에 관한 기본계획의 수립)

① 국가는 청소년 육성에 관한 기본계획(이하 '기본계획'이라 한다)을 5년마다 수립하여야 한다.
② 기본계획에는 다음 각 호의 사항이 포함되어야 한다.
1. 이전의 기본계획에 관한 분석평가
2. 청소년 육성에 관한 기본방향
3. 청소년 육성에 관한 추진목표
4. 청소년 육성에 관한 기능의 조정
5. 청소년 육성의 분야별 주요시책
6. 청소년 육성에 소요되는 재원의 조달방법
7. 그 밖에 청소년 육성을 위하여 특히 필요하다고 인정되는 사항

제14조 (연도별 시행계획의 수립)

국가 및 지방자치단체는 기본계획에 의하여 연도별 시행계획을 각각 수립·시행하여야 한다.

제15조 (계획수립의 협조)

① 국가 및 지방자치단체는 제13조 및 제14조의 규정에 의한 기본계획 및 연도별 시행계획의 수립·시행을 위하여 필요한 때에는 공공기관·사회단체 그 밖의 민간기업체의 장에게 협조를 요청할 수 있다.
② 제1항의 규정에 의한 협조요청을 받은 자는 특별한 사정이 없는 한 이에 협조하여야 한다.

제16조 (청소년의 달)

청소년의 능동적이고 자주적인 주인의식을 고취하고 청소년 육성을 위한 국민의 참여분위기를 조성하기 위하여 매년 5월을 청소년의 달로 한다.

## 제3장 삭제 [2008. 2. 29]

제16조의2
삭제 [2008 .2. 29 제8852호(정부조직법)]
제16조의3
삭제 [2008. 2. 29 제8852호(정부조직법)]
제16조의4
삭제 [2008. 2. 29 제8852호(정부조직법)]
제16조의5
삭제 [2008. 2. 29 제8852호(정부조직법)]
제16조의6
삭제 [2008. 2. 29 제8852호(정부조직법)]
제16조의7
삭제 [2008. 2. 29 제8852호(정부조직법)]
제16조의8
삭제 [2008. 2. 29 제8852호(정부조직법)]

## 제4장 청소년시설

### 제17조 (청소년시설의 종류)

청소년활동에 제공되는 시설(이하 '청소년활동시설'이라 한다), 청소년복지에 제공되는 시설(이하 '청소년복지시설'이라 한다), 청소년 보호에 제공되는 시설(이하 '청소년 보호시설'이라 한다)에 관한 사항은 따로 법률로 정한다.

### 제18조 (청소년시설의 설치 · 운영)

① 국가 및 지방자치단체는 청소년시설을 설치 · 운영하여야 한다.
② 국가 및 지방자치단체외의 자는 따로 법률이 정하는 바에 의하여 청소년시설을 설치 · 운영할 수 있다.
③ 국가 및 지방자치단체는 제1항의 규정에 의하여 설치한 청소년시설을 청소년단체에 위탁하여 운영할 수 있다.

### 제19조 (청소년시설의 지도 · 감독)

국가 및 지방자치단체는 청소년시설의 적합성 · 공공성 · 안전성에 대한 국민의 신뢰를 확보하고, 그 설치와 운영을 지원하기 위하여 필요한 지도 · 감독을 할 수 있다.

## 제5장 청소년지도자

### 제20조 (청소년지도자의 양성)

① 국가 및 지방자치단체는 청소년지도자의 양성과 자질향상을 위하여 필요한 시책을 강구하여야 한다.

② 제1항의 규정에 의한 청소년지도자의 양성과 자질향상을 위한 연수 등에 관한 기본방향 및 내용은 대통령령으로 정한다.

### 제21조 (청소년지도사)

① 여성가족부장관은 청소년지도사 자격검정에 합격하고 청소년지도사 연수기관에서 실시하는 연수과정을 마친 자에게 청소년지도사의 자격을 부여한다. [개정 2005. 3. 24, 2005. 12. 29, 2008. 2. 29 제8852호(정부조직법), 2010. 1. 18 제9932호(정부조직법)] [[시행일 2010. 3. 19]]

② 여성가족부장관은 청소년지도사 자격검정에 합격한 자의 연수를 위하여 필요한 경우에는 대통령령이 정하는 바에 의하여 청소년지도사 연수기관을 지정할 수 있다. [개정 2005. 3. 24, 2005. 12. 29, 2008. 2. 29 제8852호(정부조직법), 2010. 1. 18 제9932호(정부조직법)] [[시행일 2010. 3. 19]]

③ 다음 각 호의 1에 해당하는 자는 청소년지도사가 될 수 없다. [개정 2005. 3. 31 법률 제7428호(채무자 회생 및 파산에 관한 법률)] [[시행일 2006. 4. 1]]

1. 미성년자·금치산자 또는 한정치산자
2. 파산선고를 받은 자로서 복권되지 아니한 자
3. 금고 이상의 형을 받고 그 집행이 종료되거나 집행을 받지 아니하

기로 확정된 후 2년이 경과되지 아니한 자

4. 금고 이상의 형을 받고 그 집행유예의 기간이 종료되지 아니한 자

5. 법원의 판결 또는 법률에 의하여 자격이 상실되거나 정지된 자

④ 제1항의 규정에 의한 청소년지도사의 등급, 자격검정, 연수, 자격증의 교부절차 등에 관하여 필요한 사항은 대통령령으로 정한다.


제21조의2 (청소년지도사 자격의 취소)


여성가족부장관은 청소년지도사가 다음 각 호의 어느 하나에 해당하는 경우에는 그 자격을 취소할 수 있다.

1. 제21조제3항의 결격사유에 해당하게 된 경우

2. 거짓이나 그 밖의 부정한 방법으로 자격을 취득한 경우

3. 자격을 다른 사람에게 빌려주거나 양도한 경우

[본조신설 2011. 5. 19][[시행일 2011. 11. 20]]


제22조 (청소년상담사)


① 여성가족부장관은 청소년상담사 자격검정에 합격하고 청소년상담사 연수기관에서 실시하는 연수과정을 마친 자에게 청소년상담사의 자격을 부여한다. [개정 2005. 3. 24, 2005. 12. 29, 2008. 2. 29 제8852호(정부조직법), 2010. 1. 18 제9932호(정부조직법)] [[시행일 2010. 3. 19]]

② 제21조제2항 내지 제4항의 규정은 제1항의 규정에 의한 청소년상담사에 대하여 이를 준용한다.

제23조 (청소년지도사 · 청소년상담사의 배치 등)

① 청소년시설 및 청소년단체는 대통령령이 정하는 바에 따라 청소년 육성을 담당하는 청소년지도사 또는 청소년상담사를 배치하여야 한다.

② 국가 및 지방자치단체는 제1항의 규정에 의하여 청소년단체 또는 청소년시설에 배치된 청소년지도사 및 청소년상담사에 대하여 예산의 범위 안에서 그 활동비의 전부 또는 일부를 보조할 수 있다.

제24조 (청소년지도사 · 청소년상담사의 채용 등)

①「교육기본법」제9조에 의한 학교는 청소년 육성에 관련되는 업무를 수행함에 있어 필요한 경우에 청소년지도사 또는 청소년상담사를 채용할 수 있다. [개정 2005. 3. 24]

② 국가 및 지방자치단체는 제1항의 규정에 의한 채용에 소요되는 보수 등 필요한 경비의 전부 또는 일부를 보조할 수 있다.

제25조 (청소년 육성 전담공무원)

① 특별시 · 광역시 · 도(이하 '시 · 도'라 한다), 시 · 군 · 구(자치구를 말한다. 이하 같다) 및 읍 · 면 · 동 또는 제26조의 규정에 의한 청소년 육성전담기구에 청소년 육성 전담공무원을 둘 수 있다.

② 제1항의 청소년 육성 전담공무원은 청소년지도사 또는 청소년상담사의 자격을 가진 자로 한다.

③ 청소년 육성 전담공무원은 그 관할구역 안의 청소년 및 다른 청소년지도자 등에 대하여 그 실태를 파악하고 필요한 지도를 하여야 한다.

④ 관계행정기관, 청소년단체 및 청소년시설의 설치 · 운영자는 청소

년 육성 전담공무원의 업무수행에 협조하여야 한다.

⑤ 제1항의 규정에 의한 청소년 육성 전담공무원의 임용 등에 관하여 필요한 사항은 조례로 정한다.

제26조 (청소년육성전담기구의 설치)

① 청소년육성에 관한 업무를 효율적으로 운영하기 위하여 시·도 및 시·군·구에 청소년육성에 관한 업무를 전담하는 기구를 따로 설치할 수 있다.

② 제1항의 규정에 의한 청소년육성전담기구의 사무의 범위·조직 그 밖에 필요한 사항은 조례로 정한다.

제27조 (청소년지도위원)

① 시장·군수·구청장은 청소년육성을 담당하게 하기 위하여 청소년지도위원을 위촉하여야 한다.

② 제1항의 규정에 의한 청소년지도위원의 자격·위촉절차 등에 관하여 필요한 사항은 조례로 정한다.

## 제6장 청소년단체

제28조 (청소년단체의 역할)

① 청소년단체는 다음 각 호의 역할을 수행하기 위하여 최선의 노력을 하여야 한다.

1. 학교교육과 상호 보완할 수 있는 청소년활동을 통한 청소년의 기

량과 품성 함양

2. 청소년복지 증진을 통한 청소년의 삶의 질 향상

3. 유해환경으로부터 청소년을 보호하기 위한 청소년 보호업무의 수행

② 청소년단체는 제1항의 역할을 수행함에 있어서 청소년의 의견을 적극 반영하여야 한다.

제29조 (청소년단체에 대한 지원 등)

① 국가 및 지방자치단체는 청소년단체의 조직과 활동에 필요한 행정적인 지원을 할 수 있으며, 예산의 범위 안에서 그 운영·활동 등에 필요한 경비의 일부를 보조할 수 있다.

② 개인·법인 또는 단체는 청소년단체의 시설 및 운영을 지원하기 위하여 금전 그 밖의 재산을 출연할 수 있다.

③ 제1항의 규정에 의한 지원 및 보조범위 등에 관하여는 대통령령으로 정한다.

제30조 (수익사업)

① 청소년단체는 정관이 정하는 바에 의하여 청소년 육성과 관련한 수익사업을 할 수 있다.

② 제1항의 규정에 의한 수익사업의 범위, 수익금의 사용 등에 관한 사항은 대통령령으로 정한다.

제31조

삭제 [2010. 5. 17] [[시행일 2010. 8. 18]]

제32조

삭제 [2010. 5. 17] [[시행일 ]]

제33조

삭제 [2010. 5. 17] [[시행일 2010. 8. 18]]

제34조

삭제 [2010. 5. 17] [[시행일 2010. 8. 18]]

제35조

삭제 [2010. 5. 17] [[시행일 2010. 8. 18]]

제36조

삭제 [2010. 5. 17] [[시행일 2010. 8. 18]]

제37조

삭제 [2010. 5. 17] [[시행일 2010. 8. 18]]

제38조

삭제 [2010. 5. 17] [[시행일 2010. 8. 18]]

제39조

삭제 [2010. 5. 17] [[시행일 2010. 8. 18]]


제40조 (한국청소년단체협의회)

① 청소년단체는 청소년 육성을 위한 다음 각 호의 활동을 하기 위하여 여성가족부장관 인가를 받아 한국청소년단체협의회(이하 '협의회'라 한다)를 설립할 수 있다. [개정 2005. 3. 24, 2005. 12. 29, 2008. 2. 29 제8852호 (정부조직법), 2010. 1. 18 제9932호(정부조직법)] [[시행일 2010. 3. 19]]

　1. 회원단체가 행하는 사업과 활동에 대한 협조·지원

　2. 청소년지도자의 연수와 권익증진

　3. 청소년 관련분야의 국제기구활동

　4. 외국 청소년단체와의 교류 및 지원

5. 남·북청소년 및 해외교포청소년과의 교류·지원

6. 청소년활동에 관한 조사·연구·지원

7. 청소년관련 도서출판 및 정보지원

8. 청소년 육성을 위한 홍보 및 실천운동

9. 지방청소년단체협의회에 대한 협조 및 지원

10. 그 밖에 청소년 육성을 위하여 필요한 사업

② 협의회는 법인으로 한다.

③ 협의회는 그 주된 사무소의 소재지에서 설립등기를 함으로써 성립한다.

④ 협의회에 관하여 이 법에 규정한 것을 제외하고는 「민법」 중 사단법인에 관한 규정을 준용한다. [개정 2005. 3. 24]

⑤ 국가는 협의회의 운영 및 활동에 소요되는 경비를 지원할 수 있다.

⑥ 협의회는 설립목적에 지장이 없는 범위에서 수익사업을 할 수 있으며, 발생한 수익은 협의회 또는 협의회의 운영시설 외의 목적에 사용할 수 없다.

⑦ 법인·개인 또는 단체는 협의회의 운영 및 사업 등을 지원하기 위하여 금전 그 밖의 재산을 출연 또는 기부할 수 있다.

⑧ 협의회는 제1항에 의한 활동의 일부를 정관이 정하는 바에 의하여 회원단체에 위탁할 수 있다.


제41조 (지방청소년단체협의회)


① 특정지역을 활동범위로 하는 청소년단체는 청소년 육성을 위하여 그 지역을 관할하는 시·도의 조례가 정하는 바에 의하여 시·도지사의 인가를 받아 지방청소년단체협의회를 설립할 수 있다.

② 지방자치단체는 예산의 범위 안에서 해당 지방청소년단체협의회

의 운영경비의 전부 또는 일부를 지원할 수 있다.

제42조 (한국청소년상담원의 설립)

① 청소년의 올바른 인격형성과 조화로운 성장을 위한 다음 각 호의 사업을 하기 위하여 한국청소년상담원(이하 '상담원'이라 한다)을 설립한다. [개정 2005. 3. 24, 2005. 12. 29, 2008. 2. 29 제8852호(정부조직법), 2010. 1. 18 제9932호(정부조직법)] [[시행일 2010. 3. 19]]
  1. 청소년상담 관련정책의 연구개발
  2. 청소년상담기법의 연구 및 상담자료의 제작 · 보급
  3. 청소년상담사업의 시범운영
  4. 상담인력의 양성 및 연수
  5. 청소년상담기관 상호 간의 연계 및 지원
  6. 제46조 및 제46조의2의 규정에 의한 시 · 도 및 시 · 군 · 구 기관의 청소년상담 · 위기관련 사항에 대한 지도 및 지원
  7. 청소년의 건전한 가치관정립과 부모교육
  8. 학업중단 청소년 관련 사업에 대한 지도 및 지원
  9. 그 밖에 여성가족부장관이 지정하거나 상담원의 목적수행을 위하여 필요한 사업
② 상담원은 제1항제1호 내지 제4호와 관련된 교육 · 연구를 보다 과학적 · 실증적 · 체계적으로 수행하기 위하여 관련 법률의 규정에 따라 전문교육기관을 설치할 수 있다.
③ 상담원은 필요한 경우에 정관이 정하는 바에 의하여 분원을 둘 수 있다.
④ 상담원은 법인으로 한다. [신설 2010. 5. 17] [[시행일 2010. 8. 18]]
⑤ 상담원은 그 주된 사무소의 소재지에서 설립등기를 함으로써 성

립한다. [신설 2010. 5. 17] [[시행일 2010. 8. 18]]

제42조의2 (정관)

상담원의 정관에는 다음 각 호의 사항을 기재하여야 한다.
1. 목적
2. 명칭
3. 주된 사무소의 소재지
4. 사업에 관한 사항
5. 임원 및 직원에 관한 사항
6. 이사회에 관한 사항
7. 재산 및 회계에 관한 사항
8. 정관의 변경에 관한 사항
[본조신설 2010. 5. 17] [[시행일 2010. 8. 18]]

제42조의3 (사업계획서의 제출 등)

① 상담원은 대통령령으로 정하는 바에 따라 사업계획서 및 예산서를 작성하여 매 사업 연도 개시 전까지 여성가족부장관에게 제출하여 승인을 받아야 한다.
② 상담원은 사업 연도마다 세입·세출결산서를 작성하여 공인회계사의 감사를 받아 다음 사업 연도의 3월 20일까지 여성가족부장관에게 제출하여야 한다.
[본조신설 2010. 5. 17] [[시행일 2010. 8. 18]]

제42조의4 (보조금 등)

① 정부는 예산의 범위에서 상담원의 사업 및 운영에 드는 경비를 보조할 수 있다.

② 개인·법인 또는 단체는 상담원의 운영 또는 사업 등을 지원하기 위하여 금전이나 그 밖의 재산을 출연 또는 기부할 수 있다.

[본조신설 2010. 5. 17] [[시행일 2010. 8. 18]]

제42조의5 (「민법」의 준용)

상담원에 관하여 이 법에 규정한 것을 제외하고는 「민법」 중 재단법인에 관한 규정을 준용한다.

[본조신설 2010. 5. 17] [[시행일 2010. 8. 18]]

제43조 (임원)

① 상담원에 이사장 및 원장 각 1인을 포함한 15인 이내의 이사와 감사 1인을 둔다.

② 이사장은 이사 중에서 이사회의 의결로 선임하여 여성가족부장관의 승인을 얻어야 한다. [개정 2005. 3. 24, 2005. 12. 29, 2008. 2. 29 제8852호(정부조직법), 2010. 1. 18 제9932호(정부조직법)] [[시행일 2010. 3. 19]]

③ 이사장·이사(원장을 제외한다. 이하 이 조에서 같다) 및 감사는 비상임으로 한다.

④ 이사는 이사회의 제청으로 여성가족부장관이 임면하고, 그 임기는 3년으로 한다. [개정 2005. 3. 24, 2005. 12. 29, 2008. 2. 29 제8852호(정부조직법), 2010. 1. 18 제9932호(정부조직법)] [[시행일 2010. 3. 19]]

⑤ 감사는 여성가족부장관이 임면하고, 그 임기는 3년으로 한다. [개정 2005. 3. 24, 2005. 12. 29, 2008. 2. 29 제8852호(정부조직법), 2010. 1. 18 제9932호(정부조직법)] [[시행일 2010. 3. 19]]

제44조 (원장)

① 원장은 이사회의 제청으로 여성가족부장관이 임면하고, 그 임기는 3년으로 한다. [개정 2005. 3. 24, 2005. 12. 29. 2008. 2. 29 제8852호(정부조직법), 2010. 1. 18 제9932호(정부조직법)] [[시행일 2010. 3. 19]]
② 원장은 상담원을 대표하고 상담원의 사무를 통할한다.

제45조
삭제 [2010. 5. 17] [[시행일 2010. 8. 18]]

제46조 (시·도의 청소년상담 및 긴급구조 등의 기관 설치)

① 시·도지사는 청소년에 대한 상담·긴급구조·자활·치료 등의 기능을 수행하는 기관을 설치·운영할 수 있다.
② 제1항의 규정에 의하여 설치된 기관이 수행하는 구체적인 기능은 대통령령으로 정한다.
③ 시·도지사는 제1항의 규정에 의하여 설치된 기관을 청소년단체 등에 위탁하여 운영하도록 할 수 있다.
④ 시·도지사는 제1항의 규정에 의한 기관을 법인으로 설치할 수 있다.
⑤ 시·도지사가 제1항의 규정에 의하여 설치·운영하는 기관에 대하여 국가는 예산의 범위 안에서 그 경비의 일부를 보조할 수 있다.
[전문개정 2005. 12. 29][[시행일 2006.3.30]]

제46조의2 (시·군·구의 청소년지원 등의 기관 설치)

① 시장·군수·구청장은 제46조제1항의 규정에 따른 기능과 청소년
활동·자원봉사·참여·인권 등의 지원기능을 수행하는 기관을 설치·
운영할 수 있다.

② 제46조제2항 내지 제5항의 규정은 시·군·구의 청소년지원기관
에 대하여 이를 준용한다.

[본조신설 2005. 12. 29][[시행일 2006. 3. 30]

## 제7장 청소년활동 및 복지 등

제47조 (청소년활동의 지원)

① 국가 및 지방자치단체는 청소년활동을 지원하여야 한다.

② 제1항의 규정에 의한 청소년활동의 지원에 관한 사항은 따로 법
률로 정한다.

제48조 (학교교육 등과의 연계)

① 국가 및 지방자치단체는 청소년활동과 학교교육·평생교육을 연계
하여 교육적 효과를 높일 수 있도록 하는 시책을 수립·시행하여야 한다.

② 여성가족부장관이 제1항의 규정에 의한 시책을 수립함에 있어서는
미리 관련기관의 협의와 전문가의 의견을 들어야 한다. [개정 2005. 3.
24, 2005. 12. 29, 2008. 2. 29 제8852호(정부조직법), 2010. 1. 18 제
9932호(정부조직법)] [[시행일 2010. 3. 19]]

③ 제2항의 규정에 의한 협의를 요청받은 관련기관은 특별한 사유가

없는 한 이에 응하여야 한다.

제48조의2 (청소년 방과 후 활동의 지원)

① 국가와 지방자치단체는 학교의 정규교육으로 보호할 수 없는 시간 동안 청소년의 전인적 성장발달을 지원하기 위하여 다양한 교육 및 활동프로그램 등을 제공하는 종합적인 지원 방안을 마련하여야 한다.
② 제1항의 종합적인 지원 방안 마련에 필요한 사항은 대통령령으로 정한다.
[본조신설 2011. 5. 19][[시행일 2011. 11. 20]]

제49조 (청소년복지의 향상)

① 국가는 청소년들의 의식 · 태도 · 생활 등에 관한 사항을 정기적으로 조사하고, 이를 개선하기 위하여 청소년의 복지향상정책을 수립 · 시행하여야 한다.
② 국가 및 지방자치단체는 기초생활의 보장, 직업재활훈련, 청소년 활동지원 등의 시책을 추진함에 있어서 정신적 · 신체적 · 경제적 · 사회적으로 특별한 지원을 필요로 하는 청소년에 대하여 우선적으로 배려하여야 한다.
③ 국가 및 지방자치단체는 청소년의 삶의 질을 향상하기 위하여 구체적인 시책을 마련하여야 한다.
④ 제1항 내지 제3항의 규정에 관하여는 따로 법률로 정한다.

제50조 (청소년의 가출 및 비행 예방)

① 국가 및 지방자치단체는 청소년의 가출 및 비행을 예방하고 이들의

건전한 사회복귀를 돕기 위하여 필요한 복지적 지원을 제공하여야 한다.

② 가정은 국가 및 지방자치단체에 우선하여 청소년의 가출 및 비행을 예방하기 위하여 노력하여야 하며, 가출·비행청소년의 건전한 사회복귀를 위한 국가 및 지방자치단체 등의 노력에 적극 협력하여야 한다. [신설 2005. 12. 29][[시행일 2006 .3. 30]]

제51조 (청소년유익환경의 조성)

① 국가 및 지방자치단체는 청소년의 정보화 역량을 배양하기 위한 환경조성에 노력하여야 한다.

② 국가 및 지방자치단체는 청소년에게 유익한 매체물의 제작·보급 등을 장려하여야 하며 매체물의 제작·보급 등을 하는 자에 대하여 그 제작·보급 등에 관한 경비 등을 지원할 수 있다.

③ 국가 및 지방자치단체는 주택단지의 청소년시설 배치 등 청소년을 위한 사회환경과 자연환경의 조성에 노력하여야 한다.

제52조 (청소년 유해환경의 규제)

① 국가 및 지방자치단체는 청소년에게 유해한 매체물과 약물 등이 유통되지 아니하도록 하여야 한다.

② 국가 및 지방자치단체는 청소년이 유해한 업소에 출입하거나 고용되지 아니하도록 하여야 한다.

③ 국가 및 지방자치단체는 청소년을 폭력·학대·성매매 등 유해한 행위로부터 보호·구제하여야 한다.

④ 제1항 내지 제3항의 규정에 의한 청소년에게 유해한 매체물·약물·업소·행위 등의 규제에 관하여는 따로 법률로 정한다.

## 제8장 청소년 육성기금

### 제53조 (기금의 설치 등)

① 청소년 육성에 필요한 재원을 확보하기 위하여 청소년 육성기금(이하 '기금'이라 한다)을 설치한다.

② 기금은 여성가족부장관이 관리·운용한다. [개정 2005. 3. 24, 2005. 12. 29, 2008. 2. 29 제8852호(정부조직법), 2010. 1. 18 제9932호(정부조직법)] [[시행일 2010. 3. 19]]

③ 여성가족부장관은 기금의 관리·운용에 관한 사무의 전부 또는 일부를 제40조에 따른 협의회, 「청소년활동진흥법」 제6조에 따른 한국청소년활동진흥원, 「정부출연연구기관 등의 설립·운영 및 육성에 관한 법률」에 따라 설립된 한국청소년정책연구원(이하 '청소년정책연구원'이라 한다) 또는 「국민체육진흥법」 제36조의 규정에 의한 서울올림픽기념국민체육진흥공단 중에서 선정하여 위탁할 수 있다. 개정 2005. 3. 24, 2005. 12. 29, 2007. 4. 11, 2007. 5. 11, 2008. 2. 29 제8852호(정부조직법), 2010. 1. 18 제9932호(정부조직법), 2010. 5. 17] [[시행일 2010. 8. 18]]

④기금의 관리·운용에 관하여 필요한 사항은 대통령령으로 정한다.

### 제54조 (기금의 조성)

① 기금은 다음 각 호의 재원으로 조성한다. [개정 2005. 3. 24, 2007. 4. 11 제8342호(경륜·경정법), 2007. 4. 11 제8344호(국민체육진흥법)]

1. 정부의 출연금

2. 「국민체육진흥법」 제22조제3항제1호 및 「경륜·경정법」 제18조제1항제1호에 의한 출연금

3. 개인 · 법인 또는 단체가 출연하는 금전 · 물품 그 밖의 재산

4. 기금의 운용으로 생기는 수익금

5. 그 밖에 대통령령이 정하는 수입금

② 제1항제3호의 규정에 의하여 출연하는 자는 용도를 지정하여 출연할 수 있다. 다만, 특정단체 또는 개인에 대한 지원을 용도로 지정할 수 없다.


제55조 (기금의 사용 등)

① 기금은 다음 각 호의 사업에 사용한다.

1. 청소년활동의 지원

2. 청소년시설의 설치 및 운영을 위한 지원

3. 청소년지도자의 양성을 위한 지원

4. 청소년단체의 운영 및 활동을 위한 지원

5. 청소년복지증진을 위한 지원

6. 청소년 보호를 위한 지원

7. 청소년 육성정책의 수행과정에 관한 과학적 연구의 지원

8. 기금조성사업을 위한 지원

9. 그 밖에 청소년 육성을 위하여 대통령령이 정하는 사업

② 국가 또는 지방자치단체는 제53조제2항 및 제3항의 규정에 의한 기금의 관리기관(이하 '기금관리기관'이라 한다)의 기금조성을 지원하기 위하여 기금관리기관에 국유 또는 공유의 시설 · 물품 그 밖의 재산을 그 용도 또는 목적에 지장을 주지 아니하는 범위에서 무상으로 사용 · 수익하게 하거나 대부할 수 있다.

③ 기금관리기관은 청소년 육성 또는 기금의 조성을 위하여 기금의 일부 또는 기금관리기관의 시설 · 물품 그 밖의 재산의 일부를 청소년단

체의 기본재산에 출연 또는 출자할 수 있다.

④ 기금관리기관은 기금조성의 전망을 고려하여 기금사용을 조절함으로써 궁극적으로 청소년 육성을 위한 재원확보에 기여할 수 있는 장기계획을 수립하여 시행하여야 한다.

제56조 (지방청소년 육성기금의 조성)

① 시·도지사는 관할구역안의 청소년활동지원 등 청소년 육성을 위한 사업지원에 필요한 재원을 확보하기 위하여 지방청소년 육성기금을 설치할 수 있다.

② 제1항의 규정에 의한 지방청소년 육성기금의 조성·용도 그 밖에 필요한 사항은 조례로 정한다.

**제9장 보칙**

제57조 (국·공유재산의 대부 등)

① 국가 또는 지방자치단체는 청소년시설의 설치, 청소년단체의 육성을 위하여 필요한 경우에는 「국유재산법」 또는 「지방재정법」의 규정에 불구하고 그 용도에 지장을 주지 아니하는 범위에서 청소년시설이나 청소년단체에게 국·공유재산을 무상으로 대부하거나 사용·수익하게 할 수 있다. [개정 2005. 3. 24]

② 제1항의 규정에 의한 국·공유재산의 대부·사용·수익의 내용 및 조건에 관하여는 당해 재산을 사용·수익하고자 하는 자와 당해 재산의 관리청 또는 지방자치단체의 장간의 계약에 의한다.

제58조 (조세감면 등)

① 국가는 협의회 · 지방청소년단체협의회 · 상담원 · 제46조 및 제46조의2의 규정에 의한 기관 · 청소년정책연구원 등 청소년단체 및 청소년단체가 운영하는 청소년시설에 대하여 「조세특례제한법」이 정하는 바에 의하여 조세를 감면할 수 있고 「부가가치세법」이 정하는 바에 따라 부가가치세를 감면할 수 있다. [개정 2005. 3. 24, 2005. 12. 29, 2007. 5. 11 제8432호(청소년기본법), 2010. 5. 17] [[시행일 2010. 8. 18]]

② 국가는 협의회 · 지방청소년단체협의회 · 상담원 · 제46조 및 제46조의2의 규정에 의한 기관 · 청소년정책연구원 등 청소년단체 및 청소년단체가 운영하는 청소년시설에 출연 또는 기부된 재산과 제54조의 규정에 의하여 기금에 출연된 금전 그 밖의 재산에 대하여는 조세특례제한법이 정하는 바에 의하여 소득계산의 특례를 적용할 수 있다. [개정 2005. 12. 29, 2007 .5. 11 제8432호(청소년기본법), 2010. 5. 17] [[시행일 2010. 8. 18]]

③ 국가는 협의회 · 지방청소년단체협의회 · 상담원 · 제46조 및 제46조의2의 규정에 의한 기관 · 청소년정책연구원 등 청소년단체 및 청소년단체가 운영하는 청소년시설이 수입하는 청소년활동에 사용되는 실험 · 실습 · 시청각기자재 그 밖의 필요한 용품과 고도의 정밀성 등으로 수입이 불가피한 청소년시설 · 설비 등에 대하여는 「관세법」이 정하는 바에 의하여 관세를 감면할 수 있다. [개정 2005. 3. 24, 2005. 12. 29, 2007. 5. 11 제8432호(청소년기본법), 2010. 5. 17] [[시행일 2010. 8. 18]]

제59조 (감독 등)

① 국가 및 지방자치단체는 청소년 육성을 위하여 필요한 경우에 청

소년시설 및 협의회·지방청소년단체협의회·상담원·제46조 및 제46조의2에 따른 기관 등 청소년단체에게 업무·회계 및 재산에 관한 사항을 보고하게 하거나 소속공무원으로 하여금 그 장부·서류 그 밖의 물건을 검사하게 할 수 있다. [개정 2005. 12. 29, 2010. 5. 17] [[시행일 2010. 8. 18]]

② 제1항의 규정에 의하여 검사를 하는 공무원은 그 권한을 표시하는 증표를 지니고 이를 관계인에게 내보여야 한다.

제60조 (포상)

정부는 청소년 육성에 관하여 공로가 현저하거나 다른 청소년의 모범이 되는 자에 대하여 포상을 할 수 있다.

제61조 (유사명칭의 사용금지)

이 법에 의한 상담원·협의회가 아닌 자는 한국청소년상담원·한국청소년단체협의회 또는 이와 유사한 명칭을 사용하지 못한다. [개정 2010. 5. 17] [[시행일 2010. 8. 18]]

제62조 (수수료 등)

① 다음 각 호의 어느 하나에 해당하는 자는 여성가족부령으로 정하는 바에 따라 수수료를 납부하여야 한다. [개정 2005. 3. 24, 2005. 12. 29, 2008. 2. 29 제8852호(정부조직법), 2010. 1. 18 제9932호(정부조직법)] [[시행일 2010. 3. 19]]

1. 청소년지도사 자격검정에 응시하거나 연수과정을 이수하는 자

2. 청소년상담사 자격검정에 응시하거나 연수과정을 이수하는 자

② 청소년시설을 설치·운영하는 자 및 위탁운영을 하는 단체는 청소년시설을 이용하는 자로부터 이용료를 받을 수 있다.

제63조 (권한의 위임·위탁)

여성가족부장관은 이 법에 의한 권한의 일부를 대통령령이 정하는 바에 의하여 시·도지사에게 위임하거나 청소년단체에 위탁할 수 있다. [개정 2005. 3. 24, 2005. 12. 29, 2008. 2. 29 제8852호(정부조직법), 2010. 1. 18 제9932호(정부조직법)] [[시행일 2010. 3. 19]]

**제10장 벌칙**

제64조 (벌칙)

다음 각 호의 1에 해당하는 자는 2년 이하의 징역 또는 2천만 원 이하의 벌금에 처한다. [개정 2010. 5. 17] [[시행일 2010. 8. 18]]
1. 제30조의 규정에 의하여 정관이 정하는 사업 외의 수익사업을 한 자
2. 삭제 [2010. 5. 17] [[시행일 2010. 8. 18]]

제65조 (양벌규정)

법인의 대표자나 법인 또는 개인의 대리인, 사용인, 그 밖의 종업원이 그 법인 또는 개인의 업무에 관하여 제64조의 위반행위를 하면 그 행위자를 벌하는 외에 그 법인 또는 개인에게도 해당 조문의 벌금형을 과(科)한다. 다만, 법인 또는 개인이 그 위반행위를 방지하기 위하여 해당 업무에 관하여 상당한 주의와 감독을 게을리하지 아니한 경우에는

그러하지 아니하다.

[전문개정 2010. 5. 17] [[시행일 2010. 8. 18]]


제66조 (과태료)

① 다음 각 호의 1에 해당하는 자는 500만 원 이하의 과태료에 처한다. [개정 2010. 5. 17] [[시행일 2010. 8. 18]]

1. 제59조제1항에 따른 보고를 하지 아니하거나 검사·명령을 거부·방해 또는 기피한 자

2. 제61조의 규정을 위반한 자

② 제1항의 규정에 의한 과태료는 대통령령이 정하는 바에 의하여 여성가족부장관 또는 지방자치단체의 장(제63조의 규정에 의하여 권한이 위임된 경우를 포함한다. 이하 같다)이 부과·징수한다. [개정 2005. 3. 24, 2005. 12. 29, 2008. 2. 29 제8852호(정부조직법), 2010. 1. 18 제9932호(정부조직법)] [[시행일 2010. 3. 19]]

③ 삭제[2010. 5. 17] [[시행일 2010. 8. 18]]

④ 삭제[2010. 5. 17] [[시행일 2010. 8. 18]]

⑤ 삭제[2010. 5. 17] [[시행일 2010. 8. 18]]


부칙 [1991. 12. 31 제4477호]

제1조 (시행일) 이 법은 1993년 1월 1일부터 시행한다.

제2조 (폐지법률) 청소년 육성법은 이를 폐지한다.

제3조 (청소년육성위원회 등에 관한 경과조치) 이 법 시행 당시 종전의 청소년육성법 제8조제1항의 규정에 의한 청소년육성위원회는 제12조제1항의 규정에 의한 청소년육성위원회로, 동법 제8조제2항의 규정에 의한 청소년육성실무위원회는 제12조제3항의 규정에 의한 청소년육성실

무위원회로, 동법 제8조제3항의 규정에 의한 청소년육성지방위원회는 제13조의 규정에 의한 지방청소년위원회로 본다.

제4조 (청소년지도위원에 관한 경과조치) 이 법 시행 당시 종전의 청소년육성법 제9조의 규정에 의하여 위촉된 청소년지도위원은 제22조의 규정에 의하여 위촉된 것으로 본다.

제5조 (청소년육성종합계획에 관한 경과조치) 이 법 시행 당시 종전의 청소년육성법 제10조의 규정에 의한 종합계획은 제15조의 규정에 의한 연도별 시행계획으로 본다.

제6조 (설치중인 청소년시설에 대한 경과조치) 이 법 시행 당시 종전의 청소년육성법 제12조제2항의 규정에 의하여 설치중인 청소년시설은 제26조제2항의 규정에 의하여 설치중인 수련시설로 본다.

제7조 (청소년시설에 관한 경과조치) 이 법 시행 당시 종전의 청소년육성법 제12조제2항의 규정에 의하여 신고한 청소년시설은 제26조제3항의 규정에 의하여 등록한 수련시설로 본다.

제8조 (청소년시설의 사용료에 관한 경과조치) 이 법 시행 당시 종전의 청소년육성법 제14조제3항의 규정에 의하여 신고한 사용료는 제32조제2항의 규정에 의하여 승인받은 이용료로 본다.

제9조 (한국청소년단체협의회에 관한 경과조치) 이 법 시행 당시 종전의 청소년육성법 제18조의 규정에 의한 한국청소년단체협의회는 제25조의 규정에 의한 한국청소년단체협의회로 본다.

제10조 (한국청소년연구원에 관한 경과조치) 이 법 시행 당시 종전의 청소년육성법 제19조의 규정에 의한 한국청소년연구원은 제50조의 규정에 의한 한국청소년개발원으로 본다.

제11조 (청소년 육성기금에 관한 경과조치) 이 법 시행 당시 종전의 청소년육성법 제27조의 규정에 의하여 설치한 청소년 육성기금은 제63조의 규정에 의하여 설치된 것으로 본다.

제12조 (다른 법률과의 관계) 이 법 시행 당시 다른 법령에서 종전의 청소년육성법 또는 그 규정을 인용한 것은 이 법 중에 그에 해당하는 규정이 있는 때에는 종전의 청소년육성법에 갈음하여 이 법 또는 이 법의 해당 조항을 인용한 것으로 본다.

부칙 [1993. 3. 6 제4541호(정부조직법)]

제1조 (시행일) 이 법은 공포한 날부터 시행한다. <단서 생략>

제2조 생략

제3조 (문화체육부 신설에 따른 다른 법률의 개정) ①내지 ⑨생략

⑩ 청소년기본법 중 다음과 같이 개정한다.

제10조, 제14조제3항, 제19조제2항, 제21조제1항, 제25조제1항, 제26조제1항 · 제2항 · 제4항, 제29조, 제31조제1항 · 제2항 · 제4항, 제32조제2항, 제33조, 제34조제1항, 제38조제3항 · 제4항, 제39조제1항, 제40조제1항 내지 제4항, 제41조제1항 · 제2항, 제43조제2항, 제45조제2항, 제50조제1항제11호, 제51조제2항, 제52조제2항 · 제4항, 제53조제2항, 제55조제1항 · 제2항, 제57조제5호, 제58조제2항 · 제4항, 제59조제2항, 제62조제1항, 제65조제1항 · 제2항, 제73조 및 제76조제3항 내지 제5항 중 '체육청소년부장관'을 각각 '문화체육부장관'으로 한다.

제20조제2항, 제28조, 제31조제3항, 제32조제3항 및 제72조 중 '체육청소년부령'을 각각 '문화체육부령'으로 한다.

⑪ 내지 <35> 생략

제4조 및 제5조 생략

부칙 [1994. 1. 7 제4719호(체육시설의 설치 · 이용에 관한 법률)]

제1조 (시행일) 이 법은 30일이 경과한 날부터 시행한다.

제2조 내지 제7조 생략

제8조 (다른 법률의 개정)

① 청소년기본법 중 다음과 같이 개정한다.

제38조제2항제1호 중 '체육시설의 설치·이용에 관한 법률 제8조'를 '체육시설의 설치·이용에 관한 법률 제22조'로 한다.

② 및 ③ 생략

제9조 생략


부칙 [1995. 12. 29 제5076호]

제1조 (시행일) 이 법은 공포 후 6월이 경과한 날부터 시행한다.

제2조 (수련시설 설치·운영의 허가에 관한 경과조치) 이 법 시행당시 종전의 규정에 의하여 문화체육부장관으로부터 수련시설의 설치·운영허가를 받은 자는 이 법에 의하여 시·도지사로부터 수련시설의 설치·운영허가를 받은 것으로 본다.

제3조 (수련시설의 운영책임자에 관한 경과조치) 이 법 시행당시 종전의 규정에 의하여 수련시설의 등록을 한 자 및 수련시설위탁운영단체는 이 법 시행 후 6월 이내에 제26조의3의 개정규정이 정하는 바에 의하여 수련시설의 운영책임자를 선임하여야 한다.

제4조 (수련시설의 대표자 등의 결격사유에 관한 경과조치) 이 법 시행당시 종전의 규정에 의하여 수련시설의 허가를 받은 법인의 대표자 및 임원과 법인이 아닌 단체의 대표자, 수련시설위탁운영단체의 대표자 및 임원이 제26조의4 각 호의 1에 해당하는 경우에는 이 법 시행 후 6월 이내에 대표자 또는 해당 임원을 변경하여야 한다. 다만, 그 기간 중에 기간의 경과 등으로 대표자 또는 해당 임원이 동규정에 해당하지 아니하게 된 때는 그러하지 아니하다.

제5조 (벌칙에 관한 경과조치) 이 법 시행 전의 행위에 대한 벌칙의 적용에 있어서는 종전의 규정에 의한다.

부칙 [1997. 12. 13 제5453호(행정절차법의 시행에 따른 공인회계사법 등의 정비에 관한 법률)]

제1조 (시행일) 이 법은 1998년 1월 1일부터 시행한다. <단서 생략>

제2조 생략

부칙 [1999. 1. 18 제5635호]

① (시행일) 이 법은 공포 후 6월이 경과한 날부터 시행한다.

② (벌칙에 관한 경과조치) 이 법 시행 전의 행위에 대한 벌칙의 적용에 있어서는 종전의 규정에 의한다.

③ (청소년지도사 자격검정 응시에 관한 특례) 이 법 시행당시 종전의 제20조제1항의 규정에 의하여 청소년지도사 양성기관에서 소정의 과정을 이수한 자는 동조동항의 개정규정에 불구하고 검정에 응시할 수 있다.

④ (수련시설의 폐지 등의 승인에 관한 경과조치) 이 법 시행 당시 종전의 제34조의2제2항의 규정에 의하여 시·도지사의 승인을 얻은 자는 이 법에 의하여 시·도지사에게 신고한 것으로 본다.

부칙 [1999. 1. 29 제5733호(정부출연연구기관 등의 설립·운영 및 육성에 관한 법률)]

제1조 (시행일) 이 법은 공포한 날부터 시행한다.

제2조 내지 제4조 생략

제5조 (다른 법률의 개정) ① 내지 ⑪ 생략

⑫ 청소년기본법 중 다음과 같이 개정한다.

제7장의 제목 '한국청소년개발원·한국청소년상담원 등'을 '한국청소년상담원'으로 한다.

제50조 내지 제56조를 각각 삭제한다.

제57조에 제2항 및 제3항을 각각 다음과 같이 신설한다.

② 상담원은 법인으로 하고, 그 주된 사무소의 소재지에서 설립등기를 함으로써 성립한다.

③ 상담원은 필요한 경우에 정관이 정하는 바에 의하여 분원을 둘 수 있다.

제57조의2를 다음과 같이 신설한다.

제57조의2 (정관) ① 상담원의 정관에는 다음 각 호의 사항을 기재하여야 한다.

1. 목적
2. 명칭
3. 주된 사무소의 소재지
4. 사업에 관한 사항
5. 임원 및 직원에 관한 사항
6. 이사회에 관한 사항
7. 재산 및 회사에 관한 사항
8. 공고에 관한 사항
9. 정관의 변경에 관한 사항

② 상담원의 정관을 변경하고자 하는 때에는 문화관광부장관의 인가를 받아야 한다.

제59조의2 및 제59조의3을 각각 다음과 같이 신설한다.

제59조의2(出捐金 등)

① 정부는 예산의 범위 안에서 상담원의 사업 및 운영에 소요되는 경비를 지원할 수 있다.

② 개인·법인 또는 단체는 상담원의 운영 또는 사업 등을 지원하기 위하여 금전 기타 재산을 출연할 수 있다.

제59조의3(사업계획서 등의 제출)

① 상담원은 대통령령이 정하는 바에 의하여 사업계획서 및 예산서를 작성하여 사업 연도 개시 전까지 문화관광부장관에게 제출하여야 한다.

② 상담원은 사업연도마다 세입·세출결산서를 작성하여 문화관광부장관이 지정하는 공인회계사의 감사를 받아 다음 사업 연도의 3월 20일까지 문화관광부장관에게 제출하여야 한다.

제60조를 다음과 같이 한다.

제60조 (민법의 준용) 상담원에 관하여 이 법에 규정한 것을 제외하고는 민법 중 재단법인에 관한 규정을 준용한다.

제65조제2항 중 '제50조의 규정에 의한 개발원'을 '정부출연연구기관 등의 설립·운영 및 육성에 관한 법률에 의하여 설립된 한국청소년개발원'으로 한다.

제68조제1항 중 '개발원·상담원'을 '정부출연연구기관 등의 설립·운영 및 육성에 관한 법률에 의하여 설립된 한국청소년개발원, 상담원'으로 하고, 동조 제2항 중 '개발원 및 상담원'을 '정부출연 연구기관 등의 설립·운영 및 육성에 관한 법률에 의하여 설립된 한국청소년개발원과 상담원'으로 한다.

제69조제1항 중 '청소년단체·개발원'을 '청소년단체'로 한다.

제71조 중 '협의회·개발원'을 '협의회'로, '한국청소년단체협의회·한국청소년개발원'을 '한국청소년단체협의회'로 한다.

⑬ 내지 <21>생략

제6조 내지 제11조 생략


부칙[1999. 2 .8 제5893호(河川法)]

제1조 (시행일) 이 법은 공포 후 6월이 경과한 날부터 시행한다.

제2조 내지 제4조 생략

제5조 (다른 법률의 개정) ① 내지 <43> 생략

<44>청소년기본법 중 다음과 같이 개정한다.

제45조제1항제6호 중 '하천법 제23조'를 '하천법 제30조'로, '동법 제25조'를 '동법 제33조'로 한다.

<45> 내지 <47> 생략

제6조 생략


부칙 [1999. 2. 8 제5911호(공유수면매입법)]

제1조 (시행일) 이 법은 공포 후 6월이 경과한 날부터 시행한다.

제2조 내지 제6조 생략

제7조 (다른 법률의 개정) ① 내지 ④생략

⑤청소년기본법 중 다음과 같이 개정한다.

제45조제1항제5호 중 '공유수면매입법 제4조제1항'을 '공유수면매입법 제9조제1항'으로 한다.

⑥ 내지 <35> 생략

제8조 생략


부칙 [1999.2.8 제5914호(공유수면관리법)]

제1조 (시행일) 이 법은 공포 후 6월이 경과한 날부터 시행한다.

제2조 및 제3조 생략

제4조 (다른 법률의 개정 등) ① 내지 <26> 생략

<27>청소년기본법 중 다음과 같이 개정한다.

제45조제1항제4호를 다음과 같이 한다.

4. 공유수면관리법 제5조의 규정에 의한 공유수면의 점·사용허가 및 동법 제8조의 규정에 의한 실시계획의 인가 또는 신고

<28> 내지 <41> 생략

제5조 생략

부칙 [2001. 12. 31 제6569호]

제1조 (시행일) 이 법은 공포한 날부터 시행한다. 다만, 제3조제7호·
제20조·제21조·제33조·제62조·제62조의2 및 제76조제2항제5호의
개정규정은 2002년 7월 1일부터 시행한다.

제2조 (청소년지도사에 관한 경과조치) 2002년 7월 1일 당시 종전의
규정에 의하여 청소년지도사의 자격을 부여받은 자는 제20조제1항의 개
정규정에 의한 청소년지도사의 자격을 부여받은 것으로 본다.

제3조 (재단법인 한국청소년상담원의 권리·의무승계 등에 관한 특례)

① 재단법인 한국청소년상담원은 이 법 시행 후 2월 이내에 이 법에
의한 한국청소년상담원의 정관을 작성하여 문화관광부장관의 인가를 받
아야 한다.

② 재단법인 한국청소년상담원은 제1항의 규정에 의한 인가를 받은
때에는 이 법에 의한 한국청소년상담원의 설립등기를 하여야 한다.

③ 재단법인 한국청소년상담원은 제2항의 규정에 의하여 설립등기를
마친 때에는 민법 중 법인의 해산 및 청산에 관한 규정에 불구하고 해
산된 것으로 본다.

④ 이 법에 의한 한국청소년상담원은 설립등기일에 재단법인 한국청
소년상담원의 모든 권리·의무 및 재산을 승계한다.

⑤ 이 법 시행 당시의 재단법인 한국청소년상담원의 임·직원은 이
법에 의한 한국청소년상담원의 임·직원으로 임명된 것으로 보며, 임원
의 임기는 종전의 임명일부터 기산한다.

부칙 [2002. 2. 4 제6656호(공익사업을 위한 토지 등의 취득 및 보상
에 관한 법률)]

제1조 (시행일) 이 법은 2003년 1월 1일부터 시행한다.

제2조 내지 제10조 생략

제11조 (다른 법률의 개정) ① 내지 <60>생략

<61>청소년기본법 중 다음과 같이 개정한다.

제42조제2항 중 '토지수용법'을 '공익사업을 위한 토지 등의 취득 및 보상에 관한 법률'로 한다.

<62> 내지 <85>생략

제12조 생략


부칙 [2002. 12. 30 제6841호(산지관리법)]

제1조 (시행일) 이 법은 공포 후 9월이 경과한 날부터 시행한다.

제2조 내지 제10조 생략

제11조 (다른 법률의 개정) ① 내지 <57>생략

<58>청소년기본법 중 다음과 같이 개정한다.

제38조제1항제6호를 다음과 같이 한다.

6. 산지관리법 제14조·제15조의 규정에 의한 산지전용허가 및 산지전용신고와 산림법 제62조제1항의 규정에 의한 보안림구역 안에서의 행위의 허가

제45조제1항제10호를 다음과 같이 한다.

10. 산지관리법 제14조·제15조의 규정에 의한 산지전용허가 및 산지전용신고, 산림법 제62조제1항의 규정에 의한 보안림구역 안에서의 행위의 허가 및 동법 제90조제1항의 규정에 의한 입목벌채 등의 허가

<59> 내지 <74>생략

제12조 생략


부칙 [2004. 2. 9 제7162호]

제1조 (시행일) 이 법은 공포 후 1년이 경과한 날부터 시행한다. 다만, 부칙 제2조의 시행을 위한 준비행위는 이 법 시행일전이라도 이를 할 수 있다.

제2조 (한국청소년진흥센터의 설립준비)

① 문화관광부장관은 제31조의 개정규정에 의한 한국청소년진흥센터(이하 '진흥센터'라 한다)의 설립에 관한 사무를 관장하게 하기 위하여 설립준비위원회(이하 '준비위원회'라 한다)를 구성한다.

② 준비위원회는 설립준비위원장(이하 '준비위원장'이라 한다)을 포함한 5인 이내의 설립준비위원(이하 '준비위원'이라 한다)으로 구성한다.

③ 준비위원장과 준비위원은 문화관광부장관이 위촉한다.

④ 준비위원회는 이 법 시행 전까지 정관을 작성하여 문화관광부장관의 인가를 받아야 한다.

⑤ 준비위원은 제4항의 규정에 의하여 인가를 받은 때에는 지체 없이 연명으로 진흥센터의 설립등기를 한 후 소장에게 사무를 인계하여야 한다.

⑥ 준비위원장 및 준비위원은 제5항의 규정에 의한 사무인계가 끝난 때에는 해촉된 것으로 본다.

제3조 (지방청소년위원회에 대한 경과조치) 이 법 시행 당시 종전의 규정에 의한 지방청소년위원회는 제11조의 개정규정에 의한 지방청소년육성위원회로 본다.

제4조 (청소년 기본계획에 대한 경과조치) 이 법 시행 당시 종전의 규정에 의한 청소년 육성에 관한 기본계획은 제13조의 개정규정에 의한 기본계획으로 본다.

제5조 (청소년수련시설에 대한 경과조치) 이 법 시행 당시 종전의 규정에 의한 청소년수련시설은 제17조의 개정규정에 의한 청소년 활동시설로 본다.

제6조 (사단법인 한국청소년단체협의회의 권리·의무 승계에 관한 경과조치)

① 이 법 시행 당시 사단법인 한국청소년단체협의회는 이 법 시행 후 3월 이내에 제40조의 개정규정에 의한 한국청소년단체협의회(이하 '협의회'라 한다)의 정관을 작성하여 문화관광부장관의 설립인가를 받아야 한다.

② 이 법 시행 당시 사단법인 한국청소년단체협의회는 제1항의 규정에 의한 설립인가를 받은 때에는 협의회의 설립등기를 하여야 한다.

③ 이 법 시행 당시 사단법인 한국청소년단체협의회는 제2항의 규정에 의한 설립등기를 마친 때에는 민법 중 해산 및 청산에 관한 규정에 불구하고 해산된 것으로 본다.

④ 협의회는 설립등기일에 사단법인 한국청소년단체협의회의 모든 권리·의무 및 재산을 승계한다.

⑤ 이 법 시행 당시 사단법인 한국청소년단체협의회의 임·직원은 협의회의 임·직원으로 임명된 것으로 보며, 임원의 임기는 종전의 임명일부터 기산한다.


부칙 [2005. 3. 24 제7421호]

제1조(시행일) 이 법은 공포 후 3월 이내에 청소년위원회의 조직에 관한 대통령령이 시행되는 날부터 시행한다.

제2조(조직 폐지 및 신설에 따른 소관사무 및 공무원 등에 관한 경과조치)

① 이 법 시행 당시 문화관광부장관의 소관사무 중 청소년에 관한 사무는 청소년위원회가 승계한다.

② 이 법 시행 당시 문화관광부 청소년국 소속 공무원은 청소년위원회소속 공무원으로 본다.

③ 이 법 시행 당시 제1항의 규정에 의하여 청소년위원회가 승계하

는 문화관광부장관의 소관사무에 관한 문화관광부령은 청소년위원회규
칙으로 본다.

제3조(다른 법률의 개정)

① 청소년활동진흥법 일부를 다음과 같이 개정한다.

제3조제1항, 제39조제1항 각 호 외의 부분, 제42조제2항, 제43조제2
항 및 제72조제3항 중 '문화관광부장관'을 각각 '청소년위원회'로 한다.

제39조제1항제6호, 제41조제1항제5호 및 제43조제3항·제4항 중 '문
화관광부장관이'를 각각 '청소년위원회가'로 한다.

제45조제1항·제2항 및 제13조제2항 각 호 외의 부분 중 '문화관광
부장관에게'를 각각 '청소년위원회에'로 한다.

제69조 중 '문화관광부장관은'을 '청소년위원회는'으로 한다.

제12조제1항제4호·제2항, 제13조제1항 후단·제2항 각 호 외의 부
분, 제17조제2항, 제19조제2항, 제26조제2항, 제27조제1항, 제31조제2항
제3호·제5호, 동조제3항 및 제68조 각 호 외의 부분 중 '문화관광부령'
을 각각 '청소년위원회규칙'으로 한다.

② 청소년복지지원법 일부를 다음과 같이 개정한다.

제7조제4항 중 '문화관광부령'을 '청소년위원회규칙'으로 한다.

③ 한국청소년연맹육성에 관한 법률 일부를 다음과 같이 개정한다.

제3조 중 '문화체육부장관은'을 '청소년위원회는'으로 하고, 제7조 및
제8조제1항 중 '문화체육부장관에게'를 각각 '청소년위원회에'로 하며, 제
8조제2항 중 '문화체육부장관이'를 '청소년위원회가'로 하고, 제9조 중 '
문화체육부장관은'을 '청소년위원회는'으로 한다.

④ 스카우트활동육성에 관한 법률 일부를 다음과 같이 개정한다.

제6조 중 '문화체육부장관이'를 '청소년위원회가'로 하고, 제7조 중 '
문화체육부장관'을 '청소년위원회'로 하며, 제8조 중 '문화체육부장관은'
을 '청소년위원회는'으로 하고, 제9조 중 '문화체육부장관이'를 '청소년위

원회가'로 '문화체육부장관에게'를 '청소년위원회에'로 한다.

⑤ 청소년의 성보호에 관한 법률 일부를 다음과 같이 개정한다.

제20조제1항 및 제3항 중 '청소년보호위원회'를 각각 '청소년위원회'로 한다.

⑥ 학교폭력예방 및 대책에 관한 법률 일부를 다음과 같이 개정한다.

제8조제3항제1호 중 '청소년보호위원회 위원장'을 '청소년위원회 위원회장'으로 한다.

⑦ 담배사업법 일부를 다음과 같이 개정한다.

제13조제3항 중 '청소년보호위원회위원장'을 '청소년위원회 위원장'으로 하고, 제25조제4항 중 '청소년보호위원회 위원장'을 '청소년위원회 위원장'으로 한다.

⑧ 사법경찰관사의 직무를 행할 자와 그 직무범위에 관한 법률 일부를 다음과 같이 개정한다.

제5조제29호 중 '청소년보호위원회'를 '청소년위원회'로 한다.

⑨ 출판 및 인쇄진흥법 일부를 다음과 같이 개정한다.

제19조제2항 중 '청소년보호위원회'를 '청소년위원회'로 한다.

제4조(조직 폐지 및 신설에 따른 다른 법령과의 관계) 이 법 시행 당시 다른 법령에서 청소년에 관한 사무와 관련하여 '문화관광부' 또는 '문화관광부장관'을 인용하는 경우에는 '청소년위원회'를 '문화관광부 소속 공무원'을 인용하는 경우에는 '청소년위원회 소속 공무원'을 청소년위원회가 승계하는 문화관광부장관 소관사무에 관한 '문화관광부령'을 인용한 경우에는 '청소년위원회규칙'을 각각 인용한 것으로 본다.


부칙 [2005. 3. 31 제7428호(채무자 회생 및 파산에 관한 법률)]

제1조(시행일) 이 법은 공포 후 1년이 경과한 날부터 시행한다.

제2조 내지 제4조 생략

제5조(다른 법률의 개정) ① 내지 [116] 생략

[117] 청소년기본법 일부를 다음과 같이 개정한다.

제21조제3항제2호 및 제35조제6항제2호 중 '파산자'를 각각 '파산선고를 받은 자'로 한다.

[118] 내지 [145] 생략

제6조 생략


부칙 [2005. 12. 29 제7796호(국가공무원법)]

제1조 (시행일) 이 법은 2006년 7월 1일부터 시행한다.

제2조 내지 제5조 생략

제6조 (다른 법률의 개정) ① 내지 <58> 생략

<59> 청소년기본법 일부를 다음과 같이 개정한다.

제16조의3제2항제1호 중 '3급 이상 공무원'을 '3급 이상 공무원 또는 고위공무원단에 속하는 일반직공무원'으로 한다.

<60> 내지 <68> 생략


부칙 [2005. 12. 29 제7799호]

제1조 (시행일) 이 법은 공포 후 3월이 경과한 날부터 시행한다.

제2조 (조직명칭 변경에 따른 소관 사무 및 공무원 등에 관한 경과조치) 이 법 시행 전에 청소년위원회가 행한 사무와 이 법 시행 당시 청소년위원회의 소관 사무는 국가청소년위원회가 승계하고, 청소년위원회 위원 및 소속 공무원은 국가청소년위원회 위원 및 소속 공무원으로 본다.

제3조 (다른 법률의 개정)

① 청소년활동진흥법 일부를 다음과 같이 개정한다.

제3조제1항, 제39조제1항 각 호 외의 부분 및 같은 항 제6호, 제41조제1항제5호, 제42조제2항, 제43조제2항 내지 제4항, 제45조제1항·제2항,

제69조, 제72조제3항 중 '청소년위원회'를 각각 '국가청소년위원회'로 한다.

② 청소년보호법 일부를 다음과 같이 개정한다.

제2조제1호·제4호·제5호, 제8조제1항 내지 제6항, 제9조제1항·제2항, 제10조제1항, 제11조, 제12조제1항 내지 제6항, 제21조제1항 내지 제3항, 제22조제1항 내지 제3항, 제23조제1항 내지 제3항, 제26조제2항, 제33조의2제1항·제3항, 제42조제1항·제2항, 제43조제1항, 제46조, 제48조제1항, 제49조제1항·제3항·4항 중 '청소년위원회'를 각각 '국가청소년위원회'로 한다.

③ 청소년의 성보호에 관한 법률 일부를 다음과 같이 개정한다.

제20조제1항 및 제3항 중 '청소년위원회'를 각각 '국가청소년위원회'로 한다.

④ 한국청소년연맹육성에 관한 법률 일부를 다음과 같이 개정한다.

제3조, 제7조, 제8조제1항 및 제2항, 제9조 중 '청소년위원회'를 각각 '국가청소년위원회'로 한다.

⑤ 스카우트활동육성에 관한 법률 일부를 다음과 같이 개정한다.

제6조 내지 제9조 중 '청소년위원회'를 각각 '국가청소년위원회'로 한다.

⑥ 담배사업법 일부를 다음과 같이 개정한다.

제13조제3항, 제25조제4항 중 '청소년위원회'를 각각 '국가청소년위원회'로 한다.

⑦ 사법경찰관리의 직무를 행할 자와 그 직무범위에 관한 법률 일부를 다음과 같이 개정한다.

제5조제29호 중 '청소년위원회'를 '국가청소년위원회'로 한다.

⑧ 출판 및 인쇄진흥법 일부를 다음과 같이 개정한다.

제19조제2항 중 '청소년위원회'를 '국가청소년위원회'로 한다.

⑨ 학교보건법 일부를 다음과 같이 개정한다.

제6조제1항제14호 중 '청소년위원회'를 '국가청소년위원회'로 한다.

⑩ 학교폭력예방 및 대책에 관한 법률 일부를 다음과 같이 개정한다.

제8조제3항제1호 중 '청소년위원회'를 '국가청소년위원회'로 한다.

⑪ 청소년복지지원법 일부를 다음과 같이 개정한다.

제13조제2항 중 '제42조 및 제46조'를 '제42조, 제46조 및 제46조의2'로 하고, 제17조 중 '제46조'를 '제46조 및 제46조의2'로 하며, 제13조제2항 및 제17조 중 '지방청소년종합상담센터 및 지방청소년상담센터'를 각각 '기관'으로 한다.

제4조 (다른 법령과의 관계) 이 법 시행 당시 다른 법령에서 청소년위원회를 인용한 경우에는 국가청소년위원회를, 청소년위원회 위원장을 인용한 경우에는 국가청소년위원회 위원장을, 청소년위원회 소속 공무원을 인용한 경우에는 국가청소년위원회 소속 공무원을 각각 인용한 것으로 본다.


부칙 [2007. 4. 11 제8342호(경륜·경정법)]

①(시행일) 이 법은 공포한 날부터 시행한다.

② 내지 ③ 생략

④(다른 법률의 개정) 청소년기본법 일부를 다음과 같이 개정한다.

제54조제1항제2호 중 「경륜·경정법」 제15조제1항제1호를 '「경륜·경정법」 제18조제1항제1호'로 한다.

⑤ 생략


부칙 [2007. 4. 11 제8344호(국민체육진흥법)]

제1조(시행일) 이 법은 공포한 날부터 시행한다. [단서 생략]

제2조 내지 제7조 생략

제8조(다른 법률의 개정) ① 내지 ⑤ 생략

⑥ 청소년기본법 일부를 다음과 같이 개정한다.

제53조제3항 중 '제24조'를 '제36조'로 한다.

제54조제1항제2호 중 '제20조제3항제1호'를 '제22조제3항제1호'로 한다.

제9조 생략


부칙 [2007. 5. 11 제8432호(청소년기본법)]

제1조(시행일) 이 법은 공포한 날부터 시행한다.

제2조(다른 법률의 개정) 청소년기본법 일부를 다음과 같이 개정한다.

제53조제3항 중 '「정부출연연구기관 등의 설립·운영 및 육성에 관한 법률」에 의하여 설립된 한국청소년개발원(이하 '청소년개발원'이라 한다)'을 '「정부출연연구기관 등의 설립·운영 및 육성에 관한 법률」에 따라 설립된 한국청소년정책연구원(이하 '청소년정책연구원'이라 한다)'으로 한다.

제58조제1항 내지 제3항 중 '청소년개발원'을 각각 '청소년정책연구원'으로 한다.

제3조 생략


부칙 [2008. 2. 29 제8852호(정부조직법)]

제1조 (시행일) 이 법은 공포한 날부터 시행한다. 다만, ……<생략>……, 부칙 제6조에 따라 개정되는 법률 중 이 법의 시행 전에 공포되었으나 시행일이 도래하지 아니한 법률을 개정한 부분은 각각 해당 법률의 시행일부터 시행한다.

제2조부터 제5조까지 생략

제6조 (다른 법률의 개정) ①부터 <755>까지 생략

<756> 청소년기본법 일부를 다음과 같이 개정한다.

제3장(제16조의2부터 제16조의8까지)을 삭제한다.

제37조제1항 및 제2항 중 '국가청소년위원회에'를 각각 '보건복지가족부장관에게'로 하고, 같은 조 제3항 전단 중 '국가청소년위원회는'을 '보건복지가족부장관은'으로 한다.

제43조제2항 중 '국가청소년위원회'를 '보건복지가족부장관'으로 하고, 같은 조 제4항 및 제5항 중 '국가청소년위원회가'를 각각 '보건복지가족부장관이'로 한다.

제53조제2항 중 '국가청소년위원회가'를 '보건복지가족부장관이'로 하고, 같은 조 제3항 중 '국가청소년위원회는'을 '보건복지가족부장관은'으로 한다.

제62조제1항 각 호 외의 부분 중 '각 호의 1에 해당하는 자는 국가청소년위원회규칙이 정하는 바에 의하여'를 '각 호의 어느 하나에 해당하는 자는 보건복지가족부령으로 정하는 바에 따라'로 한다.

제9조, 제31조제1항제4호, 제36조제1항, 제42조제1항제9호, 제44조제1항 및 제48조제2항 중 '국가청소년위원회가'를 각각 '보건복지가족부장관이'로 한다.

제34조제2항, 제40조제1항 각 호 외의 부분 및 제66조제2항부터 제4항까지 중 '국가청소년위원회'를 각각 '보건복지가족부장관'으로 한다.

제21조제1항·제2항, 제22조제1항, 제34조제2항 및 제63조 중 '국가청소년위원회는'을 각각 '보건복지가족부장관은'으로 한다.

제10조제1항 중 '국가청소년위원회'를 '보건복지가족부'로 한다.

<757>부터 <760>까지 생략

제7조 생략


부칙[2010. 1. 18 제9932호(정부조직법)]

제1조(시행일) 이 법은 공포 후 2개월이 경과한 날부터 시행한다.

<단서 생략>

제2조 및 제3조 생략

제4조(다른 법률의 개정) ① 부터 <117>까지 생략

<118> 청소년기본법 일부를 다음과 같이 개정한다.

제9조, 제21조제1항·제2항, 제22조제1항, 제31조제1항제4호, 제34조

제2항, 제36조제1항, 제37조제1항·제2항·제3항 전단, 제40조제1항 각 호 외의 부분, 제42조제1항제9호, 제43조제2항·제4항·제5항, 제44조제1항, 제48조 제2항, 제53조제2항·제3항, 제63조 및 제66조제2항부터 제4항까지 중 '보건복지가족부장관'을 각각 '여성가족부장관'으로 한다.

제10조제1항 중 '보건복지가족부'를 '여성가족부'로 한다.

제62조제1항 각 호 외의 부분 중 '보건복지가족부령'을 '여성가족부령'으로 한다.

<119>부터 <137>까지 생략

제5조 생략


부칙[2010. 5. 17 제10298호]

이 법은 공포 후 3개월이 경과한 날부터 시행한다.


부칙[2011. 5. 19 제10658호]

이 법은 공포 후 6개월이 경과한 날부터 시행한다.

# [부록 5]

## 청소년 헌장

청소년은 자기 삶의 주인이다. 청소년은 인격체로서 존중받을 권리와 시민으로서 미래를 열어갈 권리를 지닌다. 청소년은 스스로 생각하고 선택하며 활동하는 삶의 주체로서, 자율과 참여의 기회를 누린다. 청소년은 생명의 가치를 존중하며 정의로운 공동체 성원으로 책임 있는 삶을 살아간다. 가정, 학교, 사회, 그리고 국가는 위의 정신에 따라 청소년의 인간다운 삶을 보장하고, 청소년 스스로 행복을 가꾸며 살아갈 수 있도록 여건과 환경을 조성한다.

청소년의 권리

1. 청소년은 생존에 필요한 기본적인 영양, 주거, 의료, 교육 등을 보장받아 정신적 및 신체적으로 균형 있게 성장할 수 있는 권리를 지닌다.

1. 청소년은 출신, 성별, 종교, 학력, 연령, 지역 등의 차이와 신체적, 정신적 장애 등을 이유로 차별받지 않을 권리를 지닌다.

1. 청소년은 물리적 폭력뿐 아니라 공포와 억압을 포함하는 정신적 폭력으로부터 보호받을 권리를 지닌다.

1. 청소년은 사적인 삶의 영역을 침해받지 않을 권리를 지닌다.

1. 청소년은 자신의 생각과 느낌을 자유롭게 펼칠 권리를 지닌다.

1. 청소년은 자유로운 의사에 따라 건전한 모임을 만들고, 올바른 신념에 따라 활동할 수 있는 권리를 지닌다.

1. 청소년은 배움을 통해 진리를 추구하고, 자아를 실현해 갈 권리를

지닌다.

1. 청소년은 일할 권리와 직업을 선택할 권리를 지닌다.

1. 청소년은 여가를 누릴 권리를 지닌다.

1. 청소년은 건전하고, 다양한 문화예술 활동에 자유롭게 참여할 수 있는 권리를 지닌다.

1. 청소년은 다양한 매체를 통해 자신의 삶에 필요한 정보에 접근할 수 있는 권리를 지닌다.

1. 청소년은 자신의 삶과 관련된 정책결정 과정에 민주적 절차에 따라 참여할 권리를 지닌다.


청소년의 책임

1. 청소년은 자신의 삶을 소중히 여기며, 자신이 선택한 삶에 책임을 진다.

1. 청소년은 앞 세대가 물려준 지혜를 시대에 맞게 되살려 다음 세대에 물려줄 책임이 있다.

1. 청소년은 가정, 학교, 사회, 국가, 인류공동체의 성원으로서 자신과 다른 삶의 방식도 존중할 줄 알아야 한다.

1. 청소년은 삶의 터전인 자연을 소중히 여기고, 모든 생명과 더불어 살아간다.

1. 청소년은 통일시대의 주역으로서 평화롭게 공존하는 방법을 익힌다.

1. 청소년은 남녀평등의 가치를 배우고, 이를 모든 생활에서 실천한다.

1. 청소년은 가정에서 책임을 다하며, 조화롭고 평등한 가족문화를 만들어 간다.

1. 청소년은 서로에게 정신적, 신체적 폭력을 행사하지 않는다.

1. 청소년은 장애인을 비롯한 소외받기 쉬운 사람들과 더불어 살아간다.

# [부록 6]

## 청소년보호법

**법률 제10980호 일부개정 2011. 7. 28.**

### 제1장 총칙

#### 제1조 (목적)

이 법은 청소년에게 유해한 매체물과 약물 등이 청소년에게 유통되는 것과 청소년이 유해한 업소에 출입하는 것 등을 규제하고, 청소년을 청소년폭력·학대 등 청소년 유해행위를 포함한 각종 유해한 환경으로부터 보호·구제함으로써 청소년이 건전한 인격체로 성장할 수 있도록 함을 목적으로 한다. [개정 1999. 2 .5]

#### 제2조 (정의)

이 법에서 사용하는 용어의 정의는 다음과 같다. [개정 1999. 2. 5, 1999. 3. 31, 2000. 1. 12, 2001. 4. 7, 2001. 5. 24, 2004. 1. 29, 2004. 12. 31, 2005. 3. 24, 2005. 12. 29, 2006. 4. 28, 2008. 2. 29, 2010. 1. 18 제9932호(정부조직법)] [[시행일 2010. 3. 19]]

1. '청소년'이라 함은 만 19세 미만의 자를 말한다. 다만, 만 19세에 도달하는 해의 1월 1일을 맞이한 자를 제외한다.
2. '매체물'이라 함은 제7조 각 호의 1에 해당하는 것을 말한다.
3. '청소년 유해매체물'이라 함은 다음 각목의 1에 해당하는 것을 말한다.

가. 제8조 및 제12조의 규정에 의하여 청소년보호위원회가 청소년에게 유해한 것으로 결정하거나 확인하여 여성가족부장관이 이를 고시한 매체물

나. 제8조제1항 단서의 규정에 의한 각 심의기관이 청소년에게 유해한 것으로 의결 또는 결정(이하 '결정'이라 한다)하여 여성가족부장관이 고시하거나 제12조의 규정에 의하여 청소년에게 유해한 것으로 확인하여 여성가족부장관이 고시한 매체물

4. '청소년 유해약물 등'이라 함은 청소년에게 유해한 것으로 인정되는 다음 가목 (1) 내지 (7)에 해당하는 약물(이하 '청소년 유해약물'이라 한다)과 청소년에게 유해한 것으로 인정되는 다음 나목 (1) 또는 (2)에 해당하는 물건(이하 '청소년 유해물건'이라 한다)을 말한다.

가. 청소년 유해약물

(1) 「주세법」의 규정에 의한 주류

(2) 「담배사업법」의 규정에 의한 담배

(3) 「마약류관리에 관한 법률」의 규정에 의한 마약류

(4) 삭제[[2000. 1. 12]

(5) 삭제[[2000. 1. 12]

(6) 「유해화학물질 관리법」의 규정에 의한 환각물질

(7) 기타 중추신경에 작용하여 습관성, 중독성, 내성 등을 유발하여 인체에 유해작용을 미칠 수 있는 약물 등 청소년의 사용을 제한하지 아니하면 청소년의 심신을 심각하게 훼손할 우려가 있는 약물로서 대통령령이 정하는 기준에 따라 관계 기관의 의견을 들어 청소년보호위원회가 결정하고 여성가족부장관이 이를 고시한 것

나. 청소년 유해물건

(1) 청소년에게 음란한 행위를 조장하는 성기구 등 청소년의 사용을 제한하지 아니하면 청소년의 심신을 심각하게 훼손할 우려가 있는 성관련 물건으로서 대통령령이 정하는 기준에 따라 청소년보호위원회가 결

정하고 여성가족부장관이 이를 고시한 것

(2) 청소년에게 음란성·포악성·잔인성·사행성 등을 조장하는 완구류 등 청소년의 사용을 제한하지 아니하면 청소년의 심신을 심각하게 훼손할 우려가 있는 물건으로서 대통령령이 정하는 기준에 따라 청소년보호위원회가 결정하고 여성가족부장관이 이를 고시한 것

5. '청소년 유해업소'라 함은 청소년의 출입과 고용이 청소년에게 유해한 것으로 인정되는 다음 가목의 어느 하나에 해당하는 업소(이하 '청소년 출입·고용금지업소'라 한다)와 청소년의 출입은 가능하나 고용은 유해한 것으로 인정되는 다음 나목의 어느 하나에 해당하는 업소(이하 '청소년고용금지업소'라 한다)를 말한다. 이 경우 업소의 구분은 그 업소가 영업을 함에 있어서 다른 법령에 의하여 요구되는 허가·인가·등록·신고 등의 여부에 불구하고 실제로 이루어지고 있는 영업행위를 기준으로 한다.

가. 청소년출입·고용금지업소

(1) 「식품위생법」에 의한 식품접객업 중 대통령령으로 정하는 것

(2) 「영화 및 비디오물의 진흥에 관한 법률」에 의한 비디오물감상실업 및 「음악산업진흥에 관한 법률」에 의한 노래연습장업 중 대통령령으로 정하는 것

(3) 「체육시설의 설치·이용에 관한 법률」에 의한 무도학원업, 무도장업

(4) 「사행행위 등 규제 및 처벌특례법」에 의한 사행행위영업

(5) 전기통신설비를 갖추고 불특정한 사람 상호간의 음성대화 또는 화상대화를 매개하는 것을 주된 목적으로 하는 영업. 다만, 「전기통신사업법」등 다른 법률의 규정에 의하여 통신을 매개하는 영업을 제외한다.

(6) 청소년 유해매체물, 청소년 유해약물 및 청소년 유해물건을 제작·생산·유통하는 영업 등 청소년의 출입과 고용이 청소년에게 유해하다고 인정되는 영업으로서 대통령령이 정하는 기준에 따라 청소년보호위원회가 결정하고 여성가족부장관이 이를 고시한 것

나. 청소년고용금지업소

(1) 「식품위생법」에 의한 식품접객업 중 대통령령으로 정하는 것

(2) 「공중위생관리법」에 의한 숙박업, 이용업, 목욕장업 중 대통령령으로 정하는 것

(3) 「영화 및 비디오물의 진흥에 관한 법률」에 의한 비디오물소극장업 또는 「게임산업진흥에 관한 법률」에 의한 게임 제공업·복합유통게임 제공업 중 대통령령이 정하는 영업

(4) 삭제[2004. 1. 29]

(5) 「유해화학물질 관리법」에 의한 유독물영업. 다만, 유독물 사용과 직접 관련이 없는 영업으로서 대통령령이 정하는 영업을 제외한다.

(6) 회비 등을 받거나 유료로 만화를 대여하는 만화대여업

(7) 청소년 유해매체물, 청소년 유해약물 및 청소년 유해물건을 제작·생산·유통하는 영업 등 청소년의 고용이 청소년에게 유해하다고 인정되는 영업으로서 대통령령이 정하는 기준에 따라 청소년보호위원회가 결정하고 여성가족부장관이 이를 고시한 것

6. '유통'이라 함은 매체물 또는 약물 등을 판매(가두판매·자동판매기·통신판매 등을 포함한다. 이하 같다), 대여, 배포, 방송(종합유선방송을 포함한다. 이하 같다), 공연, 상영, 전시, 진열, 광고하거나 시청 또는 이용에 제공하는 행위와 이러한 목적으로 매체물 또는 약물 등을 인쇄·복제 또는 수입하는 행위를 말한다.

7. '청소년 폭력'이라 함은 폭력을 통해 청소년에게 신체적·정신적 피해를 발생하게 하는 행위를 말한다.


제3조 (가정의 역할과 책임)


① 청소년에 대하여 친권을 행사하는 자 또는 친권자를 대신하여 청

소년을 보호하는 자(이하 '친권자 등'이라 한다)는 청소년이 청소년 유해매체물과 청소년 유해약물 등 및 청소년 유해업소 · 청소년폭력 · 학대 등(이하 '청소년 유해환경'이라 한다)에 접촉이나 출입을 못하도록 필요한 노력을 하여야 하며, 청소년이 유해한 매체물과 유해한 약물 등을 이용하고 있거나 유해한 업소에 출입하고자 하는 때에는 이를 즉시 제지하여야 한다. [개정 1999. 2. 5, 2005. 12. 29][[시행일 2006. 3 .29]]

② 친권자 등은 제1항의 규정에 따른 노력이나 제지를 함에 있어 필요한 경우 청소년 보호와 관련된 상담기관 및 단체 등에 상담하여야 하고, 해당청소년이 가출 및 비행 등의 우려가 있다고 인정되는 상당한 이유가 있는 때에는 청소년 보호와 관련된 지도 · 단속 기관에 협조를 요청하여야 한다. [신설 2005. 12. 29][[시행일 2006. 3. 29]]

[본조제목개정 2005. 12. 29][[시행일 2006. 3. 29]]


제4조 (사회의 책임)

① 누구든지 청소년이 청소년 유해환경에 접할 수 없도록 하거나 출입을 못하도록 노력하여야 하고, 청소년이 유해한 매체물과 유해한 약물 등을 이용하고 있거나 청소년폭력 · 학대 등을 행하고 있음을 안 때에는 이를 제지 · 선도하여야 하며, 청소년에게 유해한 매체물과 약물 등이 유통되고 있거나 청소년 유해업소에 청소년이 고용되어 있거나 출입하고 있음을 안 때, 또는 청소년폭력 · 학대 등으로부터 피해를 입고 있음을 안 때에는 제21조제3항의 규정에 의한 관계기관 등에 신고 · 고발하는 등 청소년 보호를 위하여 필요한 노력을 하여야 한다. [개정 1999. 2. 5]

② 매체물과 약물 등의 유통을 업으로 하거나 청소년 유해업소의 경영을 업으로 하는 자와 이들로 구성된 단체와 협회 등은 청소년 유해매체물과 청소년 유해약물 등이 청소년에게 유통되지 아니하도록 하고 청

소년 유해업소에 청소년을 고용하거나 출입하지 못하도록 하는 등 청소년 보호를 위하여 자율적인 노력을 다하여야 한다.

제5조 (국가와 지방자치단체의 책임)

① 국가는 청소년 보호를 위하여 청소년 유해환경의 정화에 필요한 시책을 강구 · 시행하여야 하며, 지방자치단체는 해당지역 안의 청소년 유해환경으로부터 청소년 보호를 위하여 필요한 노력을 하여야 한다.

② 국가 및 지방자치단체는 전자 · 통신기술 및 의약품 등의 발달에 따라 등장하는 새로운 형태의 매체물과 약물 등이 청소년의 정신적 · 신체적 건강을 해칠 우려가 있음을 인식하고, 이들 매체물과 약물 등으로부터 청소년을 보호하기 위하여 필요한 기술개발과 연구사업의 지원, 국가 간의 협력체제구축 등 필요한 노력을 하여야 한다.

③ 국가 및 지방자치단체는 청소년관련단체 등 민간의 자율적인 유해환경감시 · 고발활동을 장려하고 이에 필요한 지원을 할 수 있으며 이들의 건의사항에 대하여는 관련시책에 반영할 수 있다.

④ 국가 및 지방자치단체는 청소년을 보호하기 위하여 청소년 유해환경을 규제함에 있어 그 의무를 충실히 수행하여야 한다. [신설 1999. 2. 5]

제6조 (다른 법률과의 관계)

이 법은 청소년 유해환경의 규제에 관한 형사처벌에 있어서 다른 법률에 우선하여 적용한다. [개정 1999. 2. 5]

## 제2장 청소년 유해매체물의 청소년대상 유통 규제

제7조 (매체물의 범위)

이 법에서 매체물이라 함은 다음 각 호의 1에 해당하는 것을 말한다. [개정 1999. 2. 5, 2001. 5. 24, 2004. 1. 29, 2005. 3. 24, 2006. 4. 28 제7943호(영화 및 비디오물의 진흥에 관한 법률), 2009. 7. 30 제21657 호(외국인투자촉진법 시행령)] [[시행일 2009. 7. 31]]

1. 「영화 및 비디오물의 진흥에 관한 법률」의 규정에 의한 비디오물, 「게임 산업진흥에 관한 법률」에 의한 게임물 및 「음악 산업 진흥에 관한 법률」에 의한 음반

2. 삭제 [2001. 5. 24]

3. 「공연법」 및 「영화 및 비디오물의 진흥에 관한 법률」의 규정에 의한 영화 · 연극 · 음악 · 무용, 기타 오락적 관람물

4. 「전기통신사업법」 및 「전기통신기본법」의 규정에 의한 전기통신을 통한 부호 · 문언 · 음향 또는 영상정보

5. 「방송법」의 규정에 의한 방송프로그램. 다만, 보도방송프로그램을 제외한다.

6. 「신문 등의 진흥에 관한 법률」에 따른 일반일간신문(주로 정치 · 경제 · 사회에 관한 보도 · 논평 및 여론을 전파하는 신문을 제외한다) · 특수일간신문(경제 · 산업 · 과학 · 종교 분야를 제외한다) · 일반주간신문(정치 · 경제 분야를 제외한다) · 특수주간신문(경제 · 산업 · 과학 · 시사 · 종교 분야를 제외한다), 「잡지 등 정기간행물의 진흥에 관한 법률」에 따른 잡지(정치 · 경제 · 산업 · 과학 · 시사 · 종교 분야를 제외한다) 및 대통령령으로 정하는 그 밖의 간행물(이하 '정기간행물 등'이라 한다)과 정기간행물 외의 간행물 중 만화 · 사진첩 · 화보류 · 소설 등의 도서류,

전자출판물, 그 밖에 대통령령으로 정하는 것

7. 「옥외광고물 등 관리법」의 규정에 의한 간판·입간판·벽보·전단 기타 이와 유사한 상업적 광고 선전물과 제1호 내지 제6호의 규정에 의한 각종 매체물에 수록·게재·전시, 기타 방법으로 포함된 상업적 광고 선전물

8. 기타 청소년의 정신적·신체적 건강을 해칠 우려가 있다고 인정되는 것으로서 대통령령이 정하는 매체물

제8조 (청소년 유해매체물의 심의·결정)

① 청소년보호위원회는 제7조의 규정에 의한 매체물의 청소년에 대한 유해 여부를 심의하여 청소년에게 유해하다고 인정되는 매체물에 대하여는 청소년 유해매체물로 결정하여야 한다. 다만, 다른 법령의 규정에 의하여 당해 매체물의 윤리성·건전성의 심의를 할 수 있는 기관(이하 '각 심의기관'이라 한다)이 있는 경우에는 그러하지 아니하다. [개정 2004. 1. 29, 2005. 3. 24, 2005. 12. 29, 2008. 2. 29]

② 청소년보호위원회는 각 심의기관이 해당 매체물에 대하여 청소년 유해 여부의 심의를 하지 아니할 경우 청소년 보호를 위하여 필요하다고 인정할 때에는 그 심의를 하도록 요청할 수 있다. [개정 2005. 3. 24, 2005. 12. 29, 2008. 2. 29]

③ 청소년보호위원회는 제1항 단서의 규정에 불구하고 다음 각 호의 1에 해당하는 매체물에 대하여는 청소년에 대한 유해 여부를 심의하여 청소년에게 유해하다고 인정되는 매체물에 대하여는 청소년 유해매체물로 결정할 수 있다. [개정 2005. 3. 24, 2005. 12. 29, 2008. 2. 29]

1. 제1항 단서의 각 심의기관의 요청이 있는 매체물

2. 제1항 단서의 각 심의기관의 청소년 유해 여부 심의를 받지 아니

하고 유통되는 매체물

④ 청소년보호위원회 또는 각 심의기관은 매체물 심의결과 그 매체물의 내용이 형법 등 다른 법령에 의하여 유통이 금지되는 내용이라고 판단되는 경우에는 그 매체물에 대한 청소년 유해매체물 결정을 하기 전에 관계기관에 형사처벌 또는 행정처분을 요청하여야 한다. 다만, 각 심의기관별로 해당법령에서 별도의 절차가 있는 경우에는 그 절차에 의한다. [신설 1999. 2 .5, 2005. 3. 24, 2005. 12. 29, 2008. 2. 29]

⑤ 청소년보호위원회 또는 각 심의기관은 제작·발행의 목적 등에 비추어 청소년이 아닌 자를 상대로 제작·발행되거나, 매체물 각각에 대하여 청소년 유해매체물로 결정하여서는 당해 매체물이 청소년에게 유통되는 것을 차단할 수 없는 매체물에 대하여는 신청 또는 직권에 의하여 매체물의 종류, 제목, 내용 등을 특정하여 청소년 유해매체물로 결정할 수 있다. [신설 1999. 2. 5, 2005. 3. 24, 2005. 12. 29, 2008. 2. 29]

⑥ 청소년보호위원회의 심의·결정방법 등 기타 필요한 사항은 대통령령으로 정한다. [개정 2005. 3. 24, 2005. 12. 29, 2008. 2. 29]

제9조 (등급구분 등)

① 청소년보호위원회와 각 심의기관은 제8조의 규정에 의한 청소년 유해매체물의 심의·결정 시에 청소년 유해매체물로 심의·결정하지 아니한 매체물에 대하여는 청소년 유해의 정도, 이용청소년의 연령, 당해 매체물의 특성, 이용시간과 장소 등을 감안하여 필요한 경우에 당해 매체물의 등급을 구분할 수 있다. [개정 2005. 3. 24, 2005. 12. 29, 2008. 2. 29]

② 청소년보호위원회는 각 심의기관이 해당 매체물에 대한 청소년 유해 여부의 심의·결정시 제1항의 규정에 의한 등급구분을 하도록 요청할 수 있다. [개정 2005. 3. 24, 2005. 12. 29, 2008. 2. 29]

③ 제1항 및 제2항의 규정에 의한 등급구분의 대상·종류·방법 등에 대하여 필요한 사항은 대통령령으로 정한다.

제10조 (청소년 유해매체물의 심의기준)

① 청소년보호위원회와 각 심의기관은 제8조의 규정에 의한 심의를 함에 있어서 당해 매체물이 다음 각 호의 1에 해당하는 경우에는 청소년 유해매체물로 결정하여야 한다. [개정 2005. 3. 24, 2005. 12. 29, 2008. 2. 29]
  1. 청소년에게 성적인 욕구를 자극하는 선정적인 것이거나 음란한 것
  2. 청소년에게 포악성이나 범죄의 충동을 일으킬 수 있는 것
  3. 성폭력을 포함한 각종 형태의 폭력행사와 약물의 남용을 자극하거나 미화하는 것
  4. 청소년의 건전한 인격과 시민의식의 형성을 저해하는 반사회적·비윤리적인 것
  5. 기타 청소년의 정신적·신체적 건강에 명백히 해를 끼칠 우려가 있는 것
② 제1항의 규정에 의한 기준을 구체적으로 적용함에 있어서는 현재 국내 사회에서의 일반적인 통념에 따르며 그 매체물이 가지고 있는 문학적·예술적·교육적·의학적·과학적 측면과 그 매체물의 특성을 동시에 고려하여야 한다.
③ 청소년 유해 여부에 관한 구체적인 심의기준과 그 적용에 관하여 필요한 사항은 대통령령으로 정한다.

제11조 (심의내용의 조정)

청소년보호위원회는 청소년보호와 관련하여 각 심의기관 간에 동일한 내용의 매체물에 대하여 심의한 내용이 상당한 정도로 차이가 있을 경우 그 심의내용의 조정을 요구할 수 있으며 그 요구를 받은 각 심의기관은 특별한 사유가 없는 한 이에 응하여야 한다. [개정 2005. 3. 24, 2005. 12. 29, 2008. 2. 29]

제11조의2 (청소년 유해매체물 결정에 대한 재심의)

① 매체물의 제작자·발행자나 유통행위자는 제8조에 따른 청소년보호위원회의 심의·결정에 이의가 있는 경우 심의·결정의 결과를 통지받은 날부터 30일 이내에 청소년보호위원회에 재심의를 청구할 수 있다.
② 제1항에 따른 재심의 청구는 제8조에 따른 심의·결정의 효력 및 제22조에 따른 청소년 유해매체물 고시 절차의 진행에 영향을 주지 아니한다.
③ 청소년보호위원회는 제1항에 따른 재심의 청구를 받은 날부터 60일 이내에 심의·결정하여 그 결과를 청구인에게 통보하여야 한다.
④ 제1항에 따른 재심의 청구 및 결정 등에 필요한 사항은 여성가족부령으로 정한다.
[본조신설 2011. 7. 28] [[시행일 2012. 1. 29]]

제12조 (유해매체물의 자율규제)

① 매체물의 제작·발행자, 유통행위자 또는 매체물과 관련된 단체는 자율적으로 청소년 유해 여부를 결정하고 청소년보호위원회 또는 각 심의기

관에 그 결정한 내용의 확인을 요청할 수 있다. [개정 2005. 3. 24, 2005. 12. 29, 2008. 2. 29]

② 제1항의 규정에 의한 확인요청을 받은 청소년보호위원회 또는 각 심의기관은 심의결과 그 결정내용이 적합한 경우에는 이의 확인을 하여야 하며, 청소년보호위원회는 필요한 경우 이를 각 심의기관에 위탁하여 처리할 수 있다. [개정 2005. 3. 24, 2005. 12. 29, 2008. 2. 29]

③ 제2항의 규정에 의하여 청소년보호위원회 또는 각 심의기관이 확인을 한 경우 당해 매체물의 확인을 필한 표시를 부착할 수 있다. [개정 2005. 3. 24, 2005. 12. 29, 2008. 2. 29]

④ 매체물의 제작·발행자, 유통행위자 또는 매체물과 관련된 단체는 청소년에게 유해하다고 판단되는 매체물에 대하여 청소년보호위원회 또는 각 심의기관의 결정 없이 제14조 및 제15조의 규정에 준하는 청소년 유해표시 또는 포장을 할 수 있다. [개정 2005. 3. 24, 2005. 12. 29, 2008. 2. 29]

⑤ 청소년보호위원회 또는 각 심의기관은 제4항의 규정에 의하여 자율적으로 청소년 유해표시 및 포장을 한 매체물을 발견한 때에는 청소년 유해 여부를 결정하여야 한다. [개정 2005. 3. 24, 2005. 12. 29, 2008. 2. 29]

⑥ 매체물의 제작·발행자, 유통행위자 또는 매체물과 관련된 단체가 제4항의 규정에 의하여 청소년 유해표시 또는 포장을 한 매체물은 청소년보호위원회 또는 각 심의기관의 최종결정이 있을 때까지 이 법의 규정에 의한 청소년 유해매체물로 본다. [개정 2005. 3. 24, 2005. 12. 29, 2008. 2. 29]

⑦ 제1항 내지 제6항의 규정에 의한 청소년 유해 여부의 결정과 확인의 절차 및 방법 등에 관하여 필요한 사항은 대통령령으로 정한다.

[전문개정 1999. 2. 5]

제13조

삭제 [2004. 1. 29]

제14조 (표시의무)

① 청소년 유해매체물에 대해서는 청소년에게 유해한 매체물임을 나타내는 표시(이하 '청소년 유해표시'라 한다)를 하여야 한다.
② 제1항의 규정에 의한 청소년 유해표시를 하여야 할 의무자, 청소년 유해표시의 종류와 시기·방법 기타 필요한 사항은 대통령령으로 정한다.

제15조 (포장의무)

① 청소년 유해매체물에 대해서는 이를 포장하여야 한다. 다만, 매체물의 특성상 포장할 수 없는 것은 그러하지 아니하다.
② 제1항의 규정에 의한 포장을 하여야 할 매체물의 종류, 포장의무자, 포장방법 기타 포장에 관하여 필요한 사항은 대통령령으로 정한다.

제16조 (표시·포장의 훼손금지)

누구든지 제14조의 규정에 의한 청소년 유해표시 및 제15조의 규정에 의한 포장을 훼손하여서는 아니 된다.

제17조 (판매금지 등)

① 청소년 유해매체물을 판매·대여·배포하거나 시청·관람·이용에 제공하고자 하는 자는 그 상대방의 연령을 확인하여야 하고, 청소년에게 이를 판매·대여·배포하거나 시청·관람·이용에 제공하여서는 아니 된다. [개정 2001. 5. 24] [[시행일 2001. 8. 25]]
② 제14조의 규정에 의하여 청소년 유해표시를 하여야 할 매체물은

청소년 유해표시가 되지 아니한 상태에서는 당해 매체물의 판매 또는 대여를 위하여 전시 또는 진열하여서는 아니 된다.

③ 제15조의 규정에 의하여 포장을 하여야 할 매체물은 포장이 되지 아니한 상태에서는 당해 매체물의 판매 또는 대여를 위하여 전시 또는 진열하여서는 아니 된다.

④ 청소년 유해매체물의 판매금지 등에 관하여 기타 필요한 사항은 대통령령으로 정한다.


제18조 (구분·격리 등)


① 청소년 유해매체물은 이를 청소년에게 유통이 허용된 매체물과 구분·격리하지 아니하고서는 판매 또는 대여하기 위하여 전시 또는 진열하여서는 아니 된다.

② 청소년 유해매체물로서 제7조제1호 또는 제6호에 해당하는 매체물은 자동기계장치 또는 무인판매장치에 의하여 유통할 목적으로 전시 또는 진열하여서는 아니된다. 다만, 다음 각 호의 1에 해당하는 경우에는 그러하지 아니하다. [개정 1999. 2. 5]

1. 자동기계장치 또는 무인판매장치를 설치하는 자가 이를 이용한 청소년의 청소년 유해매체물 구입행위 등을 제지할 수 있는 경우

2. 제2조제5호 가목의 청소년출입·고용금지업소 안에 설치하는 경우

③ 제1항 및 제2항의 규정에 의한 매체물의 구분·격리 및 판매방법 등에 관하여 필요한 사항은 대통령령으로 정한다.


제19조 (방송시간 제한)


청소년 유해매체물로서 제7조제5호에 해당하는 것과 제7조제7호에

해당하는 광고 선전물 중 방송을 이용하는 것은 대통령령이 정하는 방송시간에는 이를 방송하여서는 아니 된다.

제20조 (광고 선전 제한)

① 청소년 유해매체물로서 제7조제7호의 규정에 의한 간판, 입간판, 벽보, 전단, 기타 대통령령이 정하는 광고 선전물은 이를 다음 각 호의 1에 해당하는 장소 또는 방법으로 공공연히 설치·부착·배포하여서는 아니 된다. <개정 1999. 2. 5>
  1. 청소년출입·고용금지업소외의 업소
  2. 공중이 통행하는 장소
  3. 청소년의 접근을 제한하는 기능이 없는 컴퓨터 통신
② 청소년 유해매체물로서 제7조제7호의 규정에 의한 광고 선전물 중 다른 매체물과 기타 물건 등에 수록·게재·전시 기타의 방법으로 포함된 것은 당해 매체물과 기타 물건 등을 청소년을 대상으로 판매·대여·배포하거나 시청·관람 또는 이용에 제공하여서는 아니 된다.
③ 제1항과 제2항의 규정에 의한 광고 선전물의 제한방법·장소, 기타 광고제한에 관하여 필요한 사항은 대통령령으로 정한다.

제21조 (청소년 유해매체물 목록표의 작성·통보)

① 청소년보호위원회와 각 심의기관은 소관 매체물에 대하여 청소년 유해매체물로 결정한 때에는 당해 매체물의 목록을 작성하여야 하며, 각 심의기관이 작성할 경우에는 그 목록을 청소년보호위원회에 제출하여야 한다. [개정 2005. 3. 24, 2005. 12. 29, 2008. 2. 29]
② 여성가족부장관은 청소년 유해매체물의 목록을 종합한 청소년 유

해매체물 목록표를 작성하여야 한다. [개정 2005. 3. 24, 2005. 12. 29, 2008. 2. 29, 2010. 1. 18 제9932호(정부조직법)] [[시행일 2010. 3. 19]]

③ 여성가족부장관은 각 심의기관, 청소년 또는 매체물과 관련이 있는 중앙행정기관, 청소년 보호와 관련된 지도·단속기관, 기타 청소년 보호를 위한 관련단체 등(이하 '관계기관 등'이라 한다)에 제2항의 규정에 의한 청소년 유해매체물 목록표를 통보하여야 하며, 필요한 경우 매체물의 유통을 업으로 하는 개인·법인·단체에게 통보할 수 있으며, 요청이 있는 경우 친권자등에게 통지할 수 있다. [개정 2005. 3. 24, 2005. 12. 29, 2008. 2. 29, 2010. 1. 18 제9932호(정부조직법)] [[시행일 2010. 3. 19]]

④ 제2항의 규정에 의한 청소년 유해매체물 목록표의 작성방법, 통보시기, 통보대상 기타 필요한 사항은 여성가족부령으로 정한다. [개정 1998. 2. 28, 2008. 2. 29, 2010. 1. 18 제9932호(정부조직법)] [[시행일 2010. 3. 19]]


제22조 (청소년 유해매체물의 고시)

① 여성가족부장관은 제8조제1항 본문 및 제3항과 제12조의 규정에 의하여 청소년보호위원회가 결정 또는 확인한 매체물에 대하여는 이를 청소년 유해매체물로 고시하여야 한다. [개정 1999. 2. 5, 2001. 5. 24, 2005. 3. 24, 2005. 12. 29, 2008. 2. 29, 2010. 1. 18 제9932호(정부조직법)] [[시행일 2010. 3. 19]]

② 각 심의기관은 청소년 유해매체물에 대하여 심의의견서를 첨부하여 청소년보호위원회에 제출하고, 청소년보호위원회는 여성가족부장관에게 당해 매체물의 고시를 요청하여야 한다. [개정 1999. 2. 5, 2005. 3. 24, 2005. 12. 29, 2008. 2. 29, 2010. 1. 18 제9932호(정부조직법)]

[[시행일 2010. 3. 19]]

③ 여성가족부장관이 제1항 및 제2항의 규정에 의한 매체물을 고시할 때에는 고시의 사유와 효력발생시기를 명시하여야 한다. [개정 1999.2.5, 2005. 3. 24, 2005. 12. 29, 2008. 2. 29, 2010. 1. 18 제9932호(정부조직법)] [[시행일 2010. 3. 19]]

④ 제1항 내지 제3항의 규정에 의한 고시에 관하여 필요한 사항은 여성가족부령으로 정한다. [개정 1998. 2. 28, 2008. 2. 29, 2010. 1. 18 제9932호(정부조직법)] [[시행일 2010. 3. 19]]

제23조 (청소년 유해매체물의 결정취소 등)

① 청소년보호위원회는 청소년 유해매체물이 더 이상 청소년에게 유해하지 아니하다고 인정할 경우에는 제8조제1항 및 제3항의 규정에 의한 청소년 유해매체물의 결정을 취소하고 여성가족부장관에게 당해 매체물을 청소년 유해매체물 목록표에서 삭제하도록 요청하여야 한다. 이 경우 여성가족부장관은 이를 삭제하여야 하고 그 사실을 관계기관 등에 통보하여야 한다. [개정 2005. 3. 24, 2005. 12. 29, 2008. 2. 29, 2010. 1. 18 제9932호(정부조직법)] [[시행일 2010. 3. 19]]

② 각 심의기관은 청소년 유해매체물 결정을 취소한 경우에는 청소년보호위원회에 그 사실을 통보하여야 한다. 이 경우 청소년보호위원회는 여성가족부장관에게 당해 매체물을 청소년 유해매체물 목록표에서 삭제하도록 요청하여야 하며 여성가족부장관은 이를 삭제하여야 하고 그 사실을 관계기관 등에 통보하여야 한다. [개정 2005. 3. 24, 2005. 12. 29, 2008. 2. 29, 2010. 1. 18 제9932호(정부조직법)] [[시행일 2010. 3. 19]]

③ 여성가족부장관은 제1항 및 제2항의 규정에 의한 청소년 유해매체물의 취소결정이 있는 경우에는 결정이 취소되었다는 사실과 그 사유를

명시하여 고시하여야 한다. [개정 1999. 2. 5, 2005. 3. 24, 2005. 12. 29, 2008. 2. 29, 2010. 1. 18 제9932호(정부조직법)] [[시행일 2010. 3. 19]]

④ 제1항 내지 제3항의 규정에 의한 결정취소 등에 관하여 필요한 사항은 여성가족부령으로 정한다. [개정 1998. 2. 28, 2008. 2. 29, 2010. 1. 18 제9932호(정부조직법)] [[시행일 2010. 3. 19]]

제23조의2 (외국매체물에 대한 특례)

누구든지 영리를 목적으로 외국에서 제작·발행된 매체물로서 제10조의 심의기준에 해당하는 매체물을 청소년에게 유통(번역, 번안, 편집, 자막삽입 등의 방법으로 유통하게 하는 경우를 포함한다)하게 하거나 이와 같은 목적으로 소지하여서는 아니 된다. [개정 2001. 5. 24]

[본조신설 1999. 2. 5]

[[시행일 2001. 8. 25]]

제2장의2 청소년의 인터넷게임 중독 예방[신설 2011. 5. 19][[시행일 2011. 11. 20]]

제23조의3 (심야시간대의 인터넷게임 제공시간 제한 등)

① 「게임 산업 진흥에 관한 법률」에 따른 게임물 중 「정보통신망 이용촉진 및 정보보호 등에 관한 법률」 제2조제1항제1호에 따른 정보통신망을 통하여 실시간으로 제공되는 게임물(이하 '인터넷게임'이라 한다)의 제공자(「전기통신사업법」 제22조에 따라 부가통신사업자로 신고한 자를 말하며, 같은 조 제1항 후단 및 제4항에 따라 신고한 것으로 보는 경우를 포함한다. 이하 같다)는 16세 미만의 청소년에게 오전 0시부터 오전 6시

까지 인터넷게임을 제공하여서는 아니 된다. [[시행일 2013 . 5. 20. 심각한 인터넷게임 중독의 우려가 없는 것으로서 대통령령으로 정하는 기기를 이용한 인터넷게임에 대한 심야시간대 제공시간 제한에 관한 부분]]

② 여성가족부장관은 문화체육관광부장관과 협의하여 제1항에 따른 심야시간대 인터넷게임의 제공시간 제한대상 게임물의 범위가 적절한지를 대통령령으로 정하는 바에 따라 2년마다 평가하여 개선 등의 조치를 하여야 한다.

③ 제2항에 따른 평가의 방법 및 절차 등에 관하여 필요한 사항은 「게임 산업 진흥에 관한 법률」에서 정하는 바에 따른다.

[본조신설 2011. 5. 19][[시행일 2011. 11. 20]]

제23조의4 (인터넷게임 중독 등의 피해 청소년 지원)

① 여성가족부장관은 관계 중앙행정기관의 장과 협의하여 인터넷게임 중독(인터넷게임의 지나친 이용으로 인하여 인터넷게임 이용자가 일상생활에서 쉽게 회복할 수 없는 신체적·정신적·사회적 기능 손상을 입은 것을 말한다) 등 매체물의 오용·남용으로 신체적·정신적·사회적 피해를 입은 청소년에 대하여 예방·상담 및 치료·재활 등의 서비스를 지원할 수 있다.

② 제1항에 따른 지원에 관한 구체적 사항은 대통령령으로 정한다.

[본조신설 2011. 5. 19][[시행일 2011. 11. 20]]

## 제3장 청소년 유해업소, 청소년 유해약물 및 청소년 유해행위 등의 규제

제24조 (청소년 고용금지 및 출입제한 등)

① 청소년 유해업소의 업주는 종업원을 고용하고자 하는 때에는 그 연령을 확인하여야 하며, 청소년을 고용하여서는 아니 된다. [개정 2001. 5. 24] [[시행일 2001. 8. 25]]

② 청소년출입·고용금지업소의 업주 및 종사자는 출입자의 연령을 확인하여 청소년이 당해 업소에 출입하거나 이용하지 못하게 하여야 한다. [개정 1999. 2. 5]

③ 청소년 유해업소의 업주 및 종사자는 제1항 및 제2항의 규정에 의한 연령확인을 위하여 필요한 경우 주민등록증 그 밖에 연령을 확인할 수 있는 증표(이하 이 항에서 '증표'라 한다)의 제시를 요구할 수 있으며, 증표제시를 요구받은 자가 정당한 사유 없이 증표제시를 거부할 경우에는 당해 업소의 출입을 제한하거나 이용하지 못하게 할 수 있다. [신설 2004. 1. 29]

④ 제2항의 규정에 불구하고 청소년이 친권자 등을 동반할 때에는 대통령령이 정하는 바에 따라 출입하게 할 수 있다. 다만, 「식품위생법」에 의한 식품접객업 중 대통령령으로 정하는 업소의 경우에는 그러하지 아니하다. [개정 2004. 1. 29, 2005. 3. 24]

⑤ 청소년 유해업소의 업주 및 종사자는 당해 업소에 대통령령이 정하는 바에 따라 청소년의 출입·이용과 고용을 제한하는 내용의 표시를 하여야 한다. [신설 1999. 2. 5]

제25조 (청소년통행금지·제한구역의 지정 등)

① 지방자치단체는 청소년 보호를 위하여 필요하다고 인정할 경우 청소

년에게 정신적·신체적 건강을 해칠 우려가 있는 구역을 청소년통행금지 구역 또는 청소년통행제한구역으로 지정하여야 한다. [개정 1999. 2. 5]

② 지방자치단체는 청소년범죄 또는 탈선의 예방 등 특별한 이유가 있는 때에는 대통령령이 정하는 바에 따라 특정시간을 정하여 제1항의 규정에 의해 지정된 구역에 청소년의 통행을 금지하거나 또는 제한할 수 있다. [개정 1999. 2. 5]

③ 제1항 및 제2항의 규정에 의한 청소년통행금지·제한구역의 구체적인 지정기준과 선도 및 단속방법 등은 조례로 정하여야 하며, 이 경우 관할국가경찰관서 및 학교 등 해당지역내의 관계기관과 지역주민의 의견을 반영하여야 한다. [개정 1999. 2. 5, 2006. 2.2 1 제7849호(제주특별자치도 설치 및 국제자유도시 조성을 위한 특별법)] [[시행일 2006. 7. 1]]

④ 지방자치단체 및 관할경찰서장은 청소년이 제2항의 규정에 위반하여 청소년통행금지·제한구역을 통행하고자 하는 때에는 그 통행을 저지할 수 있으며, 통행하고 있는 청소년에 대하여는 해당구역 밖으로 퇴거시킬 수 있다. [신설 99.2.5]


제26조 (청소년 유해약물 등으로부터 청소년 보호)

① 누구든지 청소년을 대상으로 하여 청소년 유해약물 등을 판매·대여·배포하여서는 아니 된다. 이 경우 자동기계장치·무인판매장치·통신장치에 의하여 판매·대여·배포한 경우를 포함한다. 다만, 학습용·공업용 또는 치료용으로 판매되는 것으로서 대통령령이 정하는 것은 그러하지 아니하다. [개정 2001. 5. 24]

② 여성가족부장관은 청소년 유해약물 목록표를 작성하여 청소년 유해약물 등과 관련이 있는 중앙행정기관, 청소년 보호와 관련된 지도·단속기관, 기타 청소년 보호를 위한 관련단체 등에 통보하여야 하며, 필

요한 경우 약물유통을 업으로 하는 개인 · 법인 · 단체에게 통보할 수 있으며, 요청이 있는 경우 친권자등에게 통지할 수 있다. [개정 2005. 3. 24, 2005. 12. 29, 2008. 2. 29, 2010. 1. 18 제9932호(정부조직법)] [[시행일 2010. 3. 19]]

③ 제2항의 규정에 의한 청소년 유해약물 목록표의 작성방법, 통보시기, 통보대상 기타 필요한 사항은 여성가족부령으로 정한다. [개정 1998. 2. 28, 2008. 2. 29, 2010. 1. 18 제9932호(정부조직법)] [[시행일 2010. 3. 19]]

④ 제14조 내지 제16조의 규정은 청소년 유해약물 등에 이를 준용한다.


제26조의2 (청소년 유해행위의 금지)


누구든지 다음 각 호의 1에 해당하는 행위를 하여서는 아니 된다. [개정 2004. 1. 29]

1. 영리를 목적으로 청소년으로 하여금 신체적인 접촉 또는 은밀한 부분의 노출 등 성적 접대행위를 하게 하거나 이러한 행위를 알선 · 매개하는 행위

2. 영리를 목적으로 청소년으로 하여금 손님과 함께 술을 마시거나 노래 또는 춤 등으로 손님의 유흥을 돋우는 접객행위를 하게 하거나 이러한 행위를 알선 · 매개하는 행위

3. 영리 또는 흥행의 목적으로 청소년에게 음란한 행위를 하게 하는 행위

4. 영리 또는 흥행의 목적으로 청소년의 장애기형 등 형상을 공중에게 관람시키는 행위

5. 청소년에게 구걸을 시키거나, 청소년을 이용해서 구걸하는 행위

6. 청소년을 학대하는 행위

7. 영리를 목적으로 청소년으로 하여금 손님을 거리에서 유인하는 행

위를 하게 하는 행위

8. 청소년에 대하여 이성혼숙을 하게 하는 등 풍기를 문란하게 하는 영업행위를 하거나 그를 목적으로 장소를 제공하는 행위

9. 주로 다류(茶類)를 조리·판매하는 업소에서 청소년으로 하여금 영업장을 벗어나 다류를 배달하는 행위를 하게 하거나 이를 조장 또는 묵인하는 행위

[본조신설 1999. 2. 5]


제26조의3 (청소년대상 무효인 채권)

① 제26조의2의 규정에 의한 행위(이하 이 항에서 '유해행위'라 한다)를 한 자가 유해행위와 관련하여 청소년에게 가지는 채권은 그 계약의 형식이나 명목에 관계없이 이를 무효로 한다.

② 제2조제5호가목(1) 및 나목(1)의 규정에 의한 업소의 업주가 고용과 관련하여 청소년에게 가지는 채권은 그 계약의 형식이나 명목에 관계없이 이를 무효로 한다.

[본조신설 2004. 1. 29]


**제4장 청소년보호위원회 등** [개정 2005. 3. 24, 2008. 2. 29]

제27조 (청소년보호위원회의 설치)

다음 각 호의 사무를 담당하기 위하여 여성가족부장관 소속하에 청소년보호위원회를 둔다. [개정 2010. 1. 18 제9932호(정부조직법)] [[시행일 2010. 3. 19]]

1. 유해환경으로부터 청소년을 보호하기 위한 청소년 유해매체물, 청

소년 유해약물, 청소년 유해물건, 청소년 유해업소 등의 심의·결정 등에 관한 사항

2. 제49조제1항에 따른 정기간행물 등을 발행하거나 수입한 자에 대한 과징금 부과의 심의·결정에 관한 사항

3. 청소년 보호를 위하여 여성가족부장관이 필요하다고 심의를 요청한 사항

4. 그 밖에 다른 법률에서 청소년보호위원회가 심의·결정하도록 정한 사항 등

[본조신설 2008. 2. 29]


제28조 (청소년보호위원회의 구성)

① 청소년보호위원회는 위원장 1인을 포함한 11인 이내의 위원으로 구성하되, 여성가족부장관이 지명하는 청소년업무담당 고위공무원단에 속하는 공무원은 당연직 위원이 된다. [개정 2010. 1. 18 제9932호(정부조직법)] [[시행일 2010. 3. 19]]

② 청소년보호위원회의 위원장은 청소년에 관한 경험과 식견이 풍부한 자 중에서 여성가족부장관의 제청으로 대통령이 임명하고, 그 밖의 위원은 다음 각 호의 어느 하나에 해당하는 자 중에서 위원장의 추천을 받아 여성가족부장관의 제청으로 대통령이 임명 또는 위촉한다. [개정 2010. 1. 18 제9932호(정부조직법)] [[시행일 2010. 3. 19]]

1. 판사, 검사 또는 변호사의 직에 5년 이상 재직한 자

2. 대학이나 공인된 연구기관에서 부교수 이상 또는 이에 상당한 직에 있거나 있었던 자로서 청소년 관련 분야를 전공한 자

3. 3급 또는 3급 상당 이상의 공무원이나 고위공무원단에 속하는 공무원과 공공기관에서 이에 상당하는 직에 있거나 있었던 자로서 청소년

관련 업무에 실무경험이 있는 자

4. 청소년시설·단체 및 각급 교육기관 등에서 청소년 관련 업무를 10년 이상 담당한 자

[본조신설 2008. 2. 29]

제29조 (위원장 등)

① 위원장은 청소년보호위원회를 대표하며, 위원장이 불가피한 사유로 인하여 직무를 수행할 수 없는 때에는 위원장이 지명하는 위원이 그 직무를 대행한다.

② 청소년보호위원회는 재적위원 과반수의 출석으로 개회하고, 출석위원 과반수의 찬성으로 의결한다. [본조신설 2008. 2. 29]

제30조 (위원의 임기)

① 위원의 임기는 2년으로 하되, 연임할 수 있다.

② 위원의 결원이 생겼을 때에는 결원된 날부터 30일 이내에 보궐위원을 임명 또는 위촉하여야 하며, 보궐위원의 임기는 전임자의 잔임 기간으로 한다.

[본조신설 2008. 2. 29]

제31조 (위원의 직무상 독립과 신분보장)

① 위원은 임기 중 직무와 관련하여 외부의 지시나 간섭을 받지 아니한다.

② 위원은 다음 각 호의 어느 하나에 해당하는 경우를 제외하고는

그 의사에 반하여 면직되지 아니한다.

1. 금고 이상의 형의 선고를 받은 경우
2. 장기간의 심신쇠약으로 직무를 수행할 수 없게 된 경우

[본조신설 2008. 2. 29]


제32조 (회의 및 운영)


이 법에 정한 것 외에 청소년보호위원회의 운영에 관하여 필요한 사항은 대통령령으로 정한다.

[본조신설 2008. 2. 29]


제33조

삭제 [2005. 3. 24]


제33조의2 (청소년보호센터 등)


① 청소년폭력·학대 등 유해환경으로부터 청소년을 임시로 보호하기 위하여 여성가족부에 청소년보호센터를 둘 수 있다. [개정 2005. 3. 24, 2005. 12. 29, 2008. 2. 29, 2010. 1. 18 제9932호(정부조직법)] [[시행일 2010. 3. 19]]

② 청소년보호센터에는 피해를 당한 청소년에게 법률상담, 소송업무 대행 등의 법률적 지원을 할 수 있도록 전문변호사를 둘 수 있다.

③ 청소년폭력·학대 등의 피해·가해청소년 및 약물로부터 고통을 받는 청소년의 재활을 위하여 여성가족부에 청소년재활센터를 둘 수 있다. [개정 2005. 3. 24, 2005. 12. 29, 2008. 2. 29, 2010. 1. 18 제9932호(정부조직법)] [[시행일 2010. 3. 19]]

④ 제1항 및 제3항의 규정에 의한 청소년보호센터 및 청소년재활센터에 관한 세부적인 사항은 대통령령으로 정한다.

제33조의3
삭제 [2005. 3. 24]
제33조의4
삭제 [2005. 3. 24]

## 제5장 보칙

제34조 (보고 등)

시장·군수 또는 구청장(자치구의 구청장을 말한다. 이하 같다)은 이 법에서 정하고 있는 사항의 이행 및 위반여부의 확인을 위하여 필요하다고 인정할 때에는 청소년 유해매체물과 청소년 유해약물 등을 유통하는 자와 청소년 유해업소의 업주 등에 대하여 대통령령이 정하는 바에 의하여 필요한 보고와 자료제출을 요구할 수 있다. [개정 2004. 1. 29]

제35조 (검사 및 조사 등)

① 시장·군수 또는 구청장은 이 법에서 정하고 있는 사항의 이행 및 위반여부의 확인을 위하여 필요하다고 인정할 때에는 소속공무원으로 하여금 청소년 유해매체물과 청소년 유해약물 등의 유통 및 청소년의 유해업소 고용과 출입 등에 관련된 장부, 서류, 장소, 기타 필요한 물건을 검사·조사하게 할 수 있으며, 대통령령이 정하는 바에 따라 지정된 장소에서 당사자·이해관계인 또는 참고인의 진술을 듣게 할 수

있다. [개정 2004. 1. 29]

② 시장·군수 또는 구청장은 필요하다고 인정할 경우에는 특별한 학식·경험이 있는 자에게 감정을 의뢰할 수 있다. [개정 2004. 1. 29]

③ 제1항의 규정에 의하여 업무를 수행하는 공무원은 그 권한을 표시하는 증표를 관계인에게 내보여야 한다.

제36조 (수거·파기)

① 시장·군수 또는 구청장은 청소년 유해매체물로 결정된 매체물 및 청소년 유해약물 등이 제14조(제26조제4항에서 준용하는 경우를 포함한다)의 규정에 의하여 청소년 유해표시가 되지 아니하거나 제15조(제26조제4항에서 준용하는 경우를 포함한다)의 규정에 의하여 포장되지 아니하고 유통되고 있거나, 각 심의기관의 청소년 유해 여부 심의를 받지 아니하고 유통되고 있는 매체물로서 청소년 유해매체물로 결정된 경우에는 그 소유자, 기타 당해 유통에 종사하는 자에 대하여 그 매체물 및 청소년 유해약물 등의 수거를 명할 수 있다. [개정 1999. 2. 5, 2001. 5. 24, 2004. 1. 29]

② 시장·군수 또는 구청장은 제1항의 규정에 의한 수거명령을 받을 자를 알 수 없거나 수거명령을 받은 자가 이에 따르지 아니할 경우에는 대통령령이 정하는 바에 따라 이를 수거 또는 파기하게 할 수 있다. [개정 1999. 2. 5, 2004. 1. 29]

③ 제1항 및 제2항의 규정에 의한 수거·파기 등에 관하여 필요한 사항은 대통령령으로 정한다.

④ 시장·군수 또는 구청장 및 경찰서장은 청소년이 소유하거나 소지하는 「주세법」의 규정에 의한 주류, 「담배사업법」의 규정에 의한 담배 및 성기구와 같은 청소년 유해약물 등과 청소년 유해매체물을 수거하여 폐기

또는 기타 필요한 처분을 할 수 있다. [신설 1999. 2. 5, 2001. 5. 24, 2004. 1. 29, 2005. 3. 24]

⑤ 시장·군수 또는 구청장 및 경찰서장은 제4항의 규정에 의한 처분을 한 때에는 그 품명·수량·소유자 또는 소지자 및 그 처분내용 등을 관계 장부에 기재하여야 한다. [신설 1999. 2. 5, 2004. 1. 29]

제37조 (시정명령)

① 시장·군수 또는 구청장은 다음 각 호의 1에 해당하는 자에게 그 시정을 명할 수 있다. [개정 1999. 2. 5, 2004. 1. 29]

1. 제14조 규정에 위반하여 청소년 유해매체물의 청소년 유해표시를 하지 아니한 자

2. 제15조의 규정에 위반하여 청소년 유해매체물의 포장을 하지 아니한 자

3. 영리를 목적으로 제17조제2항의 규정에 위반하여 청소년 유해매체물을 청소년 유해표시가 되지 아니한 상태에서 판매 또는 대여를 위하여 전시·진열한 자

4. 영리를 목적으로 제17조제3항의 규정에 위반하여 청소년 유해매체물을 포장이 되지 아니한 상태에서 판매 또는 대여를 위하여 전시·진열한 자

5. 영리를 목적으로 제18조제1항의 규정에 위반하여 청소년 유해매체물을 구분·격리하지 아니하고 판매 또는 대여를 위하여 전시·진열한 자

6. 영리를 목적으로 제18조제2항의 규정에 위반하여 청소년 유해매체물로서 제7조제1호 또는 제6호에 해당하는 것을 자동기계장치 또는 무인판매장치에 의하여 유통할 목적으로 전시·진열한 자

7. 제20조제1항의 규정에 위반하여 청소년 유해 광고 선전물을 청소

년출입·고용금지업소 외의 업소, 공중이 통행하는 장소에 공공연히 설치·부착·배포한 자 또는 청소년의 접근을 제한하는 기능이 없는 컴퓨터 통신에 의한 방법으로 이를 행한 자

② 제1항의 규정에 의한 시정명령의 종류·절차 및 그 이행 등에 관하여 필요한 사항은 대통령령으로 정한다.

제38조 (이유명시)

시장·군수 또는 구청장은 제36조 및 제37조의 규정에 의한 수거·파기와 시정명령의 처분을 할 때에는 대통령령이 정하는 바에 의하여 그 이유를 명시하여야 한다. [개정 2004. 1. 29]

제39조
삭제 [2004. 1. 29] [[시행일 2004. 4. 30]]
제40조
삭제 [2004. 1. 29] [[시행일 2004. 4. 30]]
제41조
삭제 [2001. 5. 24] [[시행일 2001. 8. 25]]
제42조 (관계행정기관의 장의 협조)

① 여성가족부장관은 이 법의 시행을 위하여 필요하다고 인정할 때에는 관계행정기관의 장의 의견을 들을 수 있다. [개정 2005. 3. 24, 2005. 12. 29, 2008. 2. 29, 2010. 1. 18 제9932호(정부조직법)] [[시행일 2010. 3. 19]]
② 여성가족부장관은 이 법의 규정에 의한 의무이행을 확보하기 위하여 필요하다고 인정할 때에는 관계행정기관의 장에게 필요한 협조를 의뢰할 수 있다. [개정 2005. 3. 24, 2005. 12. 29, 2008. 2. 29, 2010.

1. 18 제9932호(정부조직법)] [[시행일 2010. 3. 19]]

제43조 (증표교부 등)

① 여성가족부장관은 청소년 유해환경정화활동을 수행하고 있는 민간의 감시·고발단체에 대하여 행정·재정상 지원을 할 수 있으며, 필요한 경우 업무수행의 효율을 기하기 위해 대통령령이 정하는 바에 의하여 청소년 유해환경감시활동을 하고 있음을 나타내는 증표를 교부할 수 있다. [개정 2005. 3. 24, 2005. 12. 29, 2008. 2. 29, 2010. 1. 18 제9932호(정부조직법)] [[시행일 2010. 3. 19]]

② 제1항의 규정에 의한 민간의 감시·고발단체에는 교사를 포함시킬 수 있다. [신설 1999. 2. 5]

③ 제1항의 규정에 의한 민간의 감시·고발단체의 구체적인 종류와 명칭은 여성가족부령으로 정한다. [개정 1998. 2. 28, 2008. 2. 29, 2010. 1. 18 제9932호(정부조직법)] [[시행일 2010. 3. 19]]

제44조 (신고)

① 누구든지 청소년에게 유해하다고 생각되는 매체물과 약물 등이 청소년에게 유통되고 있거나 청소년에게 유해한 업소에 청소년이 고용 또는 출입하고 있음을 발견한 때 및 기타 이 법의 규정에 위반되는 사실이 있다고 인정할 때에는 그 사실을 시장·군수 또는 구청장에게 신고하여야 한다. [개정 2004. 1. 29]

② 시장·군수 또는 구청장은 제1항의 규정에 의한 신고의 활성화를 위하여 필요한 시책을 시행하여야 하며 필요한 경우 신고자에 대한 포상 등을 실시할 수 있다. [개정 2004. 1. 29]

제44조의2 (선도 · 보호조치 대상 청소년의 통보 등)

① 시장 · 군수 또는 구청장은 제17조제1항, 제24조제1항 및 제2항, 제26조제1항, 제26조의2제1호 내지 제3호 및 제7호 내지 제9호의 규정에 위반하는 행위를 적극적으로 유발하게 하거나 연령을 속이는 등 그 위반행위의 원인을 제공한 청소년에 대하여는 친권자등에게 그 사실을 통보하여야 한다.

② 시장 · 군수 또는 구청장은 제1항의 청소년 중 그 내용 · 정도 등을 고려하여 선도 · 보호조치가 필요하다고 인정되는 청소년에 대하여는 관할 경찰서장 · 소속 학교장(학생인 경우에 한한다) 및 친권자등에게 그 사실을 통보하여야 한다.
[전문개정 2005. 12. 29][[시행일 2006. 3. 29]]

제45조
삭제 [2002. 8. 26.] [[시행일 2003. 2. 27.]]

제46조 (권한의 위탁)

청소년보호위원회는 이 법에 의한 권한의 일부를 대통령령이 정하는 바에 의하여 청소년 보호 또는 매체물이나 약물 등과 관련된 비영리법인 또는 단체에 위탁할 수 있다. [개정 2005. 3. 24, 2005. 12. 29 제7799호(청소년기본법), 2008. 2. 29][[시행일 2006. 3. 29]]
[전문개정 2004. 1. 29]

제47조 (지방청소년사무소의 설치 등)

① 특별시장 · 광역시장 · 도지사(이하 '시 · 도지사'라 한다)는 그 관할

구역 내의 청소년을 보호하기 위하여 조례가 정하는 바에 따라 지방청소년사무소를 설치할 수 있다. [개정 1999. 2. 5]

② 특별시·광역시·도의 관할구역 내의 청소년 보호를 위하여 기타 필요한 사항에 관하여는 해당 지방자치단체의 조례로 정한다.

제48조 (벌칙적용에 있어서의 공무원 의제)

① 청소년보호위원회의 사무에 종사하는 공무원이 아닌 위원 또는 직원은 「형법」 제129조 내지 제132조 및 「특정범죄가중처벌 등에 관한 법률」 제2조의 적용에 있어서는 이를 공무원으로 본다. [개정 2005. 3. 24, 2005. 12. 29, 2008. 2. 29]

② 제46조의 규정에 의하여 위탁한 사무 중 심의업무에 종사하는 한국간행물윤리위원회 또는 법인·단체의 위원, 임원, 직원은 「형법」 제129조 내지 제132조 및 「특정범죄가중처벌 등에 관한 법률」 제2조의 적용에 있어서는 이를 공무원으로 본다. [개정 2005. 3. 24]

제49조 (과징금)

① 여성가족부장관은 정기간행물 등을 발행하거나 수입한 자가 제10조의 심의기준에 저촉된 청소년 유해매체물을 제14조·제15조의 규정에 의한 청소년 유해표시 또는 포장을 하지 아니하고 당해 청소년 유해매체물의 결정·고시 전에 유통하였거나 유통 중인 때에는 당해 청소년 유해매체물을 발행하거나 수입한 자에 대하여 2천만 원 이하의 과징금을 부과·징수할 수 있다. [개정 2005. 3. 24, 2005. 12. 29, 2008. 2. 29, 2010. 1. 18 제9932호(정부조직법)] [[시행일 2010. 3. 19]]

② 시장·군수 또는 구청장은 제50조 또는 제51조 각 호의 1에 해당

하는 행위로 인하여 이익을 취득한 자에 대하여 대통령령이 정하는 바에 의하여 1천만 원 이하의 과징금을 부과·징수할 수 있다. 다만, 다른 법률의 규정에 의한 영업허가취소·영업소폐쇄·영업정지 또는 과징금부과 등 행정처분의 대상으로서 행정처분이 이루어진 경우 또는 행정처분이 가능한 경우에는 그러하지 아니하다.

③ 제1항 또는 제2항의 규정에 의한 과징금을 기한 이내에 납부하지 아니한 때에는 여성가족부장관 또는 시장·군수·구청장이 국세 또는 지방세 체납처분의 예에 따라 이를 징수한다. [개정 2005. 3. 24, 2005. 12. 29, 2008. 2. 29, 2010. 1. 18 제9932호(정부조직법)] [[시행일 2010. 3. 19]]

④ 여성가족부장관 또는 시장·군수·구청장은 다음 각 호의 1에 해당하는 사유로 과징금의 전액을 일시에 납부하기가 어렵다고 인정되는 때에는 그 납부기한을 연장하거나 분할 납부하게 할 수 있다. [개정 2005. 3. 24, 2005. 12. 29, 2008. 2. 29, 2010. 1. 18 제9932호(정부조직법)] [[시행일 2010. 3. 19]]

1. 자연재해 또는 화재 등으로 재산에 현저한 손실을 입은 경우

2. 영업에 현저한 손실을 입어 중대한 위기에 처한 경우

3. 과징금의 일시납부에 따라 생계가 곤란할 것으로 예상되는 경우

4. 그 밖에 제1호 내지 제3호에 준하는 사유가 있는 경우

⑤ 제1항 내지 제3항의 규정에 의하여 과징금으로 징수한 금액은 징수주체가 사용하되, 다음 각 호의 용도로 사용하여야 한다.

1. 청소년 유해환경정화를 위한 프로그램의 개발·보급

2. 청소년에게 유익한 매체물의 제작·지원

3. 민간의 청소년선도·보호사업 및 청소년 유해환경정화를 위한 시민운동의 지원

4. 그 밖에 청소년 선도보호를 위한 사업으로서 대통령령이 정하는 사업

⑥ 제1항 내지 제4항의 규정에 의한 과징금의 부과기준, 과징금의 부과 및 납부방법 그 밖에 과징금의 부과·징수에 관하여 필요한 사항은 대통령령으로 정한다.

[전문개정 2004. 1. 29]

## 제6장 벌칙

제49조의2 (벌칙)

제26조의2제1호의 규정을 위반한 자는 1년 이상 10년 이하의 징역에 처한다.

[본조신설 1999. 2. 5]

제49조의3 (벌칙)

제26조의2제2호 또는 제3호의 규정을 위반한 자는 10년 이하의 징역에 처한다.

[본조신설 1999. 2. 5]

제49조의4 (벌칙)

제26조의2제4호 내지 제6호의 규정을 위반한 자는 5년 이하의 징역에 처한다.

[본조신설 1999. 2. 5]

제50조 (벌칙)

다음 각 호의 1에 해당하는 자는 3년 이하의 징역 또는 2천만 원 이하의
벌금에 처한다. [개정 1999. 2. 5, 2000. 2. 3. 2001. 5. 24, 2004. 1. 29]

1. 영리를 목적으로 제17조제1항의 규정에 위반하여 청소년에게 청소
년 유해매체물을 판매 · 대여 · 배포하거나 시청 · 관람 · 이용에 제공한
자 [[시행일 2001. 8. 25]]

1의2. 영리를 목적으로 제23조의2의 규정에 위반하여 청소년으로 하
여금 범죄의 충동을 일어나게 하는 매체물 등을 유통하게 한 자

2. 제24조제1항의 규정에 위반하여 청소년을 유해업소에 고용한 자

3. 제26조제1항의 규정에 위반하여 청소년에게 제2조제4호 가목(6)
또는 (7)의

약물 또는 나목의 물건을 판매 · 대여 · 배포한 자

4. 제26조의2제7호 내지 제9호의 규정에 위반한 자

5. 제36조제1항의 규정에 위반하여 청소년 유해매체물 또는 청소년
유해약물 등을 수거하지 아니한 자 [[시행일 2001. 8. 25]]

제51조 (벌칙)

다음 각 호의 1에 해당하는 자는 2년 이하의 징역 또는 1,000만 원
이하의 벌금에 처한다. [개정 1999. 2. 5, 2001. 5. 24, 2004. 1. 29,
2005. 3. 24, 2011. 5. 19][[시행일 2011. 11. 20]]

1. 제14조, 제24조제5항, 제26조제4항의 규정에 위반하여 청소년 유
해매체물, 청소년 유해업소, 청소년 유해약물 등의 청소년 유해표시를
하지 아니한 자

2. 제15조의 규정에 위반하여 청소년 유해매체물의 포장을 하지 아니한 자

3. 삭제 [2004. 1. 29]

4. 삭제 [2004. 1. 29]

5. 제19조의 규정에 위반하여 청소년 유해매체물을 방송한 자

6. 제20조제1항의 규정에 위반하여 광고 선전물을 설치·부착하거나 배포한 자

6의2. 제23조의3을 위반하여 심야시간대에 16세 미만의 청소년에게 인터넷게임을 제공한 자

7. 제24조제2항의 규정에 위반하여 청소년을 유해업소에 출입시킨 자

8. 제26조제1항의 규정에 위반하여 청소년에게 「주세법」의 규정에 의한 주류 또는 「담배사업법」의 규정에 의한 담배를 판매한 자

제52조 (벌칙)

제16조의 규정에 위반하여 청소년 유해매체물의 청소년 유해표시 또는 포장을 훼손한 자는 500만 원 이하의 벌금에 처한다.

제53조 (벌칙)

제35조의 규정에 위반하여 관계공무원의 검사 및 조사를 거부·방해 또는 기피한 자는 300만 원 이하의 벌금에 처한다.

제54조 (양벌규정)

법인·단체의 대표자, 법인·단체 또는 개인의 대리인, 사용인 기타 종업원이 그 법인·단체 또는 개인의 업무에 관하여 제49조의2 내지 제49조의4 및 제50조 내지 제53조의 죄를 범한 때에는 행위자를 벌하

는 외에 그 법인·단체 또는 개인에 대하여도 각 해당 조의 벌금형을 과한다. [개정 2004. 1. 29]

제55조 (형의 감경)

제50조 내지 제52조의 죄를 범한 자가 제37조의 규정에 의한 시정명령을 받고 이를 이행한 경우에는 그 형을 감경할 수 있다.

제56조 (과태료)

① 제37조제1항제1호·제2호 또는 제7호의 규정에 의한 시정명령을 이행하지 아니 한 자는 500만 원 이하의 과태료에 처한다.

② 다음 각 호의 1에 해당하는 자는 100만 원 이하의 과태료에 처한다.

1. 제34조의 규정에 의한 보고와 자료제출의 요구를 받고도 이에 응하지 아니 한 자나 거짓으로 보고 또는 자료를 제출한 자

2. 제37조제1항제3호 내지 제6호의 규정에 의한 시정명령을 이행하지 아니한 자

③ 제1항 및 제2항의 규정에 의한 과태료는 대통령령이 정하는 바에 의하여 시장·군수 또는 구청장(이하 '부과권자'라 한다)이 부과·징수한다.

④ 제3항의 규정에 의한 과태료처분에 불복이 있는 자는 그 처분의 고지를 받은 날부터 30일 이내에 부과권자에게 이의를 제기할 수 있다.

⑤ 제3항의 규정에 의한 과태료처분을 받은 자가 제4항의 규정에 의하여 이의를 제기한 때에는 부과권자는 지체 없이 관할법원에 그 사실을 통보하여야 하며, 그 통보를 받은 관할법원은 「비송사건절차법」에 의한 과태료의 재판을 한다. [개정 2005. 3. 24]

⑥ 제4항의 규정에 의한 기간 이내에 이의를 제기하지 아니하고 과태료

를 납부하지 아니한 때에는 지방세체납처분의 예에 의하여 이를 징수한다.

[전문개정 2004. 1. 29]


부칙

제1조 (시행일) 이 법은 1997년 7월 1일부터 시행한다.

제2조 (한국간행물윤리위원회에 관한 경과조치) 이 법 시행당시의 사단법인 한국간행물윤리위원회는 이 법 시행일부터 3월 이내에 문화체육부장관에게 정관변경의 인가를 받을 경우 이 법에 의한 한국간행물윤리위원회로 보며, 이 경우 한국간행물윤리위원회는 종전의 사단법인 한국간행물윤리위원회의 모든 권리와 의무를 승계하는 것으로 본다.


부칙 [1998. 2. 28]

제1조 (시행일) 이 법은 공포한 날부터 시행한다. [단서 생략]

제2조 내지 제7조 생략

부칙 [1999. 2. 5]

제1조 (시행일) 이 법은 1999년 7월 1일부터 시행한다. 다만, 제27조 내지 제31조의 개정규정은 공포 후 3월이 경과한 날로부터 시행한다.

제2조 (청소년보호위원회 위원에 관한 경과조치) 이 법 시행 당시 종전의 제29조제2항의 규정에 의하여 임명 또는 위촉된 청소년보호위원회 위원의 임기에 대하여는 종전의 규정에 의한다.

제3조 (다른 법률의 폐지) 미성년자보호법은 이를 폐지한다.

제4조 (벌칙 등에 관한 경과조치)

① 이 법 시행 전에 종전의 미성년자보호법, 국민건강증진법 제9조제3항의 규정을 위반한 행위에 대한 벌칙의 적용에 있어서는 종전의 규정에 의한다.

② 이 법 시행 당시 종전의 미성년자보호법 제5조의 규정에 의하여

경찰서장이 수거한 담배·주류 또는 그와 관계된 물품 및 불량만화, 음란한 문서, 도서, 음반, 비디오물 기타 물건은 종전의 규정에 의하여 반환 또는 폐기하고 이를 관계 장부에 기재하여야 한다.

③ 이 법 시행 당시 종전의 미성년자보호법 제2조제2항의 규정에 의한 미성년자출입제한구역은 이 법 제25조의 개정규정에 의한 청소년통행금지구역으로 본다.

제5조 (다른 법률의 개정)

① 국민건강증진법 중 다음과 같이 개정한다. 제9조제3항을 삭제한다. 제34조제2항을 삭제한다.

제36조를 삭제한다.

② 사행행위 등 규제 및 처벌특례법 중 다음과 같이 개정한다. 제12조제4호, 제25조제2항 중 '미성년자'는 각각 '19세미만의 자'로 한다.


부칙 [1999. 3. 31]

제1조 (시행일) 이 법은 1999년 7월 1일부터 시행한다. [단서 생략]

제2조 내지 제5조 생략


부칙 [2000. 2. 3]

①(시행일) 이 법은 2000년 7월 1일부터 시행한다.

② 및 ③ 생략


부칙 [2001. 5. 24]

제1조 (시행일) 이 법은 공포 후 3월이 경과한 날부터 시행한다. 다만, 제2조제5호 나목(3)의 개정규정은 공포 후 4월이 경과한 날부터 시행한다.

제2조 (벌칙에 관한 경과조치) 이 법 시행 전의 행위에 대한 벌칙의 적용에 있어서는 종전의 규정에 의한다.

제3조 (다른 법률의 개정)

① 사행행위 등 규제 및 처벌 특례법 중 다음과 같이 개정한다. 제12조제4호 중 '19세 미만의 자를'을 '청소년(청소년보호법 제2조제1호의 규정에 의한 청소년을 말한다. 이하 같다)을'으로 한다. 제25조제2항 중 '19세 미만의 자를'을 '청소년을'으로 한다. 제30조제2항제5호 중 '미성년자를'을 '청소년을'으로 한다.

② 청소년의 성보호에 관한 법률 중 다음과 같이 개정한다. 제2조제1호중 '19세 미만의 남녀를'을 '청소년보호법 제2조제1호의 규정에 의한 청소년을'으로 한다.


부칙 [2002. 8. 26]

제1조 (시행일) 이 법은 공포 후 6월이 경과한 날부터 시행한다.

제2조 생략

제3조 (다른 법률의 폐지 등)

① 출판사 및 인쇄소의 등록에 관한 법률은 이를 폐지한다.

② 외국간행물 수입배포에 관한 법률은 이를 폐지한다.

③ 청소년보호법 중 다음과 같이 개정한다.

제45조를 삭제한다.

제4조 내지 제8조 생략


부칙 [2004. 1. 29]

① (시행일) 이 법은 공포 후 3월이 경과한 날부터 시행한다.

② (이의신청에 관한 경과조치) 이 법 시행 전에 접수된 이의신청에 대하여는 종전의 규정에 의한다.

③ (소의 제기에 관한 경과조치) 이 법 시행 전에 접수된 이의신청에 대한 소의 제기에 관하여는 종전의 규정에 의한다.

④ (벌칙 등에 관한 경과조치) 이 법 시행 전의 행위에 대한 벌칙 또는 과태료의 적용에 있어서는 종전의 규정에 의한다.

부칙 [2004. 3. 11 제7187호(국가공무원법)]

제1조 (시행일) 이 법은 공포 후 3월이 경과한 날부터 시행한다. 다만, 제2조제3항제1호 나목의 개정규정 및 부칙 제2조는 공포한 날부터 시행한다.

제2조 및 제3조 생략

제4조 ① 내지 ⑦ 생략

⑧ 청소년보호법 중 다음과 같이 개정한다.

제33조의4제2항 중 '행정자치부장관과의'를 '행정자치부장관 및 중앙인사위원회와'로 한다.

제5조 생략

부칙 [2004. 12. 31 제7292호(유해화학물질관리법)]

제1조(시행일) 이 법은 공포 후 1년이 경과한 날부터 시행한다. 단서 생략

제2조 내지 제10조 생략

제11조(다른 법률의 개정) ① 내지 ⑤ 생략

⑥ 청소년보호법 중 다음과 같이 개정한다.

제2조제5호 나목(5)를 다음과 같이 한다.

(5) 유해화학물질관리법에 의한 유독물제조업, 유독물판매업, 유독물보관·저장업, 유독물운반업 및 유독물사용업

⑦ 내지 ⑨ 생략

제12조 생략

부칙 [2005. 3. 24 제7423호]

① (시행일) 이 법은 법률 제7421호 청소년기본법 일부 개정법률에

의한 청소년위원회의 조직에 관한 대통령령이 시행되는 날부터 시행한다.

② (조직폐지 및 신설에 따른 소관사무 및 공무원 등에 관한 경과조치) 이 법 시행 당시 청소년보호위원회의 소관사무는 청소년위원회가 승계하며, 청소년보호위원회 소속 공무원은 청소년위원회 소속 공무원으로 본다.

③ (다른 법령과의 관계) 이 법 시행 당시 다른 법령에서 청소년보호위원회를 인용한 경우에는 청소년위원회를, 청소년보호위원회 위원장을 인용한 경우에는 청소년위원회 위원장을, 청소년보호위원회 소속 공무원을 인용한 경우에는 청소년위원회 소속 공무원을 각각 인용한 것으로 본다.


부칙 [2005. 12. 29 제7799호(청소년기본법)]

제1조 (시행일) 이 법은 공포 후 3월이 경과한 날부터 시행한다.

제2조 생략

제3조 (다른 법률의 개정) ① 생략

② 청소년보호법 일부를 다음과 같이 개정한다.

제2조제1호 · 제4호 · 제5호, 제8조제1항 내지 제6항, 제9조제1항 · 제2항, 제10조제1항, 제11조, 제12조제1항 내지 제6항, 제21조제1항 내지 제3항, 제22조제1항 내지 제3항, 제23조제1항 내지 제3항, 제26조제2항, 제33조의2제1항 · 제3항, 제42조제1항 · 제2항, 제43조제1항, 제46조, 제48조제1항, 제49조제1항 · 제3항 · 4항 중 '청소년위원회'를 각각 '국가청소년위원회'로 한다.

③ 내지 ⑪ 생략

제4조 생략


부칙 [2005. 12. 29 제7800호]

이 법은 공포 후 3월이 경과한 날부터 시행한다.

부칙 [2006. 2. 21 제7849호(제주특별자치도 설치 및 국제자유도시 조성을 위한 특별법)]

제1조 (시행일)

이 법은 2006년 7월 1일부터 시행한다. <단서 생략>

제2조 내지 제39조 생략

제40조 (다른 법률의 개정) ① 내지 <30> 생략

<31> 청소년보호법 일부를 다음과 같이 개정한다.

제25조제3항 중 '관할경찰관서'를 '관할 국가경찰관서'로 한다.

<32> 내지 <47> 생략

제41조 생략


부칙 [2006. 4. 28 제7943호(영화 및 비디오물의 진흥에 관한 법률)]

제1조(시행일) 이 법은 공포 후 6개월이 경과한 날부터 시행한다.

제2조 내지 제13조 생략

제14조(다른 법률의 개정) ① 내지 ④생략

⑤ 청소년보호법 일부를 다음과 같이 개정한다.

제2조제5호가목(2) 및 동호나목(3)을 각각 다음과 같이 한다

(2) 「영화 및 비디오물의 진흥에 관한 법률」에 의한 비디오물감상 실업 및 「음악산업 진흥에 관한 법률」에 의한 노래연습장업 중 대통령령으로 정하는 것

(3) 「영화 및 비디오물의 진흥에 관한 법률」에 의한 비디오물 소극장업 또는 「게임 산업 진흥에 관한 법률」에 의한 게임 제공업·복합유통게임 제공업 중 대통령령이 정하는 영업

제7조제1호를 다음과 같이 하고, 동조 제3호 중 '영화진흥법'을 「영화 및 비디오물의 진흥에 관한 법률」로 한다.

1. 「영화 및 비디오물의 진흥에 관한 법률」의 규정에 의한 비디오물,

「게임 산업 진흥에 관한 법률」에 의한 게임물 및 「영화 및 비디오물의 진흥에 관한 법률」에 의한 음반

제15조 생략

부칙 [2008. 2. 29 제8877호]

이 법은 공포한 날부터 시행한다.

부칙[2009. 7. 31 제9785호(신문 등의 진흥에 관한 법률)]

제1조(시행일) 이 법은 공포 후 6개월이 경과한 날부터 시행한다.

제2조부터 제7조까지 생략

제8조(다른 법률의 개정) ①부터 ⑫까지 생략

⑬ 청소년보호법 일부를 다음과 같이 개정한다.

제7조제6호를 다음과 같이 한다.

6. 「신문 등의 진흥에 관한 법률」에 따른 일반일간신문(주로 정치·경제·사회에 관한 보도·논평 및 여론을 전파하는 신문을 제외한다)·특수일간신문(경제·산업·과학·종교 분야를 제외한다)·일반주간신문(정치·경제분 야를 제외한다)·특수주간신문(경제·산업·과학·시사·종교 분야를 제외한다), 「잡지 등 정기간행물의 진흥에 관한 법률」에 따른 잡지(정치·경제·산업·과학·시사·종교 분야를 제외한다) 및 대통령령으로 정하는 그 밖의 간행물(이하 '정기간행물 등'이라 한다)과 정기간행물 외의 간행물 중 만화·사진첩·화보류·소설 등의 도서류, 전자출판물, 그 밖에 대통령령으로 정하는 것

⑭ 생략

제9조 생략

부칙[2010. 1. 18 제9932호(정부조직법)]

제1조(시행일) 이 법은 공포 후 2개월이 경과한 날부터 시행한다. <단서 생략>

제2조 및 제3조 생략

제4조(다른 법률의 개정) ①부터 <118>까지 생략

<119> 청소년보호법 일부를 다음과 같이 개정한다.

제2조제3호가목 및 나목·제4호가목(7) 및 나목(1) 및 (2)·제5호가목(6) 및 나목(7), 제21조제2항·제3항, 제22조제1항부터 제3항까지, 제23조제1항 전단 및 후단·제2항 후단·제3항, 제26조제2항, 제27조 각 호 외의 부분 및 제3호, 제28조제1항·제2항 각 호 외의 부분, 제42조제1항·제2항, 제43조제1항 및 제49조제1항·제3항·제4항 각 호 외의 부분 중 '보건복지가족부장관'을 각각 '여성가족부장관'으로 한다.

제21조제4항, 제22조제4항, 제23조제4항, 제26조제3항 및 제43조제3항 중 '보건복지가족부령'을 각각 '여성가족부령'으로 한다.

제33조의2제1항 및 제3항 중 '보건복지가족부'를 각각 '여성가족부'로 한다.

<120>부터 <137>까지 생략

제5조 생략


부칙[2011. 5. 19 제10659호]

① (시행일) 이 법은 공포 후 6개월이 경과한 날부터 시행한다. 다만, 제23조의3제1항의 개정규정에 따른 인터넷게임 중 심각한 인터넷게임 중독의 우려가 없는 것으로서 대통령령으로 정하는 기기를 이용한 인터넷게임에 대한 심야시간대 제공시간 제한에 관한 부분은 공포 후 2년이 경과한 날부터 시행한다.

② (게임물의 범위 평가에 관한 특례) 이 법 시행 후 최초로 실시하

는 심야시간대 인터넷게임의 제공시간 제한대상 게임물의 범위에 대한 평가는 제23조의3제2항의 개정규정에도 불구하고 이 법 공포 후 1년 6개월이 경과한 날까지 완료하여야 한다.

부칙[2011. 7.2 8 제10980호]

제1조 (시행일) 이 법은 공포 후 6개월이 경과한 날부터 시행한다.

제2조 (재심의에 관한 경과조치) 제11조의2의 개정규정은 이 법 시행 당시 이미 이루어진 청소년 유해매체물 결정에도 적용한다. 이 경우 이 법 시행일부터 30일 이내에 재심의를 청구할 수 있다.

# [부록 7]

## 아동 · 청소년의 성보호에 관한 법률
### 법률 제11002호(아동복지법) 일부개정 2011. 8. 4.

### 제1장 총칙

제1조 (목적)

이 법은 아동 · 청소년대상 성범죄의 처벌과 절차에 관한 특례를 규정하고 피해아동 · 청소년을 위한 구제 및 지원절차를 마련하며 아동 · 청소년대상 성범죄자를 체계적으로 관리함으로써 아동 · 청소년을 성범죄로부터 보호하고 아동 · 청소년이 건강한 사회구성원으로 성장할 수 있도록 함을 목적으로 한다.

제2조 (정의)

이 법에서 사용하는 용어의 뜻은 다음과 같다. [개정 2010. 4. 15 제10258호(성폭력 범죄의 처벌 등에 관한 특례법), 2011. 8. 4 제11002호(아동복지법)] [[시행일 2012. 8. 5]]
  1. '아동 · 청소년'은 19세 미만의 자를 말한다. 다만, 19세에 도달하는 해의 1월 1일을 맞이한 자는 제외한다.
  2. '아동 · 청소년대상 성범죄'는 다음 각 목의 어느 하나에 해당하는 죄를 말한다.

가. 제7조부터 제12조까지의 죄(제8조제4항의 죄는 제외한다)

나. 아동·청소년에 대한 「성폭력 범죄의 처벌 등에 관한 특례법」 제3조부터 제10조까지 및 제14조의 죄

다. 아동·청소년에 대한 「형법」 제297조 부터 제301조까지, 제301조의2, 제302조, 제303조, 제305조 및 제339조의 죄

라. 아동·청소년에 대한 「아동복지법」 제17조제2호 및 제4호의 죄

3. '아동·청소년대상 성폭력 범죄'는 아동·청소년대상 성범죄에서 제8조 부터 제12조까지의 죄를 제외한 죄를 말한다.

4. '아동·청소년의 성을 사는 행위'는 아동·청소년, 아동·청소년의 성(性)을 사는 행위를 알선한 자 또는 아동·청소년을 실질적으로 보호·감독하는 자 등에게 금품이나 그 밖의 재산상 이익, 직무·편의제공 등 대가를 제공하거나 약속하고 다음 각 목의 어느 하나에 해당하는 행위를 아동·청소년을 대상으로 하거나 아동·청소년으로 하여금 하게 하는 것을 말한다.

가. 성교 행위

나. 구강·항문 등 신체의 일부나 도구를 이용한 유사 성교 행위

다. 신체의 전부 또는 일부를 접촉·노출하는 행위로서 일반인의 성적 수치심이나 혐오감을 일으키는 행위

라. 자위행위

5. '아동·청소년 이용 음란물'은 아동·청소년이 등장하여 제4호의 어느 하나에 해당하는 행위를 하거나 그 밖의 성적 행위를 하는 내용을 표현하는 것으로서 필름·비디오물·게임물 또는 컴퓨터나 그 밖의 통신매체를 통한 화상·영상 등의 형태로 된 것을 말한다.

6. '피해아동·청소년'은 제2호나목·다목의 죄 및 제7조 부터 제9조까지의 죄의 피해자가 된 아동·청소년을 말한다.

7. '대상아동·청소년'은 제10조의 죄의 상대방이 된 아동·청소년을

말한다.

제3조 (해석·적용상의 주의)

이 법을 해석·적용할 때에는 아동·청소년의 권익을 우선적으로 고려하여야 하며, 이해관계인과 그 가족의 권리가 부당하게 침해되지 아니하도록 주의하여야 한다.

제4조 (국가와 지방자치단체의 의무)

① 국가와 지방자치단체는 아동·청소년대상 성범죄를 예방하고, 아동·청소년을 성적 착취와 학대 행위로부터 보호하기 위하여 필요한 조사·연구·교육 및 계도와 더불어 법적·제도적 장치를 마련하며 필요한 재원을 조달하여야 한다.
② 국가는 아동·청소년에 대한 성적 착취와 학대 행위가 국제적 범죄임을 인식하고 범죄 정보의 공유, 범죄 조사·연구, 국제사법공조, 범죄인 인도 등 국제협력을 강화하는 노력을 하여야 한다.

제5조 (사회의 책임)

모든 국민은 아동·청소년이 이 법에서 정한 범죄의 상대방이나 피해자가 되거나 이 법에서 정한 범죄를 저지르지 아니하도록 사회 환경을 정비하고 아동·청소년을 보호·선도·교육하는 데에 최선을 다하여야 한다.

제6조 (홍보영상의 제작 · 배포 · 송출)

① 여성가족부장관은 아동 · 청소년대상 성범죄의 예방과 계도, 피해자의 치료와 재활 등에 관한 홍보영상을 제작하여 「방송법」 제2조제23호의 방송편성책임자에게 배포하여야 한다. [개정 2010. 1. 18 제9932호(정부조직법)] [[시행일 2010. 3. 19]]

② 여성가족부장관은 「방송법」 제2조제3호가목의 지상파방송사업자(이하 '방송사업자'라 한다)에게 같은 법 제73조제4항에 따라 대통령령으로 정하는 비상업적 공익광고 편성비율의 범위에서 제1항의 홍보영상을 채널별로 송출하도록 요청할 수 있다. [개정 2010. 1. 18 제9932호(정부조직법)] [[시행일 2010. 3. 19]]

③ 방송사업자는 제1항의 홍보영상 외에 독자적인 홍보영상을 제작하여 송출할 수 있다. 이 경우 여성가족부장관에게 필요한 협조 및 지원을 요청할 수 있다. [개정 2010. 1. 18 제9932호(정부조직법)] [[시행일 2010. 3. 19]]

## 제2장 아동 · 청소년대상 성범죄의 처벌과 절차에 관한 특례

제7조 (아동 · 청소년에 대한 강간 · 강제추행 등)

① 여자 아동 · 청소년에 대하여 「형법」 제297조의 죄를 범한 자는 5년 이상의 유기징역에 처한다.

② 아동 · 청소년에 대하여 폭행이나 협박으로 다음 각 호의 어느 하나에 해당하는 행위를 한 자는 3년 이상의 유기징역에 처한다.

1. 구강 · 항문 등 신체(성기는 제외한다)의 내부에 성기를 넣는 행위
2. 성기 · 항문에 손가락 등 신체(성기는 제외한다)의 일부나 도구를

넣는 행위

③ 아동·청소년에 대하여「형법」제298조의 죄를 범한 자는 1년 이상의 유기징역 또는 500만 원 이상 2천만 원 이하의 벌금에 처한다.

④ 아동·청소년에 대하여「형법」제299조의 죄를 범한 자는 제1항부터 제3항까지의 예에 따른다.

⑤ 위계(僞計) 또는 위력으로써 여자 아동·청소년을 간음하거나 아동·청소년을 추행한 자는 제1항부터 제3항까지의 예에 따른다.

⑥ 제1항부터 제5항까지의 미수범은 처벌한다.


제7조의2 (「형법」상 감경규정에 관한 특례)

음주 또는 약물로 인한 심신장애 상태에서 아동·청소년에 대하여「성폭력 범죄의 처벌 등에 관한 특례법」제3조부터 제11조까지의 죄를 범한 때에는「형법」제10조제1항·제2항 및 제11조를 적용하지 아니할 수 있다.
[본조신설 2010. 4. 15]


제7조의3 (공소시효 기산에 관한 특례)

① 아동·청소년대상 성범죄의 공소시효는「형사소송법」제252조제1항에도 불구하고 해당 성범죄로 피해를 당한 아동·청소년이 성년에 달한 날부터 진행한다.

② 제7조의 죄는 디엔에이(DNA) 증거 등 그 죄를 증명할 수 있는 과학적인 증거가 있는 때에는 공소시효가 10년 연장된다.

[본조신설 2010. 4. 15]

제8조 (아동 · 청소년 이용 음란물의 제작 · 배포 등)

① 아동 · 청소년 이용 음란물을 제작 · 수입 또는 수출한 자는 5년 이상의 유기징역에 처한다.

② 영리를 목적으로 아동 · 청소년 이용 음란물을 판매 · 대여 · 배포하거나 이를 목적으로 소지 · 운반하거나 공연히 전시 또는 상영한 자는 7년 이하의 징역에 처한다.

③ 아동 · 청소년 이용 음란물을 배포하거나 공연히 전시 또는 상영한 자는 3년 이하의 징역 또는 2천만 원 이하의 벌금에 처한다.

④ 아동 · 청소년 이용 음란물을 소지한 자는 2천만 원 이하의 벌금에 처한다.

⑤ 아동 · 청소년 이용 음란물을 제작할 것이라는 정황을 알면서 아동 · 청소년을 아동 · 청소년 이용 음란물의 제작자에게 알선한 자는 1년 이상 10년 이하의 징역에 처한다.

⑥ 제1항의 미수범은 처벌한다.

제9조 (아동 · 청소년 매매행위)

① 아동 · 청소년의 성을 사는 행위 또는 아동 · 청소년 이용 음란물을 제작하는 행위의 대상이 될 것을 알면서 아동 · 청소년을 매매 또는 국외에 이송하거나 국외에 거주하는 아동 · 청소년을 국내에 이송한 자는 무기 또는 5년 이상의 징역에 처한다.

② 제1항의 미수범은 처벌한다.

제10조 (아동 · 청소년의 성을 사는 행위 등)

① 아동 · 청소년의 성을 사는 행위를 한 자는 5년 이하의 징역 또는

3천만 원 이하의 벌금에 처한다. [개정 2010 .4. 15]

② 아동·청소년의 성을 사기 위하여 아동·청소년을 유인하거나 성을 팔도록 권유한 자는 1년 이하의 징역 또는 1천만 원 이하의 벌금에 처한다.


제11조 (아동·청소년에 대한 강요행위 등)


① 다음 각 호의 어느 하나에 해당하는 자는 5년 이상의 유기징역에 처한다. [개정 2010. 4. 15]

1. 폭행이나 협박으로 아동·청소년으로 하여금 아동·청소년의 성을 사는 행위의 상대방이 되게 한 자

2. 위계나 선불금(先拂金), 그 밖의 채무를 이용하는 등의 방법으로 아동·청소년을 곤경에 빠뜨려 아동·청소년으로 하여금 아동·청소년의 성을 사는 행위의 상대방이 되게 한 자

3. 업무·고용이나 그 밖의 관계로 자신의 보호 또는 감독을 받는 것을 이용하여 아동·청소년으로 하여금 아동·청소년의 성을 사는 행위의 상대방이 되게 한 자

4. 영업으로 아동·청소년을 아동·청소년의 성을 사는 행위의 상대방이 되도록 유인·권유한 자

② 제1항제1호부터 제3호까지의 죄를 범한 자가 그 대가의 전부 또는 일부를 받거나 이를 요구 또는 약속한 때에는 7년 이상의 유기징역에 처한다. [개정 2010. 4. 15]

③ 아동·청소년의 성을 사는 행위의 상대방이 되도록 유인·권유한 자는 7년 이하의 징역 또는 5천만 원 이하의 벌금에 처한다. [개정 2010. 4. 15]

④ 제1항과 제2항의 미수범은 처벌한다.

제12조 (알선영업행위 등)

① 다음 각 호의 어느 하나에 해당하는 자는 7년 이상의 유기징역에 처한다. [개정 2010. 4. 15]

1. 아동 · 청소년의 성을 사는 행위의 장소를 제공하는 행위를 업으로 하는 자

2. 아동 · 청소년의 성을 사는 행위를 알선하는 행위를 업으로 하는 자

3. 제1호 또는 제2호의 범죄에 사용되는 사실을 알면서 자금 · 토지 또는 건물을 제공한 자

4. 영업으로 아동 · 청소년의 성을 사는 행위의 장소를 제공 · 알선하는 업소에 아동 · 청소년을 고용하도록 한 자

② 다음 각 호의 어느 하나에 해당하는 자는 7년 이하의 징역 또는 5천만 원 이하의 벌금에 처한다. [개정 2010. 4. 15]

1. 영업으로 아동 · 청소년의 성을 사는 행위를 하도록 유인 · 권유 또는 강요한 자

2. 아동 · 청소년의 성을 사는 행위의 장소를 제공한 자

3. 아동 · 청소년의 성을 사는 행위를 알선한 자

4. 영업으로 제2호 또는 제3호의 행위를 약속한 자

③ 아동 · 청소년의 성을 사는 행위를 하도록 유인 · 권유 또는 강요한 자는 5년 이하의 징역 또는 3천만 원 이하의 벌금에 처한다. [개정 2010. 4. 15]

제13조 (형벌과 수강명령 등의 병과)

① 법원은 아동 · 청소년대상 성범죄를 범한 자에 대하여 유죄판결을 선고하면서 300시간의 범위에서 재범예방에 필요한 수강명령 또는 성폭

력 치료프로그램의 이수명령(이하 '이수명령'이라 한다)을 병과하여야 한다. 다만, 「형법」 제10조의 심신장애자 등 수강명령 또는 이수명령을 부과할 수 없는 특별한 사정이 있는 경우에는 그러하지 아니하다.

② 아동·청소년대상 성범죄를 범한 자에 대하여 제1항의 수강명령은 형의 집행을 유예할 경우에 그 집행유예기간 내에서 병과하고, 이수명령은 벌금 이상의 형을 선고할 경우에 병과한다. 다만, 이수명령은 아동·청소년대상 성범죄자가 「특정범죄자에 대한 위치추적 전자장치 부착 등에 관한 법률」 제9조의2제1항제4호에 따른 성폭력 치료 프로그램의 이수명령을 부과 받은 경우에는 병과하지 아니한다.

③ 제1항에 따른 수강명령 또는 이수명령은 일탈적 이상행동의 진단·상담, 성에 대한 건전한 이해를 위한 교육, 그 밖에 성범죄자의 재범예방을 위하여 필요한 내용으로 구성되어야 한다.

④ 보호관찰소의 장 또는 교정시설의 장은 제1항에 따른 수강명령 또는 이수명령 집행의 전부 또는 일부를 여성가족부장관에게 위탁할 수 있다.

⑤ 제1항에 따른 수강명령 또는 이수명령의 집행에 관하여는 「보호관찰 등에 관한 법률」을 준용한다.

[전문개정 2010. 4. 15]


제14조 (친권상실청구 등)


① 아동·청소년대상 성범죄 사건을 수사하는 검사는 그 사건의 가해자가 피해아동·청소년의 친권자나 후견인인 경우에 법원에 「민법」 제924조의 친권상실선고 또는 같은 법 제940조의 후견인 변경 결정을 청구하여야 한다. 다만, 친권상실선고 또는 후견인 변경 결정을 하여서는 아니 될 특별한 사정이 있는 경우에는 그러하지 아니하다. [개정 2010. 4. 15]

② 다음 각 호의 기관·시설 또는 단체의 장은 검사에게 제1항의 청구를 하도록 요청할 수 있다. 이 경우 청구를 요청받은 검사는 요청받은 날부터 30일 내에 해당 기관·시설 또는 단체의 장에게 그 처리 결과를 통보하여야 한다. [개정 2010. 4. 15 제10258호(성폭력 범죄의 처벌 등에 관한 특례법), 2010. 4. 15 제10261호(성폭력방지 및 피해자보호 등에 관한 법률)] [[시행일 2011. 1. 1]]

1.「아동복지법」제24조의 아동보호전문기관

2.「성폭력 방지 및 피해자보호 등에 관한 법률」제10조의 성폭력 피해상담소 및 같은 법 제12조의 성폭력 피해자보호시설

3.「청소년기본법」제46조의 청소년상담 및 긴급구조 등의 기관 및 같은 법 제46조의2의 청소년지원 등의 기관

4.「청소년복지지원법」제14조의 청소년쉼터

③ 제2항 후단에 따라 처리결과를 통보받은 기관·시설 또는 단체의 장은 그 처리결과에 대하여 이의가 있을 경우 통보받은 날부터 30일 내에 직접 법원에 제1항의 청구를 할 수 있다.


제15조 (피해아동·청소년의 보호조치 결정)

법원은 아동·청소년대상 성범죄 사건의 가해자에게「민법」제924조에 따라 친권상실선고를 하는 경우에는 피해아동·청소년을 다른 친권자 또는 친족에게 인도하거나 제30조 또는 제31조의 기관·시설 또는 단체에 인도하는 등의 보호조치를 결정할 수 있다. 이 경우 그 아동·청소년의 의견을 존중하여야 한다.

제16조 (피해자의 의사)

「형법」 제306조에도 불구하고 아동 · 청소년을 대상으로 한 다음 각호의 죄에 대하여는 피해자의 고소가 없어도 공소를 제기할 수 있다. 다만, 아동 · 청소년을 대상으로 한 「성폭력 범죄의 처벌 등에 관한 특례법」 제10조제1항, 제11조 및 제12조의 죄는 피해자의 명시한 의사에 반하여 공소를 제기할 수 없다. [개정 2010. 4. 15]

1. 제7조의 죄

2. 「형법」 제297조부터 제300조까지, 제302조, 제303조 및 제305조의 죄

3. 삭제 [2010. 4. 15]

제17조 (피해자 등에 대한 강요행위)

폭행이나 협박으로 아동 · 청소년대상 성폭력 범죄의 피해자 또는 「아동복지법」 제3조제3호에 따른 보호자를 상대로 합의를 강요한 자는 7년 이하의 유기징역에 처한다. [개정 2011. 8. 4 제11002호(아동복지법)] [[시행일 2012. 8. 5]]

제18조 (수사절차에서의 배려)

수사기관은 아동 · 청소년대상 성범죄를 수사함에 있어서 아동 · 청소년의 인권과 특성을 배려하고 그 명예와 존엄을 해치지 아니하도록 주의하여야 한다.

제18조의2 (영상물의 촬영·보존 등)

① 아동·청소년대상 성범죄 피해자의 진술내용과 조사과정은 비디오녹화기 등 영상물 녹화장치에 의하여 촬영·보존할 수 있다. 다만, 피해자 또는 법정대리인이 이를 원하지 아니하는 의사를 표시한 때에는 촬영을 하여서는 아니 된다.

② 제1항에 따른 영상녹화는 조사의 개시부터 종료까지의 전 과정 및 객관적 정황을 녹화하여야 하고, 녹화가 완료된 때에는 지체 없이 그 원본을 피해자 또는 변호인 앞에서 봉인하고 피해자로 하여금 기명날인 또는 서명하게 하여야 한다.

③ 검사 또는 사법경찰관은 피해자가 제1항의 녹화장소에 도착한 시각, 녹화를 시작하고 마친 시각, 그 밖에 녹화과정의 진행경과를 확인하기 위하여 필요한 사항을 조서 또는 별도의 서면에 기록한 후 수사기록에 편철하여야 한다.

④ 검사 또는 사법경찰관은 피해자 또는 법정대리인으로부터 신청이 있는 때에는 영상물 촬영과정에서 작성한 조서의 사본을 신청인에게 교부하여야 한다.

⑤ 제1항부터 제3항까지의 절차에 따라 촬영한 영상물에 수록된 피해자의 진술은 공판준비 또는 공판기일에 피해자 또는 조사과정에 동석하였던 신뢰관계에 있는 자의 진술에 의하여 그 성립의 진정함이 인정된 때에는 증거로 할 수 있다.

⑥ 누구든지 제1항에 따라 촬영한 영상물을 수사 및 재판의 용도 외에 다른 목적으로 사용하여서는 아니 된다.

[본조신설 2010. 4. 15]

제18조의3 (증거보전의 특례)

① 아동·청소년대상 성범죄의 피해자 또는 그 법정대리인은 피해자가 공판기일에 출석하여 증언하는 것이 현저히 곤란한 사정이 있는 때에는 그 사유를 소명하여 제18조의2에 따라 촬영된 영상물 또는 그 밖의 다른 증거물에 대하여 해당 성폭력 범죄를 수사하는 검사에게 「형사소송법」 제184조제1항에 따른 증거보전의 청구를 할 것을 요청할 수 있다.

② 제1항의 요청을 받은 검사는 그 요청이 상당한 이유가 있다고 인정하는 때에는 증거보전의 청구를 할 수 있다.

[본조신설 2010. 4. 15]

제18조의4 (신뢰관계에 있는 자의 동석)

① 법원은 아동·청소년대상 성범죄의 피해자를 증인으로 신문함에 있어서 검사·피해자 또는 법정대리인의 신청이 있는 때에는 재판에 지장을 초래할 우려가 있는 등 부득이한 경우가 아닌 한 피해자와 신뢰관계에 있는 자를 동석하게 하여야 한다.

② 제1항은 수사기관이 제1항의 피해자를 조사하는 경우에 관하여 준용한다.

[본조신설 2010. 4. 15]

제19조 (비밀누설 금지)

① 아동·청소년대상 성범죄의 수사 또는 재판을 담당하거나 이에 관여하는 공무원은 피해아동·청소년 또는 대상아동·청소년의 주소·성명·연령·학교 또는 직업·용모 등 그 아동·청소년을 특정할 수 있는 인적사항이나 사진 등 또는 그 아동·청소년의 사생활에 관한 비

밀을 공개하거나 타인에게 누설하여서는 아니 된다.

② 제30조 및 제31조의 기관·시설 또는 단체의 장이나 이를 보조하는 자 또는 그 직에 있었던 자는 직무상 알게 된 비밀을 타인에게 누설하여서는 아니 된다.

③ 누구든지 피해아동·청소년 및 대상아동·청소년의 주소·성명·연령·학교 또는 직업·용모 등 그 아동·청소년을 특정하여 파악할 수 있는 인적사항이나 사진 등을 신문 등 인쇄물에 싣거나 「방송법」 제2조제1호에 따른 방송(이하 '방송'이라 한다) 또는 「정보통신망 이용촉진 및 정보보호 등에 관한 법률」 제2조제1항제1호에 따른 정보통신망(이하 '정보통신망'이라 한다)을 통하여 공개하여서는 아니 된다.

④ 제1항부터 제3항까지를 위반한 자는 2년 이하의 징역 또는 1천만 원 이하의 벌금에 처한다.

제20조 (양벌규정)

법인의 대표자나 법인 또는 개인의 대리인, 사용인, 그 밖의 종업원이 그 법인 또는 개인의 업무에 관하여 제8조제3항·제4항, 제11조제3항, 제12조제2항·제3항의 어느 하나에 해당하는 위반행위를 하면 그 행위자를 벌하는 외에 그 법인 또는 개인에게도 해당 조문의 벌금형을 과(科)하고, 제8조제1항·제2항·제5항·제6항, 제9조, 제11조제1항·제2항·제4항 또는 제12조제1항의 어느 하나에 해당하는 위반행위를 하면 그 행위자를 벌하는 외에 그 법인 또는 개인을 5천만 원 이하의 벌금에 처한다. 다만, 법인 또는 개인이 그 위반행위를 방지하기 위하여 해당 업무에 관하여 상당한 주의와 감독을 게을리하지 아니한 경우에는 그러하지 아니하다.

제21조 (내국인의 국외범 처벌)

국가는 국민이 대한민국 영역 외에서 아동ㆍ청소년대상 성범죄를 범하여 「형법」 제3조에 따라 형사처벌하여야 할 경우에는 외국으로부터 범죄정보를 신속히 입수하여 처벌하도록 노력하여야 한다.

**제3장 아동ㆍ청소년대상 성범죄의 신고ㆍ응급조치와 지원**

제22조 (아동ㆍ청소년대상 성범죄의 신고)

① 누구든지 아동ㆍ청소년대상 성범죄의 발생 사실을 알게 된 때에는 수사기관에 신고할 수 있다.

② 다음 각 호의 어느 하나에 해당하는 기관ㆍ시설 또는 단체의 장과 그 종사자는 직무상 아동ㆍ청소년대상 성범죄의 발생 사실을 알게 된 때에는 즉시 수사기관에 신고하여야 한다. [개정 2010. 4. 15 제10258호(성폭력 범죄의 처벌 등에 관한 특례법), 2010. 4. 15 제10261호(성폭력방지 및 피해자보호 등에 관한 법률)] [[시행일 2011. 1. 1]]

1. 「유아교육법」 제2조제2호의 유치원

2. 「초ㆍ중등교육법」 제2조의 학교

3. 「의료법」 제3조의 의료기관

4. 「아동복지법」 제2조제5호의 아동복지시설

5. 「장애인복지법」 제58조의 장애인복지시설

6. 「영유아보육법」 제2조제3호의 보육시설

7. 「학원의 설립ㆍ운영 및 과외 교습에 관한 법률」 제2조제1호의 학원 및 같은 조 제2호의 교습소

8. 「성매매 방지 및 피해자보호 등에 관한 법률」 제5조의 성매매 피

해자 등을 위한 지원시설 및 같은 법 제10조의 성매매 피해상담소

9.「한부모가족지원법」제7조의 한부모가족복지상담소 및 같은 법 제19조의 한부모가족복지시설

10.「가정폭력 방지 및 피해자보호 등에 관한 법률」제5조의 가정폭력 관련 상담소 및 같은 법 제7조의 가정폭력 피해자보호시설

11.「성폭력 방지 및 피해자보호 등에 관한 법률」제10조의 성폭력 피해상담소 및 같은 법 제12조의 성폭력 피해자보호시설

12.「청소년기본법」제46조의 청소년상담 및 긴급구조 등의 기관 및 같은 법 제46조의2의 청소년지원 등의 기관

13.「청소년활동진흥법」제2조제2호의 청소년활동시설

14.「청소년복지지원법」제14조의 청소년쉼터

15.「청소년보호법」제33조의2의 청소년보호센터와 청소년재활센터

③ 다른 법률에 규정이 있는 경우를 제외하고는 누구든지 신고자 등의 인적사항이나 사진 등 그 신원을 알 수 있는 정보나 자료를 출판물에 게재하거나 방송 또는 정보통신망을 통하여 공개하여서는 아니 된다.


제23조 (신고의무자에 대한 교육)


① 관계 행정기관의 장은 제22조제2항 각 호의 기관·시설 또는 단체의 장과 그 종사자의 자격취득 과정에 아동·청소년 성범죄 예방 및 신고의무와 관련된 교육내용을 포함시켜야 한다.

② 여성가족부장관은 제22조제2항 각 호의 기관·시설 또는 단체의 장과 그 종사자에 대하여 성범죄 예방 및 신고의무와 관련된 교육을 실시할 수 있다. [개정 2010. 1. 18 제9932호(정부조직법)] [[시행일 2010. 3. 19]]

③ 제2항의 교육에 필요한 사항은 대통령령으로 정한다.

제24조 (피해아동·청소년의 보호)

아동·청소년대상 성범죄를 저지른 자가 피해아동·청소년과 「가정
폭력 범죄의 처벌 등에 관한 특례법」 제2조제2호의 가정구성원인 관계
에 있는 경우로서 피해아동·청소년을 보호할 필요가 있는 때에는 같은
법 제5조, 제8조, 제29조 및 제49조부터 제53조까지의 규정을 준용한다.

제25조 (피해아동·청소년과 보호자의 상담 및 치료)

국가는 피해아동·청소년과 그 보호자의 신체적·정신적 회복을 위
하여 제31조의 상담시설로 하여금 피해아동·청소년과 그 보호자에게
상담이나 치료프로그램을 제공하도록 요청할 수 있다.

**제4장 아동·청소년의 선도보호 등**

제26조 (대상아동·청소년에 대한 수사 등)

① 「성매매 알선 등 행위의 처벌에 관한 법률」 제21조제1항에도 불
구하고 대상아동·청소년에 대하여는 보호 및 재활을 위하여 처벌하지
아니한다.

② 사법경찰관은 대상아동·청소년을 발견한 경우 신속하게 사건을
수사한 후 「소년법」에 따라 가정법원소년부 또는 지방법원소년부(이하 '
법원 소년부'라 한다)의 보호사건으로 처리하는 것이 상당한지에 관한
의견을 첨부하여 지체 없이 검사에게 송치하여야 한다.

③ 검사 또는 사법경찰관은 대상아동·청소년을 발견한 경우 특별한
사정이 없으면 그 사실을 대상아동·청소년의 법정대리인 또는 사실상

그 아동·청소년을 보호하는 자(이하 '법정대리인 등'이라 한다)에게 통지하여야 한다.

④ 대상아동·청소년의 법정대리인 등 또는 제22조제2항 각 호에 해당하는 기관·시설 또는 단체의 장은 대상아동·청소년을 발견한 경우에는 이를 관할 법원 소년부에 통고를 할 수 있다.

제27조 (소년부 송치)

① 검사는 제26조제2항에 따라 송치된 사건의 성질·동기 및 결과와 행위자의 성행(性行) 등을 고려하여 대상아동·청소년에게 「소년법」에 따른 보호처분을 하는 것이 상당하다고 인정하는 때에는 그 사건을 관할 법원 소년부에 송치할 수 있다.

② 검사는 제1항에 따른 소년부 송치 여부를 검토한 결과 소년부 송치가 적절하지 아니한 경우 대상아동·청소년에 대한 보호 또는 재활이 필요하다고 인정하는 때에는 대상아동·청소년으로 하여금 필요한 교육과정이나 상담과정을 마치게 하여야 한다.

③ 제2항에 따른 교육과정이나 상담과정에 관하여 필요한 사항은 대통령령으로 정한다.

제28조 (가해아동·청소년 등에 대한 보호처분)

① 제27조제1항 또는 제29조제1항에 따라 사건을 송치 받은 법원 소년부 판사는 그 아동·청소년에게 다음 각 호의 어느 하나에 해당하는 보호처분을 할 수 있다.

  1. 「소년법」 제32조제1항 각 호의 보호처분
  2. 「성매매 방지 및 피해자보호 등에 관한 법률」 제5조제1항제2호의

청소년 지원시설에 선도보호를 위탁하는 보호처분

3. 「청소년보호법」 제33조의2의 청소년보호센터 또는 청소년재활센터에 선도보호를 위탁하는 보호처분

② 제1항제1호에 따라 「소년법」 제32조제1항제4호 또는 제5호의 보호관찰처분을 하는 경우에는 수강명령을 동시에 명할 수 있다.

③ 제1항제2호와 제3호에 따른 위탁의 기간은 6개월로 하되, 법원 소년부 판사는 결정으로 6개월의 범위에서 1차에 한하여 그 기간을 연장할 수 있다.

④ 법원 소년부 판사는 제3항에 따른 위탁기간이 만료하지 아니하는 경우에도 필요하다고 인정하는 때에는 결정으로써 그 위탁을 종료할 수 있다.

⑤ 제2항에 따라 법원이 수강명령을 병과한 경우 보호관찰소의 장은 수강명령 집행을 여성가족부장관에게 위탁할 수 있다. [신설 2010. 4. 15]

[본조제목개정 2010. 4. 15]


제28조의2 (피해아동·청소년 등에 대한 보호처분의 청구)

검사는 성범죄의 피해를 받은 아동·청소년에 대하여 지속적으로 위해의 배제와 보호가 필요하다고 인정하는 경우 법원에 다음 각 호에 해당하는 보호처분을 청구할 수 있다. 다만, 「특정범죄자에 대한 위치추적 전자장치부착 등에 관한 법률」 제9조의2제1항제2호 및 제3호에 따라 가해자에게 특정지역 출입금지 등의 준수사항을 부과하는 경우에는 그러하지 아니하다.

1. 피해를 받은 아동·청소년의 주거 등으로부터 가해자를 분리하거나 퇴거하는 조치

2. 피해를 받은 아동·청소년의 주거, 학교 등으로부터 100미터 이내에 가해자 또는 가해자의 대리인의 접근을 금지하는 조치

3. 「전기통신기본법」 제2조제1호의 전기통신이나 우편물을 이용하여 가해자가 피해를 받은 아동·청소년 또는 그 보호자와 접촉을 하는 행위의 금지

4. 제30조에 따른 보호시설에 대한 보호위탁결정 등 피해를 받은 아동·청소년의 보호를 위하여 필요한 조치

[본조신설 2010. 4. 15]


제28조의3 (피해아동·청소년 등에 대한 보호처분의 판결 등)

① 법원은 제28조의2에 따른 보호처분의 청구가 이유 있다고 인정할 때에는 6개월의 범위에서 기간을 정하여 판결로 보호처분을 선고하여야 한다.

② 제28조의2 각 호의 보호처분은 병과할 수 있다.

③ 검사는 제1항에 따른 보호처분 기간의 연장이 필요하다고 인정하는 경우 법원에 그 기간의 연장을 청구할 수 있다. 이 경우 보호처분 기간의 연장 횟수는 3회 이내로 하고, 연장기간은 각각 6개월 이내로 한다.

④ 보호처분 청구사건의 판결은 아동·청소년대상 성범죄 사건의 판결과 동시에 선고하여야 한다.

⑤ 피해자 또는 법정대리인은 제28조의2제1호 및 제2호의 보호처분 후 주거 등을 옮긴 때에는 관할 법원에 보호처분 결정의 변경을 신청할 수 있다.

⑥ 법원은 제1항에 따른 보호처분을 결정한 때에는 검사, 피해자, 가해자, 보호관찰관 및 보호처분을 위탁받아 행하는 보호시설의 장에게 각각 통지하여야 한다. 다만, 보호시설이 민간에 의하여 운영되는 기관인 경우에는 그 시설의 장으로부터 수탁에 대한 동의를 받아야 한다.

⑦ 보호처분 결정의 집행에 관하여 필요한 사항은 「가정폭력 범죄의 처벌 등에 관한 특례법」 제43조를 준용한다.

[본조신설 2010. 4. 15]

제28조의4 (피해아동·청소년 등에 대한 보호처분의 변경과 종결)

① 검사는 제28조의3에 따른 보호처분에 대하여 그 내용의 변경 또는 종결을 법원에 청구할 수 있다.

② 법원은 제1항에 따른 청구가 있는 경우 해당 보호처분이 피해를 받은 아동·청소년의 보호에 적절한지 여부에 대하여 심사한 후 보호처분의 변경 또는 종결이 필요하다고 인정하는 경우에는 이를 변경 또는 종결하여야 한다.

[본조신설 2010. 4. 15]

제29조 (가해아동·청소년의 처리)

① 12세 이상 14세 미만의 아동·청소년이 제2조제2호나목 및 다목의 죄와 제7조의 죄를 범한 경우에 수사기관은 신속히 수사하고, 그 사건을 관할 법원 소년부에 송치하여야 한다.

② 14세 이상 16세 미만의 아동·청소년이 제1항의 죄를 범하여 그 사건이 관할 법원 소년부로 송치된 경우 제28조제1항 및 제2항을 준용한다.

③ 사법경찰관은 제1항에 따른 가해아동·청소년을 발견한 경우 특별한 사정이 없으면 그 사실을 가해아동·청소년의 법정대리인 등에게 통지하여야 한다.

제30조 (보호시설)

「성매매 방지 및 피해자보호 등에 관한 법률」 제5조제1항제2호의 청소년 지원시설, 「청소년복지지원법」 제14조의 청소년쉼터, 「청소년기본법」 제46조의 청소년상담 및 긴급구조 등의 기관 및 같은 법 제46조의2의 청소년지원 등의 기관 또는 「청소년보호법」 제33조의2의 청소년보호센터 및 청소년재활센터는 다음 각 호의 업무를 수행할 수 있다.

　　1. 제31조제1항 각 호의 업무

　　2. 대상아동·청소년의 보호·자립지원

　　3. 장기치료가 필요한 대상아동·청소년의 다른 기관과의 연계 및 위탁


　제31조 (상담시설)


　　① 「성매매 방지 및 피해자보호 등에 관한 법률」 제10조의 성매매 피해상담소, 「한부모가족지원법」 제7조의 한부모가족복지상담소 및 「청소년기본법」 제46조의 청소년상담 및 긴급구조 등의 기관 및 같은 법 제46조의2의 청소년지원 등의 기관은 다음 각 호의 업무를 수행할 수 있다.

　　1. 제7조 부터 제12조까지의 범죄 신고의 접수 및 상담

　　2. 대상아동·청소년과 병원 또는 관련 시설과의 연계 및 위탁

　　3. 그 밖에 아동·청소년 성매매 등과 관련한 조사·연구

　　② 「성폭력 방지 및 피해자보호 등에 관한 법률」 제10조의 성폭력 피해상담소 및 같은 법 제12조의 성폭력 피해자보호시설은 다음 각 호의 업무를 수행할 수 있다. [개정 2010. 4. 15 제10258호(성폭력 범죄의 처벌 등에 관한 특례법), 2010. 4. 15, 2010. 4. 15 제10261호(성폭력 방지 및 피해자보호 등에 관한 법률)] [[시행일 2011. 1. 1]]

　　1. 제1항 각 호의 업무

　　2. 아동·청소년대상 성폭력 범죄로 인하여 정상적인 생활이 어렵거나 그 밖의 사정으로 긴급히 보호를 필요로 하는 피해아동·청소년을 병원이나 성폭력 피해자보호시설로 데려다 주거나 일시 보호하는 업무

3. 피해아동·청소년의 신체적·정신적 안정회복과 사회복귀를 돕는 업무

4. 가해자에 대한 민·형사상 소송과 피해배상청구 등의 사법처리절차에 관하여 대한변호사협회·대한법률구조공단 등 관계 기관에 필요한 협조와 지원을 요청하는 업무

5. 아동·청소년대상 성폭력 범죄의 예방과 방지를 위한 홍보

6. 아동·청소년대상 성폭력 범죄 및 그 피해에 관한 조사·연구

7. 그 밖에 피해아동·청소년의 보호를 위하여 필요한 업무


제31조의2 (아동·청소년대상 성교육 전문기관의 설치·운영)


① 국가와 지방자치단체는 아동·청소년의 건전한 성가치관 조성과 성범죄 예방을 위하여 아동·청소년대상 성교육 전문기관(이하 '성교육 전문기관'이라 한다)을 설치하거나 해당 업무를 전문단체에 위탁할 수 있다.

② 제1항에 따른 위탁 관련 사항, 성교육 전문기관에 두는 종사자 등 직원의 자격 및 설치기준과 운영에 관하여 필요한 사항은 대통령령으로 정한다.

[본조신설 2010. 4. 15] [[시행일 2011. 1. 1]]


제32조 (교육프로그램 운영 등)


① 아동·청소년을 성적 착취와 학대 행위로부터 보호하기 위하여 제30조와 제31조에 따른 보호시설이나 상담시설은 다음 각 호의 업무를 수행할 수 있다.

1. 제27조제2항에 따른 교육·상담 등 대상아동·청소년의 선도보호

2. 피해아동·청소년과 대상아동·청소년의 치료·안정회복과 사회복

귀를 돕는 프로그램 운영

3. 피해아동·청소년과 대상아동·청소년의 법정대리인 등을 위한 교육·상담 프로그램 운영

4. 아동·청소년대상 성폭력 범죄의 가해아동·청소년과 그 법정대리인 등의 교육·상담 프로그램 운영

5. 아동·청소년 성보호 전문가 교육

6. 그 밖에 아동·청소년을 아동·청소년대상 성범죄로부터 보호하기 위하여 대통령령으로 정하는 업무

② 국가와 지방자치단체는 제1항에 따른 보호시설이나 상담시설의 업무에 대하여 예산의 범위에서 그 경비의 일부를 보조할 수 있다.

## 제5장 아동·청소년대상 성범죄로 유죄판결이 확정된 자의 신상정보 등록 및 공개와 취업제한 등

제33조 (신상정보 등록대상자)

① 아동·청소년대상 성범죄로 유죄판결이 확정된 자 또는 제38조제1항제5호에 따라 공개명령이 확정된 자는 신상정보 등록대상자(이하 '등록대상자'라 한다)가 된다. 다만, 제10조의 죄는 제10조의 죄로 2회 이상 유죄판결을 받은 경우이거나 대상아동·청소년이 13세 미만인 경우에 한한다.

② 법원은 아동·청소년대상 성범죄로 제1항의 판결을 선고할 경우에 등록대상자라는 사실과 제34조에 따른 신상정보 제출 의무가 있음을 등록대상자에게 알려 주어야 한다.

③ 법원은 제1항의 판결이 확정된 날부터 14일 이내에 제2항의 고지 사항을 서면으로 판결문 등본에 첨부하여 여성가족부장관에게 송달하여

야 한다. [개정 2010. 1. 18 제9932호(정부조직법), 2010. 4. 15]

④ 삭제[2010. 4. 15]


제34조 (신상정보의 제출 의무)


① 등록대상자는 제33조제3항에 따른 송달을 받은 날부터 30일 이내
에 다음 각 호의 신상정보를 자신의 주소지를 관할하는 경찰관서의 장
(이하 '관할경찰관서의 장'이라 한다)에게 제출하여야 한다. 다만, 등록대
상자가 교정시설 또는 치료감호시설에 수용된 경우에는 그 교정시설의
장 또는 치료감호시설의 장(이하 '교정시설 등의 장'이라 한다)에게 신상
정보를 제출함으로써 이에 갈음할 수 있다.

  1. 성명
  2. 주민등록번호
  3. 주소 및 실제거주지
  4. 직업 및 직장 등의 소재지
  5. 신체정보(키와 몸무게)
  6. 사진(등록일 기준으로 6개월 이내에 촬영된 것)
  7. 소유차량의 등록번호

② 등록대상자는 제1항에 따라 제출한 신상정보(이하 '제출정보'라 한
다)가 변경된 경우에는 그 사유와 변경내용(이하 '변경정보'라 한다)을 변
경사유가 발생한 날부터 30일 이내에 제1항에 따라 제출하여야 한다. 다
만, 사진은 최초 등록일부터 1년마다 새로 촬영한 사진을 제출하되, 교정
시설 또는 치료감호시설에 수용된 자의 경우에는 석방 또는 치료감호 종
료 전에 새로 촬영한 사진을 교정시설 등의 장에게 제출하여야 한다.

③ 등록대상자로부터 제출정보 및 변경정보를 제출받은 관할경찰관서의
장 또는 교정시설 등의 장은 지체 없이 이를 여성가족부장관에게 송달하여

야 한다. [개정 2010. 1. 18 제9932호(정부조직법)] [[시행일 2010. 3. 19]]

④ 제출정보 및 변경정보의 송달, 등록에 관한 세부절차 및 방법은 대통령령으로 정한다.

제35조 (아동·청소년대상 성범죄자의 신상정보 등록 등)

① 여성가족부장관은 제34조제3항에 따라 송달받은 정보와 등록대상자의 아동·청소년대상 성범죄 경력정보를 등록하여야 한다. [개정 2010. 1. 18 제9932호(정부조직법)] [[시행일 2010. 3. 19]]

② 여성가족부장관은 제1항에 따라 등록한 정보(이하 '등록정보'라 한다)에 대하여는 등록일자를 밝혀 등록대상자에게 통지하여야 한다. [개정 2010. 1. 18 제9932호(정부조직법)] [[시행일 2010. 3. 19]]

③ 여성가족부장관은 제1항에 따른 등록에 필요한 정보의 조회를 관계 행정기관의 장에게 요청할 수 있다. [개정 2010. 1. 18 제9932호(정부조직법)] [[시행일 2010. 3. 19]]

④ 여성가족부장관은 등록대상자가 제출정보 또는 변경정보를 정당한 사유 없이 제출하지 아니한 경우에는 신상정보의 등록에 필요한 사항을 관계 행정기관의 장에게 조회를 요청하여 등록할 수 있다. [개정 2010. 1. 18 제9932호(정부조직법)] [[시행일 2010. 3. 19]]

제36조 (등록정보의 관리)

① 여성가족부장관은 등록정보를 최초 등록일(등록대상자에게 통지한 등록일을 말한다)부터 20년간 보존·관리하여야 한다. [개정 2010. 1. 18 제9932호(정부조직법), 2010. 4. 15]

② 제1항의 기간(이하 '등록기간'이라 한다)이 끝나면 등록정보를 즉

시 폐기하고 그 사실을 등록대상자에게 통지하여야 한다. 이 경우 등록
대상자가 등록 원인이 된 아동·청소년대상 성범죄로 교정시설에 수용
된 기간은 등록기간에 넣어 계산하지 아니한다.

③ 관할경찰관서의 장은 등록기간 중 매년 1회 등록정보의 변경 여
부를 확인하여야 한다.


제37조 (등록정보의 활용 등)

① 여성가족부장관은 등록정보를 아동·청소년대상 성범죄와 관련한
범죄예방 및 수사에 활용하게 하기 위하여 검사 또는 각급 경찰관서의
장에게 배포할 수 있다. [개정 2010. 1. 18 제9932호(정부조직법)] [[시
행일 2010. 3. 19]]

② 제1항에 따른 등록정보의 배포절차 및 관리 등에 관한 사항은 대
통령령으로 정한다.


제38조 (등록정보의 공개)

① 법원은 다음 각 호의 어느 하나에 해당하는 자(이하 '공개대상자'라
한다)에 대하여 판결로 제3항의 공개정보를 등록기간 동안 정보통신망을
이용하여 공개하도록 하는 명령(이하 '공개명령'이라 한다)을 아동·청소
년대상 성범죄 사건의 판결과 동시에 선고하여야 한다. 다만, 아동·청소
년대상 성범죄 사건에 대하여 벌금형을 선고하거나 피고인이 아동·청소
년인 경우, 그 밖에 신상정보를 공개하여서는 아니 될 특별한 사정이 있
다고 판단되는 경우에는 그러하지 아니하다. [개정 2010. 4. 15]

1. 아동·청소년대상 성폭력범 죄를 저지른 자

2. 이 법에 따른 신상공개 결정 또는 열람명령·공개명령을 선고받고

다시 아동·청소년대상 성폭력 범죄를 저지른 자

3. 13세 미만의 아동·청소년을 대상으로 아동·청소년대상 성범죄를 저지른 자로서 13세 미만의 아동·청소년을 대상으로 아동·청소년대상 성범죄를 다시 범할 위험성이 있다고 인정되는 자

4. 아동·청소년대상 성폭력 범죄를 저지른 자로서 아동·청소년대상 성폭력 범죄를 다시 범할 위험성이 있다고 인정되는 자

5. 아동·청소년대상 성폭력 범죄를 범하였으나 「형법」 제10조제1항에 따라 처벌할 수 없는 자로서 아동·청소년대상 성폭력 범죄를 다시 범할 위험성이 있다고 인정되는 자

② 제1항에 따른 등록정보의 공개기간(「형의실효 등에 관한 법률」 제7조에 따른 기간을 초과하지 못한다)은 판결이 확정된 때부터 기산한다. 다만, 공개명령을 받은 자가 실형 또는 치료감호를 선고받은 경우에는 그 형 또는 치료감호의 전부 또는 일부의 집행을 종료하거나 집행이 면제된 때부터 기산한다.

③ 제1항에 따라 공개하도록 제공되는 등록정보(이하 '공개정보'라 한다)는 다음 각 호와 같다.

1. 성명

2. 나이

3. 주소 및 실제 거주지(읍·면·동까지로 한다)

4. 신체정보(키와 몸무게)

5. 사진

6. 아동·청소년대상 성범죄 요지

④ 공개정보의 구체적인 형태와 내용에 관하여는 대통령령으로 정한다.

⑤ 제3항의 공개정보를 정보통신망을 이용하여 열람하고자 하는 자는 「민법」 제4조에 따른 성년자로서 실명인증 절차를 거쳐야 한다.

⑥ 실명인증, 공개정보 유출 방지를 위한 기술 및 관리에 관한 구체

적인 방법과 절차는 대통령령으로 정한다.

제38조의2 (등록정보의 고지)

① 법원은 제38조의 공개대상자 중 다음 각 호의 어느 하나에 해당하는 자(이하 '고지대상자'라 한다)에 대하여 판결로 제38조에 따른 공개명령 기간 동안 제3항에 따른 고지정보를 고지대상자가 거주하는 읍·면·동의 지역주민에게 고지하도록 하는 명령(이하 '고지명령'이라 한다)을 아동·청소년대상 성범죄 사건의 판결과 동시에 선고하여야 한다. 다만, 아동·청소년대상 성범죄 사건에 대하여 벌금형을 선고하거나 피고인이 아동·청소년인 경우, 그 밖에 신상정보를 공개하여서는 아니될 특별한 사정이 있다고 판단하는 경우에는 그러하지 아니하다.

1. 아동·청소년대상 성폭력 범죄를 저지른 자

2. 아동·청소년대상 성폭력 범죄를 범하였으나, 「형법」 제10조제1항에 따라 처벌할 수 없는 자로서 등록대상 성폭력 범죄를 다시 범할 위험성이 있다고 인정되는 자

② 제1항에 따른 고지명령은 다음 각 호의 기간 이내에 하여야 한다.

1. 집행유예를 선고받은 고지대상자는 신상정보 최초 등록일부터 1개월 이내

2. 금고 이상의 실형을 선고받은 고지대상자는 출소 후 거주할 지역에 전입한 날부터 1개월 이내

3. 고지대상자가 다른 지역으로 전출하는 경우에는 변경정보 등록일부터 1개월 이내

③ 제1항에 따라 고지하여야 하는 고지정보는 다음 각 호와 같다.

1. 고지대상자가 이미 거주하고 있거나 전입하는 경우에는 제38조제3항의 공개정보. 다만, 제38조제3항제3호에 따른 주소 및 실제 거주지는

상세주소를 포함한다.

2. 고지대상자가 전출하는 경우에는 제1호의 고지정보와 그 대상자의 전출 정보

④ 제1항에 따른 고지명령을 선고받은 자는 제38조제1항에 따른 공개명령을 선고받은 자로 본다.

[본조신설 2010. 4. 15] [[시행일 2011. 1. 1]]


제38조의3 (고지명령의 집행)

① 고지명령의 집행은 여성가족부장관이 한다.

② 법원은 고지명령의 판결이 확정되면 판결문 등본을 지체 없이 여성가족부장관에게 송달하여야 한다.

③ 법무부장관은 고지대상자가 출소하는 경우 출소 1개월 전까지 다음 각 호의 정보를 여성가족부장관에게 송부하여야 한다.

1. 고지대상자의 출소 예정일

2. 고지대상자의 출소 후 거주지 상세주소

④ 여성가족부장관은 고지명령의 집행에 관한 업무 중 고지정보의 우편송부에 관한 업무를 고지대상자가 실제 거주하는 읍·면사무소의 장 또는 동 주민자치센터의 장에게 위임할 수 있다.

⑤ 제4항에 따른 위임을 받은 고지대상자가 거주하는 읍·면사무소의 장 또는 동 주민자치센터의 장은 제3항에 따른 정보 및 제38조의2 제3항에 따른 고지정보를 관할구역에 거주하는 아동·청소년의 친권자 또는 법정대리인이 있는 가구에 우편으로 송부하여야 한다.

⑥ 고지명령의 집행 및 고지절차 등에 필요한 사항은 여성가족부령으로 정한다.

[본조신설 2010. 4. 15] [[시행일 2011. 1. 1]]

제39조 (공개명령의 집행)

① 공개명령은 여성가족부장관이 정보통신망을 이용하여 집행한다. [개정 2010. 1. 18 제9932호(정부조직법)] [[시행일 2010. 3. 19]]

② 법원은 제38조의 판결이 확정되면 판결문 등본을 지체 없이 여성 가족부장관에게 송달하여야 한다. [개정 2010. 1. 18 제9932호(정부조직 법)] [[시행일 2010. 3. 19]]

③ 공개명령의 집행·공개절차·관리 등에 관한 세부사항은 대통령 령으로 정한다.

제40조 (계도 및 범죄정보의 공표)

① 여성가족부장관은 아동·청소년 대상 성범죄의 발생추세와 동향, 그 밖에 계도에 필요한 사항을 연 2회 이상 공표하여야 한다. [개정 2010. 1. 18 제9932호(정부조직법), 2010. 4. 15]

② 여성가족부장관은 제1항에 따른 성범죄 동향 분석 등을 위하여 성범죄로 유죄판결이 확정된 자에 대한 자료를 관계 행정기관에 요청할 수 있다. [신설 2010. 4. 15]

제41조
삭제 [2010. 4. 15]

제42조 (비밀 준수)

아동·청소년대상 성범죄자의 신상정보의 등록·공개·보존 및 관리 업무에 종사하거나 종사하였던 자는 직무상 알게 된 등록정보를 누설하여서는 아니 된다.

제43조 (공개정보의 악용금지)

① 공개정보는 아동 · 청소년을 성범죄로부터 보호하기 위하여 성범죄 우려가 있는 자를 확인할 목적으로만 사용되어야 한다.

② 공개정보를 확인한 자는 공개정보를 활용하여 다음 각 호의 행위를 하여서는 아니 된다.

1. 신문 · 잡지 등 출판물, 방송 또는 정보통신망을 이용한 공개

2. 공개정보의 수정 또는 삭제

③ 공개정보를 확인한 자는 공개정보를 아동 · 청소년을 성범죄로부터 보호할 목적 외에 다음 각 호와 관련된 목적으로 사용하여 공개대상자를 차별하여서는 아니 된다.

1. 고용(다만, 제44조제1항의 아동 · 청소년 관련 교육기관 등에의 고용은 제외한다)

2. 주택 또는 사회복지시설의 이용

3. 교육기관의 교육 및 직업훈련

제44조 (아동 · 청소년 관련 교육기관 등에의 취업제한 등)

① 아동 · 청소년대상 성범죄 또는 성인대상 성범죄(이하 '성범죄'라 한다)로 형 또는 치료감호를 선고받아 확정된 자는 그 형 또는 치료감호의 전부 또는 일부의 집행을 종료하거나 집행이 유예 · 면제된 날부터 10년 동안 다음 각 호에 따른 시설 또는 기관(이하 '아동 · 청소년 관련 교육기관 등'이라 한다)을 운영하거나 아동 · 청소년 관련 교육기관 등에 취업 또는 사실상 노무를 제공할 수 없다. 다만, 제11호의 경우에는 경

비업무에 종사하는 자에 한한다. [개정 2010. 4. 15]

1. 「유아교육법」 제2조제2호의 유치원

2. 「초 · 중등교육법」 제2조의 학교

3. 「학원의 설립 · 운영 및 과외교습에 관한 법률」 제2조제1호의 학원, 같은 조 제2호의 교습소 및 같은 조 제3호의 개인과외교습자(아동 · 청소년을 대상으로 하는 학원, 교습소 및 개인과외교습자만을 말한다)

4. 「청소년기본법」 제46조의 청소년상담 및 긴급구조 등의 기관 및 같은 법 제46조의2의 청소년지원 등의 기관

5. 「청소년보호법」 제33조의2의 청소년보호센터와 청소년재활센터

6. 「청소년활동진흥법」 제2조제2호의 청소년활동시설

7. 「청소년복지지원법」 제14조의 청소년쉼터

8. 「영유아보육법」 제2조제3호의 보육시설

9. 「아동복지법」 제2조제5호의 아동복지시설

10. 「성매매방지 및 피해자보호 등에 관한 법률」 제5조제1항제2호의 청소년 지원시설과 같은 법 제10조의 성매매 피해상담소

11. 「주택법」 제2조제2호의 공동주택의 관리사무소

12. 「체육시설의 설치 · 이용에 관한 법률」에 따라 설립된 체육시설 중 아동 · 청소년을 대상으로 하는 체육시설

② 제1항 각 호(제11호는 제외한다)의 아동 · 청소년 관련 교육기관 등의 설치 또는 설립인가 · 신고를 관할하는 지방자치단체의 장, 교육감 또는 교육장은 아동 · 청소년 관련 교육기관 등을 운영하려는 자에 대하여 본인의 동의를 받아 관계 기관의 장에게 성범죄의 경력 조회를 요청할 수 있다. 이 경우 관계 기관의 장은 정당한 사유가 없는 한 이에 따라야 한다. [신설 2010. 4. 15]

③ 아동 · 청소년 관련 교육기관 등의 장은 그 기관에 취업 중이거나 사실상 노무를 제공 중인 자 또는 취업하려 하거나 사실상 노무를 제공

하려는 자에 대하여 성범죄의 경력을 확인하여야 한다. 이 경우 본인의 동의를 받아 관계 기관의 장에게 성범죄의 경력 조회를 요청하여야 한다. [개정 2010. 4. 15]

④ 제2항 및 제3항에 따른 성범죄경력 조회의 요청 절차·범위 등에 관하여 필요한 사항은 대통령령으로 정한다. [개정 2010. 4. 15]

제45조 (성범죄의 경력자 취업 점검·확인)

① 여성가족부장관 또는 관계 중앙행정기관의 장은 다음 각 호의 구분에 따라 성범죄로 유죄판결이 확정된 자가 아동·청소년 관련 교육기관 등에 취업하였는지를 직접 또는 관계 기관 조회 등의 방법으로 점검·확인할 수 있다. [개정 2010. 1. 18 제9932호(정부조직법), 2010. 4. 15]

1. 교육과학기술부장관: 제44조제1항제1호의 유치원, 같은 항 제2호의 학교 및 같은 항 제3호의 아동·청소년대상 학원·교습소

2. 문화체육관광부장관: 제44조제1항제12호의 아동·청소년대상 체육시설

3. 보건복지부장관: 제44조제1항제8호의 보육시설 및 같은 항 제9호의 아동복지시설

4. 여성가족부장관: 제44조제1항제4호의 청소년상담 및 긴급구조 등의 기관과 청소년지원 등의 기관, 같은 항 제5호의 청소년보호센터와 청소년재활센터, 같은 항 제6호의 청소년활동시설, 같은 항 제7호의 청소년쉼터 및 같은 항 제10호의 청소년 지원시설 및 성매매 피해상담소

5. 국토해양부장관: 제44조제1항제11호의 공동주택의 관리사무소

② 제1항 각 호에 따른 중앙행정기관의 장은 제1항에 따른 점검·확인을 위하여 필요한 경우에는 아동·청소년 관련 교육기관 등의 장 또는 관련 감독기관에 해당 자료의 제출을 요구할 수 있다.

[본조제목개정 2010. 4. 15]

제46조 (취업자의 해임요구 등)

① 제45조제1항 각 호에 따른 중앙행정기관의 장은 제44조제1항을 위반하여 아동·청소년 관련 교육기관 등에 취업하거나 사실상 노무를 제공하는 자가 있으면 아동·청소년 관련 교육기관 등의 장에게 그의 해임을 요구할 수 있다.

② 제45조제1항 각 호에 따른 중앙행정기관의 장은 제44조제1항을 위반하여 아동·청소년 관련 교육기관 등을 운영 중인 아동·청소년 관련 교육기관 등의 장에게 운영 중인 아동·청소년 관련 교육기관 등의 폐쇄를 요구할 수 있다.

③ 제45조제1항 각 호에 따른 중앙행정기관의 장은 아동·청소년 관련 교육기관 등의 장이 제2항의 폐쇄요구를 정당한 사유 없이 거부하거나 1개월 이내에 요구사항을 이행하지 아니하는 경우에는 관계 행정기관의 장에게 대상아동·청소년 관련 교육기관 등의 폐쇄, 등록·허가 등의 취소를 요구할 수 있다.

④ 제3항에 따른 폐쇄 및 등록·허가의 취소요구에 대하여는 대통령령으로 정하는 바에 따른다.

제47조 (권한의 위임)

① 제45조, 제46조 및 제49조에 따른 문화체육관광부장관, 보건복지부장관, 여성가족부장관 또는 국토해양부장관의 권한은 대통령령으로 정하는 바에 따라 그 일부를 특별시장·광역시장·도지사·특별자치도지사 또는 시장·군수·구청장(자치구의 구청장을 말한다)에게 위임할 수 있다.

[개정 2010. 1. 18 제9932호(정부조직법)] [[시행일 2010. 3. 19]]

② 제45조, 제46조 및 제49조에 따른 교육과학기술부장관의 권한은 대통령령으로 정하는 바에 따라 그 일부를 교육감·교육장에게 위임할 수 있다.

제48조 (벌칙)

① 다음 각 호의 어느 하나에 해당하는 자는 5년 이하의 징역 또는 5천만 원 이하의 벌금에 처한다.

1. 제42조를 위반하여 직무상 알게 된 등록정보를 누설한 자

2. 제43조제1항 또는 같은 조 제2항을 위반한 자

3. 정당한 권한 없이 등록정보를 변경하거나 말소한 자

② 제28조의3에 따른 보호처분을 위반한 자는 2년 이하의 징역 또는 2천만 원 이하에 처한다. [개정 2010. 4. 15]

1. 제34조제1항 및 제2항을 위반하여 등록대상자가 정당한 사유 없이 제출정보 또는 변경정보를 제출하지 아니하거나 거짓 정보를 제출한 자

2. 제43조제3항을 위반한 자

제49조 (과태료)

① 아동·청소년 관련 교육기관 등의 장이 제46조에 따른 해임요구를 정당한 사유 없이 거부하거나 1개월 이내에 이행하지 아니하는 경우에는 1천만 원 이하의 과태료를 부과한다.

② 아동·청소년 관련 교육기관 등의 장이 제44조제3항에 따라 그 기관에 취업 중이거나 사실상 노무를 제공 중인 자 또는 취업하려 하거나 사실상 노무를 제공하려는 자에 대하여 아동·청소년대상 성범죄 경

력을 확인하지 아니하는 경우에는 500만 원 이하의 과태료를 부과한다. [개정 2010. 4. 15]

③ 제22조제2항 각 호의 어느 하나에 해당하는 기관·시설 또는 단체의 장과 그 종사자가 직무상 아동·청소년대상 성범죄 발생사실을 알고 수사기관에 신고하지 아니하거나 거짓으로 신고한 경우에는 300만 원 이하의 과태료를 부과한다. [개정 2010. 4. 15]

④ 제1항부터 제3항까지의 과태료는 교육과학기술부장관, 문화체육관광부장관, 보건복지부장관, 여성가족부장관 또는 국토해양부장관이 부과·징수한다. [개정 2010. 1. 18 제9932호(정부조직법)] [[시행일 2010. 3. 19]]

부칙 [2000. 2 .3 제6261호]

① (시행일) 이 법은 2000년 7월 1일부터 시행한다.

② (벌칙에 관한 경과조치) 이 법 시행 전에 청소년보호법 제26조의2 제9호의 규정을 위반한 행위에 대한 벌칙의 적용에 있어서는 종전의 규정에 의한다.

③ (다른 법률의 개정) 청소년보호법 중 다음과 같이 개정한다. 제26조의2제9호를 삭제한다.

제50조제4호 중 '제26조의2제7호 내지 제9호'를 '제26조의2제7호 및 제8호'로 한다.

부칙 [2001.5.24 제6479호]

제1조(시행일) 이 법은 공포 후 3월이 경과한 날부터 시행한다.

제1조 단서 및 제2조 내지 제3조 생략

부칙 [2002.12.18 제6801호(모·부자복지법)]

제1조(시행일) 이 법은 공포 후 6월이 경과한 날부터 시행한다.

제2조 내지 제6조 생략

제7조 ①항 내지 ④항 생략

⑤ 청소년의 성보호에 관한 법률 중 다음과 같이 개정한다.

제17조제1항 중 '모자복지법 제7조의 규정에 의한 모자복지상담소'를 '모·부자복지법 제7조의 규정에 의한 모·부자복지상담소'로 한다.

⑥ 항 생략


부칙 [2004. 3. 22 법률 제7196호(성매매 알선 등 행위의 처벌에 관한 법률)]

제1조 (시행일) 이 법은 공포 후 6월이 경과한 날부터 시행한다.

제2조 내지 제4조 생략

제5조 ① 및 ② 생략

③ 청소년의 성보호에 관한 법률 중 다음과 같이 개정한다.

제13조제1항 중 '윤락행위 등 방지법 제26조제3항'을 '성매매 알선 등 행위의 처벌에 관한 법률 제21조제1항'으로 한다.

④ 생략


부칙 [2004.3.22 법률 제7212호(성매매 방지 및 피해자보호 등에 관한 법률)]

제1조 (시행일) 이 법은 공포 후 6월이 경과한 날부터 시행한다.

제2조 및 제3조 생략

제4조 ① 및 ② 생략

③ 청소년의 성보호에 관한 법률 중 다음과 같이 개정한다.

제15조제1항 중 '윤락행위 등 방지법 제11조제1항제2호의 규정에 의한 선도보호시설'을 '성매매 방지 및 피해자보호 등에 관한 법률 제5조제1항제2호의 규정에 의한 청소년지원시설'로 한다.

④ 생략

부칙 [2005. 3. 24 제7421호(청소년기본법)]
제1조 (시행일) 이 법은 공포 후 3월 이내에 청소년위원회의 조직에 관한 대통령령이 시행되는 날부터 시행한다.
제2조 생략
제3조(다른 법률의 개정) ① 내지 ④ 생략
⑤ 청소년의 성보호에 관한 법률 일부를 다음과 같이 개정한다.
제20조제1항 및 제3항 중 '청소년보호위원회'를 각각 '청소년위원회'로 한다.
⑥ 내지 ⑨ 생략
제4조 생략

부칙 [2005. 12. 29 제7799호(청소년기본법)]
제1조 (시행일) 이 법은 공포 후 3월이 경과한 날부터 시행한다.
제2조 생략
제3조 (다른 법률의 개정) ① 및 ②생략
③ 청소년의 성보호에 관한 법률 일부를 다음과 같이 개정한다.
제20조제1항 및 제3항 중 '청소년위원회'를 각각 '국가청소년위원회'로 한다.
④ 내지 ⑪생략
제4조 생략

부칙 [2005. 12. 29 제7801호]
① (시행일) 이 법은 공포 후 6월이 경과한 날부터 시행한다.
② (고소기간의 연장에 관한 적용례) 제10조의2의 개정규정은 이 법

시행 후 최초로 행하여지는 범죄부터 적용한다.

③ (정보의 등록에 관한 적용례) 제22조 및 제23조의 개정규정은 이 법 시행 후 최초로 범죄를 범하고 형의 선고를 받은 자부터 적용한다. 다만 제22조제1항 '2회 이상' 여부는 이 법 시행 전에 받은 형의 선고를 포함한다.


부칙 [2007.8.3 제8634호]

제1조 (시행일) 이 법은 공포 후 6개월이 경과한 날부터 시행한다.

제2조 (수강명령의 병과에 관한 적용례) 제13조의 개정규정은 이 법 시행 후 최초로 청소년대상 성범죄를 범하여 공소가 제기되는 자부터 적용한다.

제3조 (친권상실청구 및 선고에 관한 적용례) 제14조 및 제15조의 개정규정은 이 법 시행 후 최초로 청소년대상 성범죄를 범하여 공소가 제기되는 자부터 적용한다.

제4조 (반의사불벌죄에 관한 적용례) 제16조의 개정규정은 이 법 시행 후 최초로 제16조 각 호의 죄를 범하여 수사를 받는 자부터 적용한다.

제5조 (신상정보의 등록·열람에 관한 적용례 및 경과조치) 제32조, 제35조 및 제37조의 개정규정은 이 법 시행 후 최초로 청소년대상 성범죄를 범하고 유죄판결이 확정된 자부터 적용한다. 다만, 이 법 시행 당시 종전의 규정에 따라 신상정보를 등록한 자의 신상정보 등록 및 열람 등에 관하여는 종전의 규정에 따른다.

제6조( 취업제한 등에 관한 적용례 및 경과조치) 제42조의 개정규정은 이 법 시행 후 최초로 범죄를 범하고 형을 선고받은 자부터 적용한다. 다만, 이 법 시행 전의 범죄에 대한 취업제한의 적용에 있어서는 종전의 규정에 따른다.

제7조( 다른 법률의 개정) 특정 성폭력 범죄자에 대한 위치추적 전자

장치 부착에 관한 법률 일부를 다음과 같이 개정한다.

제2조제1호다목 중 '제10조'를 '제7조'로 한다.


부칙 [2007. 10. 17 제8655호(한부모가족지원법)]

제1조(시행일) 이 법은 공포 후 3개월이 경과한 날부터 시행한다. 다만, 부칙 제6조제12항의 개정규정은 2008년 2월 4일부터 시행한다.

제2조 내지 제5조 생략

제6조 (다른 법률의 개정) ① 내지 ⑩ 생략

⑪ 청소년의 성보호에 관한 법률 일부를 다음과 같이 개정한다.

제17조제1항 중 「모·부자복지법」을 「한부모가족지원법」으로, '모·부자복지상담소'를 '한부모가족복지상담소'로 한다.

⑫ 내지 ⑬ 생략

제7조 생략


부칙 [2008. 2. 29 제8852호(정부조직법)]

제1조 (시행일) 이 법은 공포한 날부터 시행한다. 다만, ……<생략>…… 부칙 제6조에 따라 개정되는 법률 중 이 법의 시행 전에 공포되었으나 시행일이 도래하지 아니한 법률을 개정한 부분은 각각 해당 법률의 시행일부터 시행한다.

제2조부터 제5조까지 생략

제6조 (다른 법률의 개정) ① 부터 <757>까지 생략

<758> 청소년의 성보호에 관한 법률 일부를 다음과 같이 개정한다.

제6조제1항·제2항 중 '국가청소년위원회는'을 각각 '보건복지가족부장관은'으로 하고, 같은 조 제3항 중 '국가청소년위원회에'를 '보건복지가족부장관에게'로 한다.

제38조제1항 중 '국가청소년위원회가'를 '보건복지가족부장관이'로 하

고, 같은 조 제2항 중 '국가청소년위원회에'를 '보건복지가족부장관에게'로 하며, 같은 조 제3항 중 '국가청소년위원회는'을 '보건복지가족부장관은'으로 한다.

제46조제1항 중 '국가청소년위원회'를 '보건복지가족부장관'으로 하고, 같은 조 제2항 중 '국가청소년위원회가'를 '보건복지가족부장관이'로 하며, 같은 조 제3항 중 '국가청소년위원회에'를 '보건복지가족부장관에게'로 하고, 같은 조 제4항 중 '국가청소년위원회는'을 '보건복지가족부장관은'으로 한다.

제13조제1항, 제32조제3항 및 제33조제3항 중 '국가청소년위원회에'를 각각 '보건복지가족부장관에게'로 한다.

제22조제2항, 제34조제1항부터 제4항까지, 제35조제1항, 제36조제1항, 제39조, 제40조제1항, 제43조제1항·제2항 및 제44조제1항부터 제3항까지 중 '국가청소년위원회는'을 각각 '보건복지가족부장관은'으로 한다.

<759> 및 <760> 생략

제7조 생략


부칙[2009. 6. 9 제9765호]

제1조(시행일) 이 법은 2010년 1월 1일부터 시행한다. 다만, 부칙 제3조제3항은 공포한 날부터 시행하고, 부칙 제6조제2항은 2010년 1월 18일부터 시행한다.

제2조(친권상실청구 등에 관한 적용례) 제14조제2항 및 제3항의 개정규정은 이 법 시행 후 최초로 친권상실청구 등의 요청을 받은 경우부터 적용한다.

제3조(신상정보의 등록·공개 등에 관한 특례·적용례 및 경과조치)

① 제33조, 제34조, 제38조 및 제39조의 개정규정은 이 법 시행 후 최초로 아동·청소년대상 성범죄를 범하고 유죄판결이 확정된 자부터

적용한다. [개정 2010. 7. 23][[시행일 2010. 8. 24]]

② 제1항에도 불구하고 여성가족부장관은 법률 제7801호 청소년의 성보호에 관한 법률 일부개정법률 제22조부터 제24조까지의 규정에 따라 국가청소년위원회가 열람대상자로 결정한 자(예비등록대상자로 통보한 자를 포함한다) 및 법률 제8634호 청소년의 성보호에 관한 법률 전부 개정법률 제37조에 따라 열람명령을 받은 자에 대하여도 검사가 유죄의 확정판결을 한 법원(대법원인 경우에는 제2심판결을 한 법원을 말한다)에 청구하여 그 법원의 공개명령을 받아 제39조에 따라 공개명령을 집행한다. [신설 2010. 7. 23][[시행일 2010. 8. 24]]

③ 검사는 제2항에 따른 공개명령의 청구를 할 때에는 여성가족부장관의 요청을 받아 청구대상자의 인적사항(성명, 생년월일 및 주소를 말한다), 청구의 원인이 되는 사실, 공개되는 신상정보 등을 기재하여야 한다. 이 경우 청구의 서식 등 필요한 사항은 여성가족부령으로 정한다. [신설 2010. 7. 23][[시행일 2010. 8. 24]]

④ 제1항에도 불구하고 이 법 시행 당시 법률 제7801호 청소년의 성보호에 관한법률 일부개정법률 또는 법률 제8634호 청소년의 성보호에 관한 법률 전부 개정법률을 위반하고 확정판결을 받지 아니한 자에 대한 공개명령에 관하여는 제38조에 따른다. [신설 2010. 7. 23][[시행일 2010. 8. 24]]

⑤ 제2항 또는 제4항에 따라 공개명령을 받은 자에 대한 공개명령에 제공되는 신상정보는 제38조제3항에도 불구하고 법률 제7801호 청소년의 성보호에 관한 법률 일부개정법률 제22조제1항 또는 법률 제8634호 청소년의 성보호에 관한 법률 전부 개정 법률 제37조제4항에 따라 등록 또는 열람하도록 제공되는 정보에 한한다. 다만, 주소 및 실제거주지의 경우에는 읍·면·동까지로 한다. [신설 2010. 7. 23][[시행일 2010. 8. 24]]

⑥ 제2항에 따라 공개 명령된 자의 신상정보가 종전의 법률에 따라 열람에 제공되고 있는 때에는 공개기간을 그 잔여 열람기간으로 한다.

[신설 2010. 7. 23][[시행일 2010. 8. 24]]

⑦ 법률 제8634호 청소년의 성보호에 관한 법률 전부 개정 법률 제32조, 제35조 및 제37조는 같은 법의 시행일인 2008년 2월 4일 이후 최초로 청소년대상 성범죄를 범하고 유죄판결이 확정된 자부터 적용한다. [개정 2010. 7. 23][[시행일 2010.8.24]]

⑧ 법률 제7801호 청소년의 성보호에 관한 법률 일부개정법률 제20조에 따른 신상공개, 제22조부터 제25조까지의 신상정보 등록에 관하여는 같은 법 시행 당시의 규정을 적용한다. 다만, 같은 법 제20조제3항 및 제5항의 '국가청소년위원회'는 「청소년보호법」 제27조의 청소년보호위원회'로 본다. [개정 2010. 7.23][[시행일 2010.8.24]]

[본조제목개정 2010. 7.2 3][[시행일 2010 .8. 24]]

제4조(아동·청소년 관련 교육기관 등에의 취업제한 등에 관한 적용례 및 경과조치)

① 제44조제1항제4호의 개정규정은 이 법 시행 후 최초로 아동·청소년대상 성범죄를 범하고 형이 확정된 자부터 적용한다.

② 법률 제8634호 청소년의 성보호에 관한 법률 전부 개정 법률 제42조는 같은 법의 시행일인 2008년 2월 4일 이후 최초로 범죄를 범하고 형을 선고받은 자부터 적용한다. 다만, 같은 법 시행일인 2008년 2월 4일 이전의 범죄에 대한 취업제한의 적용에 있어서는 종전의 청소년의 성보호에 관한 법률(법률 제8634호 청소년의 성보호에 관한 법률 전부 개정 법률로 개정되기 전의 것을 말한다)에 따른다.

제5조(비밀 준수 및 그 위반 시 벌칙에 관한 경과조치) 이 법 시행 당시 종전의 법률에 따른 등록정보 열람자의 비밀 준수 및 그 위반 시 벌칙에 관하여는 제42조의 개정규정에도 불구하고 법률 제8634호 청소년의 성보호에 관한 법률 전부 개정 법률 제41조제2항 및 같은 법 제45조제1항에 따른다.

제6조(다른 법률의 개정)

① 결혼중개업의 관리에 관한 법률 일부를 다음과 같이 개정한다.

제6조제4호 중 「청소년의 성보호에 관한 법률」을 「아동·청소년의 성보호에 관한 법률」로 한다.

② 군사법원법 일부를 다음과 같이 개정한다.

제206조의2제2호 중 「청소년의 성보호에 관한 법률」을 「아동·청소년의 성보호에 관한 법률」로, '청소년 또는'을 '아동·청소년 또는'으로 한다.

③ 특정강력범죄의 처벌에 관한 특례법 일부를 다음과 같이 개정한다.

제2조제1항제3호의2 중 「청소년의 성보호에 관한 법률」을 각각 「아동·청소년의 성보호에관한법률」로 한다.

④ 법률 제9654호 특정 성폭력 범죄자에 대한 위치추적 전자장치 부착에 관한 법률 일부개정법률 일부를 다음과 같이 개정한다.

제2조제2호다목 중 「청소년의 성보호에 관한 법률」을 「아동·청소년의 성보호에 관한 법률」로, '청소년에'를 '아동·청소년에'로 한다.

⑤ 형사소송법 일부를 다음과 같이 개정한다.

제165조의2제2호 중 「청소년의 성보호에 관한 법률」 제5조부터 제10조까지'를 「아동·청소년의 성보호에 관한 법률」 제7조부터 제12조까지'로, '청소년 또는'을 '아동·청소년 또는'으로 한다.

제7조(다른 법령과의 관계) 이 법 시행 당시 다른 법령에서 종전의 「청소년의 성보호에 관한 법률」 및 그 규정을 인용하고 있는 경우 이 법 중 그에 해당하는 규정이 있는 때에는 종전의 규정에 갈음하여 이 법 또는 이 법의 해당 규정을 인용한 것으로 본다.


부칙[2010. 1. 18 제9932호(정부조직법)]

제1조(시행일) 이 법은 공포 후 2개월이 경과한 날부터 시행한다.
<단서 생략>

제2조 및 제3조 생략

제4조(다른 법률의 개정) ①부터 <76>까지 생략

<77> 아동·청소년의 성보호에 관한 법률 일부를 다음과 같이 개정한다.

제6조제1항·제2항·제3항 후단, 제13조제1항, 제23조제2항, 제33조제3항, 제34조제3항, 제35조제1항부터 제4항까지, 제36조제1항, 제37조제1항, 제39조제1항·제2항, 제40조, 제41조제1항 및 제45조제1항 각 호외의 부분 중 '보건복지가족부장관'을 각각 '여성가족부장관'으로 한다.

제45조제1항제3호 및 제4호를 각각 다음과 같이 한다.

3. 보건복지부장관: 제44조제1항제8호의 보육시설 및 같은 항 제9호의 아동복지시설

4. 여성가족부장관: 제44조제1항제4호의 청소년상담 및 긴급구조 등의 기관과 청소년지원 등의 기관, 같은 항 제5호의 청소년보호센터와 청소년재활센터, 같은 항 제6호의 청소년활동시설, 같은 항 제7호의 청소년쉼터 및 같은 항 제10호의 청소년 지원시설 및 성매매 피해상담소

제47조제1항 및 제49조제4항 중 '보건복지가족부장관, 여성부장관'을 각각 '보건복지부장관, 여성가족부장관'으로 한다.

<78>부터 <137>까지 생략

제5조 생략


부칙[2010. 4. 15 제10258호(성폭력 범죄의 처벌 등에 관한 특례법)]

제1조(시행일) 이 법은 공포한 날부터 시행한다. <단서 생략>

제2조부터 제4조까지 생략

제5조(다른 법률의 개정) ①부터 ⑥까지 생략

⑦ 아동·청소년의 성보호에 관한 법률 일부를 다음과 같이 개정한다.

제2조제2호나목 중 '「성폭력 범죄의 처벌 및 피해자보호 등에 관한

법률」 제5조부터 제8조까지, 제8조의2 및 제9조부터 제12조까지'를 「성폭력 범죄의 처벌 등에 관한 특례법」 제3조부터 제10조까지 및 제14조'로 한다.

제14조제2항제2호, 제22조제2항제11호 및 제31조제2항 각 호 외의 부분 중 '「성폭력 범죄의 처벌 및 피해자보호 등에 관한 법률」'을 '「성폭력 범죄의 피해자보호등에 관한 법률」'로 한다.

⑧부터 ⑮까지 생략

제6조 생략


부칙[2010. 4. 15 제10260호]

제1조(시행일) 이 법은 공포한 날부터 시행한다. 다만 제31조의2, 제38조의2 및 제38조의3의 개정규정은 2011년 1월 1일부터 시행한다.

제2조(아동·청소년대상 성범죄에 관한 처벌 등의 적용례) 제2조제2호, 제7조의2, 제10조부터 제14조까지, 제16조, 제18조의2부터 제18조의4까지, 제28조의2부터 제28조의4까지 및 제49조의 개정규정은 이 법 시행 후 최초로 아동·청소년대상 성범죄를 범한 자부터 적용한다.

제3조(등록정보의 관리에 관한 적용례) 제36조의 개정규정은 이 법 시행 후 최초로 아동·청소년대상 성범죄를 범하여 유죄판결이 확정된 자부터 적용한다.

제4조(등록정보의 고지에 관한 적용례) 제38조의2 및 제38조의3의 개정규정은 같은 개정규정 시행 후 최초로 아동·청소년대상 성범죄를 범하여 고지명령을 선고받은 고지대상자부터 적용한다.

제5조(아동·청소년 관련 교육기관 등에의 취업제한 등에 관한 적용례) 제44조의 개정규정은 이 법 시행 후 최초로 아동·청소년대상 성범죄 또는 성인대상 성범죄를 범하여 형이 확정된 자부터 적용한다.

제6조(공소시효 진행에 관한 경과조치) 제7조의3의 개정규정은 이 법

시행 전에 행하여진 아동·청소년대상 성범죄로 아직 공소시효가 완성되지 아니한 것에 대하여도 적용한다.

부칙[2010. 4. 15 제10261호(성폭력방지 및 피해자보호 등에 관한 법률)]
제1조(시행일) 이 법은 2011년 1월 1일부터 시행한다.
제2조부터 제7조까지 생략
제8조(다른 법률의 개정) ①부터 ⑤까지 생략
⑥ 아동·청소년의 성보호에 관한 법률 일부를 다음과 같이 개정한다.
제14조제2항제2호를 다음과 같이 한다.
2. 「성폭력 방지 및 피해자보호 등에 관한 법률」 제10조의 성폭력 피해상담소 및 같은 법 제12조의 성폭력 피해자보호시설
제22조제2항제11호를 다음과 같이 한다.
11. 「성폭력 방지 피해자보호 등에 관한 법률」 제10조의 성폭력 피해상담소 및 같은 법 제12조의 성폭력 피해자보호시설
제31조제2항 각 호 외의 부분 중 "「성폭력 범죄의 피해자보호 등에 관한 법률」 제23조의 성폭력 피해상담소 및 같은 법 제25조의 성폭력 피해자보호시설'을 '「성폭력 방지 및 피해자보호 등에 관한 법률」 제10조의 성폭력 피해상담소 및 같은 법 제12조의 성폭력 피해자보호시설'로 한다.
제9조 생략

부칙[2010.7.23 제10391호]
이 법은 공포 후 1개월이 경과한 날부터 시행한다.

부칙[2011.4.12 제10582호(한부모가족지원법)]
제1조(시행일) 이 법은 2012년 1월 1일부터 시행한다. <단서 생략>

제2조 생략

제3조(다른 법령의 개정) ① 및 ② 생략

③ 아동·청소년의 성보호에 관한 법률 일부를 다음과 같이 개정한다.

제22조제2항제9호를 다음과 같이 한다.

9. 「한부모가족지원법」 제19조에 따른 한부모가족복지시설

제31조제1항 각 호 외의 부분 중 「한부모가족지원법」 제7조의 한부모가족복지상담소 및 「청소년기본법」 제46조의 청소년상담 및 긴급구조 등의 기관'을 「'청소년기본법」 제46조의 청소년상담 및 긴급구조 등의 기관'으로 한다.

④ 생략


부칙[2011.6.7 제10789호(영유아보육법)]

제1조(시행일) 이 법은 공포 후 6개월이 경과한 날부터 시행한다. <단서 생략>

제2조부터 제5조까지 생략

제6조(다른 법률의 개정) ①부터 <18>까지 생략

<19> 아동·청소년의 성보호에 관한 법률 일부를 다음과 같이 개정한다.

제22조제2항제6호, 제44조제1항제8호, 제45조제1항제3호 중 '보육시설'을 각각 '어린이집'으로 한다.

<20>부터 <32>까지 생략


부칙[2011. 8. 4 제11002호(아동복지법)]

제1조(시행일) 이 법은 공포 후 1년이 경과한 날부터 시행한다.

제2조부터 제5조까지 생략

제6조(다른 법률의 개정) ①부터 ⑧까지 생략

⑨ 아동·청소년의 성보호에 관한 법률 일부를 다음과 같이 개정한다.

제2조제2호라목을 다음과 같이 한다.

라. 아동·청소년에 대한 「아동복지법」 제17조제2호 및 제4호의 죄

제14조제2항제1호를 다음과 같이 한다.

1. 「아동복지법」 제45조에 따른 아동보호전문기관

제17조 중 '「아동복지법」 제2조제3호'를 '「아동복지법」 제3조제3호'로 한다.

제22조제2항제4호를 다음과 같이 한다.

4. 「아동복지법」 제3조제10호의 아동복지시설

제44조제1항제9호를 다음과 같이 한다.

9. 「아동복지법」 제3조제10호의 아동복지시설

⑩부터 ⑬까지 생략

제7조 생략

# [부록 8]

## 청소년활동진흥법
### 법률 제10660호 일부개정 2011. 5. 19.

### 제1장 총칙

제1조 (목적)

이 법은 청소년기본법 제47조제2항의 규정에 따라 다양한 청소년활동을 적극적으로 진흥하기 위하여 필요한 사항을 정함을 목적으로 한다.

제2조 (정의)

이 법에서 사용하는 용어의 정의는 다음 각 호와 같다.

1. '청소년활동'이라 함은 청소년기본법 제3조제3호에 규정된 청소년활동을 말한다.

2. '청소년활동시설'이라 함은 수련활동·교류활동·문화활동 등 청소년활동에 제공되는 제10조의 규정에 의한 시설을 말한다.

3. '청소년수련활동'(이하 '수련활동'이라 한다)이라 함은 청소년이 청소년활동에 자발적으로 참여하여 청소년 시기에 필요한 기량과 품성을 함양하는 교육적 활동으로서 청소년지도자와 함께 청소년수련거리에 참여하여 배움을 실천하는 체험활동을 말한다.

4. '청소년교류활동'(이하 '교류활동'이라 한다)이라 함은 청소년이 지

역 간 · 남북 간 · 국가 간의 다양한 교류를 통하여 공동체의식 등을 함양하는 체험활동을 말한다.

5. '청소년 문화활동'(이하 '문화활동'이라 한다)이라 함은 청소년이 예술 활동 · 스포츠 활동 · 동아리활동 · 봉사활동 등을 통하여 문화적 감성과 더불어 살아가는 능력을 함양하는 체험활동을 말한다.

6. '청소년수련거리'(이하 '수련거리'라 한다)라 함은 수련활동에 필요한 프로그램과 이와 관련되는 사업을 말한다.


제3조 (관계기관의 협조)

① 여성가족부장관 및 지방자치단체의 장은 학생 청소년의 청소년활동 진흥을 위하여 청소년기본법 제48조의 규정에 따라 교육과학기술부, 특별시 · 광역시 · 도교육청 및 지역교육청(이하 '교육청'이라 한다)에 필요한 협의를 할 수 있다. [개정 2005. 3. 24, 2005. 12. 29 제7799호(청소년기본법), 2008. 2. 29 제8852호(정부조직법), 2010. 1. 18 제9932호(정부조직법)] [[시행일 2010. 3. 19]]

② 제1항의 규정에 의한 협의를 요청받은 관계기관은 특별한 사유가 없는 한 이에 응하여야 한다.


제4조 (청소년운영위원회)

① 제10조제1호의 청소년수련시설(이하 '수련시설'이라 한다)을 설치 · 운영하는 개인 · 법인 · 단체 및 제16조제2항의 규정에 의한 위탁운영단체(이하 '수련시설운영단체'라 한다)는 청소년활동을 활성화하고 청소년의 참여를 보장하기 위하여 청소년으로 구성되는 청소년운영위원회를 운영하여야 한다.

② 수련시설운영단체의 대표자는 청소년운영위원회의 의견을 수련시설 운영에 반영하여야 한다.

③ 제1항의 규정에 의한 청소년운영위원회의 구성·운영 등에 관하여 필요한 사항은 대통령령으로 정한다.

## 제2장 청소년활동의 보장

제5조 (청소년활동의 지원)

① 청소년은 다양한 청소년활동에 주체적이고 자발적으로 참여하여 자신의 꿈과 희망을 실현하는 충분한 기회와 지원을 받아야 한다.

② 국가 및 지방자치단체는 청소년활동을 활성화하는데 필요한 각종 활동시설·청소년활동프로그램·청소년지도자 등을 위한 시책을 수립·시행하여야 한다.

③ 국가 및 지방자치단체는 개인·법인 또는 단체가 청소년활동을 지원하고자 할 때에는 그에 필요한 행정적·재정적 지원을 할 수 있다.

제6조 (한국청소년활동진흥원의 설치)

① 청소년 육성을 위한 다음 각 호의 사업을 하기 위하여 한국청소년활동진흥원(이하 '활동진흥원'이라 한다)을 설치한다.

1. 청소년활동·청소년복지·청소년 보호에 관한 종합적 안내 및 서비스 제공
2. 청소년 육성에 필요한 정보 등의 종합적 관리 및 제공
3. 청소년수련활동인증위원회 등 청소년수련활동인증제도의 운영
4. 청소년자원봉사활동의 활성화

5. 청소년활동 프로그램의 개발과 보급

6. 국가가 설치하는 수련시설에 대한 유지·관리 및 운영업무의 수탁

7. 국가 및 지방자치단체가 개발한 주요 수련거리의 시범운영

8. 청소년활동시설이 행하는 국제교류 및 협력 사업에 대한 지원

9. 청소년지도자의 연수

10. 그 밖에 여성가족부장관이 지정하거나 활동진흥원의 목적을 수행하기 위하여 필요한 사업

② 활동진흥원은 법인으로 한다.

③ 활동진흥원은 그 주된 사무소의 소재지에서 설립등기를 함으로써 성립한다.

[전문개정 2010. 5. 17] [[시행일 2010. 8. 18]]


제6조의2 (정관)


활동진흥원의 정관에는 다음 각 호의 사항이 포함되어야 한다.

1. 목적

2. 명칭

3. 주된 사무소의 소재지

4. 사업에 관한 사항

5. 임원 및 직원에 관한 사항

6. 이사회에 관한 사항

7. 재산 및 회계에 관한 사항

8. 정관의 변경에 관한 사항

[본조신설 2010. 5. 17] [[시행일 2010. 8. 18]]

제6조의3 (임원)

① 활동진흥원에 이사장을 포함한 15명 이내의 이사와 감사 1명을 둔다.

② 이사장은 「공공기관의 운영에 관한 법률」 제29조에 따른 임원추천위원회(이하 '임원추천위원회'라 한다)가 복수로 추천한 사람 중에서 여성가족부장관이 임명한다.

③ 상임이사는 활동진흥원 이사장이 임명한다.

④ 비상임이사(활동진흥원의 정관에 따라 당연히 비상임이사로 선임되는 사람은 제외한다)는 여성가족부장관이 임명한다.

⑤ 감사는 임원추천위원회가 복수로 추천하여 「공공기관의 운영에 관한 법률」 제8조에 따른 공공기관운영위원회의 심의·의결을 거친 사람 중에서 기획재정부장관이 임명한다.

⑥ 이사장의 임기는 3년, 이사와 감사의 임기는 각각 2년으로 하되, 1년을 단위로 연임할 수 있다.

[본조신설 2010. 5. 17] [[시행일 2010. 8. 18]]

제6조의4 (사업계획서 등의 제출)

① 활동진흥원은 대통령령으로 정하는 바에 따라 사업계획서 및 예산서를 작성하여 매 사업연도 시작 전까지 여성가족부장관에게 제출하여야 한다.

② 활동진흥원은 회계연도가 종료된 때에는 지체 없이 그 회계연도의 결산서를 작성하고 감사원규칙에서 정하는 바에 따라 공인회계사나 회계법인을 선정하여 회계감사를 받아 매 회계연도 종료 후 2개월 이내에 여성가족부장관에게 제출하여야 한다.

[본조신설 2010. 5. 17] [[시행일 2010. 8. 18]]


제6조의5 (자료의 요청 등)


① 활동진흥원은 제6조제1항제2호의 사업수행을 위하여 필요한 때에
는 공공기관 등에 대하여 간행물이나 자료의 제공을 요청할 수 있다.
이 경우 상당한 대가를 지급하여야 한다.
② 활동진흥원은 제1항에 따라 제공된 간행물이나 자료를 제공받은
목적 외의 용도로 사용하여서는 아니 된다.
③ 제6조제1항제2호의 사업에 종사하는 임직원 및 그 직에 있었던 사
람은 직무상 알게 된 비밀을 누설하여서는 아니 된다.
[본조신설 2010. 5. 17] [[시행일 2010. 8. 18]]


제6조의6 (보조금 등)


① 정부는 예산의 범위에서 활동진흥원의 사업 및 운영에 드는 경비
를 보조할 수 있다.
② 개인·법인 또는 단체는 활동진흥원의 사업 또는 운영을 지원하
기 위하여 금전이나 그 밖의 재산을 출연(出捐) 또는 기부할 수 있다.
[본조신설 2010. 5. 17] [[시행일 2010. 8. 18]]


제6조의7 (「민법」의 준용)


활동진흥원에 관하여 이 법과 「공공기관의 운영에 관한 법률」에서
정한 사항 외에는 「민법」중 재단법인에 관한 규정을 준용한다.
[본조신설 2010. 5. 17] [[시행일 2010. 8. 18]]

제6조의8 (유사명칭의 사용금지)

이 법에 따른 활동진흥원이 아닌 자는 한국청소년활동진흥원 또는 이와 유사한 명칭을 사용하지 못한다.
[본조신설 2010. 5. 17] [[시행일 2010. 8. 18]]

제6조의9 (벌칙 적용에서의 공무원 의제)

제6조제1항제2호의 사업에 종사하는 자는 「형법」 제129조부터 제132조까지의 규정에 따른 벌칙의 적용에서는 이를 공무원으로 본다.
[본조신설 2010. 5. 17] [[시행일 2010. 8. 18]]

제7조 (지방청소년활동진흥센터의 설치 등)

① 특별시·광역시·도·특별자치도(이하 '시·도'라 한다) 및 시·군·구(자치구를 말한다)는 해당 지역의 청소년활동을 진흥하기 위하여 지방청소년활동진흥센터를 설치·운영할 수 있다.
② 제1항에 따른 지방청소년활동진흥센터(이하 '지방청소년활동진흥센터'라 한다)는 다음 각 호의 사업을 수행한다.
  1. 지역 청소년활동의 요구에 관한 조사
  2. 지역 청소년자원봉사활동의 활성화
  3. 청소년수련활동인증제도의 지원
  4. 인증받은 청소년수련활동의 홍보와 지원
  5. 청소년활동 프로그램의 개발과 보급
  6. 청소년활동에 대한 교육과 홍보
  7. 그 밖에 청소년활동을 위하여 필요한 사업

③ 지방청소년활동진흥센터는 제2항에 따른 사업을 수행할 경우 활동진흥원과 연계·협력한다. [개정 2010. 5. 17] [[시행일 2010. 8. 18]]

④ 국가 및 지방자치단체는 예산의 범위에서 지방청소년활동진흥센터의 운영에 필요한 경비의 전부 또는 일부를 지원할 수 있다.

[전문개정 2007. 7. 27] [[시행일 2008. 1. 28]]

[본조제목개정 2007. 7. 27] [[시행일 2008. 1. 28]]

제8조 (청소년활동정보의 제공 등)

① 활동진흥원과 지방청소년활동진흥센터는 청소년의 요구를 수용하여 청소년의 발달단계와 여건에 맞는 프로그램과 정보를 상시 안내하고 제공하여야 한다. [개정 2007. 7. 27, 2010. 5. 17] [[시행일 2010. 8. 18]]

② 활동진흥원과 지방청소년활동진흥센터는 제1항의 규정에 의한 사업을 시행하기 위하여 당해 지역 청소년의 활동요구를 정기적으로 조사하고, 그 결과를 당해 지역의 청소년활동시설과 「청소년기본법」 제3조제8호에 따른 청소년단체에 제공하여야 한다. [개정 2007. 7. 27, , 2010. 5. 17] [[시행일 2010. 8. 18]]

제9조 (학교와의 협력 등)

① 활동진흥원과 지방청소년활동진흥센터는 청소년기본법 제48조의 규정에 따라 학교 및 평생교육시설과의 협력 체제를 구축하여야 한다. [개정 2007. 7. 27, 2010. 5. 17] [[시행일 2010. 8. 18]]

② 활동진흥원과 지방청소년활동진흥센터는 당해 지역 각급 학교 및 평생교육시설에서 필요로 하는 청소년활동 관련사항을 지원할 수 있다. [개정 2007. 7. 27, 2010. 5. 17] [[시행일 2010. 8. 18]]

③ 활동진흥원과 지방청소년활동진흥센터는 제2항의 규정에 따라 매년 1회 이상 상호 협의하여 수련거리를 개발하고, 이를 당해 지역의 수련시설에 보급하여야 한다. [개정 2007 7. 27, 2010. 5. 17] [[시행일 2010. 8. 18]]

④ 활동진흥원과 지방청소년활동진흥센터는 학생 청소년을 위한 수련거리를 개발하는 때에 교육청 및 각급 학교에 필요한 관련 자료를 요청할 수 있다. 이 경우 관계기관은 특별한 사유가 없는 한 그 요청에 적극 협조하여야 한다. [개정 2007. 7. 27, 2010. 5. 17] [[시행일 2010. 8. 18]]

### 제3장 청소년활동시설

제10조 (청소년활동시설의 종류)

청소년활동시설의 종류는 다음 각 호와 같다.

1. 청소년수련시설

가. 청소년수련관: 다양한 수련거리를 실시할 수 있는 각종 시설 및 설비를 갖춘 종합수련시설

나. 청소년수련원: 숙박기능을 갖춘 생활관과 다양한 수련거리를 실시할 수 있는 각종 시설과 설비를 갖춘 종합수련시설

다. 청소년문화의집: 간단한 수련활동을 실시할 수 있는 시설 및 설비를 갖춘 정보 · 문화 · 예술중심의 수련시설

라. 청소년특화시설: 청소년의 직업체험 · 문화예술 · 과학정보 · 환경 등 특정 목적의 청소년활동을 전문적으로 실시할 수 있는 시설과 설비를 갖춘 수련시설

마. 청소년야영장: 야영에 적합한 시설 및 설비를 갖추고 수련거리 또는 야영편의를 제공하는 수련시설

바. 유스호스텔: 청소년의 숙박 및 체재에 적합한 시설 · 설비와 부대 ·

편익시설을 갖추고 숙식편의제공, 여행청소년의 활동지원 등을 주된 기능으로 하는 시설

2. 청소년이용시설: 수련시설이 아닌 시설로서 그 설치목적의 범위에서 청소년활동의 실시와 청소년의 건전한 이용 등에 제공할 수 있는 시설

제11조 (수련시설의 설치 · 운영 등)

① 국가 및 지방자치단체는 청소년기본법 제18조제1항의 규정에 따라 다음 각 호와 같은 수련시설을 설치 · 운영하여야 한다. [개정 2007. 7. 27] [[시행일 2008. 1. 28]]

1. 국가는 2 이상의 시 · 도 또는 전국의 청소년이 이용할 수 있는 국립청소년수련시설을 설치 · 운영하여야 한다.

2. 특별시장 · 광역시장 · 도지사 · 특별자치도지사(이하 '시 · 도지사'라 한다) 및 시장 · 군수 · 구청장(자치구의 구청장을 말한다. 이하 같다)은 각각 제10조제1호가목의 규정에 의한 청소년수련관을 1개소 이상 설치 · 운영하여야 한다.

3. 시 · 도지사 및 시장 · 군수 · 구청장은 읍 · 면 · 동에 제10조제1호다목의 규정에 의한 청소년문화의집을 1개소 이상 설치 · 운영하여야 한다.

4. 시 · 도지사 및 시장 · 군수 · 구청장은 제10조제1호라목 내지 바목에 의한 청소년특화시설 · 청소년야영장 및 유스호스텔을 설치 · 운영할 수 있다.

② 국가는 제1항제2호 내지 제4호의 규정에 의한 수련시설의 설치 · 운영 경비의 전부 또는 일부를 예산의 범위에서 보조할 수 있다.

③ 개인 · 법인 또는 단체는 특별자치도지사 · 시장 · 군수 · 구청장의 허가를 받아 수련시설을 설치 · 운영할 수 있다. 허가받은 사항 중 대규모의 부지변경, 건축연면적의 증감 등 대통령령으로 정하는 중요 사항을

변경하고자 하는 경우에도 또한 같다. [개정 2007. 7. 27, 2011. 5. 19]

④ 국가 또는 지방자치단체는 제3항의 규정에 의한 허가를 받아 수련시설을 설치 · 운영하는 자(이하 '수련시설을 설치 · 운영하는 자'라 한다)에게 예산의 범위에서 그 설치 및 운영에 필요한 경비의 일부를 보조할 수 있다.

제12조 (수련시설의 허가요건)

① 제11조제3항의 규정에 의한 수련시설의 허가를 받고자 하는 자는 다음 각 호의 요건을 갖추어야 한다. [개정 2005. 3. 24, 2007 .7. 27, 2008. 2. 29 제8852호(정부조직법), 2010. 1. 18 제9932호(정부조직법)] [[시행일 2010. 3. 19]]

1. 제17조 내지 제19조의 규정에 의한 시설기준 · 안전기준 및 운영기준에 적합할 것

2. 당해 시설의 설치 · 운영에 필요한 자금을 조달할 능력이 있을 것

3. 당해 시설의 설치에 필요한 부동산을 소유하거나 사용할 수 있는 권한이 있을 것

4. 그 밖에 여성가족부령으로 정하는 기준에 적합할 것

② 특별자치도지사 · 시장 · 군수 · 구청장은 제11조제3항의 규정에 의하여 수련시설을 허가하는 경우 당해 시설이 제1항의 규정에 의한 허가의 요건 중 여성가족부령으로 정하는 경미한 사항인 경우에는 일정한 기간을 정하여 보완할 것을 조건으로 허가할 수 있다. [개정 2005. 3. 24, 2007. 7. 27, 2008. 2. 29 제8852호(정부조직법), 2010. 1. 18 제9932호(정부조직법)] [[시행일 2010. 3. 19]]

제13조 (수련시설의 등록)

① 수련시설은 이를 운영하기 전에 당해 시설의 소재지를 관할하는 특별자치도지사 · 시장 · 군수 · 구청장에게 등록하여야 한다. 등록한 사항 중 여성가족부령이 정하는 중요사항을 변경하고자 하는 때에도 또한 같다. [개정 2005. 3. 24, 2007. 7. 27, 2008. 2. 29 제8852호(정부조직법), 2010. 1. 18 제9932호(정부조직법)] [[시행일 2010. 3. 19]]

② 삭제 [2007. 7. 27] [[시행일 2008. 1. 28]]

③ 제1항의 규정에 의한 등록 등에 관하여 필요한 사항은 대통령령으로 정한다.

제14조 (수련시설의 운영대표자)

① 수련시설을 설치 · 운영하는 자 또는 제16조의 규정에 의한 위탁운영단체는 대통령령이 정하는 자격을 갖춘 자를 그 수련시설의 운영대표자로 선임하여야 한다. 다만, 대통령령이 정하는 수련시설에 대하여는 운영대표자를 선임하지 아니할 수 있다.

② 제1항의 규정에 불구하고 수련시설을 설치 · 운영하는 개인 · 법인 또는 단체의 대표자(이하 '수련시설의 대표자'라 한다) 또는 제16조의 규정에 의한 위탁운영단체의 대표자가 제1항의 규정에 의한 운영대표자의 자격을 갖춘 때에는 수련시설의 대표자가 운영대표자가 될 수 있다.

③ 국가 및 지방자치단체는 제1항 및 제2항의 규정에 의한 운영대표자에 대하여 대통령령이 정하는 바에 따라 연수를 실시할 수 있다.

제15조 (결격사유)

다음 각 호의 1에 해당하는 자는 수련시설의 대표자(법인의 경우에는 임원을 포함한다) 또는 운영대표자가 될 수 없다. [개정 2005. 3. 31 법률 제7428호(채무자 회생 및 파산에 관한 법률)] [[시행일 2006. 4. 1]]

1. 미성년자·금치산자 또는 한정치산자

2. 파산선고를 받은 자로서 복권되지 아니한 자

3. 금고 이상의 형을 받고 그 집행이 종료되거나 집행을 받지 아니하기로 확정된 후 2년이 경과되지 아니한 자

4. 금고 이상의 형을 받고 그 집행유예의 기간이 종료되지 아니한 자

5. 법원의 판결 또는 법률에 의하여 자격이 상실되거나 정지된 자

6. 제22조의 규정에 의하여 허가 또는 등록의 취소를 받은 수련시설의 대표자로서 허가 또는 등록의 취소를 받은 날부터 2년이 경과되지 아니한 자

제16조 (수련시설 운영의 위탁)

① 국가 또는 지방자치단체는 청소년기본법 제18조제3항의 규정에 의하여 수련시설의 효율적 운영을 위하여 동법 제3조제8호의 규정에 의한 청소년단체에 그 운영을 위탁할 수 있다.

② 국가 또는 지방자치단체는 제1항의 규정에 의하여 수련시설의 운영을 위탁받은 청소년단체(이하 '위탁운영단체'라 한다)에 대하여 예산의 범위에서 위탁한 수련시설의 운영에 필요한 경비를 지원할 수 있다.

③ 제14조 및 제15조의 규정은 위탁운영단체 및 그 대표자와 임원에 대하여 이를 준용한다.

제17조 (수련시설의 시설기준)

① 수련시설은 청소년이 다양한 활동을 통하여 기량과 품성을 함양하는데 적합한 시설·설비를 갖추어야 한다.

② 수련시설의 종류별 시설기준에 관하여 필요한 사항은 여성가족부령으로 정한다. [개정 2005. 3. 24, 2007. 7. 27, 2008. 2. 29 제8852호(정부조직법), 2010. 1. 18 제9932호(정부조직법)] [[시행일 2010. 3. 19]]

제18조 (수련시설의 안전기준 등)

① 수련시설의 운영대표자는 시설에 대하여 정기 및 수시 안전점검을 실시하여야 한다.

② 수련시설의 운영대표자는 제1항의 규정에 의하여 정기 및 수시 안전점검을 실시한 후 그 결과를 특별자치도지사·시장·군수·구청장에게 제출하여야 한다. [개정 2007. 7. 27] [[시행일 2008. 1. 28]]

③ 특별자치도지사·시장·군수·구청장은 제2항의 규정에 의한 결과를 제출받은 후 필요한 경우 수련시설의 운영대표자로 하여금 시설의 보완 또는 개·보수를 요구할 수 있다. 이 경우 수련시설의 운영대표자는 이에 응하여야 한다. [개정 2007. 7. 27] [[시행일 2008. 1. 28]]

④ 국가 또는 지방자치단체는 예산의 범위에서 제1항 내지 제3항의 규정에 의한 안전점검 또는 시설의 보완 및 개·보수에 소요되는 비용의 전부 또는 일부를 보조할 수 있다.

⑤ 제 1항 및 제2항의 규정에 의한 정기 및 수시 안전점검을 받아야 하는 시설의 범위·시기, 안전점검기관, 안전점검절차 및 안전기준은 대통령령으로 정한다.

제19조 (수련시설의 운영기준)

① 수련시설은 그 종사자에 대하여 연 1회 이상 수련시설의 운영·안전·위생 등에 관한 교육을 실시하여야 한다.

② 수련시설의 수련거리운영, 생활지도, 시설의 관리 및 운영, 종사자교육 등 운영기준은 수련시설 종류별로 여성가족부령으로 정한다. [개정 2005. 3. 24, 2007. 7. 27, 2008. 2. 29 제8852호(정부조직법), 2010. 1. 18 제9932호(정부조직법)] [[시행일 2010. 3. 19]]

③ 삭제 [2007. 7. 27] [[시행일 2008. 1. 28]]

제20조 (시정명령)

특별자치도지사·시장·군수·구청장은 수련시설을 설치·운영하는 자 또는 위탁운영단체가 이 법 또는 이 법에 의한 명령을 위반하거나 당해 수련시설이 제17조의 시설기준, 제18조의 안전기준 및 제19조의 운영기준에 미달한 경우에는 그 시정을 명할 수 있다. [개정 2007. 7. 27] [[시행일 2008. 1. 28]]

제21조 (금지행위)

수련시설을 설치·운영하는 자 또는 위탁운영단체는 다음 각 호의 1에 해당하는 행위를 하여서는 아니 된다.

1. 정당한 사유 없이 청소년의 수련시설이용을 제한하는 행위

2. 청소년활동이 아닌 용도에 수련시설을 이용하는 행위. 다만, 대통령령이 정하는 용도에 이용하는 경우를 제외한다.

3. 수련시설을 이 법에 의한 등록·허가 등을 받지 아니한 자에게 운

영하게 하는 행위

제22조 (허가 또는 등록의 취소)

특별자치도지사·시장·군수·구청장은 수련시설을 설치·운영하는 자가 다음 각 호의 1에 해당하는 때에는 그 수련시설의 허가 또는 등록을 취소할 수 있다. 다만, 제1호에 해당하는 경우에는 허가 또는 등록을 취소하여야 한다. [개정 2007. 7. 27] [[시행일 2008. 1. 28]]
    1. 거짓 그 밖의 부정한 방법으로 허가를 받았거나 등록을 한 때
    2. 최근 2년 이내에 제72조제2항제3호의 규정에 의한 과태료처분을 2회 이상 받고 동호에 규정된 행위를 한 때
    3. 정당한 사유 없이 수련시설의 허가를 받거나 등록한 후 1년 이내에 그 수련시설의 설치에 착수 또는 운영을 개시하지 아니하거나 특별자치도지사·시장·군수·구청장이 정하는 기간 이내에 수련시설의 등록을 하지 아니한 때

제23조 (청문)

특별자치도지사·시장·군수·구청장은 제22조의 규정에 의한 허가 또는 등록을 취소하고자 하는 경우에는 청문을 실시하여야 한다. [개정 2007. 7. 27] [[시행일 2008. 1. 28]]

제24조 (이용료 및 수련비용)

① 수련시설을 설치·운영하는 자 및 위탁운영단체는 수련시설을 이용하는 자로부터 이용료를 받을 수 있다.

② 제36조제1항 내지 제3항의 규정에 의하여 인증 받은 수련활동을 실시하는 자는 그 수련활동에 참여하는 청소년으로부터 수련비용을 받을 수 있다.

제25조 (보험가입)

① 수련시설을 설치·운영하는 자 또는 위탁운영단체는 수련시설의 설치·운영과 관련하여 수련시설의 이용자에게 발생한 생명·신체상의 손해를 배상하기 위하여 보험에 가입하여야 한다.

② 제1항의 규정에 의한 보험에 가입하여야 할 수련시설의 종류 및 보험금액 등은 대통령령으로 정한다.

제26조 (수련시설의 승계)

① 제11조제3항의 규정에 의하여 허가받은 수련시설의 양도·양수, 상속, 증여 또는 수련시설을 설치한 법인의 합병이 있는 때에는 그 양수인, 상속인, 증여를 받은 자, 합병 후 존속하는 법인 또는 합병에 의하여 설립되는 법인은 수련시설의 허가 및 등록에 따른 권리·의무를 승계한다.

② 민사집행법에 의한 경매, 「채무자 회생 및 파산에 관한 법률」에 의한 환가나 국세징수법·관세법 또는 「지방세기본법」에 따른 압류재산의 매각 그 밖에 이에 준하는 절차에 따라 여성가족부령이 정하는 수련시설의 주요한 부분을 인수한 자는 수련시설의 허가 및 등록에 따른 권리·의무를 승계한다. 개정 2005. 3. 24, 2005. 3. 31, 제7428호(「채무자 회생 및 파산에 관한 법률」), 2007. 7. 27, 2008. 2. 29 제8852호(정부조직법), 2010. 1. 18 제9932호(정부조직법), 2010. 3. 31 제10219호(지방세

기본법)] [[시행일 2011. 1. 1]]

제27조 (수련시설의 휴지 · 폐지)

① 수련시설을 설치 · 운영하는 자가 시설의 운영을 휴지 또는 폐지하고자 하는 때에는 여성가족부령이 정하는 바에 따라 특별자치도지사 · 시장 · 군수 · 구청장에게 신고하여야 한다. [개정 2005. 3. 24, 2007. 7. 27, 2008. 2. 29 제8852호(정부조직법), 2010. 1. 18 제9932호(정부조직법)] [[시행일 2010. 3. 19]]

② 특별자치도지사 · 시장 · 군수 · 구청장은 국가 또는 지방자치단체의 특별한 지원을 받은 수련시설로서 대통령령이 정하는 시설에 대하여는 시설운영의 휴지 또는 폐지를 제한할 수 있다. [개정 2007. 7. 27] [[시행일 2008. 1. 28]]

제28조 (수련시설 건립 시 타당성의 사전검토)

① 국가 및 지방자치단체는 제11조제1항의 규정에 의하여 설치되는 수련시설이 청소년활동에 적합하도록 하기 위하여 입지조건 · 내부구조 그 밖에 설계사항 등 건립의 타당성에 관한 사항을 포함한 기본계획을 수립하고 관련 설계사항을 사전에 심의한 후 시행하여야 한다.

② 제1항의 규정에 의한 기본계획 및 관련 설계사항의 심의과정에는 청소년관련전문가 및 청소년이 참여할 수 있다.

③ 제1항 및 제2항의 심의과정에 관하여 필요한 사항은 대통령령으로 정한다.

제29조 (주택단지 안의 수련시설 설치)

① 주택건설사업계획 또는 대지조성사업계획의 승인을 얻어 그 사업을 시행하려는 자가 「주택법」 제16조제1항의 사업계획을 작성하는 때에는 대통령령이 정하는 바에 따라 수련시설을 포함하여야 한다. [개정 2007. 7. 27] [[시행일 2008. 1. 28]]

② 국가 및 지방자치단체는 제1항의 규정에 의한 수련시설의 설치·운영 경비를 예산의 범위에서 지원할 수 있다.

제30조 (민간인의 참여조장)

① 국가 및 지방자치단체는 개인·법인 또는 단체가 수련시설의 설치를 쉽게 할 수 있도록 토지·금융·세제 그 밖의 행정절차상의 지원을 할 수 있다.

② 개인·법인 또는 단체는 국가 및 지방자치단체가 설치하는 수련시설에 대하여 토지·금전 등을 출연할 수 있다. 이 경우 출연자의 성명 등을 그 수련시설의 명칭으로 할 수 있다.

제31조 (수련시설의 이용)

① 수련시설을 운영하는 자는 청소년단체가 청소년활동을 위하여 시설이용을 요청하는 때에는 특별한 사유가 없는 한 이에 응하여야 한다.

② 수련시설을 운영하는 자는 청소년활동에 지장이 없는 범위 내에서 다음 각 호의 1에 해당하는 용도로 수련시설을 제공할 수 있다. [개정 2005. 3. 24, 2007. 7. 27, 2008. 2. 29 제8852호(정부조직법), 2010. 1. 18 제9932호(정부조직법)] [[시행일 2010. 3. 19]]

1. 법인·단체 또는 직장 등에서 실시하는 단체연수활동 등에 제공하는 경우

2. 평생교육법의 규정에 의한 평생교육의 실시를 위하여 제공하는 경우

3. 유스호스텔 및 청소년야영장에서 여성가족부령이 정하는 범위 안에서 개별적인 숙박·야영 편의 등을 제공하는 경우

4. 당해 수련시설에 설치된 관리실·사무실 등을 청소년단체의 활동공간으로 제공하는 경우

5. 그 밖에 여성가족부령이 정하는 용도로 이용하는 경우

③ 제2항제1호 및 제2호의 규정에 의한 이용은 여성가족부령이 정하는 이용범위를 초과할 수 없다. [개정 2005. 3. 24, 2007. 7. 27, 2008. 2. 29 제8852호(정부조직법), 2010. 1. 18 제9932호(정부조직법)] [[시행일 2010. 3. 19]]


제32조 (청소년이용시설)

① 제10조제2호의 청소년이용시설을 설치·운영하는 국가 또는 지방자치단체 그 밖의 공공기관 등은 그가 설치·운영하는 시설을 그 시설의 운영에 지장이 없는 범위에서 청소년활동에 제공하도록 하여야 한다.

② 국가 또는 지방자치단체는 청소년이용시설을 설치·운영하는 개인·법인 또는 단체에 대하여 청소년활동프로그램의 제공 그 밖의 필요한 지원을 할 수 있다.

③ 국가 또는 지방자치단체는 예산의 범위 안에서 그 시설의 운영에 필요한 경비의 일부를 보조할 수 있다.

④ 청소년이용시설의 종류 등에 관하여 필요한 사항은 대통령령으로 정한다.

제33조 (다른 법률과의 관계)

① 제11조제3항의 규정에 의하여 수련시설의 허가를 받은 때에는 다음 각 호의 허가·인가·해제·지정 또는 신고를 받은 것으로 본다. [개정 2005. 8. 4 제7678호( 산림자원의 조성 및 관리에 관한 법률 ), 2006. 9. 27 제7995호(초지법), 2007. 4. 11 제8352호(농지법), 2007. 4. 11 제8370호(수도법), 2008. 12. 31 제9313호(자연공원법), 2009. 6. 9 제9763호(산림보호법), 2010. 5. 31 제10331호(산지관리법)] [[시행일 2010. 12. 1]]

1. 국토의 계획 및 이용에 관한 법률 제56조·제86조 및 제88조의 규정에 의한 개발행위의 허가, 도시계획시설사업 시행자의 지정 및 실시계획의 인가

2. 「자연공원법」 제20조 및 제23조에 따른 공원사업 시행의 허가, 공원구역에서의 행위의 허가

3. 「농지법」 제34조의 규정에 의한 농지전용허가

4. 초지법 제23조제2항 및 제3항의 규정에 의한 초지전용의 허가 및 신고

5. 산지관리법 제14조·제15조의 규정에 의한 산지전용허가 및 산지전용신고, 같은 법 제15조의2에 따른 산지일시사용허가·신고, 「산림보호법」 제9조제1항 및 제2항제1호에 따른 산림보호구역(산림유전자원보호구역은 제외한다)에서의 행위의 허가

6. 사방사업법 제14조 및 제20조의 규정에 의한 사방지 안에서의 입목·죽의 벌채 등의 허가 및 사방지지정의 해제

7. 「수도법」 제52조의 규정에 의한 전용상수도설치의 인가

8. 사도법 제4조의 규정에 의한 사도개설의 허가

② 제13조의 규정에 의하여 수련시설을 등록한 때에는 당해 수련시

설에 대한 다음 각 호의 신고 또는 통보를 한 것으로 본다. [개정 2006. 4. 28 제7941호(게임 산업진흥에 관한 법률), 2007 .4. 11 제8349호(체육시설의 설치·이용에 관한 법률), 2009. 2. 6 제9432호(식품위생법)] [[시행일 2009. 8. 7]]

1. 체육시설의 설치·이용에 관한 법률 제20조의 규정에 의한 체육시설업의 신고

2. 공중위생관리법 제3조의 규정에 의한 공중위생영업 중 이용업 및 미용업 개설사실의 통보

3. 「식품위생법」 제37조 및 제88조에 따른 식품접객업 중 휴게음식점영업 및 일반음식점영업의 신고 및 집단급식소의 설치·운영의 신고

4. 삭제[2006 .4. 28]

③ 특별자치도지사·시장·군수·구청장은 제11조제3항의 규정에 의하여 수련시설의 허가를 하거나 제13조의 규정에 의하여 수련시설을 등록하는 때에는 제1항 및 제2항 각 호의 규정에 의한 관계법령에의 적합여부에 관하여 미리 소관행정기관의 장과 협의하여야 한다. 다만, 제52조제2항의 규정에 의하여 협의된 사항에 대하여는 그러하지 아니한다. [개정 2007. 7. 27] [[시행일 2008. 1. 28]]

④ 특별자치도지사·시장·군수·구청장은 제13조의 규정에 의하여 수련시설의 등록증을 교부한 때에는 등록증을 교부한 날부터 15일 이내에 제3항의 규정에 의하여 협의한 행정기관의 장에게 이를 통보하여야 한다. [개정 2007. 7. 27] [[시행일 2008. 1. 28]]


제33조의2 (보고 등)

① 시장·군수·구청장은 다음 각 호에 해당하는 사항을 여성가족부령으로 정하는 바에 따라 여성가족부장관에게 보고하여야 한다. [개정

2008. 2. 29 제8852호(정부조직법), 2010. 1. 18 제9932호(정부조직법)]
[[시행일 2010. 3. 19]]

  1. 제11조제1항에 따라 지방자치단체가 설치 · 운영하는 수련시설의 현황

  2. 제12조 및 제13조제1항에 따른 허가 및 등록의 현황

  ② 여성가족부장관은 수련시설 또는 청소년이용시설을 설치 · 운영하는 자에게 청소년 이용률 현황, 운영프로그램 현황 및 그 밖에 여성가족부령으로 정하는 자료의 제출을 요청할 수 있다. [개정 2008. 2. 29 제8852호(정부조직법), 2010. 1. 18 제9932호(정부조직법)] [[시행일 2010. 3. 19]]

  [본조신설 2007. 7. 27, ]

## 제4장 청소년수련활동의 지원

제34조 (청소년수련거리의 개발 · 보급)

  ① 국가 및 지방자치단체는 수련활동에 필요한 수련거리를 그 이용대상 · 연령 · 이용 장소 등을 종합적으로 고려하여 유형별로 균형 있게 개발 · 보급하여야 한다.

  ② 국가 및 지방자치단체는 청소년의 발달원리와 선호도에 근거하여 수련거리를 전문적으로 개발하여야 한다.

제35조 (청소년수련활동인증제도의 운영)

  ① 국가는 수련활동이 청소년의 균형 있는 성장에 기여할 수 있도록 그 내용과 수준를 향상시키기 위하여 청소년 수련활동 인증제도를 운영하여야 한다.

② 국가는 청소년 수련활동 인증제도를 운영하기 위하여 청소년수련활동인증위원회(이하 '인증위원회'라 한다)를 활동진흥원에 설치 · 운영하여야 한다. [개정 2010. 5. 17] [[시행일 2010. 8. 18]]

③ 국가는 제36조에 따라 인증을 받은 수련활동(이하 '인증수련활동'이라 한다)에 참여한 청소년의 활동기록을 유지 · 관리하고, 청소년이 요청할 경우에는 이를 제공하여야 한다.

④ 인증위원회의 구성 · 운영, 기록유지 및 관리 등에 관하여 필요한 사항은 대통령령으로 정한다.

[전문개정 2007. 7. 27] [[시행일 2008. 1. 28]]

[본조제목개정 2007. 7. 27] [[시행일 2008. 1. 28]]


제36조 (수련활동의 인증절차)

① 국가 및 지방자치단체 또는 개인 · 법인 · 단체 등이 수련활동에 필요한 프로그램을 개발하여 실시하려는 때에는 인증위원회에 그 인증을 신청할 수 있다.

② 제1항에 따른 인증을 받으려는 자는 수련활동에 필요한 프로그램을 진행하는 활동의 장소 · 시기 · 목적 · 대상 · 내용 · 진행방법 · 평가 · 자원조달 · 청소년지도자 등에 관한 사항을 작성하여 인증위원회에 제출하여야 한다.

③ 인증위원회가 제1항에 따른 인증을 하는 때에는 현장방문 등 필요한 방법으로 인증신청의 내용을 확인할 수 있다.

④ 인증위원회는 인증신청의 내용을 확인한 결과 제2항에 따른 신청사항이 누락되거나 신청사항의 보완이 필요한 경우에는 대통령령으로 정하는 바에 따라 20일 이내의 기간을 정하여 보완을 요구할 수 있다.

⑤ 제1항부터 제3항까지의 규정에 따른 수련활동 인증의 절차와 방

법 등에 관하여 필요한 사항은 대통령령으로 정한다.

[전문개정 2007. 7. 27] [[시행일 2008. 1. 28]]


제36조의2 (인증의 사후관리)

① 인증위원회는 제36조에 따라 인증을 하는 경우 인증의 유효기간을 설정할 수 있다.

② 인증위원회는 인증수련활동의 실시에 대하여 인증사항의 이행 여부를 확인할 수 있다.

③ 인증위원회는 제2항에 따른 확인결과 인증수련활동의 내용과 실제로 실시되는 수련활동의 내용에 차이가 있는 경우에는 이를 시정하도록 요구할 수 있다.

④ 제1항부터 제3항까지의 규정에 따른 인증의 유효기간, 이행 여부확인 및 시정요구에 관하여 필요한 사항은 여성가족부령으로 정한다. [개정 2008. 2. 29 제8852호(정부조직법), 2010. 1. 18 제9932호(정부조직법)] [[시행일 2010. 3. 19]]

[본조신설 2007. 7. 27] [[시행일 2008. 1. 28]]


제36조의3 (인증의 취소 등)

① 인증위원회는 수련활동을 인증 받은 자가 다음 각 호의 어느 하나에 해당하는 경우에는 인증을 취소하거나 6개월 이내의 기간을 정하여 정지를 명할 수 있다. 다만, 제1호의 경우에는 그 인증을 취소하여야 한다.

1. 거짓이나 그 밖의 부정한 방법으로 인증을 받은 경우
2. 인증을 받은 후 정당한 사유 없이 1년 이상 계속하여 인증수련활

동을 실시하지 아니한 경우

3. 인증수련활동의 내용과 실제로 실시되는 수련활동의 내용에 중요한 차이가 있는 경우로서 그 원인이 인증 받은 자의 고의나 중대한 과실로 발생된 경우

② 인증위원회는 인증을 받은 자가 제1항에 따른 정지 명령을 위반하여 정지 기간 중 인증수련활동을 실시한 때에는 그 인증을 취소할 수 있다.

③ 제1항에 따른 행정처분의 자세한 기준은 그 위반행위의 유형과 위반의 정도 등을 고려하여 여성가족부령으로 정한다. [개정 2008. 2. 29 제8852호(정부조직법), 2010. 1. 18 제9932호(정부조직법)] [[시행일 2010. 3. 19]]

[본조신설 2007. 7. 27] [[시행일 2008. 1. 28]]


제37조 (인증수련활동의 결과통보 등)

① 인증수련활동을 실시한 자는 인증수련활동이 끝난 후 대통령령으로 정하는 바에 따라 인증위원회에 그 결과를 통보하여야 한다.

② 제1항에 따른 통보를 받은 인증위원회는 그 결과를 활동진흥원과 지방청소년활동진흥센터에서 기록으로 유지·관리될 수 있도록 조치하여야 한다. [개정 2010. 5. 17] [[시행일 2010. 8. 18]]

③ 청소년이용시설을 설치·운영하여 인증수련활동을 실시하는 개인·법인·단체 등은 다음 각 호의 어느 하나에 해당하는 경우에는 5년 이내에 수련활동의 인증을 인증위원회에 신청할 수 없다.

1. 제1항에 따른 인증수련활동 실시결과의 통보를 거짓으로 한 경우

2. 제36조의3에 따라 인증이 취소된 경우

3. 인증을 받은 사항이 아닌 다른 수련활동을 실시한 경우

[전문개정 2007. 7. 27] [[시행일 2008. 1. 28]]

[본조제목개정 2007. 7. 27] [[시행일 2008. 1. 28]]

제38조 (유사명칭의 사용금지)

제36조의3에 따라 인증이 취소되거나 인증위원회의 인증을 받지 아니한 경우에는 인증수련활동이나 수련활동의 인증 등 인증을 받았음을 나타내는 표시를 하거나 이와 유사한 표시를 하여서는 아니 된다.
[전문개정 2007. 7. 27] [[시행일 2008. 1. 28]]

제39조 (한국청소년수련시설협회)

① 수련시설을 설치·운영하는 자 및 위탁운영단체는 수련시설의 운영·발전을 위하여 여성가족부장관 인가를 받아 다음 각 호의 사업을 하는 한국청소년수련시설협회(이하 '시설협회'라 한다)를 설립할 수 있다. [개정 2005. 3. 24, 2005. 12. 29 제7799호(청소년기본법), 2008. 2. 29 제8852호(정부조직법), 2010. 1. 18 제9932호(정부조직법)] [[시행일 2010. 3. 19]]

1. 회원 수련시설이 행하는 사업과 활동에 대한 협력 및 지원
2. 청소년지도자의 연수·권익증진 및 교류사업
3. 수련활동의 활성화 및 수련시설의 안전에 관한 홍보 및 실천운동
4. 수련활동에 대한 조사·연구·지원 사업
5. 제40조의 규정에 의한 지방청소년수련시설협회에 대한 지원
6. 그 밖에 수련시설의 운영·발전을 위하여 필요하다고 여성가족부장관이 인정하는 사업

② 시설협회는 법인으로 한다.
③ 시설협회는 그 주된 사무소의 소재지에서 설립등기를 함으로써

성립한다.

④ 국가는 예산의 범위에서 시설협회의 운영경비의 전부 또는 일부를 지원할 수 있다.

⑤ 시설협회는 제1항의 규정에 의한 사업의 일부를 대통령령이 정하는 바에 의하여 제40조의 규정에 의한 지방청소년수련시설협회에 위탁할 수 있다.

⑥ 시설협회에 관하여 이 법에 규정한 것을 제외하고는 민법 중 사단법인에 관한 규정을 준용한다.

제40조 (지방청소년수련시설협회)

① 특정 지역을 활동범위로 하는 청소년수련시설은 시설의 효율적인 운영·발전을 위하여 그 지역을 관할하는 시·도의 조례가 정하는 바에 의하여 시·도지사의 승인을 얻어 지방청소년수련시설협회를 구성할 수 있다.

② 지방자치단체는 예산의 범위 안에서 해당 지방청소년수련시설협회의 운영경비의 일부를 지원할 수 있다.

제41조
삭제 [2010. 5. 17] [[시행일 2010. 8. 18]]
제42조
삭제 [2010. 5. 17] [[시행일 2010. 8. 18]]
제43조
삭제 [2010. 5. 17] [[시행일 2010. 8. 18]]
제44조
삭제 [2010. 5. 17] [[시행일 2010. 8. 18]]

제45조

삭제 [2010. 5. 17] [[시행일 2010. 8. 18]]

제46조

삭제 [2010. 5. 17] [[시행일 2010. 8. 18]]


제47조 (청소년수련지구의 지정 등)

① 특별자치도지사·시장·군수·구청장은 청소년활동을 지원하기 위하여 필요한 경우에 명승고적지, 역사유적지 또는 자연경관이 수려한 지역으로서 청소년활동에 적합하고 이용이 편리한 지역을 청소년수련지구(이하 '수련지구'라 한다)로 지정할 수 있다. [개정 2005. 3. 24, 2007. 7. 27] [[시행일 2008. 1. 28]]

② 특별자치도지사·시장·군수·구청장은 제1항의 규정에 의하여 수련지구를 지정하고자 하는 때에는 관계행정기관의 장과 협의하여야 한다. 이를 변경하고자 하는 때에도 또한 같다. 다만, 대통령령이 정하는 경미한 사항의 변경에 관하여는 그러하지 아니하다. [개정 2005. 3. 24, 2007. 7. 27] [[시행일 2008. 1. 28]]

③ 특별자치도지사·시장·군수·구청장은 제1항의 규정에 의하여 수련지구를 지정한 때에는 구역·면적·지정연월일 그 밖에 필요한 사항을 고시하여야 한다. [개정 2005. 3. 24, 2007. 7. 27] [[시행일 2008. 1. 28]]

④ 수련지구의 지정절차, 수련지구 안에 설치하여야 하는 시설의 종류·범위 및 면적, 수련지구 안에 설치할 수 없는 시설 등에 관하여 필요한 사항은 대통령령으로 정한다.

제48조 (수련지구 조성계획)

① 특별자치도지사·시장·군수·구청장은 제47조제1항의 규정에 의하여 수련지구를 지정한 경우에는 수련지구 조성계획(이하 '조성계획'이라 한다)을 수립·시행하여야 한다. [개정 2005. 3. 24, 2007. 7. 27] [[시행일 2008. 1. 28]]

② 법인 또는 단체는 수련지구를 지정한 특별자치도지사·시장·군수·구청장의 승인을 얻어 대통령령이 정하는 규모 이하의 조성계획을 수립·시행할 수 있다. [개정 2005. 3. 24, 2007. 7. 27] [[시행일 2008. 1. 28]]

③ 제1항 및 제2항의 규정에 의한 조성계획은 자연 상태를 최대한 보존할 수 있도록 수립하여야 한다.

④ 특별자치도지사·시장·군수·구청장은 제1항 및 제2항의 규정에 의하여 조성계획을 수립하거나 승인한 때에는 그 조성계획을 대통령령이 정하는 바에 의하여 고시하여야 한다. [개정 2005. 3. 24, 2007. 7. 27] [[시행일 2008. 1. 28]]

⑤ 국가는 제1항 및 제2항의 규정에 의한 조성계획의 시행에 필요한 비용의 일부를 보조할 수 있다.

제49조 (2 이상의 시·군·구에 걸치는 수련지구의 지정 등)

특별자치도지사·시장·군수·구청장은 관할지역이 아닌 인근지역을 포함하여 수련지구로 지정하거나 조성계획을 수립 또는 승인하고자 하는 경우에는 당해 인근지역을 관할하는 시장·군수·구청장과 협의하여야 한다. [개정 2005. 3. 24, 2007. 7. 27] [[시행일 2008. 1. 28]]

[본조제목개정 2005. 3. 24] [[시행일 2005. 9. 25]]

제50조 (수용 및 사용)

① 제11조제1항의 규정에 의하여 수련시설을 설치하는 국가 및 지방자치단체 또는 조성계획의 시행자는 조성계획의 시행에 필요한 토지·건축물 그 밖의 토지의 정착물이나 이에 대한 소유권외의 권리를 수용 또는 사용할 수 있다.

② 제1항의 규정에 의한 수용 및 사용에 관하여는 공익사업을 위한 토지 등의 취득 및 보상에 관한 법률을 적용한다.

제51조 (조성계획에 의한 시설 설치 등)

① 수련지구 안에서의 수련시설 및 그 밖의 시설의 설치는 제48조제1항 및 제2항의 규정에 의하여 조성계획을 수립한 자가 이를 행한다. 다만, 조성계획을 수립한 자 외의 자는 당해 조성계획을 수립한 자의 승낙을 받은 경우에는 수련지구 안에서 수련시설 그 밖의 시설을 설치할 수 있다.

② 제1항의 규정에 의하여 수련시설 그 밖의 시설을 설치하는 자(특별자치도지사·시장·군수·구청장을 제외한다)는 제11조제3항의 규정에 의한 수련시설의 허가를 받은 것으로 본다. [개정 2005. 3. 24, 2007. 7. 27 ] [[시행일 2008. 1. 28]]

제52조 (다른 법률과의 관계)

① 제48조제1항 및 제2항의 규정에 의하여 조성계획을 수립하거나 조성계획의 승인을 얻은 때에는 다음 각 호의 허가·인가·면허·해제·신고 또는 지정을 받은 것으로 본다. [개정 2005. 8. 4, 2006. 9. 27,

2007. 4. 6, 2007. 4. 11, 2007. 12 27, 2008. 3. 21 제8976호(「도로법」), 2008. 12. 31 제9313호(자연공원법), 2009. 6. 9 제9763호(산림보호법), 2010. 4. 15 제10272호(공유수면 관리 및 매립에 관한 법률), 2010. 5. 31 제10331호(산지관리법)] [[시행일 2010. 12. 1]]

1. 국토의 계획 및 이용에 관한 법률 제86조 및 제88조의 규정에 의한 도시계획시설사업 시행자의 지정 및 실시계획의 인가

2. 「수도법」 제52조의 규정에 의한 전용상수도설치의 인가

3. 「하수도법」 제16조의 규정에 의한 공공하수도공사시행 또는 유지의 허가

4. 「공유수면 관리 및 매립에 관한 법률」 제8조에 따른 공유수면의 점용·사용허가, 같은 법 제17조에 따른 점용·사용 실시계획의 승인 또는 신고 및 같은 법 제28조에 따른 공유수면의 매립면허

5. 삭제 [2010. 4. 15 제10272호( 공유수면 관리 및 매립에 관한 법률)] [[시행일 2010. 10. 16]]

6. 「하천법」 제30조에 따른 하천공사 시행 또는 유지·보수의 허가, 같은 법 제33조에 따른 하천의 점용허가 및 같은 법 제50조에 따른 하천수의 사용허가

7. 「도로법」 제34조의 규정에 의한 도로공사시행 또는 유지의 허가, 같은 법 제38조의 규정에 의한 도로점용의 허가

8. 항만법 제9조제2항의 규정에 의한 항만공사시행의 허가

9. 사도법 제4조의 규정에 의한 사도개설의 허가

10. 산지관리법 제14조·제15조의 규정에 의한 산지전용허가 및 산지전용신고, 같은 법 제15조의2에 따른 산지일시사용허가·신고, 「산림보호법」 제9조제1항 및 제2항제1호에 따른 산림보호구역(산림유전자원보호구역은 제외한다)에서의 행위의 허가

11. 「농지법」 제34조의 규정에 의한 농지전용허가

12. 초지법 제23조제2항 및 제3항의 규정에 의한 초지전용의 허가 및 신고

13. 사방사업법 제14조 및 제20조의 규정에 의한 사방지안에서의 입목·죽의 벌채 등의 허가 및 사방지지정의 해제

14. 「자연공원법」 제20조 및 제23조에 따른 공원사업시행 및 공원시설관리의 허가, 공원구역에서의 행위의 허가

② 특별자치도지사·시장·군수·구청장은 제48조제1항 및 제2항의 규정에 의하여 조성계획을 수립하거나 승인하는 때에는 제1항 각 호의 규정에 의한 관계법령에의 적합여부에 관하여 미리 소관행정기관의 장과 협의하여야 한다. [개정 2005. 3. 24, 2007. 7. 27]

[시행일 2008. 6. 28]

## 제5장 청소년교류활동의 지원

제53조 (청소년교류활동의 진흥)

① 국가 및 지방자치단체는 교류활동 진흥시책을 개발·시행하여야 한다.

② 국가 및 지방자치단체는 활동시설과 청소년단체 등에 대하여 교류활동을 장려하기 위한 다양한 형태의 교류활동프로그램을 개발하여 운영하게 할 수 있다.

③ 국가 및 지방자치단체는 예산의 범위에서 제2항의 규정에 의한 교류활동프로그램의 개발·운영에 필요한 경비의 전부 또는 일부를 지원할 수 있다.

제54조 (국제청소년교류활동의 지원)

　① 국가 및 지방자치단체는 정부·지방자치단체·국제기구 또는 민간 등이 주관하는 국제청소년교류활동을 지원하기 위한 시행계획을 수립하고 이를 추진하여야 한다.

　② 국가는 다른 국가와 청소년교류협정을 체결하여 국제청소년교류활동이 지속적으로 발전할 수 있는 기반을 조성하여야 한다.

　③ 국가 및 지방자치단체는 민간기구가 국제청소년교류활동을 시행할 때에는 이를 지원할 수 있다.

제55조 (지방자치단체의 자매도시협정 등)

　① 지방자치단체는 자매도시협정을 체결하는 때에는 청소년의 교류활동에 관한 사항을 포함하도록 노력하여야 한다.

　② 지방자치단체는 청소년교류를 위하여 청소년단체 등 민간기구의 활동을 지원할 수 있다.

제56조 (교포청소년교류활동의 지원)

　① 국가 및 지방자치단체는 교포청소년의 모국방문·문화체험 및 국내청소년과의 교류활동을 지원하고 장려하여야 한다.

　② 국가는 청소년단체 또는 청소년시설이 주관하는 교포청소년 교류활동의 확대·발전을 위하여 행정적·재정적 지원을 할 수 있다.

제57조 (청소년교류활동의 사후지원)

국가 및 지방자치단체는 교류활동을 통한 성과가 지속되고 발전·향상되기 위한 시책을 강구하여야 한다.

제58조 (청소년교류센터의 설치 · 운영)

① 국가는 제53조 내지 제57조의 업무를 효율적으로 지원하기 위하여 청소년교류센터를 설치 · 운영할 수 있다.

② 청소년교류센터의 운영은 대통령령이 정하는 바에 따라 청소년단체 등에 위탁할 수 있으며, 이 경우 운영에 필요한 경비를 지원할 수 있다.

제59조 (남 · 북청소년교류활동의 제도적 지원)

① 국가는 남 · 북청소년교류에 관한 기본계획을 수립하고 남 · 북청소년이 교류할 수 있는 제도적 여건을 조성하여야 한다.

② 국가는 남 · 북청소년교류를 위한 기반조성을 위하여 필요한 체계적인 통일교육을 실시할 수 있다.

## 제6장 청소년 문화활동의 지원

제60조 (청소년 문화활동의 진흥)

① 국가 및 지방자치단체는 문화활동프로그램개발, 문화시설 확충 등 문화활동에 대한 청소년의 참여기반을 조성하는 시책을 개발 · 시행하여야 한다.

② 국가 및 지방자치단체는 제1항의 규정에 의한 시책을 수립 · 시행함에 있어서 문화예술 관련단체 · 청소년동아리단체 · 봉사활동단체 등이 청소년 문화활동 진흥에 적극적이고 자발적으로 참여할 수 있도록 하여

야 한다.

③ 국가 및 지방자치단체는 제2항의 규정에 의한 자발적 참여에 대하여는 예산의 범위에서 그 경비의 전부 또는 일부를 지원할 수 있다.

제61조 (청소년 문화활동의 기반구축)

① 국가 및 지방자치단체는 다양한 영역에서 청소년의 문화활동이 활성화될 수 있도록 기반을 구축하여야 한다.

② 문화예술 관련단체 등 각종 지역사회의 문화기관은 청소년의 문화활동기반 구축을 위해 적극 협력하여야 한다.

제62조 (전통문화의 계승)

국가 및 지방자치단체는 전통문화가 청소년의 문화활동에 구현될 수 있도록 필요한 시책을 수립·시행하여야 한다.

제63조 (청소년축제의 발굴지원)

국가 및 지방자치단체는 청소년축제를 장려하는 시책을 수립하여 시행하여야 한다.

제64조 (청소년 동아리활동의 활성화)

① 국가 및 지방자치단체는 청소년이 자율적으로 참여하여 조직하고 운영하는 다양한 형태의 동아리활동을 적극 지원하여야 한다.

② 청소년활동시설은 제1항의 규정에 의한 동아리활동에 필요한 장

소 및 장비 등을 제공하고 지원할 수 있다.

제65조 (청소년자원봉사활동의 활성화)

국가 및 지방자치단체는 청소년자원봉사활동을 활성화할 수 있는 기반을 조성하여야 한다.
[전문개정 2007. 7. 27] [[시행일 2008. 1. 28]
[본조제목개정 2007. 7. 27] [[시행일 2008. 1. 28]]

## 제7장 보칙

제66조 (조세감면 등)

① 국가는 활동진흥원·지방청소년활동진흥센터·청소년활동시설·시설협회 및 지방청소년수련시설협회 등에 대하여 조세특례제한법이 정하는 바에 의하여 조세를 감면할 수 있고 부가가치세법이 정하는 바에 따라 부가가치세를 감면할 수 있다. [개정 2007. 7. 27, 2010. 5. 17] [[시행일 2010. 8. 18]]

② 국가는 활동진흥원·지방청소년활동진흥센터·청소년활동시설·시설협회 및 지방청소년수련시설협회 등에 출연 또는 기부된 재산에 대하여는 조세특례제한법이 정하는 바에 의하여 소득계산의 특례를 적용할 수 있다. [개정 2007. 7. 27, 2010. 5. 17] [[시행일 2010. 8. 18]]

③ 국가는 활동진흥원·지방청소년활동진흥센터·청소년활동시설·시설협회 및 지방청소년수련시설협회가 수입하는 청소년활동에 직접 사용되는 실험·실습·시청각기자재 그 밖의 필요한 용품에 대하여는 관세법이 정하는 바에 의하여 관세를 감면할 수 있다. [개정 2007. 7. 27,

2010. 5. 17] [[시행일 2010. 8. 18]]

제67조 (감독)

① 국가 및 지방자치단체는 청소년활동 진흥을 위하여 필요한 경우 활동진흥원·지방청소년활동진흥센터 및 청소년활동시설의 업무·회계 및 재산에 관한 사항을 보고하게 하거나 소속공무원으로 하여금 그 장부·서류 그 밖의 물건을 검사하게 할 수 있다. [개정 2007. 7. 27, 2010. 5. 17] [[시행일 2010. 8. 18]]

② 제1항의 규정에 의하여 검사를 하는 공무원은 그 권한을 표시하는 증표를 지니고 이를 관계인에게 내보여야 한다.

제68조 (수수료)

다음 각 호의 어느 하나에 해당하는 자는 여성가족부령이 정하는 바에 의하여 수수료를 납부하여야 한다. [개정 2005. 3. 24, 2007. 7. 27, 2008. 2. 29 제8852호(정부조직법), 2010. 1. 18 제9932호(정부조직법)] [[시행일 2010. 3. 19]]

1. 제11조제3항의 규정에 의하여 수련시설의 설치허가를 신청하는 자
2. 제13조제1항의 규정에 의하여 수련시설의 등록을 신청하는 자(국가 또는 지방자치단체가 등록하는 경우를 제외한다)
3. 제48조제2항의 규정에 의하여 조성계획의 승인을 신청하는 자

제69조 (권한의 위임·위탁)

여성가족부장관은 이 법에 의한 권한의 일부를 대통령령이 정하는 바

에 의하여 시·도지사에게 위임하거나 청소년단체에 위탁할 수 있다. [개정 2005. 3. 24, 2005. 12. 29 제7799호(청소년기본법), 2007. 7. 27, 2008. 2. 29 제8852호(정부조직법), 2010. 1. 18 제9932호(정부조직법)] [[시행일 2010. 3. 19]]

### 제8장 벌칙

제70조 (벌칙)

① 제6조의5제3항을 위반하여 직무상 알게 된 비밀을 누설한 자는 2년 이하의 징역 또는 2천만 원 이하의 벌금에 처한다. [신설 2010. 5. 17] [[시행일 2010. 8. 18]]

② 다음 각 호의 1에 해당하는 자는 2년 이하의 징역 또는 1천만 원 이하의 벌금에 처한다. [개정 2010. 5. 17] [[시행일 2010. 8. 18]]

1. 제11조제3항의 규정에 의한 허가를 받지 아니하고 수련시설을 설치·운영하거나 변경한 자

2. 제48조제2항의 규정에 의한 승인을 얻지 아니하고 조성계획을 시행한 자

③ 제22조의 규정에 의하여 허가 또는 등록의 취소를 받은 자로서 계속하여 당해 수련시설을 운영한 자는 1년 이하의 징역 또는 500만 원 이하의 벌금에 처한다. [개정 2010. 5. 17] [[시행일 2010. 8. 18]]

제71조 (양벌규정)

법인의 대표자나 법인 또는 개인의 대리인, 사용인, 그 밖의 종업원이 그 법인 또는 개인의 업무에 관하여 제70조의 위반행위를 하면 그

행위자를 벌하는 외에 그 법인 또는 개인에게도 해당 조문의 벌금형을 과(科)한다. 다만, 법인 또는 개인이 그 위반행위를 방지하기 위하여 해당 업무에 관하여 상당한 주의와 감독을 게을리하지 아니한 경우에는 그러하지 아니하다.

[전문개정 2010. 5. 17] [[시행일 2010. 8. 18]]

제72조 (과태료)

① 다음 각 호의 어느 하나에 해당하는 자에게는 500만 원 이하의 과태료를 부과한다. [개정 2010. 5. 17] [[시행일 2010. 8. 18]]

1. 제6조의8을 위반하여 한국청소년활동진흥원 또는 이와 유사한 명칭을 사용한 자

2. 제67조제1항에 따른 보고를 하지 아니하거나 검사를 거부·방해 또는 기피한 자

② 다음 각 호의 1에 해당하는 자는 300만 원 이하의 과태료에 처한다. [개정 2007. 7. 27] [[시행일 2008. 1. 28]]

1. 제13조제1항의 규정을 위반하여 등록을 하지 아니하고 수련시설을 운영한 자

2. 제14조제1항의 규정을 위반하여 운영대표자를 선임하지 아니한 자(제16조제3항의 규정에 의하여 준용되는 경우를 포함한다)

3. 제20조의 규정에 의한 시정명령을 위반한 자

4. 제21조의 규정을 위반하여 동조 각 호의 1의 행위를 한 자

5. 제25조의 규정을 위반하여 보험에 가입하지 아니한 자

6. 제27조제1항의 규정에 의한 신고를 하지 아니하고 수련시설을 휴지 또는 폐지한 자

7. 제38조를 위반하여 인증을 받지 아니하고 인증수련활동이나 수련

활동의 인증 등 인증을 받았음을 나타내는 표시를 하거나 이와 유사한 표시를 한 자

③ 제1항 및 제2항의 규정에 의한 과태료는 대통령령이 정하는 바에 따라 여성가족부장관 또는 특별자치도지사·시장·군수·구청장이 이를 부과·징수한다. [개정 2005. 3. 24, 2005. 12. 29 제7799호(청소년기본법), 2007. 7. 27, 2008. 2. 29 제8852호(정부조직법), 2010. 1. 18 제9932호(정부조직법)] [[시행일 2010. 3. 19]]

④ 삭제 [2010. 5. 17] [[시행일 2010. 8. 18]]

⑤ 삭제 [2010. 5. 17] [[시행일 2010. 8. 18]]

⑥ 삭제 [2010. 5. 17] [[시행일 2010. 8. 18]]


부칙 [2004. 2. 9]

제1조 (시행일) 이 법은 공포 후 1년이 경과한 날로부터 시행한다.

제2조 (벌칙에 관한 경과조치) 이 법 시행 전의 행위에 대한 벌칙의 적용에 있어서는 종전의 청소년기본법에 의한 벌칙규정을 적용한다.

제3조 (수련시설에 대한 경과조치) 이 법 시행 당시 종전의 청소년기본법에 의하여 설치된 수련시설은 제10조제1호의 규정에 의하여 설치된 수련시설로 본다.

제4조 (한국수련시설협회에 대한 경과조치)

① 이 법 시행 당시 사단법인 한국청소년수련시설협회는 이 법 시행 후 6월 이내에 제39조제1항의 규정에 의한 문화관광부장관의 인가를 받아야 한다.

② 이 법 시행 당시 사단법인 한국청소년수련시설협회는 제1항의 규정에 의한 인가를 받은 때에는 제39조제3항의 규정에 의한 시설협회의 설립등기를 하여야 한다.

③ 이 법 시행 당시 사단법인 한국청소년수련시설협회는 제2항의 규

정에 의하여 설립등기를 마친 때에는 민법 중 해산 및 청산에 관한 규정에 불구하고 해산된 것으로 본다.

④ 시설협회는 설립등기일에 사단법인 한국청소년수련시설협회의 모든 권리·의무 및 재산을 승계한다.

⑤ 이 법 시행 당시 사단법인 한국청소년수련시설협회의 임원은 제39조의 규정에 의한 시설협회의 임원으로 임명된 것으로 보며, 임원의 임기는 종전의 임명일부터 기산한다.

제5조 (한국청소년수련원에 대한 경과조치)

① 이 법 시행 당시 재단법인 한국청소년수련원은 이 법 시행 후 6월 이내에 제42조의 규정에 의한 한국청소년수련원의 정관을 작성하여 문화관광부장관의 인가를 받아야 한다.

② 부칙 제4조제2항 내지 제5항의 규정은 한국청소년수련원에 이를 준용한다.


부칙 [2005. 3. 24 제7420호]

① (시행일) 이 법은 공포 후 6월이 경과한 날부터 시행한다.

② (행정처분 등에 관한 일반적 경과조치) 이 법 시행 당시 종전의 규정에 의한 행정기관이 행한 처분은 이 법의 규정에 의한 행정기관이 행한 처분으로 보고, 종전의 규정에 의한 행정기관에 대하여 행한 신청·신고 그 밖의 행위는 이 법의 규정에 의한 행정기관에 대하여 행한 신청·신고 그 밖의 행위로 본다.


부칙 [2005. 3. 24 제7421호(청소년기본법)]

제1조(시행일) 이 법은 공포 후 3월 이내에 청소년위원회의 조직에 관한 대통령령이 시행되는 날부터 시행한다.

제2조 생략

제3조(다른 법률의 개정)

① 청소년활동진흥법 일부를 다음과 같이 개정한다.

제3조제1항, 제39조제1항 각 호외의 부분, 제42조제2항, 제43조제2항 및 제72조제3항 중 '문화관광부장관'을 각각 '청소년위원회'로 한다.

제39조제1항 제6호, 제41조제1항제5호 및 제43조제3항·제4항 중 '문화관광부장관이'를 각각 '청소년위원회가'로 한다.

제45조제1항·제2항 및 제13조제2항 각 호 외의 부분 중 '문화관광부장관에게'를 각각 '청소년위원회에'로 한다.

제69조 중 '문화관광부장관은'을 '청소년위원회는'으로 한다.

제12조제1항 제4호·제2항, 제13조제1항 후단·제2항 각 호외의 부분, 제17조제2항, 제19조제2항, 제26조제2항, 제27조제1항, 제31조제2항 제3호·제5호, 동조 제3항 및 제68조 각 호 외의 부분 중 '문화관광부령'을 각각 '청소년위원회규칙'으로 한다.

② 내지 ⑨ 생략

제4조 생략


부칙 [2005. 3. 31 제7428호(채무자 회생 및 파산에 관한 법률)]

제1조(시행일) 이 법은 공포 후 1년이 경과한 날부터 시행한다.

제2조 내지 제4조 생략

제5조(다른 법률의 개정) ①내지[117] 생략

[118]청소년활동진흥법 일부를 다음과 같이 개정한다.

제15조제2호중 '파산자'를 '파산선고를 받은 자'로 한다.

제26조제2항중 '파산법'을 「채무자 회생 및 파산에 관한 법률」로 한다.

[119]내지[145] 생략

제6조 생략

부칙 [2005. 8. 4 제7678호(산림자원의 조성 및 관리에 관한 법률)]

제1조 (시행일)

이 법은 공포 후 1년이 경과한 날부터 시행한다.

제2조 내지 제10조 생략

제11조 (다른 법률의 개정)①내지<63> 생략

<64>청소년활동진흥법 일부를 다음과 같이 개정한다.

제33조제1항제5호 및 제52조제1항제10호 중 '산림법 제62조제1항의 규정에 의한 보안림구역 안'을 각각 「산림자원의 조성 및 관리에 관한 법률」 제45조제1항·제2항의 규정에 의한 보안림 안'으로 한다.

<65>내지<87> 생략

제12조 생략


부칙 [2005. 12. 29 제7799호]

제1조 (시행일) 이 법은 공포 후 3월이 경과한 날부터 시행한다.

제2조 생략

제3조 (다른 법률의 개정)

① 청소년활동진흥법 일부를 다음과 같이 개정한다.

제3조제1항, 제39조제1항 각 호 외의 부분 및 같은 항 제6호, 제41조제1항제5호, 제42조제2항, 제43조제2항 내지 제4항, 제45조제1항·제2항, 제69조 및 제72조제3항 중 '청소년위원회'를 각각 '국가청소년위원회'로 한다.

② 내지 ⑪ 생략

제4조 생략


부칙 [2006. 4. 28 제7941호](게임 산업 진흥에 관한 법률)

제1조(시행일) 이 법은 공포 후 6개월이 경과한 날부터 시행한다.

제2조 생략

제3조 (다른 법률의 개정) ①내지 ②생략

③ 청소년활동진흥법 일부를 다음과 같이 개정한다.

제33조제2항 제4호를 삭제한다.

④ 생략

제11조 생략


부칙 [2006. 9. 27 제7995호(초지법)]

제1조(시행일) 이 법은 공포 후 6개월이 경과한 날부터 시행한다.

제2조 내지 제5조 생략

제6조(다른 법률 개정) ① 내지 ⑦ 생략

⑧ 청소년활동진흥법 일부를 다음과 같이 개정한다.

제33조제1항제4호 및 제52조제1항제12호 중 '제23조제1항'을 각각 '제23조제2항 및 제3항'으로 한다.

⑨ 생략


부칙 [2006. 9. 27 제8014호(하수도법)]

제1조(시행일) 이 법은 공포 후 1년이 경과한 날부터 시행한다.

제2조 내지 제9조 생략

제10조(다른 법률의 개정) ① 내지 <42> 생략

<43>청소년활동진흥법 일부를 다음과 같이 개정한다.

제52조제1항제3호 중 '하수도법 제13조'를 「하수도법」 제16조'로 한다.

<44> 내지 <57> 생략

제11조 생략


부칙 [2007. 4. 6 제8338호(하천법)]

제1조 (시행일) 이 법은 공포 후 1년이 경과한 날부터 시행한다.

제2조 내지 제15조 생략

제16조( 다른 법률의 개정) ① 내지 <32> 생략

<33> 청소년활동진흥법 일부를 다음과 같이 개정한다.

제52조 제1항제6호를 다음과 같이 한다.

6.「하천법」제30조에 따른 하천공사 시행 또는 유지·보수의 허가, 같은 법 제33조에 따른 하천의 점용허가 및 같은 법 제50조에 따른 하천수의 사용허가

<34> 내지 <48> 생략

제17조 생략


부칙 [2007. 4. 11 제8349호(체육시설의 설치·이용에 관한 법률)]

제1조(시행일) 이 법은 공포한 날부터 시행한다.

제2조 내지 제6조 생략

제7조(다른 법률의 개정) ① 내지 ③ 생략

④ 청소년활동진흥법 일부를 다음과 같이 개정한다.

제33조제2항제1호 중 '제22조'를 '제20조'로 한다.

제8조 생략


부칙 [2007. 4. 11 제8352호(농지법)]

제1조 (시행일) 이 법은 공포한 날부터 시행한다. [단서생략]

제2조 내지 제14조 생략

제15조 (다른 법률의 개정) ① 내지 <60> 생략

<61> 청소년활동진흥법 일부를 다음과 같이 개정한다.

제33조제1항제3호 및 제52조제1항제11호 중 '농지법 제36조'를 각각「농지법」제34조'로 한다.

<62> 내지 <77> 생략

제16조 생략


부칙 [2007. 4. 11 제8370호(수도법)]

제1조 (시행일) 이 법은 공포한 날부터 시행한다. 단서 생략

제2조 내지 제18조 생략

제19조 (다른 법률의 개정) ① 내지 <50> 생략

<51> 청소년활동진흥법 일부를 다음과 같이 개정한다.

제33조제1항제7호 및 제52조제1항제2호 중 '수도법 제36조'를 각각 「수도법」 제52조'로 한 다.

<52> 내지 <66> 생략

제20조 생략


부칙 [2007. 7. 27, 제8570호]

이 법은 공포 후 6개월이 경과한 날부터 시행한다. 다만, 제33조의2의 개정규정은 공포한 날부터 시행한다.


부칙 [2007. 12. 27 제8819호(공유수면관리법)]

제1조(시행일) 이 법은 공포 후 6개월이 경과한 날부터 시행한다. 다만, 제13조제3항제1호의 개정규정은 2008년 7월 1일부터 시행한다.

제2조 내지 제7조 생략

제8조(다른 법률의 개정) ① 내지 <31> 생략

<32>청소년활동진흥법 일부를 다음과 같이 개정한다.

제52조제1항제4호 중 '인가'를 '승인'으로 한다.

<33> 내지 <43> 생략

제9조 생략

부칙 [2008. 2. 29 제8852호(정부조직법)]

제1조 (시행일) 이 법은 공포한 날부터 시행한다. 다만, ……<생략>……
부칙 제6조에 따라 개정되는 법률 중 이 법의 시행 전에 공포되었으나
시행일이 도래하지 아니한 법률을 개정한 부분은 각각 해당 법률의 시
행일부터 시행한다.

제2조부터 제5조까지 생략

제6조 (다른 법률의 개정) ①부터 <758>까지 생략

<759> 청소년활동진흥법 일부를 다음과 같이 개정한다.

제33조의2제1항 중 '총리령'을 '보건복지가족부령'으로, '국가청소년위
원회에'를 '보건복지가족부장관에게'로 하고, 같은 조 제2항 중 '국가청소
년위원회의 위원장'을 '보건복지가족부장관'으로, '총리령'을 '보건복지가
족부령'으로 한다.

제39조 제1항 각 호 외의 부분 중 '국가청소년위원회'를 '보건복지가
족부장관'로 하고, 같은 조 같은 항 제6호 중 '국가청소년위원회가'를 '보
건복지가족부장관이'로 한다.

제41조 제1항제5호 중 '국가청소년위원회가'를 '보건복지가족부장관이'
로 한다.

제43조 제2항 중 '국가청소년위원회'를 '보건복지가족부장관'으로 하고,
같은 조 제3항·4항 중 '국가청소년위원회가'를 각각 '보건복지가족부장
관이'로 한다.

제45조 제1항 및 같은 조 제2항 중 '국가청소년위원회에'를 각각 '보
건복지가족부장관에게'로 한다.

제68조 각 호 외의 부분 중 '각 호의 1'을 '각 호의 어느 하나'로, '총
리령'을 '보건복지가족부령'으로 한다.

제69조 중 '국가청소년위원회는'을 '보건복지가족부장관은'으로 한다.

제3조 제1항, 제42조제2항 및 제72조제3항 중 '국가청소년위원회'를

각각 '보건복지가족부장관'으로 한다.

제12조 제1항제4호 및 같은 조 제2항, 제13조제1항, 제17조제2항, 제19조제2항, 제26조제2항, 제27조제1항, 제31조제2항제3호·제5호 및 같은 조 제3항, 제36조의2제4항 및 제36조의3제3항 중 '총리령'을 각각 '보건복지가족부령'으로 한다.

제3조 제1항 중 '교육인적자원부'를 '교육과학기술부'로 한다.

<760> 생략

제7조 생략


부칙 [2008. 3. 21 제8976호(도로법)]

제1조(시행일) 이 법은 공포한 날부터 시행한다. <단서 생략>

제2조부터 제8조까지 생략

제9조(다른 법률의 개정) ①부터 <75>까지 생략

<76> 청소년활동진흥법 일부를 다음과 같이 개정한다.

제52조제1항제7호 중 '도로법'을 「도로법」으로, '동법 제40조'를 '같은 법 제38조'로 한다.

<77>부터 <99>까지 생략

제10조 생략


부칙 [2008. 12. 31 제9313호(자연공원법)]

제1조(시행일) 이 법은 공포한 날부터 시행한다.

제2조 생략

제3조(다른 법률의 개정) ①부터 <20>까지 생략

<21> 청소년활동진흥법 일부를 다음과 같이 개정한다.

제33조제1항제2호를 다음과 같이 한다.

2. 「자연공원법」 제20조 및 제23조에 따른 공원사업 시행의 허가, 공

원구역에서의 행위의 허가

제52조제1항제14호를 다음과 같이 한다.

14. 「자연공원법」 제20조 및 제23조에 따른 공원사업시행 및 공원시설관리의 허가, 공원구역에서의 행위의 허가

<22>부터 <29>까지 생략


부칙[2009.2.6 제9432호(식품위생법)]

제1조(시행일) 이 법은 공포 후 6개월이 경과한 날부터 시행한다. <단서 생략>

제2조부터 제5조까지 생략

제6조(다른 법률의 개정) ① 부터 <23>까지 생략

<24> 청소년활동진흥법 일부를 다음과 같이 개정한다.

제33조제2항제3호 중 '식품위생법 제22조 및 제69조의 규정에 의한'을 「식품위생법」 제37조 및 제88조에 따른'으로 한다.

<25>부터 <30>까지 생략

제7조 생략


부칙[2009. 6. 9 제9763호(산림보호법)]

제1조(시행일) 이 법은 공포 후 9개월이 경과한 날부터 시행한다. <단서 생략>

제2조부터 제6조까지 생략

제7조(다른 법률의 개정) ①부터 <49>까지 생략

<50> 청소년활동진흥법 일부를 다음과 같이 개정한다.

제33조제1항제5호 및 제52조제1항제10호 중 '「산림자원의 조성 및 관리에 관한 법률」 제45조제1항·제2항의 규정에 의한 보안림 안에서의 행위의 허가'를 각각 '「산림보호법」 제9조제1항 및 제2항제1호에 따른 산림

보호구역(산림유전자원보호구역은 제외한다)에서의 행위의 허가'로 한다.

&lt;51&gt;부터 &lt;61&gt;까지 생략

제8조 생략


부칙[2010. 1. 18 제9932호(정부조직법)]

제1조(시행일) 이 법은 공포 후 2개월이 경과한 날부터 시행한다. &lt;단서 생략&gt;

제2조 및 제3조 생략

제4조(다른 법률의 개정) ①부터 &lt;120&gt;까지 생략

&lt;121&gt; 청소년활동진흥법 일부를 다음과 같이 개정한다.

제3조제1항, 제33조의2제1항 각 호 외의 부분 · 제2항, 제39조제1항 각 호 외의 부분 및 제6호, 제41조제1항제5호, 제42조제2항, 제43조제2항부터 제4항까지, 제45조제1항 · 제2항, 제69조 및 제72조제3항 중 '보건복지가족부장관'을 각각 '여성가족부장관'으로 한다.

제12조제1항제4호 · 제2항, 제13조제1항 후단, 제17조제2항, 제19조제2항, 제26조제2항, 제27조제1항, 제31조제2항제3호 및 제5호 · 제3항, 제33조의2제1항 각 호 외의 부분 · 제2항, 제36조의2제4항, 제36조의3제3항 및 제68조 각 호 외의 부분 중 '보건복지가족부령'을 각각 '여성가족부령'으로 한다.

&lt;122&gt;부터 &lt;137&gt;까지 생략

제5조 생략


부칙[2010. 3. 31 제10219호(지방세기본법)]

제1조(시행일) 이 법은 2011년 1월 1일부터 시행한다.

제2조부터 제10조까지 생략

제11조(다른 법률의 개정) ①부터 &lt;48&gt;까지 생략

<49>청소년활동진흥법 일부를 다음과 같이 개정한다.

제26조제2항 중 '지방세법에 의한'을 '「지방세기본법」에 따른'으로 한다.

<50>부터 <61>까지 생략

제11조 생략


부칙 [2010. 4. 15 제10272호(공유수면 관리 및 매립에 관한 법률)]

제1조(시행일) 이 법은 공포 후 6개월이 경과한 날부터 시행한다.

제2조부터 제12조까지 생략

제13조(다른 법률의 개정) ① 부터 <59>까지 생략

<60>청소년활동진흥법 일부를 다음과 같이 개정한다.

제52조제1항제4호를 다음과 같이 하고, 같은 항 제5호를 삭제한다.

4. 「공유수면 관리 및 매립에 관한 법률」 제8조에 따른 공유수면의 점용·사용허가, 같은 법 제17조에 따른 점용·사용 실시계획의 승인 또는 신고 및 같은 법 제28조에 따른 공유수면의 매립면허

<61>부터 <75>까지 생략

제14조 생략


부칙[2010. 5. 17 제10299호]

제1조(시행일) 이 법은 공포 후 3개월이 경과한 날부터 시행한다.

제2조(활동진흥원의 설립준비)

① 여성가족부장관은 이 법 공포일부터 30일 이내에 10명 이내의 설립위원을 위촉하거나 임명하여 설립위원회를 구성하고, 활동진흥원의 설립에 관한 사무를 처리하게 한다.

② 설립위원회는 활동진흥원의 정관을 작성하여 여성가족부장관의 인가를 받아야 한다.

③ 이 법 시행 후 최초로 선임되는 활동진흥원의 임원후보자는 제6

조의3 및 「공공기관의 운영에 관한 법률」 제26조에도 불구하고 설립위원회가 추천한다.

④ 설립위원회는 제2항에 따른 인가를 받으면 지체 없이 활동진흥원의 설립등기를 하여야 한다.

⑤ 설립위원회는 제4항의 설립등기를 마치면 지체 없이 그 사무를 활동진흥원의 이사장에게 인계하여야 하며, 설립위원은 인계가 끝나면 해촉 또는 해임된 것으로 본다.

⑥ 설립위원회는 활동진흥원 설립준비를 위하여 드는 비용을 종전의 「청소년기본법」에 따른 한국청소년진흥센터(이하 '진흥센터'라 한다)와 종전의 「청소년활동진흥법」에 따른 한국청소년수련원(이하 '한국수련원'이라 한다)의 예산 범위에서 지원받을 수 있다.

⑦ 진흥센터 및 한국수련원은 이 법에 따른 활동진흥원의 설립과 동시에 「민법」 중 법인의 해산 및 청산에 관한 규정에도 불구하고 해산된 것으로 본다.

제3조(진흥센터 및 한국수련원의 재산과 권리·의무의 승계 등) ① 진흥센터와 한국수련원에 속하는 모든 재산과 권리·의무는 활동진흥원의 설립과 동시에 활동진흥원이 포괄·승계한다.

② 제1항에 따라 포괄 승계된 재산과 권리·의무에 관한 등기부, 그 밖에 공적 문서와 장부에 표시된 진흥센터와 한국수련원의 명의는 활동진흥원의 설립과 동시에 활동진흥원의 명의로 본다.

③ 이 법 시행 당시 진흥센터와 한국수련원의 행위 또는 진흥센터와 한국수련원에 대한 행위는 각각 활동진흥원의 행위 또는 활동진흥원에 대한 행위로 본다.

제4조(조직통합에 따른 소속 임직원에 대한 경과조치)

① 활동진흥원의 설립과 동시에 진흥센터와 한국수련원의 임원은 그 임기가 종료된 것으로 본다.

② 이 법 시행 당시 진흥센터와 한국수련원의 직원은 활동진흥원의 직원으로 본다.


부 칙[2010.5.31 제10331호(산지관리법)]

제1조(시행일) 이 법은 공포 후 6개월이 경과한 날부터 시행한다. <단서 생략>

제2조부터 제11조까지 생략

제12조(다른 법률의 개정) ①부터 <75>까지 생략

<76> 청소년활동진흥법 일부를 다음과 같이 개정한다.

제33조제1항제5호 및 제52조제1항제10호 중 '산지전용신고'를 각각 '산지전용신고, 같은 법 제15조의2에 따른 산지일시사용허가·신고'로 한다.

<77>부터 <89>까지 생략

제13조 생략


부칙[2011 .5. 19 제10660호]

이 법은 공포한 날부터 시행한다.

# [부록 9]

## UN 아동인권선언문

전문(前文)

인류 가족 모든 구성원의 타고난 존엄성과 평등하고도 양도할 수 없
는 권리를 인정하는 것이 전 세계의 자유와 정의와 평화의 기초이며, 인
권에 대한 무시와 경멸이 인류의 양심을 짓밟는 야만적 행위로 귀착되었
으며, 인류가 언론의 자유와 신념의 자유를 누리고 공포와 궁핍으로부터
자유로운 세상은 보통 사람의 지고한 열망으로 천명되었고, 인간이 폭정
과 억압에 대항하는 마지막 수단으로서 반란에 호소하도록 강요받지 않
으려면, 인권이 법에 의한 통치에 의해서 보호되어야 함이 필수적이며,
나라 사이의 우호관계의 발전을 촉진하는 것이 반드시 필요하며, UN의
여러 국민들은 그 헌장에서 기본적 인권과, 인간의 존엄성과 가치, 남녀
의 동등한 권리에 대한 신념을 재확인하였으며, 더 폭넓은 자유 속에서
사회적 진보와 생활수준의 개선을 촉진할 것을 다짐하였고, 회원국은
UN과 협력하여 인권과 기본적 자유에 대한 보편적 존중과 준수의 신장
을 성취할 것을 서약하였으며, 이러한 권리와 자유에 대한 공통의 이해
가 이 서약의 이행을 위해 가장 중요하기에, 그리하여 이제 UN 총회는
모든 개인과 사회의 각 기관은 이 선언을 항상 마음속에 간직한 채, 교
육과 학업을 통하여 이러한 권리와 자유에 대한 존중을 신장시키기 위해
노력하고, 점진적인 국내적 및 국제적 조치를 통하여 회원국 관할권 아
래에 있는 영토의 국민들 양자 모두에게 권리와 자유의 보편적이고 효과
적인 인정과 준수를 보장하기 위해 힘쓰도록, 모든 국민과 나라가 성취

해야 할 공통의 기준으로서 본 세계인권선언을 선포한다.

### 제1조

모든 인간은 태어날 때부터 자유롭고, 존엄성과 권리에 있어서 평등하다. 인간은 이성과 양심을 부여받았으므로 서로에게 형제자매의 정신으로 행해야 한다.

### 제2조

모든 인간은 인종, 피부색, 성, 언어, 종교, 정치 또는 그 밖의 견해, 민족 또는 사회적 출신, 재산, 출생 또는 다른 지위 등과 같은 그 어떤 종류의 구별도 없이, 이 선언에 제시된 모든 권리와 자유를 누릴 자격이 있다. 더 나아가 한 사람이 속한 나라 또는 영토가 독립국이건 신탁통치지역이건, 비자치지역이건 또는 그 밖의 다른 어떤 주권상의 제한을 받고 있는 곳이건, 그 나라나 영토의 정치적, 사법적, 국제적 지위를 근거로 차별이 자행되어서는 안 된다.

### 제3조

모든 인간은 생명권과 신체의 자유와 안전을 누릴 권리가 있다.

### 제4조

아무도 노예의 신분이나 노예의 상태에 얽매어 있지 아니한다. 노예제도와 노예매매는 어떤 형태이건 금지된다.

### 제5조

아무도 고문이나 가혹하거나 비인도적이거나 모욕적인 처우 또는 형벌을 받지 아니한다.

제6조

모든 인간은 어디에서나 법 앞에서 한 인격체로 인정받을 권리를 갖는다.

제7조

모든 인간은 법 앞에 평등하며, 어떠한 차별도 받지 않고 법의 동등한 보호를 받을 권리를 갖는다. 모든 사람은 이 선언을 위반하는 그 어떤 차별에 대해서도, 또한 그러한 차별의 선동에 대해서도 동등한 보호를 받을 권리를 갖는다.

제8조

모든 인간은 헌법 또는 법률이 부여하는 기본권을 침해하는 행위에 대해 해당 국가법정에서 유효한 구제를 받을 권리를 갖는다.

제9조

아무도 자의적인 체포, 구금 또는 추방을 당하지 않는다.

제10조

모든 인간은 자신의 권리와 의무, 그리고 자신에 대한 형사상의 혐의에 관하여 재판을 받게 될 때, 독립되고 편견 없는 법정에서 공정하고도 공적인 심문을 완전히 평등하게 받을 권리를 갖는다.

제11조

1. 형사상의 범죄로 소추당한 모든 사람은 자신의 변호를 위해 필요한 모든 보장들이 행사된 공적 재판에서 법률에 따라 유죄로 판정받을 때까지 무죄로 추정 받을 권리를 갖는다.

2. 아무도 그것이 범해질 당시에 국내법 또는 국제법상으로 형사범죄를 구성하지 않았던 행위나 태만으로 인해 형사범으로서의 유죄의 선고를 받지 아니한다. 또한 형사범죄가 행해졌을 당시의 적용 가능한 형벌보다 무거운 형벌이 부과되지 아니한다.

제12조

아무도 자신의 사생활, 가족, 집 또는 통신에 대하여 자의적인 간섭을 받지 않으며, 또한 자신의 명예와 신용에 대하여 공격당하지 않는다. 모든 인간은 그러한 간섭과 공격에 대하여 법률의 보호를 받을 권리를 갖는다.

제13조

1. 모든 인간은 각국의 경계 안에서 이동과 거주의 자유를 누릴 권리를 갖는다.

2. 모든 인간은 자국을 포함한 어떤 나라에서도 떠나고 또 자국으로 돌아올 권리를 갖는다.

제14조

1. 모든 인간은 박해를 피해 타국에서 피난처를 구하고 또 누릴 권리를 갖는다.

2. 이 권리는, 비정치적 범죄 또는 UN의 목적과 원칙에 반하는 행위가 진정한 원인이 되어 발생하는 소추의 경우에는 호소될 수 없다.

제15조

1. 모든 인간은 어느 한 국적을 가질 권리를 갖는다.

2. 아무도 자의적으로 자신의 국적을 박탈당하거나 그의 국적을 바꿀

권리를 부인당하지 아니한다.


제16조

1. 성년에 이른 남녀는 인종, 국적 또는 종교를 이유로 한 그 어떤 제한도 받지 않고 결혼하여 가정을 이룰 권리를 갖는다. 이들은 결혼의 기간 동안과 그 해소의 시점에 있어 결혼에 관한 동등한 권리를 갖는다.

2. 결혼은 장래의 배우자의 자유롭고도 완전한 동의에 의해서만 성립된다.

3. 가정은 사회의 자연적이고 근본적인 집단의 단위이며 사회와 국가에 의해서 보호받을 권리를 갖는다.


제17조

1. 모든 인간은 타인과의 연합을 통해서 뿐만 아니라 단독으로 자신의 재산을 소유할 권리를 갖는다.

2. 아무도 자신의 재산을 자의적으로 박탈당하지 않는다.


제18조

모든 인간은 사상, 양심, 종교의 자유를 누릴 권리를 갖는다. 이 권리는 자신의 종교 또는 신념을 바꿀 자유와, 교리, 전례, 예배, 의식에 있어서 혼자 또는 타인과 공동으로, 공적 또는 사적으로 자신의 종교 또는 신념을 표현할 자유를 포함한다.


제19조

모든 인간은 의견의 자유와 표현의 자유를 누릴 권리를 갖는다. 이 권리는 간섭받지 않고 의견을 가질 자유와 모든 미디어를 통해서 국경에 무관하게 정보와 사상을 추구하고 받고 전달할 자유를 포함한다.

제20조

1. 모든 인간은 평화적 집회와 결사의 자유를 누릴 권리를 갖는다.

2. 어느 누구도 어떤 결사에 소속될 것을 강요받지 않는다.


제21조

1. 모든 인간은 직접 또는 자유롭게 선출된 대표를 통해 자국의 통치에 참여할 권리를 갖는다.

2. 모든 인간은 자국 내의 공공기관에 대한 동등한 접근권을 갖는다.

3. 국민의 의사는 정부의 권위의 기초가 된다. 이 의사는 보통 및 평등 투표권에 의거하며, 또한 비밀투표 또는 이와 동등한 자유로운 투표 절차에 따라 실시되는 정기적이고 진정한 선거에서 표현된다.


제22조

모든 인간은 사회의 일원으로서 사회보장제도에 대한 권리를 가지며, 국가적 노력과 국제적 협력을 통해서 그리고 각국의 구조와 자원에 따라서, 자신의 존엄성과 인격의 자유로운 발전을 위해 불가결한 경제, 사회, 문화적 권리들을 실현할 권리를 갖는다.


제23조

1. 모든 인간은 일, 자유로운 직업의 선택, 공정하고 유리한 노동조건, 실업에 대한 보호 등의 권리를 갖는다.

2. 모든 인간은 어떤 차별도 받지 않고 동일 노동에 대해서 동일한 보수를 받을 권리를 갖는다.

3. 모든 일하는 인간은 자신과 가족에게 인간적 존엄에 합당한 생존을 보장해 주며, 필요할 경우 다른 사회적 보호의 수단에 의해서 보충되는, 정당하고 유리한 보수를 받을 권리를 갖는다.

제24조

모든 인간의 합리적인 노동시간의 제한과 정기적인 유급휴가를 포함한 휴식과 여가의 권리를 갖는다.

제25조

1. 모든 인간은, 의식주와 의료, 필수적인 사회보장제도를 포함하는, 자신과 가족의 건강과 안녕을 위해 적합한 생활수준을 누릴 권리와, 실업, 질병, 불구, 배우자와의 사별, 노령 또는 그 밖의 자신의 통제할 수 없는 상황에서의 생계의 결핍의 경우에 보장제도를 누릴 권리를 갖는다.

2. 모자는 특별한 보살핌과 도움을 받을 권리를 갖는다. 모든 어린이는 적서에 관계없이 동등한 사회적 보호를 누린다.

제26조

1. 모든 인간은 교육받을 권리를 갖는다. 교육은 최소한 초등기초단계에서는 무상이어야 한다. 초등교육은 의무적이어야 한다. 기술교육과 직업교육은 원하는 누구나 받을 수 있어야 하며, 고등교육은 실력 있는 모든 사람에게 평등하게 개방되어야 한다.

2. 교육은 인격의 온전한 발전과 인권과 기본적 자유에 대한 존중을 강화하는 데로 나아가야 한다. 교육은 모든 나라들과 인종 또는 종교집단 사이에서 이해, 관용, 우호관계를 증진시키며 평화를 유지하기 위한 UN의 활동을 촉진해야 한다.

3. 부모는 자녀에게 제공되는 교육의 종류를 선택함에 있어 우선권을 갖는다.

제27조

1. 모든 인간은 자유롭게 공동체의 문화생활에 참여하고 예술을 감상

하며 과학의 진전과 그 혜택을 나눠 가질 권리를 갖는다.

2. 모든 인간은 자신이 창조한 모든 과학적, 문학적, 예술적 산물에서 생기는 정신적, 물질적 이들을 보호받을 권리를 갖는다.

### 제28조

모든 인간은 이 선언에 제시된 권리와 자유가 완전히 실현될 수 있는 사회적, 국제적 질서에 대한 권리를 갖는다.

### 제29조

1. 모든 인간은 그 안에서만 자신의 인격이 자유롭고 완전하게 발전할 수 있는 공동체에 대한 의무를 갖는다.

2. 모든 인간은 자신의 권리와 자유의 행사에 있어, 타인의 권리와 자유에 대한 합당한 인정과 존중을 보장하고, 민주사회의 도덕, 공공질서, 일반인의 안녕을 위한 공정한 필요를 충족시키기 위해서만 법률이 정한 바에 따라 제한받는다.

3. 이러한 권리와 자유는 어떤 경우에도 UN의 목적과 원칙에 반해서 행사될 수 없다.

### 제30조

이 선언의 그 어떤 조항도 어떤 국가, 집단 또는 개인에게, 이 선언에 제시된 권리와 자유 중 어느 것이라도 파괴할 목적을 갖는 어떤 활동에 종사하거나, 어떤 행위를 할 수 있는 어떤 권리가 있음을 뜻하는 것으로 해석될 수 없다.

# [부록 10]

## 어린이헌장

　어린이의 복지증진을 위하여 국가 · 사회 · 가정이 마땅히 책임져야 할 기본적인 사항을 명문화한 것.

　기본구상은 제네바 선언, 국제연합 아동헌장에 나타난 사상과 연결되어 있다. 1957년 2월 마해송 · 방기환 · 강소천 · 이종환 · 김요섭 · 임인수 · 홍은순 등 7명이 한국동화작가협회의 이름으로 제안한 것에서 시작되었다. 보건사회부는 이 제안을 기초로 하여 초안을 마련했고, 각 단체와 권위자의 자문을 받아 완성했다. 그해 5월 5일 제35회 어린이날을 기점으로 내무부 · 법무부 · 문교부 · 보건사회부의 4개 부처 장관의 명의로 공포했다. 어린이헌장은 '어린이는 나라와 겨레의 앞날을 이어나갈 새사람이므로 그들의 몸과 마음을 귀히 여겨 옳고 아름답고 씩씩하게 자라도록 힘써야 한다'는 전문을 비롯하여, 다음과 같은 9가지 조항이 제시되어 있다.

　① 어린이는 인간으로서 존중하여야 하며 사회의 한 사람으로서 올바르게 키워야 한다.

　② 어린이는 튼튼하게 낳아 가정과 사회에서 참된 애정으로 교육하여야 한다.

　③ 어린이에게는 마음껏 놀고 공부할 수 있는 시설과 환경을 마련해 주어야 한다.

　④ 어린이는 공부나 일이 몸과 마음에 짐이 되지 않아야 한다.

　⑤ 어린이는 위험한 때에 맨 먼저 구출하여야 한다.

　⑥ 어린이는 어떠한 경우에라도 악용의 대상이 되어서는 아니 된다.

⑦ 굶주린 어린이는 먹여야 한다. 병든 어린이는 치료해주어야 하고, 신체와 정신에 결함이 있는 어린이는 도와주어야 한다.

⑧ 어린이는 자연과 예술을 사랑하고 과학을 탐구하며 도의를 존중하도록 이끌어야 한다.

⑨ 어린이는 좋은 국민으로서 인류의 자유와 평화와 문화발전에 공헌할 수 있도록 키워야 한다.

# [부록 11]

## UN 아동의 권리에 관한 협약

☐ 체결일자 및 장소: 1989년 11월 20일 뉴욕에서 작성

☐ 발효일: 1990년 9월 2일

☐ 기탁처: UN

【우리나라 관련사항】

☐ 비준서 기탁일: 1991년 11월 20일

☐ 발효일: 1991년 12월 20일 (조약 제1072호)

☐ 수록문헌: 다자조약집 제10권

전 문

이 협약의 당사국은, 국제연합헌장에 선언된 원칙에 따라, 인류사회의 모든 구성원의 고유의 존엄성 및 평등하고 양도할 수 없는 권리를 인정하는 것이 세계의 자유·정의 및 평화의 기초가 됨을 고려하고, 국제연합체제하의 모든 국민은 기본적인 인권과 인간의 존엄성 및 가치에 대한 신념을 헌장에서 재확인하였고, 확대된 자유 속에서 사회진보와 생활수준의 향상을 촉진하기로 결의하였음에 유념하며, 국제연합이 세계인권선언과 국제인권규약에서 모든 사람은 인종, 피부색, 성별, 언어, 종교, 정치적 또는 기타의 의견, 민족적 또는 사회적 출신, 재산, 출생 또는 기타의 신분 등 어떠한 종류 구분에 의한 차별 없이 동 선언 및 규약에 규정된 모든 권리와 자유를 누릴 자격이 있음을 선언하고 동의하였음을 인정하고, 국제연합이 세계인권선언에서 아동기에는 특별한 보호와 원조를 받을 권리가 있다고 선언하였음을 상기하며, 사회의 기초

집단이며 모든 구성원 특히 아동의 성장과 복지를 위한 자연적 환경으로서 가족에게는 공동체 안에서 그 책임을 충분히 감당할 수 있도록 필요한 보호와 원조가 부여되어야 함을 확신하며, 아동은 완전하고 조화로운 인격 발달을 위하여 가족적 환경과 행복, 사랑 및 이해의 분위기 속에서 성장하여야 함을 인정하고, 아동은 사회에서 한 개인으로서의 삶을 영위할 수 있도록 충분히 준비되어져야 하며, 국제연합헌장에 선언된 이상의 정신과 특히 평화·존엄·관용·자유·평등·연대의 정신 속에서 양육되어야 함을 고려하고, 아동에게 특별한 보호를 제공하여야 할 필요성은 1924년 아동권리에 관한 제네바선언과 1959년 11월 20일 총회에 의하여 채택된 아동권리선언에 명시되어 있으며, 세계인권선언, 시민적 및 정치적 권리에 관한 국제규약 (특히 제23조 및 제24조), 경제적·사회적 및 문화적 권리에 관한 국제 규약(특히 제10조) 및 아동의 복지와 관련된 전문기구와 국제기구의 규정 및 관련문서에서 인정되었음을 유념하고, 아동권리선언에 나타나 있는 바와 같이, '아동은 신체적·정신적 미성숙으로 인하여 출생 전후를 막론하고 적절한 법적 보호를 포함한 특별한 보호와 배려를 필요로 한다'는 점에 유념하고, '국내적 또는 국제적 양육위탁과 입양을 별도로 규정하는 아동의 보호와 복지에 관한 사회적 및 법적 원칙에 관한 선언'의 제규정, '소년법 운영을 위한 국제연합 최소 표준규칙'(베이징 규칙) 및 '비상 시 및 무력 충돌 시 부녀자와 아동의 보호에 관한 선언'을 상기하고, 세계 모든 국가에 예외적으로 어려운 여건 하에 생활하고 있는 아동들이 있으며, 이 아동들은 특별한 배려를 필요로 함을 인정하고, 아동의 보호와 조화로운 발전을 위하여 각 민족의 전통과 문화적 가치의 중요성을 충분히 고려하고, 모든 국가, 특히 개발도상국가 아동의 생활여건을 향상시키기 위한 국제협력의 중요성을 인정하면서, 다음과 같이 합의하였다.

**제1부**

제1조

이 협약의 목적상, '아동'이라함은 아동에게 적용되는 법에 의하여 보다 조기에 성인 연령에 달하지 아니하는 한 18세 미만의 모든 사람을 말한다.

제2조

1. 당사국은 자국의 관할권 안에서 아동 또는 그의 부모나 후견인의 인종, 피부색, 성별, 언어, 종교, 정치적 또는 기타의 의견, 민족적, 인종적 또는 사회적 출신, 재산, 무능력, 출생 또는 기타의 신분에 관계없이 그리고 어떠한 종류의 차별을 함이 없이 이 협약에 규정된 권리를 존중하고, 각 아동에게 보장하여야 한다.

2. 당사국은 아동이 그의 부모나 후견인 또는 가족 구성원의 신분, 활동, 표명된 의견 또는 신념을 이유로 하는 모든 형태의 차별이나 처벌로부터 보호되도록 보장하는 모든 적절한 조치를 취하여야 한다.

제3조

1. 공공 또는 민간 사회복지기관, 법원, 행정당국, 또는 입법기관 등에 의하여 실시되는 아동에 관한 모든 활동에 있어서 아동의 최선의 이익이 최우선적으로 고려되어야 한다.

2. 당사국은 아동의 부모, 후견인, 기타 아동에 대하여 법적 책임이 있는 자의 권리와 의무를 고려하여, 아동복지에 필요한 보호와 배려를

아동에게 보장하고, 이를 위하여 모든 적절한 입법적 · 행정적 조치를 취하여야 한다.

3. 당사국은 아동에 대한 배려와 보호에 책임 있는 기관, 편의 및 시설이 관계당국이 설정한 기준, 특히 안전과 위생 분야 그리고 직원의 수 및 적격성은 물론 충분한 감독면에서 기준에 따를 것을 보장하여야 한다.

제4조

당사국은 이 협약에서 인정된 권리를 실현하기 위하여 모든 적절한 입법적 · 행정적 및 여타의 조치를 취하여야 한다. 경제적 · 사회적 및 문화적 권리에 관하여 당사국은 가용자원의 최대한도까지 그리고 필요한 경우에는 국제협력의 테두리 안에서 이러한 조치를 취하여야 한다.

제5조

아동이 이 협약에서 인정된 권리를 행사함에 있어서 당사국은 부모 또는 적용 가능한 경우 현지 관습에 의하여 인정되는 확대가족이나 공동체의 구성원, 후견인 기타 아동에 대한 법적 책임자들이 아동의 능력 발달에 상응하는 방법으로 적절한 감독과 지도를 행할 책임과 권리 및 의무를 가지고 있음을 존중하여야 한다.

제6조

1. 당사국은 모든 아동이 생명에 관한 고유의 권리를 가지고 있음을 인정한다.

2. 당사국은 가능한 한 최대한도로 아동의 생존과 발전을 보장하여야

한다.

제7조

1. 아동은 출생 후 즉시 등록되어야 하며, 출생 시부터 성명권과 국적취득권을 가지며, 가능한 한 자신의 부모를 알고 부모에 의하여 양육받을 권리를 가진다.

2. 당사국은 이 분야의 국내법 및 관련국제문서상의 의무에 따라 이러한 권리가 실행되도록 보장하여야 하며, 권리가 실행되지 아니하여 아동이 무국적으로 되는 경우에는 특히 그러하다.

제8조

1. 당사국은 위법한 간섭을 받지 아니하고, 국적, 성명 및 가족관계를 포함하여 법률에 의하여 인정된 신분을 보존할 수 있는 아동의 권리를 존중한다.

2. 아동이 그의 신분요소 중 일부 또는 전부를 불법적으로 박탈당한 경우, 당사국은 그의 신분을 신속하게 회복하기 위하여 적절한 원조와 보호를 제공하여야 한다.

제9조

1. 당사국은 사법적 심사의 구속을 받는 관계당국이 적용 가능한 법률 및 절차에 따라서 분리가 아동의 최상의 이익을 위하여 필요하다고 결정 하는 경우 외에는, 아동이 그의 의사에 반하여 부모로부터 분리되지 아니 하도록 보장하여야 한다. 위의 결정은 부모에 의한 아동 학대

또는 유기의 경우나 부모의 별거로 인하여 아동의 거소에 관한 결정이 내려져야 하는 등 특별한 경우에 필요할 수 있다.

2. 제1항의 규정에 의한 어떠한 절차에서도 모든 이해당사자는 그 절차에 참가하여 자신의 견해를 표시할 기회가 부여되어야 한다.

3. 당사국은 아동의 최선의 이익에 반하는 경우 외에는, 부모의 일방 또는 쌍방으로부터 분리된 아동이 정기적으로 부모와 개인적 관계 및 직접적인 면접교섭을 유지할 권리를 가짐을 존중하여야 한다.

4. 그러한 분리가 부모의 일방이나 쌍방 또는 아동의 감금, 투옥, 망명, 강제퇴거 또는 사망(국가가 억류하고 있는 동안 어떠한 원인에 기인한 사망을 포함한다) 등과 같이 당사국에 의하여 취하여진 어떠한 조치의 결과인 경우에는, 당사국은 그 정보의 제공이 아동의 복지에 해롭지 아니하는 한, 요청이 있는 경우, 부모, 아동 또는 적절한 경우 다른 가족구성원에게 부재중인 가족구성원의 소재에 관한 필수적인 정보를 제공하여야 한다. 또한 당사국은 그러한 요청의 제출이 그 자체로 관계인에게 불리한 결과를 초래하지 아니하도록 보장하여야 한다.

제10조

1. 제9조 제1항에 규정된 당사국의 의무에 따라서, 가족의 재결합을 위하여 아동 또는 그 부모가 당사국에 입국하거나 출국하기 위한 신청은 당사국에 의하여 긍정적이며 인도적인 방법으로 그리고 신속하게 취급되어야 한다. 또한 당사국은 이러한 요청의 제출이 신청자와 그의 가족구성원들에게 불리한 결과를 수반하지 아니하도록 보장하여야 한다.

2. 부모가 타국에 거주하는 아동은 예외적 상황 외에는 정기적으로 부모와 개인적 관계 및 직접적인 면접교섭을 유지할 권리를 가진다. 이러한 목적에 비추어 그리고 제9조 제2항에 규정된 당사국의 의무에 따

라서, 당사국은 아동과 그의 부모가 본국을 포함하여 어떠한 국가로부
터 출국할 수 있고 또한 본국으로 입국할 수 있는 권리를 존중하여야
한다. 어떠한 국가로부터 출국할 수 있는 권리는 법률에 의하여 규정되
고, 국가안보, 공공질서, 공중보건이나 도덕 또는 타인의 권리와 자유를
보호하기 위하여 필요하며 이 협약에서 인정된 그 밖의 권리에 부합되
는 제한에 의하여만 구속된다.

제11조

1. 당사국은 아동의 불법 해외이송 및 미귀환을 퇴치하기 위한 조치
를 취하여야 한다.
2. 이 목적을 위하여 당사국은 양자 또는 다자협정의 체결이나 기존
협정에의 가입을 촉진하여야 한다.

제12조

1. 당사국은 자신의 견해를 형성할 능력이 있는 아동에 대하여 본인
에게 영향을 미치는 모든 문제에 있어서 자신의 견해를 자유스럽게 표
시할 권리를 보장하며, 아동의 견해에 대하여는 아동의 연령과 성숙도
에 따라 정당한 비중이 부여되어야 한다.
2. 이러한 목적을 위하여, 아동에게는 특히 아동에게 영향을 미치는
어떠한 사법적 · 행정적 절차에 있어서도 직접 또는 대표자나 적절한 기
관을 통하여 진술할 기회가 국내법적 절차에 합치되는 방법으로 주어져
야 한다.

제13조

1. 아동은 표현에 대한 자유권을 가진다. 이 권리는 구두, 필기 또는 인쇄, 예술의 형태 또는 아동이 선택하는 기타의 매체를 통하여 모든 종류의 정보와 사상을 국경에 관계없이 추구하고 접수하며 전달하는 자유를 포함한다.

2. 이 권리의 행사는 일정한 제한을 받을 수 있다. 다만 이 제한은 오직 법률에 의하여 규정되고 또한 다음 사항을 위하여 필요한 것이어야 한다.

가. 타인의 권리 또는 신망의 존중

나. 국가안보, 공공질서, 공중보건 또는 도덕의 보호

제14조

1. 당사국은 아동의 사상·양심 및 종교의 자유에 대한 권리를 존중하여야 한다.

2. 당사국은 아동이 권리를 행사함에 있어 부모 및 경우에 따라서는, 후견인이 아동의 능력발달에 부합하는 방식으로 그를 감독할 수 있는 권리와 의무를 존중하여야 한다.

3. 종교와 신념을 표현하는 자유는 오직 법률에 의하여 규정되고 공공의 안전, 질서, 보건이나 도덕 또는 타인의 기본권적 권리와 자유를 보호하기 위하여 필요한 경우에만 제한될 수 있다.

제15조

1. 당사국은 아동의 결사의 자유와 평화적 집회의 자유에 대한 권리

를 인정한다.

2. 이 권리의 행사에 대하여는 법률에 따라 부과되고 국가안보 또는 공공의 안전, 공공질서, 공중보건이나 도덕의 보호 또는 타인의 권리와 자유의 보호를 위하여 민주사회에서 필요한 것 외의 어떠한 제한도 과하여져서는 아니 된다.

제16조

1. 어떠한 아동도 사생활, 가족, 가정 또는 통신에 대하여 자의적 이거나 위법적인 간섭을 받지 아니하며 또한 명예나 신망에 대한 위법적인 공격을 받지 아니한다.

2. 아동은 이러한 간섭 또는 비난으로부터 법의 보호를 받을 권리를 가진다.

제17조

당사국은 대중매체가 수행하는 중요한 기능을 인정하며, 아동이 다양한 국내적 및 국제적 정보원으로부터의 정보와 자료, 특히 아동의 사회적·정신적·도덕적 복지와 신체적·정신적 건강의 향상을 목적으로 하는 정보와 자료에 대한 접근권을 가짐을 보장하여야 한다. 이 목적을 위하여 당사국은,

가. 대중매체가 아동에게 사회적·문화적으로 유익하고 제29조의 정신에 부합되는 정보와 자료를 보급하도록 장려하여야 한다.

나. 다양한 문화적·국내적 및 국제적 정보원으로부터의 정보와 자료를 제작·교환 및 보급하는데 있어서의 국제협력을 장려하여야 한다.

다. 아동도서의 제작과 보급을 장려하여야 한다.

라. 대중매체로 하여금 소수집단에 속하거나 원주민인 아동의 언어상의 곤란에 특별한 관심을 기울이도록 장려하여야 한다.

마. 제13조와 제18조의 규정을 유념하며 아동 복지에 해로운 정보와 자료로부터 아동을 보호하기 위한 적절한 지침의 개발을 장려 하여야 한다.

제18조

1. 당사국은 부모 쌍방이 아동의 양육과 발전에 공동책임을 진다는 원칙이 인정받을 수 있도록 최선의 노력을 기울여야 한다. 부모 또는 경우에 따라서 후견인은 아동의 양육과 발달에 일차적 책임을 진다. 아동의 최선의 이익이 그들의 기본적 관심이 된다.

2. 이 협약에 규정된 권리를 보장하고 촉진시키기 위하여, 당사국은 아동의 양육책임 이행에 있어서 부모와 후견인에게 적절한 지원을 제공하여야 하며, 아동 보호를 위한 기관·시설 및 편의의 개발을 보장하여야 한다.

3. 당사국은 취업부모의 아동들이 이용할 자격이 있는 아동보호를 위한 편의 및 시설로부터 이익을 향유할 수 있는 권리가 있음을 보장하기 위하여 모든 적절한 조치를 취하여야 한다.

제19조

1. 당사국은 아동이 부모·후견인 기타 아동양육자의 양육을 받고 있는 동안 모든 형태의 신체적·정신적 폭력, 상해나 학대, 유기나 유기적 대우, 성적 학대를 포함한 혹사나 착취로부터 아동을 보호하기 위하여 모든 적절한 입법적·행정적·사회적 및 교육적 조치를 취하여야 한다.

2. 이러한 보호조치는 아동 및 아동 양육자에게 필요한 지원을 제공

하기 위한 사회계획의 수립은 물론, 제1항에 규정된 바와 같은 아동학대 사례를 다른 형태로 방지하거나 확인·보고·조회·조사·처리 및 추적하고 또한 적절한 경우에는 사법적 개입을 가능하게 하는 효과적 절차를 적절히 포함하여야 한다.

제20조

1. 일시적 또는 항구적으로 가정환경을 박탈당하거나 가정환경에 있는 것이 스스로의 최선의 이익을 위하여 허용될 수 없는 아동은 국가로부터 특별한 보호와 원조를 부여받을 권리가 있다.

2. 당사국은 자국의 국내법에 따라 이러한 아동을 위한 보호의 대안을 확보하여야 한다.

3. 이러한 보호는 특히 양육위탁, 회교법의 카팔라, 입양, 또는 필요한 경우 적절한 아동 양육기관에 두는 것을 포함한다. 해결책을 모색하는 경우에는 아동 양육에 있어 계속성의 보장이 바람직하다는 점과 아동의 인종적·종교적·문화적 및 언어적 배경에 대하여 정당한 고려가 베풀어져야 한다.

제21조

입양제도를 인정하거나 허용하는 당사국은 아동의 최선의 이익이 최우선적으로 고려되도록 보장하여야 하며, 또한 당사국은

가. 아동의 입양은, 적용 가능한 법률과 절차에 따라서 그리고 적절하고 신빙성 있는 모든 정보에 기초하여, 입양이 부모·친척 및 후견인에 대한 아동의 신분에 비추어 허용될 수 있음을, 그리고 요구되는 경우 관계자들이 필요한 협의에 의하여 입양에 대한 분별 있는 승낙을 하

였음을 결정하는 관계당국에 의하여만 허가되도록 보장하여야 한다.

　나. 국제입양은, 아동이 위탁 양육자나 입양가족에 두어질 수 없거나 또는 어떠한 적절한 방법으로도 출신국에서 양육되어질 수 없는 경우, 아동 양육의 대체수단으로서 고려될 수 있음을 인정하여야 한다.

　다. 국제입양에 관계되는 아동이 국내입양의 경우와 대등한 보호와 기준을 향유하도록 보장하여야 한다.

　라. 국제입양에 있어서 양육지정이 관계자들에게 부당한 재정적 이익을 주는 결과가 되지 아니하도록 모든 적절한 조치를 취하여야 한다.

　마. 적절한 경우에는 양자 또는 다자약정이나 협정을 체결함으로써 이 조의 목적을 촉진시키며, 이러한 테두리 안에서 아동의 타국내 양육지정이 관계당국이나 기관에 의하여 실시되는 것을 확보하기 위하여 노력하여야 한다.


제22조


　1. 당사국은 난민으로서의 지위를 구하거나 또는 적용 가능한 국제법 및 국내법과 절차에 따라 난민으로 취급되는 아동이, 부모나 기타 다른 사람과의 동반 여부에 관계없이, 이 협약 및 당해 국가가 당사국인 다른 국제 인권 또는 인도주의 관련 문서에 규정된 적용 가능한 권리를 향유함에 있어서 적절한 보호와 인도적 지원을 받을 수 있도록 하기 위하여 적절한 조치를 취하여야 한다.

　2. 이 목적을 위하여, 당사국은 국제연합 및 국제연합과 협력하는 그 밖의 권한 있는 정부 간 또는 비정부 간 기구들이 그러한 아동을 보호, 원조하고 가족재결합에 필요한 정보를 얻기 위하여 난민 아동의 부모나 다른 가족 구성원을 추적하는데 기울이는 모든 노력에 대하여도 적절하다고 판단되는 협조를 제공하여야 한다. 부모나 다른 가족구성원을 발

견할 수 없는 경우, 그 아동은 어떠한 이유로 인하여 영구적 또는 일시적으로 가정환경을 박탈당한 다른 아동과 마찬가지로 이 협약에 규정된 바와 같은 보호를 부여받아야 한다.

제23조

1. 당사국은 정신적 또는 신체적 장애아동이 존엄성이 보장되고 자립이 촉진되며 적극적 사회참여가 조장되는 여건 속에서 충분히 품위 있는 생활을 누려야 함을 인정한다.

2. 당사국은 장애아동의 특별한 보호를 받을 권리를 인정하며, 신청에 의하여 그리고 아동의 여건과 부모나 다른 아동양육자의 사정에 적합한 지원이, 활용가능한 재원의 범위 안에서, 이를 받을만한 아동과 그의 양육 책임자에게 제공될 것을 장려하고 보장하여야 한다.

3. 장애아동의 특별한 어려움을 인식하며, 제2항에 따라 제공된 지원은 부모나 다른 아동양육자의 재산을 고려하여 가능한 한 무상으로 제공되어야 하며, 장애아동의 가능한 한 전면적인 사회참여와 문화적·정신적 발전을 포함한 개인적 발전의 달성에 이바지하는 방법으로 그 아동이 교육, 훈련, 건강관리지원, 재활지원, 취업준비 및 오락기회를 효과적으로 이용하고 제공받을 수 있도록 계획되어야 한다.

4. 당사국은 국제협력의 정신에 입각하여, 그리고 당해 분야에서의 능력과 기술을 향상시키고 경험을 확대하기 위하여 재활, 교육 및 직업보도 방법에 관한 정보의 보급 및 이용을 포함하여, 예방의학 분야 및 장애아동에 대한 의학적·심리적·기능적 처치분야에 있어서의 적절한 정보의 교환을 촉진하여야 한다. 이 문제에 있어서 개발도상국의 필요에 대하여 특별한 고려가 베풀어져야 한다.

제24조

1. 당사국은 도달 가능한 최상의 건강수준을 향유하고, 질병의 치료와 건강의 회복을 위한 시설을 사용할 수 있는 아동의 권리를 인정한다. 당사국은 건강관리지원의 이용에 관한 아동의 권리가 박탈되지 아니하도록 노력하여야 한다.

2. 당사국은 이 권리의 완전한 이행을 추구하여야 하며, 특히 다음과 같은 적절한 조치를 취하여야 한다.

가. 유아와 아동의 사망률을 감소시키기 위한 조치

나. 기초건강관리의 발전에 중점을 두면서 모든 아동에게 필요한 의료지원과 건강관리의 제공을 보장하는 조치

다. 환경오염의 위험과 손해를 감안하면서, 기초건강관리 체계 안에서 무엇보다도 쉽게 이용 가능한 기술의 적용과 충분한 영양식 및 깨끗한 음료수의 제공 등을 통하여 질병과 영양실조를 퇴치하기 위한 조치

라. 산모를 위하여 출산 전후의 적절한 건강관리를 보장하는 조치

마. 모든 사회구성원 특히 부모와 아동은 아동의 건강과 영양, 모유·수유의 이익, 위생 및 환경정화 그리고 사고 예방에 관한 기초 지식의 활용에 있어서 정보를 제공받고 교육을 받으며 지원을 받을 것을 확보하는 조치

바. 예방적 건강관리, 부모를 위한 지도 및 가족계획에 관한 교육과 편의를 발전시키는 조치

3. 당사국은 아동의 건강을 해치는 전통관습을 폐지하기 위하여 모든 효과적이고 적절한 조치를 취하여야 한다.

4. 당사국은 이 조에서 인정된 권리의 완전한 실현을 점진적으로 달성하기 위하여 국제협력을 촉진하고 장려하여야 한다. 이 문제에 있어서 개발도상국의 필요에 대하여 특별한 고려가 베풀어져야 한다.

제25조

당사국은 신체적·정신적 건강의 관리, 보호 또는 치료의 목적으로 관계당국에 의하여 양육지정 조치된 아동이, 제공되는 치료 및 양육지정과 관련된 그 밖의 모든 사정을 정기적으로 심사받을 권리를 가짐을 인정한다.

제26조

1. 당사국은 모든 아동이 사회보험을 포함한 사회보장제도의 혜택을 받을 권리를 가짐을 인정하며, 자국의 국내법에 따라 이 권리의 완전한 실현을 달성하기 위하여 필요한 조치를 취하여야 한다.

2. 이러한 혜택은 아동 및 아동에 대한 부양책임자의 자력과 주변 사정은 물론 아동에 의하여 직접 행하여지거나 또는 아동을 대신하여 행하여지는 혜택의 신청과 관련된 그 밖의 사정을 참작하여 적절한 경우에 부여되어야 한다.

제27조

1. 당사국은 모든 아동이 신체적·지적·정신적·도덕적 및 사회적 발달에 적합한 생활수준을 누릴 권리를 가짐을 인정한다.

2. 부모 또는 기타 아동에 대하여 책임이 있는 자는 능력과 재산의 범위 안에서 아동 발달에 필요한 생활여건을 확보할 일차적 책임을 진다.

3. 당사국은 국내 여건과 재정의 범위 안에서 부모 또는 기타 아동에 대하여 책임 있는 자가 이 권리를 실현하는 것을 지원하기 위한 적절한 조치를 취하여야 하며, 필요한 경우에는 특히 영양, 의복 및 주거에 대

하여 물질적 보조 및 지원계획을 제공하여야 한다.

4. 당사국은 국내외에 거주하는 부모 또는 기타 아동에 대하여 재정적으로 책임 있는 자로부터 아동양육비의 회부를 확보하기 위한 모든 적절한 조치를 취하여야 한다. 특히 아동에 대하여 재정적으로 책임 있는 자가 아동이 거주하는 국가와 다른 국가에 거주하는 경우, 당사국은 국제협약의 가입이나 그러한 협약의 체결은 물론 다른 적절한 조치의 강구를 촉진하여야 한다.

제28조

1. 당사국은 아동의 교육에 대한 권리를 인정하며, 점진적으로 그리고 기회 균등의 기초 위에서 이 권리를 달성하기 위하여 특히 다음의 조치를 취하여야 한다.

가. 초등교육은 의무적이며, 모든 사람에게 무료로 제공되어야 한다.

나. 일반교육 및 직업교육을 포함한 여러 형태의 중등교육의 발전을 장려하고, 이에 대한 모든 아동의 이용 및 접근이 가능하도록 하며, 무료교육의 도입 및 필요한 경우 재정적 지원을 제공하는 등의 적절한 조치를 취하여야 한다.

다. 고등교육의 기회가 모든 사람에게 능력에 입각하여 개방될 수 있도록 모든 적절한 조치를 취하여야 한다.

라. 교육 및 직업에 관한 정보와 지도를 모든 아동이 이용하고 접근할 수 있도록 조치하여야 한다.

마. 학교에의 정기적 출석과 탈락률 감소를 장려하기 위한 조치를 취하여야 한다.

2. 당사국은 학교 규율이 아동의 인간적 존엄성과 합치하고 이 협약에 부합하도록 운영되는 것을 보장하기 위한 모든 적절한 조치를 취하

여야 한다.

3. 당사국은, 특히 전 세계의 무지와 문맹의 퇴치에 이바지하고, 과학적 · 기술적 지식과 현대적 교육방법에의 접근을 쉽게 하기 위하여, 교육에 관련되는 사항에 있어서 국제협력을 촉진하고 장려하여야 한다. 이 문제에 있어서 개발도상국의 필요에 대하여 특별한 고려가 베풀어져야 한다.

제29조

당사국은 아동교육이 다음의 목표를 지향하여야 한다는 데 동의한다.

가. 아동의 인격, 재능 및 정신적 · 신체적 능력의 최대한의 계발

나. 인권과 기본적 자유 및 국제연합헌장에 규정된 원칙에 대한 존중의 진전

다. 자신의 부모, 문화적 주체성, 언어 및 가치 그리고 현거주국과 출신국의 국가적 가치 및 이질문명에 대한 존중의 진전

라. 아동이 인종적 · 민족적 · 종교적 집단 및 원주민 등 모든 사람과의 관계에 있어서 이해, 평화, 관용, 성(性)의 평등 및 우정의 정신에 입각하여 자유사회에서 책임 있는 삶을 영위하도록 하는 준비

마. 자연환경에 대한 존중의 진전

2. 이 조 또는 제28조의 어떠한 부분도 개인 및 단체가, 언제나 제1항에 규정된 원칙들을 준수하고 당해교육기관에서 실시되는 교육이 국가에 의하여 설정된 최소한의 기준에 부합하여야 한다는 조건 하에, 교육기관을 설립하여 운영할 수 있는 자유를 침해하는 것으로 해석되어서는 아니 된다.

제30조

인종적 · 종교적 또는 언어적 소수자나 원주민이 존재하는 국가에서 이러한 소수자에 속하거나 원주민인 아동은 자기 집단의 다른 구성원과 함께 고유문화를 향유하고, 고유의 종교를 신앙하고 실천하며, 고유의 언어를 사용할 권리를 부인당하지 아니한다.

제31조

1. 당사국은 휴식과 여가를 즐기고, 자신의 연령에 적합한 놀이와 오락 활동에 참여하며, 문화생활과 예술에 자유롭게 참여할 수 있는 아동의 권리를 인정한다.

2. 당사국은 문화적 · 예술적 생활에 완전하게 참여할 수 있는 아동의 권리를 존중하고 촉진하며, 문화, 예술, 오락 및 여가 활동을 위한 적절하고 균등한 기회의 제공을 장려하여야 한다.

제32조

1. 당사국은 경제적 착취 및 위험하거나, 아동의 교육에 방해되거나, 아동의 건강이나 신체적 · 지적 · 정신적 · 도덕적 또는 사회적 발전에 유해한 여하한 노동의 수행으로부터 보호받을 아동의 권리를 인정한다.

2. 당사국은 이 조의 이행을 보장하기 위한 입법적 · 행정적 · 사회적 및 교육적 조치를 강구하여야 한다. 이 목적을 위하여 그리고 그 밖의 국제 문서의 관련 규정을 고려하여 당사국은 특히 다음의 조치를 취하여야 한다.

가. 단일 또는 복수의 최저 고용연령의 규정

나. 고용시간 및 조건에 관한 적절한 규정의 마련

다. 이 조의 효과적인 실시를 확보하기 위한 적절한 처벌 또는 기타 제재수단의 규정

### 제33조

당사국은 관련 국제조약에서 규정하고 있는 마약과 향정신성 물질의 불법적 사용으로부터 아동을 보호하고 이러한 물질의 불법적 생산과 거래에 아동이 이용되는 것을 방지하기 위하여 입법적·행정적·사회적·교육적 조치를 포함한 모든 적절한 조치를 취하여야 한다.

### 제34조

당사국은 모든 형태의 성적 착취와 성적 학대로부터 아동을 보호할 의무를 진다. 이 목적을 달성하기 위하여 당사국은 특히 다음의 사항을 방지하기 위한 모든 적절한 국내적·양국 간·다국 간 조치를 취하여야 한다.

가. 아동을 모든 위법한 성적 활동에 종사하도록 유인하거나 강제하는 행위

나. 아동을 매음이나 기타 위법한 성적 활동에 착취적으로 이용하는 행위

다. 아동을 외설스러운 공연 및 자료에 착취적으로 이용하는 행위

### 제35조

당사국은 모든 목적과 형태의 아동의 약취유인이나 매매 또는 거래를 방지하기 위한 모든 적절한 국내적, 양국 간, 다국 간 조치를 취하여야

한다.

제36조

당사국은 아동복지의 어떠한 측면에 대해서라도 해로운 기타 모든 형태의 착취로부터 아동을 보호하여야 한다.

제37조

당사국은 다음의 사항을 보장하여야 한다.

가. 어떠한 아동도 고문 또는 기타 잔혹하거나 비인간적이거나 굴욕적인 대우나 처벌을 받지 아니한다. 사형 또는 석방의 가능성이 없는 종신형은 18세 미만의 사람이 범한 범죄에 대하여 과하여져서는 아니 된다.

나. 어떠한 아동도 위법적 또는 자의적으로 자유를 박탈당하지 아니한다. 아동의 체포, 억류 또는 구금은 법률에 따라 행하여져야 하며, 오직 최후의 수단으로서 또한 적절한 최단기간 동안만 사용되어야 한다.

다. 자유를 박탈당한 모든 아동은 인도주의와 인간 고유의 존엄성에 대한 존중에 입각하여 그리고 그들의 연령상의 필요를 고려하여 처우되어야 한다. 특히 자유를 박탈당한 모든 아동은, 성인으로부터 격리되지 아니하는 것이 아동의 최선의 이익에 합치된다고 생각되는 경우를 제외하고는 성인으로부터 격리되어야 하며, 예외적인 경우를 제외하고는 서신과 방문을 통하여 자기 가족과의 접촉을 유지할 권리를 가진다.

라. 자유를 박탈당한 모든 아동은 법률적 및 기타 적절한 구조에 신속하게 접근할 권리를 가짐은 물론 법원이나 기타 권한 있고 독립적이며 공정한 당국 악에서 자신에 대한 자유박탈의 합법성에 이의를 제기하고 이러한 소송에 대하여 신속한 결정을 받을 권리를 가진다.

제38조

1. 당사국은 아동과 관련이 있는 무력분쟁에 있어서, 당사국에 적용 가능한 국제인도법의 규칙을 존중하고 동 존중을 보장할 의무를 진다.

2. 당사국은 15세에 달하지 아니한 자가 적대행위에 직접 참여하지 아니할 것을 보장하기 위하여 실행가능한 모든 조치를 취하여야 한다.

3. 당사국은 15세에 달하지 아니한 자의 징병을 삼가야 한다. 15세에 달하였으나 18세에 달하지 아니한 자 중에서 징병하는 경우, 당사국은 최연장자에게 우선순위를 두도록 노력하여야 한다.

4. 무력분쟁에 있어서 민간인 보호를 위한 국제인도법상의 의무에 따라서, 당사국은 무력분쟁의 영향을 받는 아동의 보호 및 배려를 확보하기 위하여 실행가능한 모든 조치를 취하여야 한다.

제39조

당사국은 모든 형태의 유기, 착취, 학대, 또는 고문이나 기타 모든 형태의 잔혹하거나 비인간적이거나 굴욕적인 대우나 처벌, 또는 무력분쟁으로 인하여 희생이 된 아동의 신체적·심리적 회복 및 사회복귀를 촉진시키기 위한 모든 적절한 조치를 취하여야 한다.

제40조

1. 당사국은 형사피의자나 형사피고인 또는 유죄로 인정받은 모든 아동에 대하여, 아동의 연령 그리고 아동의 사회복귀 및 사회에서의 건설적 역할 담당을 촉진하는 것이 바람직스럽다는 점을 고려하고, 인권과 타인의 기본적 자유에 대한 아동의 존중심을 강화시키며, 존엄과 가치

에 대한 아동의 지각을 촉진시키는데 부합하도록 처우 받을 권리를 가짐을 인정한다.

2. 이 목적을 위하여 그리고 국제문서의 관련규정을 고려하며, 당사국은 특히 다음 사항을 보장하여야 한다.

가. 모든 아동은 행위 시의 국내법 또는 국제법에 의하여 금지되지 아니한 작위 또는 부작위를 이유로 하여 형사피의자가 되거나 형사 기소되거나 유죄로 인정받지 아니한다.

나. 형사피의자 또는 형사피고인인 모든 아동은 최소한 다음 사항을 보장받는다.

(1) 법률에 따라 유죄가 입증될 때까지는 무죄로 추정 받는다.

(2) 피의사실을 신속하게 그리고 직접 또는, 적절한 경우, 부모나 후견인을 통하여 통지받으며, 변론의 준비 및 제출 시 법률적 또는 기타 적절한 지원을 받는다.

(3) 권한 있고 독립적이며 공평한 기관 또는 사법기관에 의하여 법률적 또는 기타 적당한 지원 하에 법률에 따른 공정한 심리를 받아 지체없이 사건이 판결되어야 하며, 아동의 최선의 이익에 반한다고 판단되지 아니하는 경우, 특히 그의 연령이나 주변 환경, 부모 또는 후견인 등을 고려하여야 한다.

(4) 증언이나 유죄의 자백을 강요당하지 아니하며, 자신에게 불리한 증인을 신문하거나 또는 신문받도록 하며, 대등한 조건하에 자신을 위한 증인의 출석과 신문을 확보한다.

(5) 형법위반으로 간주되는 경우, 그 판결 및 그에 따라 부과된 여하한 조치는 법률에 따라 권한 있고 독립적이며 공정한 상급당국이나 사법기관에 의하여 심사되어야 한다.

(6) 아동이 사용되는 언어를 이해하지 못하거나 말하지 못하는 경우, 무료로 통역원의 지원을 받는다.

(7) 사법절차의 모든 단계에서 아동의 사생활은 충분히 존중되어야 한다.

3. 당사국은 형사피의자, 형사피고인 또는 유죄로 인정받은 아동에게 특별히 적용될 수 있는 법률, 절차, 기관 및 기구의 설립을 촉진하도록 노력하며, 특히 다음 사항에 노력하여야 한다.

가. 형법위반능력이 없다고 추정되는 최저 연령의 설정

나. 적절하고 바람직스러운 경우, 인권과 법적 보장이 완전히 존중된다는 조건하에 이러한 아동을 사법절차에 의하지 아니하고 다루기 위한 조치

4. 아동이 그들의 복지에 적절하고 그들의 여건 및 범행에 비례하여 취급될 것을 보장하기 위하여 보호, 지도 및 감독명령, 상담, 보호관찰, 보호양육, 교육과 직업훈련계획 및 제도적 보호에 대한 그 밖의 대체방안 등 여러 가지 처분이 이용 가능하여야 한다.

제41조

이 협약의 규정은 다음 사항에 포함되어 있는 아동권리의 실현에 보다 공헌할 수 있는 어떠한 규정에도 영향을 미치지 아니한다.

가. 당사국의 법

나. 당사국에 대하여 효력을 가지는 국제법

**제2부**

제42조

당사국은 이 협약의 원칙과 규정을 적절하고 적극적인 수단을 통하여

성인과 아동 모두에게 널리 알릴 의무를 진다.

제43조

1. 이 협약상의 의무이행을 달성함에 있어서 당사국이 이룩한 진전 상황을 심사하기 위하여 이하에 규정된 기능을 수행하는 아동권리위원 회를 설립한다.

2. 위원회는 고매한 인격을 가지고 이 협약이 대상으로 하는 분야에 서 능력이 인정된 10명의 전문가로 구성된다. 위원회의 위원은 형평한 지리적 배분과 주요 법체계를 고려하여 당사국의 국민 중에서 선출되며, 개인적 자격으로 임무를 수행한다.

3. 위원회의 위원은 당사국에 의하여 지명된 자의 명단 중에서 비밀투 표에 의하여 선출된다. 각 당사국은 자국민 중에서 1인을 지명할 수 있다.

4. 위원회의 최초의 선거는 이 협약의 발효일부터 6월 이내에 실시되 며, 그 이후는 매 2년마다 실시된다. 각 선거일의 최소 4월 이전에 국제 연합 사무총장은 당사국에 대하여 2월 이내에 후보자 지명을 제출하라 는 서한을 발송하여야 한다. 사무총장은 지명한 당사국의 표시와 함께 알파벳순으로 지명된 후보들의 명단을 작성하여, 이를 이 협약의 당사 국에게 제시하여야 한다.

5. 선거는 국제연합 본부에서 사무총장에 의하여 소집된 당사국 회의 에서 실시된다. 이 회의는 당사국의 3분의 2를 의사정족수로 하고, 출석 하고 투표한 당사국 대표의 최대다수표 및 절대다수표를 얻는 자가 위 원으로 선출된다.

6. 위원회의 위원은 4년 임기로 선출된다. 위원은 재지명된 경우에는 재선될 수 있다. 최초의 선거에서 선출된 위원 중 5인의 임기는 2년 후 에 종료된다. 이들 5인 위원의 명단은 최초선거후 즉시 동 회의의 의장

에 의하여 추첨으로 선정된다.

7. 위원회 위원이 사망, 사퇴 또는 본인이 어떠한 이유로 인하여 위원회의 임무를 더 이상 수행할 수 없다고 선언하는 경우, 그 위원을 지명한 당사국은 위원회의 승인을 조건으로 자국민 중에서 잔여 임기를 수행할 다른 전문가를 임명한다.

8. 위원회는 자체의 절차규정을 제정한다.

9. 위원회는 2년 임기의 임원을 선출한다.

10. 위원회의 회의는 통상 국제연합 본부나 위원회가 결정하는 그 밖의 편리한 장소에서 개최된다. 위원회는 통상 매년 회의를 한다. 위원회의 회의기간은 필요한 경우 총회의 승인을 조건으로 이 협약 당사국 회의에 의하여 결정되고 재검토된다.

11. 국제연합 사무총장은 이 협약에 의하여 설립된 위원회의 효과적인 기능수행을 위하여 필요한 직원과 편의를 제공한다.

12. 이 협약에 의하여 설립된 위원회의 위원은 총회의 승인을 얻고 총회가 결정하는 기간과 조건에 따라 국제연합의 재원으로부터 보수를 받는다.


제44조

1. 당사국은 이 협약에서 인정된 권리를 실행하기 위하여 그들이 채택한 조치와 동 권리의 향유와 관련하여 이룩한 진전 상황에 관한 보고서를 다음과 같이 국제연합 사무총장을 통하여 위원회에 제출한다.

가. 관계 당사국에 대하여 이 협약이 발효한 후 2년 이내

나. 그 후 5년마다

2. 이 조에 따라 제출되는 보고서는 이 협약상 의무의 이행정도에 영향을 미치는 요소와 장애가 있을 경우 이를 적시하여야 한다. 보고서는

또한 관계국에서의 협약이행에 관한 포괄적인 이해를 위원회에 제공하기 위한 충분한 정보를 포함하여야 한다.

3. 위원회에 포괄적인 최초의 보고서를 제출한 당사국은, 제1항 나호에 의하여 제출하는 후속보고서에 이미 제출된 기초적 정보를 반복할 필요는 없다.

4. 위원회는 당사국으로부터 이 협약의 이행과 관련이 있는 추가정보를 요청할 수 있다.

5. 위원회는 위원회의 활동에 관한 보고서를 2년마다 경제사회 이사회를 통하여 총회에 제출한다.

6. 당사국은 자국의 활동에 관한 보고서를 자국 내 일반에게 널리 활용가능하도록 하여야 한다.

제45조

이 협약의 효과적인 이행을 촉진하고 이 협약이 대상으로 하는 분야에서의 국제협력을 장려하기 위하여

가. 전문기구, 국제연합아동기금 및 국제연합의 그 밖의 기관은 이 협약 중 그들의 권한 범위 안에 속하는 규정의 이행에 관한 논의에 대표를 파견할 권리를 가진다. 위원회는 전문기구, 국제연합 아동기금 및 위원회가 적절하다고 판단하는 그 밖의 권한 있는 기구에 대하여 각 기구의 권한 범위에 속하는 분야에 있어서 이 협약의 이행에 관한 전문적인 자문을 제공하여 줄 것을 요청할 수 있다. 위원회는 전문기구, 국제연합아동기금 및 국제연합의 그 밖의 기관에게 그들의 활동범위에 속하는 분야에서의 이 협약의 이행에 관한 보고서를 제출할 것을 요청할 수 있다.

나. 위원회는 적절하다고 판단되는 경우 기술적 자문이나 지원을 요청하거나 그 필요성을 지적하고 있는 당사국의 모든 보고서를 그러한

요청이나 지적에 대한 위원회의 의견이나 제안이 있으면 동 의견이나 제안과 함께 전문기구, 국제연합아동기금 및 그 밖의 권한 있는 기구에 전달하여야 한다.

다. 위원회는 사무총장이 위원회를 대신하여 아동권리와 관련이 있는 특정 문제를 조사하도록 요청할 것을 총회에 대하여 권고할 수 있다.

라. 위원회는 이 협약 제44조 및 제45조에 의하여 접수한 정보에 기초하여 제안과 일반적 권고를 할 수 있다. 이러한 제안과 일반적 권고는 당사국의 논평이 있으면 그 논평과 함께 모든 관계 당사국에 전달되고 총회에 보고되어야 한다.

**제3부**

제46조

이 협약은 모든 국가에 의한 서명을 위하여 개방된다.

제47조

이 협약은 비준되어야 한다. 비준서는 국제연합 사무총장에게 기탁되어야 한다.

제48조

이 협약은 모든 국가에 의한 가입을 위하여 개방된다. 가입서는 국제연합 사무총장에게 기탁되어야 한다.

제49조

1. 이 협약은 20번째의 비준서 또는 가입서가 국제연합 사무총장에게 기탁되는 날부터 30일째 되는 날 발효한다.

2. 20번째의 비준서 또는 가입서의 기탁 이후에 이 협약을 비준하거나 가입하는 각 국가에 대하여, 이 협약은 그 국가의 비준서 또는 가입서 기탁 후 30일째 되는 날 발효한다.

제50조

1. 모든 당사국은 개정안을 제안하고 이를 국제연합 사무총장에게 제출할 수 있다. 동 제출에 의하여 사무총장은 당사국에게 동 제안을 심의하고 표결에 붙이기 위한 당사국회의 개최에 대한 찬성 여부에 관한 의견을 표시하여 줄 것을 요청하는 것과 함께 개정안을 당사국에게 송부 하여야 한다. 이러한 통보일부터 4월 이내에 당사국 중 최소 3분의 1이 회의 개최에 찬성하는 경우 사무총장은 국제연합 주관 하에 동 회의를 소집하여야 한다. 동 회의에 출석하고 표결한 당사국의 과반수에 의하여 채택된 개정안 은 그 승인을 위하여 국제연합 총회에 제출된다.

2. 제1항에 따라서 채택된 개정안은 국제연합 총회에 의하여 승인되고, 당사국의 3분의 2이상의 다수가 수락하는 때에 발효한다.

3. 개정안은 발효한 때에 이를 수락한 당사국을 구속하며, 그 밖의 당사국은 계속하여 이 협약의 규정 및 이미 수락한 그 이전의 모든 개정에 구속된다.

제51조

1. 국제연합 사무총장은 비준 또는 가입 시 각국이 행한 유보문을 접수하고 모든 국가에게 이를 배포하여야 한다.
2. 이 협약의 대상 및 목적과 양립할 수 없는 유보는 허용되지 아니한다.
3. 유보는 국제연합 사무총장에게 발송된 통고를 통하여 언제든지 철회될 수 있으며, 사무총장은 이를 모든 국가에게 통보하여야 한다. 그러한 통고는 사무총장에게 접수된 날부터 발효한다.

제52조

당사국은 국제연합 사무총장에 대한 서면통고를 통하여 이 협약을 폐기할 수 있다. 폐기는 사무총장이 통고를 접수한 날부터 1년 후에 발효한다.

제53조

국제연합 사무총장은 이 협약의 수탁자로 지명된다.

제54조

아랍어·중국어·영어·불어·러시아어 및 서반아어본이 동등하게 정본인 이 협약의 원본은 국제연합 사무총장에게 기탁된다.
이상의 증거로 아래의 서명 전권대표들은 각국 정부에 의하여 정당하게 권한을 위임받아 이 협약에 서명하였다.

## 2011 청소년 통계

### I. 청소년 인구

#### 1. 청소년 인구

2011년 총인구 중 청소년(9~24세)의 비중은 20.7%이며, 1978년 36.9%를 정점으로 지속적으로 감소.

2011년 우리나라 총인구는 48,989천 명으로 전년에 비해 0.2% 증가한 반면, 청소년 인구(9~24세)는 10,143천 명으로 1.4% 감소. 이는 1980년대 초반 이후 급격히 감소한 출생아 수의 영향으로, 향후 청소년 인구는 계속 줄어들 것으로 전망.

2011년 총인구 중 청소년인구(9~24세)가 차지하는 구성비는 20.7%이며, 1978년 36.9%를 정점으로 지속적으로 감소.

#### 2. 학령인구

2011년 학령인구(6~21세)는 전체 인구의 19.8%를 차지하였으나 2050년은 10.9%에 불과할 것으로 전망되며, 특히 초등학교 학령인구의 감소폭이 가장 큼.

2011년 초등학교에서 대학교까지의 학령인구(6~21세)는 9,709천 명으로 전년 (9,901천 명)에 비해 192천 명 감소하였으며, 향후로도 계속 줄어들 것으로 전망.

특히 전체 인구 대비 초등학교 학령인구(6~11세)의 비중은 1970년 17.7%에서 2011년 6.4%로 줄어들어 중·고등학교와 대학교에 비해 감소폭이 가장 큼.

3. 다문화 청소년

2010년 국제결혼가정의 학생 수는 30,040명으로 2005년 6,121명에 비해 약 5배 증가하였으며, 이 중 초등학생이 78.6%를 차지.

최근 국제결혼가정의 학생 수는 계속 증가하여 2010년은 30,040명으로 2005년 (6,121명)에 비해 약 5배 늘어남. 이 중 초등학생이 23,602명으로 전체 국제결혼가정 학생의 78.6%를 차지함.

국제결혼가정에서 어머니가 외국인인 학생은 27,001명으로, 국제결혼가정 학생 10명 중 9명(89.9%)은 어머니가 외국인인 것으로 나타남.

## Ⅱ. 보건 및 가치관

4. 청소년의 건강관리 및 초·중·고등학생의 비만율

2010년 아침식사를 하지 않은 15~24세 청소년의 비율은 37.4%이며, 2009년 초·중·고등학생의 비만율은 13.2%로 나타남.

2010년 15~24세 청소년 중 37.4%는 아침식사를 하지 않았고, 73.1%는 규칙적으로 운동 하지 않은 것으로 나타남.

또한 2009년 초·중·고등학생의 비만율은 13.2%로 전년(11.2%)에 비해 증가하였으며, 특히 고도비만 학생의 비중도 1.1%로 과거 3년보다 늘어나 지속적인 비만예방 관리가 필요.

5. 청소년 사망원인

2009년 15~24세 청소년의 사망원인 1순위는 자살.

2009년 15~24세 청소년의 사망원인은 고의적 자해(자살)가 가장 많고, 다음은 운수사고, 악성신생물(암) 순임. 인구 10만 명당 청소년 자살자 수는 2008년 13.5명에서 2009년 15.3명으로 증가.

6. 청소년의 자살에 대한 충동 여부 및 이유

2010년 15~24세 청소년의 8.8%가 자살을 생각한 적이 있으며, 그 이유는 15~19세는 성적문제, 20~24세는 경제적 어려움이 가장 많음.

2010년 15~24세 청소년의 8.8%가 지난 1년 동안 한 번이라도 자살하고 싶다는 생각을 해 본적이 있는 것으로 나타났음. 자살하고 싶었던 가장 큰 이유는 20~24세의 경우 경제적 어려움(28.1%)과 직장문제(15.8%)였고, 15~19세는 성적, 진학문제(53.4%)임.

7. 청소년의 스트레스

2010년 평소 스트레스를 느끼는 15~24세 청소년의 비중이 2008년에 비해 증가, 10명 중 7명이 학교생활과 전반적인 생활에서 스트레스를 받는다고 응답.

2010년 15~24세 청소년의 69.6%가 전반적인 생활에서 스트레스를 받고 있다고 응답하였으며, 2008년(56.5%)과 비교하면 13.1% 증가하였음. 특히 15~19세 연령층은 10명 중 7명이 학교생활과 전반적인 생활에서 스트레스를 느낌.

8. 청소년이 고민하는 문제

2002년 청소년이 가장 고민하는 문제는 공부(39.8%)와 외모(19.7%)였으나, 2010년은 공부(38.6%)와 직업(22.9%)임.

2010년 15~24세 청소년이 가장 고민하는 문제는 공부(38.6%)와 직업(22.9%)으로 나타남.

-2002년 청소년은 공부(39.8%)와 외모(19.7%)에 대해 가장 많이 고민하였음.
-20~24세 청소년의 경우 2002년은 직업 때문에 고민한 비중이 8.6%에 불과하였으나, 2010년은 38.5%로 상승.

9. 결혼·이혼에 대한 견해

2010년 15∼24세 청소년 중 결혼을 해야 한다고 생각하는 비중은 57.5%로 2006년(61.4%)에 비해 감소하였고, 청소년의 절반 이상(53.3%)이 남녀가 결혼을 하지 않더라도 함께 살 수 있다고 생각함.

15∼24세 청소년 중 결혼을 해야 한다고 생각하는 비중은 2006년 61.4%에서 2010년 57.5%로 감소한 반면 이혼을 반대하는 비중은 2010년 43.6%로 2006년(46.2%)에 비해 줄었음.

2010년 15∼24세 청소년의 53.3%가 남녀가 결혼을 하지 않더라도 함께 살 수 있다고 생각하고, 69.2%가 외국인과 결혼하는 데 동의함.

10. 부모 부양에 대한 견해

2010년 15∼24세 청소년을 대상으로 부모의 노후 생계에 대하여 질문한 결과 가족과 정부·사회가 함께 돌보아야 한다는 견해가 45.2%로 가장 많았음.

2010년 15∼24세 청소년의 경우 부모님의 노후 생계는 가족과 정부·사회가 함께 돌보아야 한다는 견해가 45.2%로 가장 많고, 다음은 가족(40.8%)임.

성별로 보면 남자는 가족(43.0%)이 돌보아야 한다고 응답한 비중이 가장 높은 반면, 여자는 가족과 정부·사회(48.0%)가 공동으로 부양해야 한다는 비중이 가장 많았음.

부모 부양 책임자로 가족 중에서는 모든 자녀(69.2%)와 자식 중 능력 있는 자(13.0%)가 돌보아야 한다고 주로 생각함. 남자 청소년의 경우 장남이나 아들이 부모 노후를 책임져야 한다고 생각하는 비중이 여자보다 높았음.

### Ⅲ. 교육 및 노동

#### 11. 학생의 학교생활 만족도

2010년 학교의 교육내용, 교육방법, 교사(교수)와의 관계에 대해 질문한 결과, 만족 한다고 응답한 비율은 학생의 절반 이하.

2010년 15~24세 중·고·대학생의 학교생활에 대한 만족도를 조사한 결과, 교육내용에 만족한다고 응답한 비율은 44.4%로 나타남.

또한 교육방법에 대해서는 36.8%가, 교사(교수)와의 관계에 대해서는 43.5%가 만족함.

학교급별로 보면, 교육내용이나 교육방법 등에 대한 중·고등학생의 만족도가 대학생보다 낮았음.

#### 12. 사교육 참여 실태

2010년 전국 초·중·고등학생의 사교육 참여율은 73.6%이며, 성적이 좋을수록, 가구소득이 높을수록 사교육 참여율이 높아짐.

2010년 전국 초 · 중 · 고등학생의 사교육 참여율은 73.6%이며, 학교 급별로는 초등학생의 참여율이 86.8%로 중학생(72.2%)과 고등학생(61.1%) 보다 높게 나타남.

학생의 성적이 좋을수록 사교육 참여율은 높아져, 상위 10% 이내의 중학생은 10명 중 9명이, 고등학생은 10명 중 7명이 사교육에 참여함.

또한 가구소득이 높을수록 사교육 참여율은 늘어나는 경향을 보이며, 소득이 100만원 미만인 경우, 학생의 절반이 안 되는 36.0%만 사교육 을 받았음.

학생 1인당 월평균 사교육비는 24만 원이며, 상위 10% 이내 일반계 고등학생의 경우, 월평균 사교육비로 34만 4천 원을 지출.

13. 방과 후 학교 참여 실태

2010년 초 · 중 · 고등학생이 방과 후 학교에 참여한 비율은 55.6%이 며, 2009년에 비해 전체 학교급에서 참여 비율이 증가.

2010년 초 · 중 · 고등학생이 방과 후 학교에 참여한 비율(유상+무상) 은 55.6%로 2009년 51.3%보다 4.3%p 증가하였음. 전체 학교급에서 방 과 후 학교 참여 비율이 상승하고 있는 가운데 2010년 일반계 고등학 교의 참여율이 84.6%로 가장 높았음.

14. 청소년의 경제활동

15~24세 청소년의 경제활동참가율은 2004년 34.8% 이후 지속적으

로 감소하였으나 2010년 25.5%로 2009년(25.4%)에 비해 증가.

2010년 청소년(15~24세)의 경제활동인구는 1,525천 명으로 2009년 (1,507천명)에 비해 1.2% 증가.

-연령대별 경제활동참가율은 15~19세의 경우 6.9%, 20~24세는 48.9%임.

-15~24세의 실업률도 2010년 9.8%로 전년(9.9%)보다 감소하여 청소년층의 고용시장 분위기가 다소 호전.

15. 청소년 근로자의 임금 수준

2009년 19세 이하 청소년 근로자의 월 평균임금은 1106,000원으로 2008년 1166,000 원보다 5.2% 감소하면서 2년 연속 줄어듦.

2009년 19세 이하 청소년 근로자의 월 평균임금은 1,106,000원으로 전년(1,166,000 원) 대비 5.2% 감소.

반면, 20~24세 연령층의 월 평균임금은 1,381,000원으로 2008년 1,378,000 원에 비해 다소 증가하였음.

20~24세 근로자의 월 평균임금을 학력별로 보면 대졸 이상은 1,513,000 원으로 고등학교 졸업자 1,334,000원보다 179,000원 많은 것으로 나타났으며, 학력별 임금격차는 2004년 이후 꾸준히 증가.

16. 청년층(15~29세) 취업자의 취업 경로

2010년 15~29세 청년 취업자 10명 중 4명은 지인의 소개나 추천을 통해 취업.

2010년 청년층 취업자(15~29세)의 주된 취업경로는 소개나 추천 등의 연고(41.4%)에 의한 취업이 가장 많았음.

교육정도별로 취업경로를 보면, 고졸 이하와 대졸 이상 모두 연고에 의한 취업이 가장 많았으며, 다음으로 고졸 이하는 신문·잡지·인터넷 등을 통한 응모, 대졸 이상은 공개시험의 비중이 높았음.

17. 청년층(15~29세) 취업자의 첫 직장 근속기간 및 이직사유

2010년 15~29세 청년층의 첫 직장 근속기간은 평균 1년 7개월이며, 첫 직장을 이직하는 사유로는 근로여건 불만족이 가장 많음.

2010년 취업을 경험한 15~29세 청년층의 첫 직장 근속기간은 19개월로, 2005년 21개월 이후 짧아지고 있음. 또한 15~29세 청년 취업자의 72.7%는 취직 2년 이내에 첫 직장을 떠남.

2010년 15~29세 청년층이 첫 직장을 떠난 사유로는 근로여건 불만족(42.5%)이 가장 많았고, 다음은 개인·가족적 이유(16.9%)임.

## Ⅳ. 정보통신 및 유해환경

### 18. 인터넷 이용 빈도 및 인터넷 쇼핑

2010년 10대 청소년의 97.3%가 하루 1회 이상 인터넷을 이용하였고, 12~19세 중 70.5%가 인터넷쇼핑을 이용한 경험이 있음.

2010년 하루에 1회 이상 인터넷을 이용하는 10대 청소년은 97.3%로 2009년 96.7%보다 0.6% 증가함.

2010년 12~19세의 인터넷쇼핑 이용률은 70.5%, 20~29세는 90.1%로, 전년에 비해 각각 2.5%, 1.5% 증가하였음. 20대의 경우, 인터넷을 통한 월평균 쇼핑 금액은 2009년 약 39,000원에서 2010년 54,000원으로 늘어남.

### 19. SNS(Social Network Service) 이용

2010년 고등학생 10명 중 9명이 블로그와 미니홈피를, 대학생 5명 중 1명이 트위터 등 마이크로 블로그를 이용하였음.

2010년 학교급 별 SNS(Social Network Service) 이용률을 보면, 중학생은 블로그(95.5%)를, 고등학생은 미니홈피(95.6%)를 가장 많이 이용한 것으로 나타남.

대학생의 21.6%가 트위터 등의 마이크로 블로그를 이용하였으며, 초등학생은 블로그나 미니홈피보다 커뮤니티 이용률이 73.9%로 가장 높았음.

20. 청소년(중·고등학생) 유해매체 이용 경험

2010년 중·고등학생 중 성인용 간행물을 보고 On-line 음란물을 이용하는 비율이 각각 38.3%로 2009년에 비해 증가.

2010년 중·고등학생 10명 중 4명은 성인용 간행물과 On-line 음란물을 접하였으며, 이용 비율이 2009년에 비해 증가. 또한 중·고등학생의 절반가량이 19세 미만 이용불가 게임을 경험하였고, 19세 이상 케이블 프로그램을 시청한 비율도 14.8%로 나타남.

21. 아동학대

2009년 발생한 아동 학대는 5,685건으로 2008년에 비해 107건이 증가, 학대한 사람은 피해 아동의 78.7%가 친부모임.

2009년 0~17세의 아동을 학대한 사례는 5,685건으로 전년(5,578건)에 비해 107건 증가. 아동 학대의 유형은 중복학대(39.4%)와 방임(35.6%)가 가장 많았고, 정서학대도 13.7%에 이르는 것으로 나타남.

2008년 피해 아동을 학대한 행위자는 친부모가 78.7%로 가장 많고, 다음은 낯선 사람, 이웃 등의 타인가 8.2%로 집계됨.

V. 아버지와 자녀 간의 세대 의식

동 부문은 같은 가구에 살고 있는 아버지와 15~24세 자녀 간의 의식 차이를 알아보기 위하여 통계청의사회조사결과 등을 별도로 집계한 내용임.

22. 계층의식 및 계층이동 가능성

일생동안 노력한다면 개인의 사회경제적 지위가 높아질 수 있을 것이
라는 가능성에 대해 아버지는 37.0%, 자녀(15~24세)는 51.3%가 긍정적.

2009년 소득, 교육, 재산 등을 고려한 자신의 사회경제적 지위에 대
해 아버지는 중층 61.6%, 하층 34.6%라고 생각하였으나, 자녀는 중층
67.8%, 하층 30.0%라고 응답하여 사회에서 본인의 위치를 아버지보다
긍정적으로 평가 또한 15~24세 자녀의 51.3%는 일생동안 노력을 한다
면 개인의 사회경제적 지위가 높아질 수 있을 것으로 기대하여 아버지
세대(37.0%)보다 계층이동 가능성을 유동적으로 생각함.

23. 아버지와의 대화빈도 및 자녀 고민 상담대상

중·고등학생의 성적이 좋을수록 아버지와의 대화빈도가 높고, 15~
24세 자녀는 고민이 있을 경우 3.0%만이 아버지와 상담.

2010년 아버지와의 대화빈도를 질문한 결과, 중학생의 50.1%는 아버
지와 대화를 (매우)자주 한다고 응답하였으며, 10명 중 2명은 별로 대화
하지 않는 것으로 나타남.

고등학생은 중학생보다 적은 37.8%가 아버지와 (매우)자주 대화하고,
28.4%가 별로 이야기하지 않는다고 응답. 또한 학생의 성적이 좋을수록
아버지와의 대화빈도가 높음.

한편 15~24세 청소년이 고민이 생길 경우 아버지와 그 문제를 상담

한다고 응답한 비율은 3.0%임.

24. 기대교육 수준 및 기대교육 목적

아버지는 좋은 직장과 인격 및 교양 습득을 위해 자녀를 대학에 보내고 싶어 하지만, 자녀는 좋은 직업에 이어 자신의 능력이나 소질 개발을 위해 대학교육을 원함.

2010년 아버지의 91.3%는 자녀를 4년제 이상 대학까지 교육시키고 싶어 하는 한편, 자녀 본인은 88.2%가 4년제 이상 대학 교육을 희망하여 다소 차이를 보임.

아버지가 자녀를 대학 이상 교육시키려고 하는 이유는 좋은 직장(48.4%)과 인격 및 교양(29.3%)을 위해서지만 정작 자녀는 좋은 직업(50.2%) 다음으로 자신의 능력과 소질 개발(32.7%)을 위해서 대학에 가기 원함.

25. 직업선택 요인

직업을 선택할 때 아버지는 수입을, 15~24세 자녀는 적성과 흥미를 가장 중요하게 고려.

2009년 직업을 선택할 때 아버지는 수입(39.9%)을 가장 중요하게 고려하는 반면, 자녀들은 적성과 흥미(26.7%)를 선택.

한편 20~24세의 자녀는 직업의 안정성(26.9%)을 가장 중요하게 생각함.

26. 문화예술 관람

2009년 문화예술 등을 관람한 아버지는 49.6%, 15~24세 자녀는

81.7%로 문화생활 향유 면에서 아버지와 자식 간에 큰 차이를 보임.

2009년 15∼24세 자녀는 영화 등 문화예술이나 스포츠를 한 번이라도 관람한 비율이 81.7%인 반면, 아버지는 49.6%에 불과하여 아버지와 자녀 간 문화예술 관람률의 차이를 보임.

27. 사회의 주된 불안요인

아버지는 국가안보와 경제적 위험에 대해, 자녀(15∼24세)는 범죄발생과 국가안보에 대해 가장 불안을 느낌.
2010년 우리 사회의 안전을 위협하는 가장 큰 불안 요인으로 아버지는 국가안보와 경제적 위험을, 자녀는 범죄 발생과 국가안보를 선택함.

출처: 통계청

김건태

국제문화대학원대학교 사회복지학전공(교육학 박사)
전남대학교 행정대학원 행정학전공(행정학 석사)
현) 국제문화대학원대학교 겸임교수
　국제영재교육연구회 강사
　(사)한국청소년지도학회 사무총장
　청소년심리상담 분석사
　평생교육사
　사회복지사

# 청소년복지와
　　문화활동

초 판 인 쇄 ｜ 2012년 2월 1일
초 판 발 행 ｜ 2012년 2월 1일

지 은 이 ｜ 김건태
펴 낸 이 ｜ 채종준
펴 낸 곳 ｜ 한국학술정보㈜
주　　　소 ｜ 경기도 파주시 문발동 파주출판문화정보산업단지 513-5
전　　　화 ｜ 031) 908-3181(대표)
팩　　　스 ｜ 031) 908-3189
홈 페 이 지 ｜ http://ebook.kstudy.com
E-mail ｜ 출판사업부 publish@kstudy.com
등　　　록 ｜ 제일산-115호(2000. 6. 19)

ISBN　　978-89-268-3070-3 93330 (Paper Book)
　　　　978-89-268-3071-0 98330 (e-Book)